日本書紀成立考

――天武・天智異父兄弟考――

大和岩雄

大和書房

日本書紀成立考

目次

序章　天武天皇の年齢はなぜ不明なのか
――天武の年齢を記さない理由に秘められたいくつかの謎――

第二章 中大兄の「中」は同母兄弟の二男を示す
――中大兄の同母兄の漢皇子と大海人皇子は同一人物である――

第三章　天武は天智の娘を四人もなぜ妃にしたか
――「弟」が「兄」の皇女を四人も妃にしている事実が示す真相――

第四章　中大兄はなぜ異例の長期間皇太子か
――中大兄像の巨大化は大海人像の矮小化が生んだ創作――

第五章 天智紀以前の大海人の行動はなぜ不記載か

——「虎」と呼ばれた大海人の活動を消す必要のあった理由——

第六章 乙巳の変の一因としての対外関係

――対新羅・百済関係によって起きた乙巳の変の真相――

第七章　『日本書紀』の成立と「聖徳太子」と不比等
──大山誠一の聖徳太子否定説に立つ『記』『紀』成立論批判──

第八章　たった四年間の天皇の天智の虚像
──四年間を十年間の統治に仕立てた意図と虚像化の真相──

第九章　天武が漢皇子である事を示す国際関係
――天武天皇の親新羅政策に秘められた出自――

第十章 『日本書紀』藤原不比等関与説をめぐって
──『紀』最終成立時の工作記事と『紀』各巻の成立時期の検証──

第十一章　『日本書紀』二段階成立論の根拠
——『日本書紀』の反新羅記事と百済系史官関与の問題——

第十四章　古代の皇位継承と持統・文武・元明朝
――「大海人」と「漢」の二皇子に分けられた理由の検証――

第十五章　「大海人」と「漢」の二皇子になぜ分けたか
――「大海人」と「漢」の二皇子に分けられた時期の検証――

第十六章　大海人皇子の長槍騒動と「鎌足伝」

―『藤氏家伝』の「鎌足伝」から見えてくる『日本書紀』の成立―

第十七章　天武・天智の兄弟関係を疑う諸説

―天武・天智異父説・異父兄弟説・異母兄弟説について―

第十八章　私説批判の論者たちへの反論

――「正史」という美名に隠された私的意図を知るべきである――

終章 「正史」と称する書に潜む主観的意図
――『続日本紀』の『日本紀』成立記事から読みとる成立事情――

日本書紀成立考

天武・天智異父兄弟考

序章

天武天皇の年齢はなぜ不明なのか

天武の年齢を記さない理由に秘められたいくつかの謎

『続日本紀』は『日本紀』の成立を付記として書く

『日本書紀』の成立を最初に記す『続日本紀』は、その成立を付記として書いている。が、養老四年（七二〇）五月癸酉（二十一日）条に、「太政官奏《そう》すらく」と書いて、公印使用についての官奏記事が載る。詳細に太政官の奏文を記した末尾に、次のように書いている。

便《すなは》ち、太政官の印を以て印《しるし》せむとまうす。奏するに可《か》としたまふ。尺《たかはかり》の様《ためし》を諸国に頒《わか》つ。是《これ》より先、一品舎人親王、勅を奉《う》けたまはりて日本紀を修《あ》む。是《ここ》に至《いた》りて功成りて奏上《さしあ》ぐ。紀卅巻系図一巻なり。

「是より先」の前に載る記事は『日本紀』関係記事の約五倍だから、『日本紀』の成立記事は付記である。なぜ、『日本紀』の「続」と書く正史が、このような書き方をしているのか。この異常な付記としての扱いの『日本紀』成立記事について、いままで誰も指摘していない。

岩波書店版の『日本書紀・上』の解説で、坂本太郎は、「是より先」について、「舎人親王がこれより先に勅を奉じたとあるので、その先とはいつであるかについても諸説はまちまちであるが、上述したような事情から考えれば、元明天皇のときであるとするのが穏当であろう」と書く。上述の理由とは『続日本紀』の和銅七年（七一四）二月戊戌条に、紀清人・三宅藤麻呂が国史の編纂を命じられたという記事が載るからだが、坂本太郎は上述の理由として、「筆者は、書紀編修の事業を天武天皇十年から断続はありながらも精神的には継承しているものと思うから、この記事はその事業への編修員の追加任命を指すものであろうと解する。ともかく、元明天皇のときに書紀編修事業が力強く推進せられたであろうことは、以上の諸記事から察するに難くない」と書いている。(1) 当時、東京大学教授で日本古代史の碩学の坂本太郎も、「是より先」はと書いている「先」はいつかについては注目しているが、『日本紀』成立の記事は原文ではたった二十七字のみの記事ですましている事実については、まったくふれていない。

『続日本紀』と書き、『日本紀』の続編であると題している国史なのだから、「太政官奏すらく」と書く公印使用の官奏記事の前に、『日本紀』の完成記事を、もっと詳細に載せるべきではないのか。『日本紀』の「続」編と称する公式の正史が、なぜかくも簡略の記事を、公印使用の官奏記事の付記として載せられているのか。『続日本紀』が載せる大宝律令関係記事と比較すれば、その簡略の異様さがさらに目立つ。

『大宝律令』については、『続日本紀』は刑部《おさかべ》親王以下十九人の名を明記している（文武四年六月甲午〈十七日〉条）のに、『続日本紀』と書く『日本紀』の「続」編の正史が、なぜ『日本紀』の関係者の名を『大宝律令』のように記さないのか。『大宝律令』はそれほど長い期間の間に編集されたのではないから、名を記したが、『日本紀』は長い期間をかけて成立したから、関係者の名を記せなかったのだろうか。しかし最終編纂時に主に関与していた人物の名ぐらいは記してもよいではないか。『大宝律令』は刑部親王以外の人物名を記すのに、なぜ『日本紀』はそうしないのか。

『大宝律令』は『続日本紀』によれば、文武四年三月甲子（十五日）に諸王・臣に律令を「読み習《なら》はしめた」とあり、同年七月甲午（十七日）には刑部《おさかべ》親王ら十九人に「律令を撰定した」ことで「禄賜ふ」とある。翌年の大宝元年八月癸卯（三日）にも刑部親王らが「禄賜ふ」とあり、同年同月辛酉

（二十一日）には調老人《おきな》が「律令を撰した事」で従五位下から正五位上に三階級も特進している。大宝二年二月戊戌の朔（一日）には「律を天下に頒《わか》つ」とあり、同年七月乙未（三十日）には「始めて律を講《と》く」とある。さらに同年十月戊申（十四日）にも「律令を天下の諸国に頒《わか》ち下《くだ》す」とあり、大宝三年二月丁未（十五日）には従四位下下毛野古麻呂ら四人が、田十町封百戸または田六町封五十戸を下賜されている。

このように『大宝律令』については三年間に八回も詳細に記しているのに、『日本紀』については前述の簡単な付記が一回載るのみで、『日本紀』の関係者に関する記事も、『日本紀』を講読した記事もまったくない。このことについてほとんどの日本古代史の学者、研究者は問題にしていないが、『続日本紀』は『日本紀』の「続」と題しているではないか。なぜその『続日本紀』が『日本紀』の成立について、たった二十七字の付記ですましているのか。「律令」よりも『日本紀』の成立こそ詳細に載せるべきではないのか。それが以上のような追記扱いなのは、なぜか。

（『続日本紀』の『日本紀』の記事の「是の日」は付記だと書いたが、養老四年八月三日条の藤原不比等の死を書く記事にも「是の日」とあるが、その二日前の一日条に「藤原朝臣不比等病」と書いて詳細な記事を載せているから、「是の日」とあっても同列には論じられない。）

天武天皇のみ理由もなくなぜ年齢不詳なのか

以上のように『続日本紀』に付記として書かれている『日本紀』は、なぜか天武天皇の年齢を記さない。なぜ書かないのか、その理由もわからない。平凡社版『大百科事典・10』（一九八五年）の「てんのう」の項目には、三十三代の推古天皇から百二十三代の大正天皇まで、九十人の天皇の生没年が記載されている（この百科事典は昭和天皇生存中の刊行だから、当然大正天皇までである）。この九十人の歴代天皇のうち、年齢のわからない天皇は天武と後亀山の二名だが、後亀山天皇の年齢がわからないのには理由がある。しかし天武天皇の年齢不詳は、現代の日本古代史の学者・研究者から、納得のいく説明はなされていない。

後亀山天皇は南北朝時代の南朝最後の天皇で、北朝の後小松天皇に三種の神器を譲った後、嵯峨で隠棲生活に入るが、生活に困窮し、「窮困」と号して吉野に出奔し、吉野に数年居て嵯峨に戻るが、七年後の応永三十一年（一四二四）に、失意のうちに薨じている。このような後亀山天皇の末路からみても、年齢不詳はわかるが、天武天皇は後亀山天皇と逆に、戦いに勝利して皇位につき、盛大な葬儀をおこない、後継者たちは天武の功績をたたえた正史（『日本書紀』）を刊行している。その正史には天武政権を樹立した戦いを記録した壬申紀一巻が特に入っている。このような天武天皇の年齢が、後亀山天皇と同じ年齢不詳なのは、どういうことか。

児玉幸多・小西四郎・竹内理三が監修した『日本史総覧・一』（一九八三年・新人物往来社）には、「歴代天皇一覧」が載る。平凡社の『大百科事典』は推古天皇からだが、それ以前の天皇の年齢も載る。しかし初代神武から十九代允恭までは多くが百歳以上だから除外し、『大百科事典』が載せない安康から崇峻までの十三代を加えると、崇峻が年齢不詳になる。したがって崇峻・天武・後亀山の三天皇が年齢不詳である。崇峻は在位五年で蘇我馬子によって暗殺され、その日に葬儀なしで埋葬された天皇であり、廃位され貧窮のどん底で亡くなった後亀山と似ており、三人の天皇のうち、崇峻と後亀山の二人の天皇の年齢不詳は理解できる。しかし天武は違う。武力で新政権を樹立した高名な天皇で、『日本書紀』編纂時の頃は天武の血統の天皇が即位していたのに、年齢を記さないのはなぜか。

中世文献では弟の天武天皇が天智天皇の兄になっている

後代になると天武天皇の年齢が書かれている文献がある。鎌倉時代中期の後宇多天皇の頃に成立した天皇年代記の『一代要記』や、南北朝時代に成立した『本朝皇胤紹運録』には、天武天皇の崩年を六十五歳と書く。すると弟の天武天皇が兄の天智天皇より年上になるので、川崎庸之は『天武天皇』（一九五二年・岩波書店）と題する著書で、六十五歳を五十六歳の誤りと書く。直木孝次郎も『壬申の乱』（一九六二年・塙書房）で川崎の倒錯説を採って、「南北朝ころの編纂になる『本朝皇胤紹運録』には、天武の没年を六十五歳とするが、それでは兄の天智より四歳の年長となる。そこで六十五歳というのは五十六歳の写し誤りと考える。そして天智より五歳の年少で、舒明三年（六三一）の生まれとする説が有力なので、本書もその説に従う」と書くから、小学館版『日本書紀・3』（一九八八年）の頭注でも、直木は天武の六十五歳は五十六歳の誤りと書いている。岩波書店版『日本書紀・下』（一九六七年）も「六十五歳を五十六歳の倒錯」と書くが、この注は笹山晴生が原稿を書き、井上光貞が監修している。碩学たちの頭注が倒錯説を採っているから倒錯が通説化しているが、安易な見解である。直木孝次郎は後に倒錯説は安易だったと書き、天智は天武の亡くなった年に六十一歳だから、間に間人皇女が居るから、間人皇女が二歳下、さらに大海人皇子が二歳下と見れば、ほぼ同じ年齢なると書く(2)。この二歳ずつ下とする年齢算出方法も安易で、認められない。

中世文献の推古・舒明・孝徳・斉明・天智・天武・持統・文武の八代の天皇の年齢と、前述した『日本史総覧』『大百科事典』の年齢の表を、次頁に示す。この表では『日本史総覧』と『大百科事典』は一致するのに、なぜか、中世文献とは一致しない（しかし、舒明・孝徳・斉明・持統・文武の年齢は、中世文献と現代文献は一致している。大きく違うのは天智と天武の年齢である）。

天武の年齢は六十五と七十三である（『和漢合符』の七十二歳は誤記）。六十五を最初に書いている『一代要記』は、歴代天皇の年代記で後宇多天皇（在位一二七四〜一二八七）の頃の成立である。ところが後宇多天皇の時に同じ歴代天皇の年代記の『皇代記』も書かれている（『皇代記』は同名の書で時代が違うものが出ている）。この『皇代記』には天智は五十八とある。なぜ同時期に同じ歴代天皇の年代記が世に出て、天武の年齢が六十五と五十八の二つが示されているのか。

『一代要記』や『皇代記』が書かれた後宇多天皇即位の年に、卜部兼方は関白一条実経らに『日本書紀』の講義をしているが、彼は『釈日本紀』の著者で著名な書紀学者である。したがって同時代に刊行された歴代天皇の年代記の『一代要記』は当然見ている。その『一代要記』に天武の年齢が六十五とあるのを知ったが、書紀学者の卜部兼方は天智の年齢を四十八と認識していたから、同時代に『皇代記』を世に出して天智の年齢を五十八にした。五十八にした理由は『日本書紀』の舒明十三年（六四一）十月十八日条の舒明天皇の殯《もがり》の記事に、次のような記事が載るからである。

> 宮の北に殯す。是を百済の大殯と謂《まを》す。是《こ》の時に、東宮開別皇子《ひらかすわけのみこ》、年十六にして誄《しのびこと》たてまつりたまふ。

この「年十六」を卜部兼方は、舒明元年の「年十六」の誤記とみて、四十六を五十八にしたのであ

文武	持統	天武	天智	斉明	孝徳	舒明	推古	天皇／年代記
25						49	73 （イ）85	扶桑略記
25			52	68			73	水鏡
25				68			73	愚管抄
25	58	65	53	68		49	73	一代要記
			58	68		48	73 （イ）75	皇代記
25		73	58			49	73	仁寿鏡
25		65	46 （イ）58	68		49 （イ）57	73 （イ）75	興福寺略年代記
25	58	73	58	68	59	49	70	神皇正統記
25	58	65	58	68	59	49	76	神皇正統録
		72	58	68	59	49	70	和漢合符
25	58		58	68		49	73	皇年代略記
25	58	73	58	68	59	49	70	如是院年代記
25	58	65	58	68		49	73	本朝皇胤紹運録
数字は年齢・（イ）は異本								
25	58		46	68	59	49	75	日本史総覧
25	58		46	68	59	49	75	大百科事典

る。以後の書はこの五十八を採っている（『興福寺略年代記』のみ『日本書紀』の四十六を記すが、異本は五十八とある）。天武の年齢は六十五以外に七十三がある（『和漢合符』の七十二歳は七十三歳の誤記）。この年齢は『皇代記』の天智の年齢五十八歳を見て、天智と天武を双生児にしたのである。このような天智の年齢を五十八歳、天武の年齢を七十三歳とするのを、坂本太郎は「中世の知恵」によって作られた年齢と書いている(1)。

中世文献の天武天皇の年齢は、六十五歳が四例、七十三歳が三例、七十二歳が一例である。七十二歳は七十三歳の誤記だが、七十三歳は天智と天武を双生児にした「中世の知恵」である。しかし六十五歳は「中世の知恵」とはいえない。天武の六十五歳は天武の年齢を初めて記す歴代天皇記の『一代要記』に載っており、なんらかの根拠による年齢である。

天智天皇の皇女・皇子の異伝記事を問題にする上田正昭・水野祐

天智称制七年二月二十三日条に、次の記事が載る。

蘇我山田石川麻呂大臣の女《むすめ》を遠智娘《をちいらつめ》と曰《い》ふ。或本に云はく、美濃津子娘といふ。一男二女を生む。其の一を大田皇女《おほたのひめみこ》と曰《もう》す。其の二を鸕野《うの》皇女と曰す。天下《あめのした》を有《しらし》むるに及《あた》りて、飛鳥《あすか》浄《きよ》御《み》原《はら》宮に居《ま》します。後に宮を藤原に移す。其の三を建《たける》皇子と曰す。唖《おし》にして語《まことと》ふこと能《あた》はず。

この記事によると、建皇子は鸕野皇女（持統天皇）の弟である。この記事について上田正昭は次のように書く。

鸕野皇女の母であった遠智娘の死について『日本書紀』は、「造媛《みやつこひめ》、遂に心を傷《やぶ》るに因りて死ぬに至りぬ」と記している。その死を蘇我倉山田石川麻呂事件の起こった大化五年（六四九）三月のこととしているのである。ふつうここにみえる「造媛」は、遠智娘の別名とする「美濃津《みのつ》子《こ》娘《いらつめ》」と同じとされている。ところがもしこの『日本書紀』本文の叙述が正しい年月を伝えたものとすると、滑稽な矛盾が表面化してくる。

なぜかというと、遠智娘（造媛）はその時に死んで、もはやこの世の人ではないはずなのに、『日本書紀』の天智七年二月の条（本文）をみると、遠智娘は大田皇女・鸕野皇女・建《たける》皇子を生んだとし、同年の条の或本（A）も建皇子・大田皇女・鸕野皇女を生んだと記しているからである。といっても読者の方々にはもうひとつ合点がいかないかも知れない。

『日本書紀』は、この建皇子が斉明天皇四年（六五八）五月、年八歳で病死したと書いているからだ。生年は白雉二年（六五一）である。

つまり、大化五年三月の条、天智天皇七年二月の条。斉明天皇四年五月の条のすべてが正しいとすると、建皇子は、母の遠智娘が死んだ（六四九）その後（六五一）に生まれたことになる。二年前に死んだはずの人が子を生むといったまったくつじつまがあわない話になる。私が滑稽な矛盾といったのはそのためである。これらを綜合して合理的に解釈する道は、三つある。①は、大化五年三月とする歿年は年月の誤りで、建皇子を生んだ白雉二年の後に、間もなく歿したとする解釈である。②は、建皇子を生んだのは他の妃であって、遠智娘が生母ではなかったとする解釈である。③は、遠智娘と同じように、蘇我倉山田石川麻呂の娘であった姪《めい》の娘《いらつめ》が、この造媛であったとみなす解釈である。(3)

このように上田正昭は書いて、②をとっている。理由として、「大化五年三月の造媛の死にかんする叙述はかなり具体的であって、たんなる造作とは考えにくい。しかも天智七年二月の条には、「或本」（B）が引用されており、それによると遠智娘の別名とされる茅渟娘《ちぬのいらつめ》が、大田皇女と鸕野皇女を生んだと記すばかりで、建皇子を生んだとしていない」と書いている。(3)

上田正昭は「或本」として（A）と（B）を記すが、この「或本」は前述の本文の注記として、次のように天智称制七年二月二十三日条に書かれている。

或本に云はく。遠智娘、一男二女を生む。其の一を建皇子と曰《もう》し、其の二を大田皇女と曰し、其の三を鸕野皇女と曰すといふ。或本に云はく。蘇我山田麻呂大臣が女を茅渟娘と曰ふ。大田皇女と沙羅々皇女とを生むといふ。

この二つの「或本に云はく」を上田は（A）（B）としたが、水野祐もこの「或本」の「其の一」の記述について、上田正昭と同じに「常識的にありうべからざる記述」と書く。理由は母が死んだ後に建皇子が生まれたことになるからである。上田は建皇子を生んだのは遠智娘ではないとみているのは、遠智娘と茅渟娘を同一人物と見るからだが、水野は遠智娘の別名は「美濃津子娘」と天智紀は注記しているが、「茅渟娘」についてはそのような記述はなく、異伝（或本）には茅渟娘の子は大田皇女と鸕野皇女のみ載り、建皇子の名がなく、建皇子の母を遠智娘とあるから、やはり母は遠智娘と水野祐はみている。(4) しかし遠智娘＝美濃津子娘＝造媛とみる通説に従うと、「常識的にありうべからざる記述」になるので、遠智娘は造媛と別人と水野祐は結論している。

このように、日本古代史の碩学の京都大学と早稲田大学の教授は、天智紀の「或本に云はく」とある二つの異伝によって、建皇子の出生と生母について、以上述べたような見解を書く。こうした見解を書かせたのは二つの異伝に原因があるので、この異伝について検証する。

天智天皇の皇子皇女の異伝の矛盾に対するさまざまな見解

上田正昭(3)・水野祐(4)は「或本に云はく」の一の、「遠智娘、一男二女を生む。其の一を建皇子と曰《もう》し、其の二を大田皇女と曰し、其の三を鸕野皇女と曰すといふ」を、誕生の順とみて論じているが、岩波書店版『日本書紀・下』は、この注記を頭注（青木和夫が執筆し、井上光貞が整理統一した）で「男女の順か」と書く。この岩波版から三十三年後の一九九八年刊の小学館版『日本書紀・三』の頭注（直木孝次郎執筆）も、「正文は誕生の順、この或本には男女の順に記されている」と書いているが、男女の順を「或本」をわざわざもち出して注記することはないだろう。本文に「一の男、二の女を生めり」とあり、男を先に書いて「男女の順」を示しているからである。頭注者が「男女の順」とするのは、「出生の順」とすると上田正昭・水野祐が書くように、建皇子の出生と母についての問題がおきるからである。

しかし岩波書店版も小学館版の頭注者も、上田正昭も異伝二の「或本に云はく」についてはまったくふれていない。持統天皇の鸕野《うの》讃良《さらら》皇女を「鸕野皇女」と「沙羅々皇女」に別け、鸕野皇女の母は遠智娘・沙羅々皇女の母は茅渟娘と書く。しかし持統紀では二人の皇女は一人の皇女、後の持統天皇だから、頭注者の青木和夫・井上光貞・直木孝次郎も、前述の上田正昭も、この異伝については説明のしようがないから沈黙している。だが、水野祐はこの異伝二も含め、本文と異伝一・二の記述から、遠智娘と茅渟娘は同一人物ではなく、遠智娘の子は建皇子で、茅渟娘の子が大田皇女と鸕野皇女と推測し、「建皇子と大田皇女と鸕野皇女は異母姉妹と考えれば、すべて矛盾なく解釈できる」と書いて、さらに次のように述べている。

既に史料も豊富になった第七世紀のことであるから、確定的に考えられ勝ちな『書紀』の皇室系譜の如きにあってすら、必ずしも決定的とは言えず、その当時においてすら異伝があって、『書紀』の編纂者すら確信を以て断定し得ず、この場合のように異伝を併記しなければならぬ羽目に立たされているのである。そうすれば同母兄弟とされている中大兄皇子と大海人皇子との間に、兄弟であっても必ずしも同母の兄弟であったとしなければならないこともなく、私はあるいは天武天皇は天智天皇の異母弟ではなかったと考えられる節があるので、そういう判断をしているのである。(4)

水野祐は持統天皇の姉弟関係に異伝がある事を示して、天武は天智の「異母弟」ではなかったかと書いている。しかし早稲田大学の日本古代史の教授としては、立場上「天智・天武異母兄弟説」を論じる論文は発表できなかったので、亡くなるまでこの見解の詳細は発表していない。

鸕野沙羅々皇女と一致する大海人漢皇子という呼称

斉明即位前紀の冒頭に、次の記事が載る。

天豊財重日《あめのとよたからいかしひ》足《たらし》姫天皇は、初《はじめ》に橘豊日《たちはなとよひ》天皇の孫高向《たかむく》王に適《みあ》ひしまして、漢《あや》皇子を生みたまふ。後に息長足日《おきながたらしひ》広額《ひろぬか》天皇に適ひまして、二男一女を生みたまふ。

「天豊財重日足姫天皇」は斉明天皇、「橘豊日天皇」は用明天皇、「息長足日広額天皇」は舒明天皇である。斉明天皇（皇極天皇の重祚）の初婚は用明天皇の孫の高向王で、その後、舒明天皇と結婚して「二男一女」を生んでいる。この漢皇子を大海人皇子と同一人物とみて、天智紀の「或本に云はく」の異伝二と対応させると、次のように対応する。

(母) 遠智娘→鸕野皇女
(母) 茅渟娘→沙羅々皇女
→ 鸕《う》野《の》沙《さ》羅《ら》々《ら》皇女

(父) 高向王→漢皇子
(父) 舒明天皇→大海人皇子
→ 大海人《おほあま》漢《あや》皇子

これはどういうことか。天武紀には鸕野讃良皇女と書く例が十三例、持統称制前紀に一例あり、計十四例載る（他に一例「菟野《うの》皇女」が天武称制前紀〈壬申紀〉に載る）。この持統天皇の名を天智紀は母の違う二人の皇女名にし、異母姉妹にしている。この異母姉妹の鸕野皇女と沙羅々皇女は、異父兄弟の漢皇子と大海人皇子にぴったり一致する。

この事実は大海人漢皇子を天智天皇の「実弟」の大海人皇子と、異父兄の漢皇子に分解して『日本書紀』が書いたから、持統天皇にも同じ伝承がある事を示そうとしたのだろう。問題は漢皇子について『日本書紀』は、なぜか父の名を記さず、祖父が用明天皇だとのみ記している。なぜ父の名を記さないのか。理由は当時の人々に高向王の父の名を記すと、漢皇子と大海人皇子が同一人物と見られてしまうからである。

天武紀が記す真人賜姓の十三氏は、天武天皇の血縁か、もっとも信頼する皇胤である。この真人賜姓はなぜか『日本書紀』の書く、舒明天皇→大海人皇子でなく、高向王→漢皇子にかかわる皇親を載せている。詳細は第一章で書くが、トップに近く載る高橋真人・三国真人・当麻真人は、高向王を養育した高向王・高向漢人にかかわる真人である。高向臣の畿内の本拠地は河内国錦部郡高向邑だが、越前国坂井郡高向郷が原郷で、高向郷で養育された継体天皇と共に、高向郷とその周辺の豪族と共に畿内へ進出している。その中に高橋真人・三国真人の祖がいた（くわしくは第一章で書く）。この高橋・三国の両真人が十三氏のトップに近く載る理由は、漢皇子の父の高向王との関係以外には考えられない。

『日本書紀』は大海人皇子の父は舒明天皇。祖父は押坂彦人大兄皇子と明記している。とすれば真人賜姓のトップかトップ近くに、まず、

敏達天皇―押坂彦人大兄皇子―舒明天皇―大海人皇子

という系譜の真人が載るべきなのに、この系譜に結びつく真人は載らず、次の系譜の真人が載る。

用明天皇―当麻（麻呂子）皇子―高向王―漢皇子

三国真人の次に載る当麻真人は用明天皇の皇子の当麻（麻呂子）皇子である。『日本書紀』は漢皇子の父の名を記さず、祖父が用明天皇とのみ記す。祖父がわかっているなら当然父が誰かはわかっているはずだ。祖父は明らかだが父は不明だということはあり得ない。ところが父を記さないのは、父の名を書くと漢皇子と大海人皇子が同一人物であることが、『日本書紀』完成時に一部の人にわかってしまうからである。そのことも詳細は第一章で書くが、当麻皇子が大海人漢皇子の父である決定的証

明が、天武天皇崩御の殯《もがり》の記事が示している。

天武天皇の殯の最後の日に、天皇の血縁者が「ヒツギ」の誄《しのびこと》を述べている。舒明紀には天皇の殯の最後の日に、「息長山田公　日嗣《ひつぎ》を誄び奉る」とある。舒明天皇の和風諡号は「息長足日広額天皇」なのは、息長氏系の天皇が舒明天皇だからである。したがって、舒明紀によれば、天智も天武も舒明天皇が父なのだから、当然天武天皇の「ヒツギ」の誄は息長氏がやるべきである（天智天皇の殯の記事は『日本書紀』に載らない）。ところが当麻真人智徳が「騰極《ひつぎ》の次第」を述べている。『日本書紀』の天武天皇の出自の記事を信用すれば、当麻真人智徳と天武天皇は、血縁上なんの関係もない。しかし大海人皇子と漢皇子を同一人物と見れば、天武天皇と当麻真人智徳は従兄弟だから、日嗣の誄をするのは当然である。そのことは当麻真人一族が天武天皇の血縁者でなければつけない要職についている事からもいえるが、このことも詳細は第一章「天武紀の真人賜姓は天智の弟を否定する」で述べる。

中大兄の「中」は同母兄弟の二男で兄は漢皇子

「大兄」と書く皇子のうち「中」が冠されているのは中大兄皇子のみである。「中大兄」は舒明天皇の皇子だが、異母兄に古人大兄（大市）皇子がいる。したがって喜田貞吉は「中天皇考」（一九一五年発表）で、「中大兄」は古人大兄皇子の弟だから、二男をいう「中」が冠されたと書く[5]。この喜田説が定説であり、誰一人この定説を疑っていない。しかし「中大兄」の兄に古人大兄皇子がいるから、「中」が冠されたという通説は成り立たない。

詳細は第二章で書くが、二男・二女をいう「中」は、古人大兄と中大兄のような異母兄弟・姉妹の間をいうのでなく、同母兄弟・姉妹の二男・二女をいう。

　応神二年三月三日条に「仲姫を立てて皇后としたまふ」とあるが、同母姉妹の姉の高城入姫も、妹の弟姫も妃になっており、仲姫は二女である。また仁徳二年三月八日条の「住吉仲皇子」は、皇后の磐之媛の二男で、同母兄を「大兄去《い》来《ざ》穂《ほ》別《わけ》天皇」と書く。継体元年三月十四日条には、「根王の女を広姫と曰《い》ふ。二男を生む。長《え》を菟皇子と曰す。是酒人公の先《おや》なり。少を中皇子と曰す。是坂田公の先なり」とあり、仲姫・仲皇子・中皇子は、いずれも同母兄弟・姉妹の二子である（他にも『日本書紀』の例はあるが、詳細は九三頁〜九五頁で書く）。父が多くの女性に生ませた兄弟・姉妹関係は複雑だが（同じ日に生まれることもある）、同じ母から生まれた兄弟・姉妹の出生順は明らかだから、同母兄弟・姉妹の二子が「中（仲）」であり、通説の異父兄の古人大兄の弟だから、「中大兄」という見解は成り立たない。

　では「中大兄」の「中」が冠されている同母兄とは誰か、漢皇子である。しかし漢皇子は斉明紀の冒頭に父が違う同母兄と記すだけで、まったく正史の『日本書紀』ではその活動が書かれていない。このような兄を意識して天智天皇のみ「大兄」に「中」が冠されているのは、「中」を冠す同母兄の存在が強かったからである。とすると漢皇子は本来は大海人漢皇子であったのである。その大海人漢皇子が分解されて大海人皇子になった。しかし元は天智天皇の「実弟」でなく「異父兄」「同母兄」であったから、二男は「中大兄」と「中」が冠された。このように「中」が冠される二男の「大兄」だったから、母の斉明天皇の死後もすぐ即位できず、在位四年の短かい天皇であった。そのことは第一章以降特に第八章で詳細に論証する。

在位四年の天智紀が十年になっている理由

異父兄の兄を実弟にした工作は、天智を天武より偉大な天皇に仕立てるためであった。天智の治政はたった四年である。それを十年にしているが、この十年は称制十年である。治政四年の記述については、天智紀と天武紀では大きな違いがある。この違いについて日本古代史家は注目していないが、天智天皇の治政を壬申紀(天武天皇即位前紀)は次のように書く。

天命開別天皇の元年に立ちて東宮と為《な》りたまふ。四年の冬十月の庚辰に、天皇、臥病《みやまひ》したまひて、痛みたまふこと甚《はなはだ》し。

天智紀が「七年」と書くのを「元年」、「十年」と書くのを「四年」と明記している。壬申紀の述作者は天智天皇の治政を四年間とみて、「皇太子」の期間を入れていない。勿論天智紀も即位は「元年」と書かず「七年」と書き、天智天皇の治政は四年間にしているが、天智紀そのものは治政期間は「皇太子」期間も含めて十年にしている。しかし壬申紀は天智の治政は四年と明記している。天智紀は十年、壬申紀は四年としている相違は無視できない。

本文で詳細に論じるが、私は『日本書紀』の成立は、二段階の編纂過程を経て成立したとみている。壬申紀は第一段階のままだから天智紀は四年であったのを、第二段階で天智紀は大幅な加筆をした。前述した天智天皇の皇女・皇子の姉弟関係についての二つの異伝も、これらの記事が奈良遷都以後の新しい記述である事を記している文も、いずれも第二段階の記事である。第二段階でも天智天皇の治政四年は変えられなかったが、統治は十年であると天智紀を書き変えた。くわしくは第八章で書くが、斉明天皇の死後、天智が即位するまでの天皇は、天智と天武の妹で、孝徳天皇の皇后の間人大后であった（そのことは一〇六頁～一〇七頁の「中天皇」に関する記事参照）。

天智紀・壬申紀によれば、大海人皇子は天智天皇の病床を見舞った時、皇后の倭姫大后を天皇にし、大友皇子に諸政をまかせるべきだと言っている。このような発言をしているのだから、間人大后が亡くならなければ（治政四年で崩御しているが、殯が二年間おこなわれ、三百三十人が僧になっているから、単なる皇后の死ではない）、さらに数年生きていたら、中大兄は即位できずに亡くなったかもしれない。そして大海人皇子が即位し、壬申の乱はおこらなかったであろう。

第二段階で間人大后の天皇紀を消して、天智紀に繰込んだから、第一段階のままの壬申紀は天智の治政は四年、第二段階で手が加えられた天智紀は十年になっているのである（詳細は後述する）。

なぜ中大兄は三十年近く皇太子（東宮）なのか

中大兄の「皇太子」の期間は通説では、孝徳天皇の大化元年（六四五）から天智称制六年（六六七）までとなっている。皇太子制は中大兄を「皇太子」と『日本書紀』が書く時期にはなかった。大兄制については後述（九五頁～九九頁）するが、いずれにせよ二十三年間も「皇太子」であったという『日本書紀』の記述は作文である。「皇太子」でなくても大化元年から執政権をもっていたというのも、くわしくは後述するが事実ではない。

二十三年間も「皇太子」であったことは作文であることを示す記事を、『日本書紀』自体が示している。舒明紀の舒明十三年（六四一）十月十八日条に、舒明天皇の殯《もがり》の時に十六歳の「東宮開別皇子」

が誄《しのびごと》をしたとある。この記事の「東宮」は皇太子のことであり、「開別皇子」は中大兄の事である（天智天皇の和風諡号を「天命開別皇子」という）。また皇極元年（六四二）十一月十六日条にも「皇太子」とあるが、この「皇太子」も中大兄である。すると二十三年どころか、三十年近く中大兄は「皇太子」であった事になる。このように『日本書紀』の記事は「正史」だからといって、信用することはできない。

「天命開別天皇」という和風諡号も、後述するが『日本書紀』の最終成立時に作られた和風諡号だから、「天命開別皇子」は中大兄の「皇太子」の記事に更に架上された記事である。またこの事も後述するが、「天命開別天皇」という和風諡号を贈るのにもっともふさわしい天皇は、天武であって天智ではない。この諡号を使って二十三年間という異常な皇太子期間を、更に延長している『日本書紀』の最終編者の意図は、中大兄（天智天皇）像を巨大化するため、父の舒明天皇の死の時から、すでに天智天皇は皇太子（東宮）であったことを示したのである。

斉明紀は漢皇子は記すが大海人皇子を消している

孝徳即位前紀によれば、母の皇極天皇は中大兄に皇位を譲ろうとしたが、藤原鎌足が叔父の軽皇子、異母兄の古人大兄皇子が居るから、長幼の序にしたがって即位すべきではないと進言したので、叔父の軽皇子が即位して孝徳天皇になったと書く。しかし古人大兄に謀反の罪をかぶせて子供らと共に殺し、孝徳天皇も崩御し、長幼の序による「長」はなくなったのに、「皇太子」の中大兄は即位せず、六十歳を過ぎた母が、他に例のない異例の二度目の皇位についている。「皇太子」の中大兄が即位せずに、なぜ二度目の皇位に母がついたのか。他の天皇の即位の時には即位の理由を示す。ところがこの即位は他にない二度目の即位で、しかも女帝の再度の即位であり、異例中の異例なのに、なぜかこの異例な即位の理由については、まったく具体的な理由を述べていない。したがって日本古代史学者たちはさまざまな臆測を述べている（その理由については一五一頁〜一五二頁で書く）。しかしなぜ『日本書紀』は「皇太子」でなく母が二度目の即位をしたか具体的な理由説明をせずに、なぜ斉明紀の冒頭に中大兄の異父母の漢皇子の存在のみを記しているのか。そのことについては誰も書いていない。

皇極天皇の即位前紀に天皇は田村皇子（舒明天皇）と結婚する以前に、用明天皇の孫の高向王と結婚し、漢皇子を生んでいたと記せばよいのに、わざわざ六十歳を過ぎた高齢で再度の即位をした斉明紀に、漢皇子のことを記しているのは、斉明紀の即位前紀に示す必要があったからである。この記事は漢皇子という異父兄の存在によって中大兄は即位せず、というよりできず、異例な女帝の再度の即位になったことを推測させる。

その事を裏付けるのは、斉明紀の前紀に天皇の孫の中大兄の皇女が、続けて二人も「実弟」に嫁《とつ》いでいる事実である。天智紀によれば兄の命令によってしか行動できない弟である。この弟に二人も続けて兄が娘を妃として出しているのは異常である。この行動は祖母の意向もあったと考えられる。ところで大海人皇子は斉明紀には「皇弟」としてもまったく登場しない。斉明七年正月八日に九州に向った天皇の乗る船が「大伯の海」に至った時、「大田姫皇女、女《ひめみこ》を産む。仍《よ》りて是《こ》の女大伯皇女と曰ふ」とある。大田姫皇女の夫で大伯皇女の父が誰かは記さないから、天武紀を読んでようやく夫が天武天皇だとわかる。このように中大兄の「実弟」を消して、漢皇子という中大兄の異父兄のみを斉明紀は記していることからも、異例な二度目の女帝の即位は、異父兄の存在によっていることを暗示している。自分の胎を痛めて生んだ異父兄弟の皇位争いを避けるため、六十歳を過ぎて異例の二度目の即位をし、弟の娘が適齢期になると、異父兄弟の仲を強めるために二人も兄の妃にするようにすすめ、異父兄弟の結びつきを強めようとしたのであろう（二人の兄弟の母が亡くなった後も、兄弟の妹の間人皇女が「中天皇」として即位し、四年後に亡くなった後、二年間の殯が終ってようやく天智称制七年に即位している。

このような天智の即位事情を見ても、天智紀の書くような天皇の命に従う柔順な弟ではない。そのことは即位の宴で大海人皇子が長槍を床に突き射し、天皇が怒って斬ろうとしたという『藤氏家伝』の「鎌足伝」の記述からもいえる。この事は第十六章で詳述するが、この記事が藤原仲麻呂の作文であっても、このような記述からも大海人皇子と中大兄の関係がうかがえる）。以上述べたことからも、『日本書紀』の書く中大兄と大海人の兄弟関係は疑わしい。

「弟」が「兄」の皇女を四人もなぜ「妃」にしているのか

『日本書紀』は「実弟」が「兄」の天智天皇の皇女を四人も妃にしたと書く。なぜ「兄」の皇女四人も妃にしたのか。これも異常である。四人のうち大田皇女と鸕野讃良皇女は斉明天皇の初期に、祖母の斉明女帝と父の中大兄の意志で大海人の妃になっている。新田部皇女と大江皇女は大海人が壬申の乱に勝利し、皇位についてから天武天皇が妃にしており、四人と言っても後の二人の皇女は、その時、天智天皇の功臣の藤原鎌足の娘を二人、壬申の乱の時に敵として戦った近江朝の左大臣蘇我赤兄の娘も妃にしているから、壬申の乱で戦った敵方と戦後友好関係を結ぶために、天智天皇や天智の重臣の皇女・娘を後宮に入れたのである。問題なのは中大兄が生存中に二人も皇女を「実弟」に嫁《とつ》がせていることである。

一般に大田皇女と鸕野讃良皇女の二人を、弟の妃として出したことを、「政略結婚」という。「政略結婚」であることは壬申の乱に勝利した後、敵として戦った大友皇子の妹たち（天智天皇の皇女たち）を妃として迎えた事実が示しているが、実兄が実弟に二人も皇女を妃として出す政略結婚は皆無である。しかし両親のどちらかが違う兄弟なら例はある。欽明天皇の皇后の石姫、天智天皇皇后の倭姫がそれである。倭姫は、天智の異母兄の古人大兄皇子の娘であった。しかし両親が同じ兄弟間の例はない。ところが中大兄と大海人皇子は『日本書紀』では両親が同じ兄弟になっている。母か父が違う兄弟・姉妹の娘が伯父・叔父のところへ嫁ぐ例はあっても、両親が同じ兄弟間では例がない。この事実からも、大海人と中大兄の『日本書紀』が書く兄弟関係は信用できない。

さらに政略結婚といっても、天智天皇の死後も、二人も天智の娘を妃にし、合計四人も妃にしている事実は、果してこの兄弟は両親が同じ兄弟であったかどうかを疑わせる。

『日本書紀』の成立と「不改常典」と藤原不比等

『日本書紀』は養老四年（七二〇）五月の成立だが、三カ月後の八月三日に、右大臣の藤原不比等が六十三歳で亡くなっている。なぜ不比等の亡くなる三カ月前に『日本書紀』は成立したのか。理由は第十一章・第十二章で書くが、不比等に『日本書紀』の最終稿を見せて、「これでよし」という許可を得ての成立だからである。

『日本書紀』に藤原不比等が関与していることは、元明天皇の即位の詔で、天智が定めたという「不改常典」を示していることからもいえる。天智が定めたというのは事実でないことは後述(第十四章)するが、「不改常典」は当時の皇位継承で認められていた兄弟継承に対して、嫡子継承が正当だと主張するため、不比等らが作った「常典」である。作った理由は、不比等の孫の首皇子(聖武天皇)を皇位につけるためであった。

第一章以降で詳述するが、天智の異父兄の大海人漢皇子を、異父兄の漢皇子と「実弟」の大海人皇子に分解して示したのは、『日本書紀』の最終編纂時である。兄を弟にしなければならなかった理由は後述するが(第十五章)、大別すると三つの理由による。一つは不比等の孫の首皇子を皇位につけるためには、当時、多くの天武天皇の皇子・皇孫が主張する皇位の兄弟相承に対し、嫡子継承を主張する必要があった。そのためには天武が異父兄であっても「兄」であることは、嫡子継承の主張にとってはまずかったから、天智と天武を父母が同じ兄弟にし、天智を父の舒明天皇、母の皇極・斉明天皇の「嫡子」に仕立て、異父兄を天智の実弟にしたのである。二つは「不改常典」を発布した天皇を天武でなく天智にしたように、嫡子継承をおこなった天智天皇を天武天皇以上の存在にするためにも、天武は天智の「兄」でなく「弟」にする必要があったのである(そのことは第十五章で詳述するが、天武天皇にこそふさわしい和風諡号「天命開別天皇」を天智天皇につけていることからもいえる)。三つは不比等の孫を皇位につけるためには、藤原氏を権威づける必要があった。藤原氏の始祖の鎌足は天智天皇がもっとも信頼していた重臣であったので、鎌足が仕えた天智天皇と天武天皇の兄弟関係を逆転させることは、藤原氏にとっても好都合であったからである。したがって天智紀では、

天命開別天皇（天智天皇）――大皇弟（大海人皇子）

の関係を強調している。

『日本書紀』にかかわった人物として、『続日本紀』は舎人親王の名のみを記す。舎人親王以外の名を記さないのが問題だが（私は関係者名を記さない事実からも「正史」として完成した書の隠された理由を推測するが）、舎人親王は天武天皇の皇子である。天武天皇の皇子の名を記していることは、『日本書紀』の天武と天智の兄弟関係を信用させるためである。問題は舎人親王が父と天智の兄弟関係をくわしく知っていたかである。天武の皇子は十人いたが、『日本書紀』完成時には舎人親王と新田部皇子のみが生存していた。二人の母は天武天皇が壬申の乱後に妃にした娘である（舎人親王の母は天智天皇の子の新田部皇女、新田部皇子の母は藤原鎌足の娘の五百重娘）。舎人・新田部皇子は、天武天皇の生存中は五、六歳の幼児であった。彼らは天武天皇の皇子だが、天智・藤原氏系で、不比等や不比等の死後の不比等一族に利用されていた。したがって舎人親王らは正史で明記すれば、天武天皇は天智天皇の「弟」と信じたであろう。

しかし天武天皇の孫や関係者（当麻真人ら）の中には、天武天皇は天智天皇の異父兄だと思っている人たちがいたから、『日本書紀』の最終編纂時に、天智紀に「或本に云はく」と書いて、異伝を二つ作文して加えた。その異伝は二つとも天武天皇の皇后の鸕野沙羅々皇女を二人の皇女に分解した例であることからも、この注記は天武天皇の皇子名の大海人漢皇子を、天智天皇の「実弟」の大海人皇子と、異父兄の漢皇子に分解した『日本書紀』の記事を、信用させるための注記であることがわかる。

奈良遷都後の記事である事を示す天智紀の意図

天武紀と持統紀には十四例の鸕野讃良皇女という表記が載る。しかし天智紀のみ「鸕野」と「沙羅々（讃良）」の母の違う二人の姉妹になっている。これは「或本に云はく」の注記だけではない。本文も「鸕野皇女」と書き、天武紀・持統紀のような「鸕野讃良皇女」という書き方をしていない。本文も含めて天智紀の最終述作者は、鸕野皇女を持統天皇とし、沙羅々皇女は別人にしている。このように天智紀のみ、持統天皇の名を二人の皇女に分解していることが問題である。

ところが天智紀が天智天皇の皇女を記す記事には、他にない執筆時期を示す特別の記事が載る。

> 次に遠智《をち》娘の弟有り。姪《めひ》娘と云ふ。御名部《みなべ》皇女と阿陪《あへ》皇女とを生めり。阿陪皇女、天下を有《しらし》むるに及《いた》りて、藤原宮に居《ま》します。のちに都を「乃楽」に移す。

坂本太郎も「天智紀の史料批判」で奈良に都を移した後に書かれたことを示す記述は、他に例がないと書くが[1]、上田正昭もこの記事に注目している。そしてこのような平城遷都後に書いたことを示す記事を載せているのは、平城遷都を推進した藤原不比等の関与を示すものとみて、著書『藤原不比等』で次のように書く。

> 『日本書紀』の最終的完成が、その死のわずか三カ月前とはいえ廟堂の第一人者であった不比等の生存中であったことは、不比等論にとって重要である。（中略）当時の廟堂における実権者不比等が、『日本書紀』の最終的仕上げに無関心であったとは考えがたい。『古事記』とはちがって、中臣氏の関係伝承は、神代巻（巻第一・巻第二）ばかりでなく、巻第三以後にもくりかえし登場す

る。そしてそこでは神事や卜占ばかりではなく、「大夫」として天皇家の祖先に奉仕したことが述作されている。

慶雲四年四月十五日、藤原不比等に食封を与えたおりの宣命では、（中略）「汝の父藤原の大臣〈鎌足〉の仕へ奉らへる状」と「建内宿禰の仕へ奉らへること」とが対比されて顕彰されていた。『日本書紀』の建内〈武内〉宿禰像は『古事記』よりもはるかに強く天皇近侍の内臣として描かれていた。そして不比等の父鎌足の功業が特筆された。こうした述作の背後には不比等とその同族たちの自己主張が反映されているとみなしてよいだろう。[6]

このように上田正昭は書いているが、藤原不比等が『記』『紀』に関与しているという説について、上田正昭以外に多くの論者も述べている。そのことはくわしく第十章で述べるが、天武天皇の計画した国史編纂の意図は、持統朝に入るとすぐに実行され、文武朝の終りか元明朝の初めには天武紀までは完了していた。しかし元明天皇の即位の宣命で述べられている「不改常典」は、天武でなく天智が発布したと作文されているように、この時期になると天武の意志を生かした『日本紀』を世に出したくない勢力が台頭していた。その勢力とは藤原不比等を中核にした勢力だが、彼の指示で第二段階の編集が始まった。その編集作業で大海人漢皇子は大海人皇子と漢皇子に分解され、天武天皇＝大海人皇子は天智天皇（中大兄）の実弟にされた。しかし『日本紀』の第一段階では天武天皇は「大海人漢皇子」であったので、天武は天智の異父兄と思っている人たちが居たから、持統天皇の「鸕野讃良（沙羅々）皇女」にも、鸕野皇女と沙羅々皇女の二人の皇女がいたという異伝がある事を示し、この異伝は、最近の異伝である事を示すために、奈良遷都（和銅三年・七一〇）後に書かれたと、他に例のない記述をしているのである。

天智紀と壬申紀の大海人皇子関係記事の相違

奈良への遷都は和銅三年（七一〇）三月だが、この遷都を積極的に推進したのは藤原不比等とみることは通説である。この事実からも元明天皇の即位は不比等の意志が反映しているから、元明天皇の即位の宣命の「不改常典」は天武でなく天智が発布したことになっており、奈良遷都後から第二段階の『日本書紀』編纂が開始され、その時期に天智の異父兄の大海人漢皇子は二人の皇子に分解された。したがって鸕野沙羅々皇女の分解例を天智紀で書き、さらに奈良遷都後の記述であることを示して、「ウノ皇女」が持統天皇の名で、「ウノサララ」という名は二人の皇女を一つにした名であると示し、この異伝は奈良遷都後に書いた新しい異伝であると書いて、「オホアマアヤ」が天武天皇の名と思っている人たちに、「オホアマ」が天武天皇の名だと示そうとしたのである。天智天皇の実弟にされた大海人皇子は、壬申紀と天武紀以外は孝徳紀・天智紀に載るのみだが、孝徳紀の二例（白雉四年是歳条と白雉五年十月一日条）では、中大兄に従って難波京を去って飛鳥へ移った記事と、中大兄に従って天皇の病気見舞に難波に行った記事で、いずれも「皇弟」と書かれている。天智紀になると即位前は「大皇弟」、即位後は「東宮大皇弟」と書かれているが、すべて天智天皇の命令で動く「弟」が強調されている。この徹底した「弟」表現は他にない異例表現であり、この強調からみても、天武が天智の弟であることは疑わしい（孝徳紀・天智紀以外に壬申紀にも「大皇弟」表記が若干見られるが、近江朝廷側の立場からの記述のみに限定されている。この「大皇弟」は第一段階に述作された壬申紀に、第二段階で手が加えられて、「天皇」が「大皇弟」に変えらたのである。そのことも四〇一頁〜四〇五頁で詳論する）。

第一段階にまとめられた壬申紀（天武天皇即位前紀）には、大海人皇子が天智天皇の宮廷を去って、吉野へ向った時の大海人皇子について、次のように書いている。

> 或《あるひと》の曰《いは》く。「虎に翼を着けて放《はな》てり」といふ。

また天武紀では次のように書く。

> 生《うま》れましゝより岐嶷《きぎよく》なる姿有り。壮《をとこざかり》に及《いた》りまして雄抜《ゆうばつ》にして神武《しんぶ》あり。

「岐嶷」は幼《おさな》くして人にぬきんでているさまをいい、「雄抜」は群を抜いて雄々しいさまをいう。「神武」は初代天皇に「神武」という漢風諡号をつけていることからも、神のような武士・英雄をいう讃辞で、『文選』などの中国文献は「聡明神武」と書く。いずれにせよ、「岐嶷」「雄抜」「神武」は「虎」といわれていた人物を文字で表現している。このように壬申紀・天武紀で書く天武天皇像と、孝徳紀・天智紀の皇弟・大皇弟像は、同一人物であっても、極端に違う。この違いはなぜおきているのか。

壬申紀・天武紀は天武天皇の意志を継いだ持統天皇が、持統朝初期から編纂を開始し、文武朝の終りか元明朝の初期に完了した第一段階の記述であり、孝徳紀・天智紀は第一段階の記事を第二段階で加筆・改変などを大幅におこなった結果、天武天皇（大海人皇子）は矮少化され、「皇弟」「大皇弟」「東宮大皇弟」と、「弟」のみが強調されたのである。そのことを第一章以降で詳述する。

『日本書紀』の第一段階と第二段階の編修の相違

『日本書紀』の述作については、森博達の著書『日本書紀の謎を解く——述作者は誰か——』で、具体的な述作者を比定している。(7) この書は毎日出版文化賞を受賞しており、新書判だから多くの人に読まれている。私が編集責任者として刊行していた季刊雑誌「東アジアの古代文化」にも、森博達は一九九九年に刊行した著書以降の見解を、七回にわたって執筆している。私が森論文を数回以上掲載したのは、森見解を基本的には受入れたからである。

森博達の著書では、持統五年(六九一)八月の大三輪氏等十八氏に祖先の墓記を進上させ、九月に音博士の続守言・薩弘恪の二人の唐人に銀十両を下賜した頃に、『日本書紀』の編纂が開始され、文武朝に入るとすぐ山田史御(三)方に、続守言・薩弘恪が担当しない巻を述作させたとある(壬申紀・天武紀は山田史御方が担当したと森博達は述べている)。この三人の述作作業は巻三〇の持統紀以外の全巻であったと、森は言語学者の立場から検証し、持統紀のみは和銅七年(七一四)に紀清人が述作し、三宅藤麻呂が全巻にわたって若干の加筆と潤色をしたと書いている。この森説には賛同するところと、同調できないところがあるが、その事は後述する。ここでは問題点の一つを書いておく。

壬申紀と天武紀は当時の現代史であり、持統天皇が関与しているが、この二巻をなぜ山田史御方に担当させたかである。森博達は述べていないが、山田史御方は新羅で学んだ史《ふひと》である。なぜ新羅系の史を選んだのか。本書第十一章のサブタイトルを「『日本書紀』の反新羅記事と百済系史官関与の問題」としているように、『日本書紀』は百済系史料が多く引用され、神功皇后紀などは反新羅記事に満ちており、百済系史官の関与は通説である。藤原不比等の「不比等」は元は「史《ふひと》」であり、彼の養育氏族は百済からの渡来氏族の田辺史である。

このように、持統天皇関与の第一段階の述作者に新羅系史官、不比等関与の第二段階に百済系史官が関与しているので、現在私たちがみる『日本書紀』は反新羅記事で満ちている。しかし天武・持統天皇は反新羅ではない。そのことは各章で視点は違うが述べる（持統紀に反新羅記事があるのは、第二段階に百済系史官が関与して述作されているからだが、そのことは第十一章で詳述する。この時期に仲哀紀から切り離されて反新羅の神功皇后紀も書かれている）、第一段階と第二段階では百済・新羅関係記事でも、相違があった。

天武の年齢不明と『紀』の成立記事の扱い方への疑問

冒頭で書いた歴代天皇百二十三代のうち、年齢のわからない天皇は三人のみである。三人のうち崇峻天皇と後亀山天皇は、前述したようにいずれも不幸な死に方をしており、年齢不明なのは理解できる。しかし天武天皇は違う。新政権をうちたて、二年間も盛大な殯がおこなわれた、歴代天皇のなかでも特に著名な天皇なのに、なぜ天皇の年齢が不明なのか、不可解である。

歴史上の事実は、天武天皇のみ原因がわからない年齢不明の唯一の天皇である。その理由はどこにあるのだろうか。

中世の天皇一代記（『一代要記』）は天武天皇の年齢を「六十五歳」と記す。この「六十五歳」はなんらかの根拠があっての年齢だが、この年齢だと、『日本書紀』が書く「兄」の天智天皇は「弟」になってしまう。そのことを知った北畠親房は、『神皇正統記』で「六十五歳」を「七十三歳」にして、天武と天智を双生児にしている。北畠親房も天武が天智の兄になる年齢に根拠があるとみて、天智の年齢を工作して二人を双生児にしている。これを坂本太郎は「中世の知恵」と書くが[1]、「中世の知恵」では天武天皇の年齢を明記しているのに、なぜ古代のわが国最初の正史・国史は、天武天皇のみ、年齢を記さないのか。兄の天武を『日本書紀』の最終編纂時に弟に工作したからである。

このような歴史書をわが国で最初の公式の書として世に出したから、『日本紀』の続編として「続」を冠した『続日本紀』なのに、なぜかひっそりと、冒頭に記したように、「太政官奏」の公印使用の使い方を全国の官司に示した記事の付記として載せている。この事実に日本古代史学者・研究家はまったくふれていない。

同時期に完成した「大宝律令」については八回も『続日本紀』は記すのに、『日本紀』に「続」を冠した『続日本紀』はたった一回、しかも付記としてのみ記している。坂本太郎は岩波書店版『日本書紀・上』の巻頭の解説で、「書紀の編修は、天武天皇十年に始まり、養老四年(七二〇)に及んだ三十九年もの長い事業である」と書いている。「大宝律令」は文武朝初頭から開始されたとしても僅か五年なのに、関係者の名を多数記し、その関係者への報奨や律令の執行についての記事も載せているのに、三十九年もかけてようやく成立した『日本紀』についての記述は、たったの二十七字の短かい記述で、しかも付記的掲載なのはなぜか。

「是より先」と書く舎人親王関与の『日本紀』は、和銅七年(七一四)以降の第二段階の編纂であり、三十九年間のうちの六年間である。この事のみを書いて、その前の三十三年間の編纂については、

『続日本紀』はまったくふれていない。理由はなぜか。言語学者の森博達の『日本書紀』の言語学的検証によれば、「是より先」の和銅七年以前に、持統紀を除く十九巻はすべて述作が終っているではないか。

　私が拙著で述べたいことは、坂本太郎も書く天武十年（六八一）の国史編纂から始まり、天武天皇の遺志を受けて持統天皇が持統・文武朝にかけておこなった国史編纂事業についてである。しかし『続日本紀』の「是より先」は、和銅七年から始まって藤原不比等の亡くなる七十日前に完成させた、第二段階の編纂事業の事のみ書き、その前のことについてはふれていない。この事実に私は歴代天皇のなかで、唯一年齢不明の理由がわからない天武天皇の実体がかくされており、さらに『続日本紀』が僅か二十七字で『日本紀』の成立を付記扱いで書いている、かくされた理由があると見ている。

〔注〕

（1）坂本太郎「天智紀の史料批判」『日本古代史の基礎的研究・上』所収　一九六四年　東京大学出版会

（2）直木孝次郎『額田王』一〇三頁～一〇四頁　二〇〇七年　吉川弘文館

（3）上田正昭『日本の女帝——古代日本の光と影——』一三〇頁～一三二頁　一九七三年　講談社

（4）水野祐「天智・天武両天皇の『年齢矛盾説』について」「東アジアの古代文化」六号　一九七五年　大和書房

（5）喜田貞吉「中天皇考」「芸文」第六年第一号　一九一五年。『喜田貞吉著作集・第三巻』所収　一九八一年　平凡社

（6）上田正昭『藤原不比等』二二〇頁～二二三頁　一九七六年　朝日新聞社

（7）森博達『日本書紀の謎を解く——述作者は誰か——』二〇九頁～二二四頁　一九九九年　中央公論新社

第一章

天武紀の真人賜姓は天智の弟を否定する

天武の父の血統がまったく「真人」賜姓に載っていないのはなぜか

「真人」になぜか天武の父系氏族はまったく載らない

天武十三年十月制定の「八色《やくさ》の姓《かばね》」のトップは「真人《まひと》」だが、「真人」は、皇族の中で特に血縁の皇親か、親しい皇親の十三氏を選んでいる。福永光司は「天皇と真人」で、「真人」は西暦前四世紀頃の『荘子』では、「道《タオ》」の根源的真理を体得した人、「神人」「至人」をいったが、西暦後二世紀の後漢の頃には、「天上世界の最高神、天皇の宮廷に側近として仕える神の世界の高級官僚」をいうようになったと述べている。[1] この天上世界の天皇は天下（地上）の世界も支配すると考えられたが、この思想を天武が初めて取り入れたのである。天武天皇の諡号も「天渟中原瀛真人天皇」という。

このような「真人」だから、当然皇族の中でも天武天皇の血縁者が選ばれていなくてはならない。『日本書紀』によれば天武天皇は敏達天皇の子の押坂彦人大兄皇子が祖父だから（父は押坂彦人大兄皇子の子の田村皇子）、当然、真人十三氏に押坂彦人大兄の皇胤が入っているべきなのに、入っていない。

トップには守山真人、次に路真人が載る。両氏については『日本書紀』『古事記』には記述はなく、『姓氏録』（左京皇別）に敏達天皇の皇子の難波王の後裔とある。なぜ天武天皇の父と正史が書く田村皇子の父の押坂彦人皇子の子孫でなく、敏達天皇の皇子の難波皇子の後裔が載るのか。

『姓氏録』（左京皇別）の橘朝臣条に、「敏達天皇の皇子難波皇子の男《こ》、贈従二位栗隈王の男、治部卿従四位下美努王」が、県犬養三千代を妻にして左大臣諸兄らを生んだとあり、三千代は和銅元年十一月二十五日に「橘宿禰」を賜ったとある。『続日本紀』（天平勝宝二年正月乙巳条）に「左大臣正一位橘宿禰諸兄、賜二朝臣姓一」とあるから、難波皇子（難波王）の子の栗隈王、孫の美努王の血縁が、守山真人、路真人である。

壬申紀に、近江朝廷側は大海人皇子が挙兵したことを知って、筑紫大宰栗隈王が古くから大海人皇子に付き従っていたから、背《そむ》く可能性が高いとみて、刺客の佐伯《さへきの》連男を筑紫に派遣し、もし背くようだったら殺せと命じている。しかし筑紫に向った佐伯連男は、栗隈王のまわりを三野（美奴）王・武家王の二人の子息が、厳重に護っていたので殺せなかった。死をまぬかれた栗隈王は壬申の乱後の天武四年三月には、兵政官（兵部省の前身）の長官に任命されている。天武政権の軍の最高司令長官に任命されたのだから、いかに彼が天武天皇に信頼されていたかがわかる。栗隈王は翌年の六月に亡くなっているが、この栗隈王の父が難波皇子だから、もっとも天武天皇が信頼していた皇胤として、トップと二番目に載ったのである。

高橋・三国真人の本貫地越前国坂井郡高向郷

三番目に記されている高橋真人は、『日本書紀』『古事記』『姓氏録』に記述がない。倉本一宏は、天平宝字八年の「越前国公験」（「東南院文書」第参櫃第十四巻〈『東大寺文書』二―一六五～一六七〉）に、越前国坂井郡荒墓郷に高橋公の枝氏の高橋連が載るから、「高橋公は越前国坂井郡で三国氏の勢力に取り込まれていた氏族」と書いている。(2)「高橋公」を取り込んだ「三国氏」は、四番目に三国真人として載る。

三国真人について太田亮は、天平十三年の『越前国正税帳』の坂井郡の条に、大領として三国真人が載り、『越前国坂井郡司解』（宝亀十一年四月三日条）に、「大領、外正七位勲十一等三国真人浄乗」

とあるから、三国真人は越前国坂井郡三国（福井県坂井郡三国町）出自の「真人」と書く(3)。真人賜姓のトップは、天武天皇がもっとも信頼している功臣の皇胤だが、次に載る高橋・三国真人が、なぜ都から遠い越前国坂井郡を本貫とするのか。

吉田東伍は『大日本地名辞書（北国・東国）』で、越前国坂井郡の式内社の三国神社について、「釈紀所引云、乎富等大公王、爾時下去於在祖三国命坐多加牟久之村也」と書き、継体天皇の祖父の「乎《お》富《ほ》等《と》大公王」（意富々杼王）が、祖の三国命の居た多《た》加《か》牟《む》久《く》（高向）村に居て祀った神社が三国神社だから、三国真人は継体天皇と高向にかかわると書く(4)。

この高向は漢皇子の父の高向王の関係地である。『日本書紀』（継体天皇即位前紀）によれば、越前国の「三国の坂中井」から迎えた振姫が生んだのが継体天皇だが、振姫は夫が亡くなったので故郷に帰って継体天皇を養育している。継体天皇の母の振姫の故郷を『日本書紀』は「高向」と書く。「坂中井」は越前国坂井郡のことだが、坂井郡には『和名抄』の高向郷があり、式内社の高向神社がある。この高向の地は、宝皇女（皇極・斉明天皇）の最初の夫の高向王を養育した高向臣が畿内へ向う前の本貫地だから、高向王とかかわる。

高向臣について『古事記』は、武内宿禰後裔の蘇我石河宿禰を祖と書き、蘇我氏系に入れている。この『古事記』の記述に対して『日本書紀』には記述はなく、『姓氏録』（右京皇別）の「高向朝臣」条に、「石川同氏、武内宿禰六世孫猪子臣の後也」とある（「石川」は天武朝以降に蘇我氏が名乗った姓）。日本思想大系の『古事記』（一九八二年・岩波書店）の補注（佐伯有清執筆）は、蘇我氏系氏族の七氏のうち六氏の本貫地はすべて大和国の十市郡・高市郡・山辺郡にあるのに、高向臣のみ異質で、越前国坂井郡高向郷と河内国錦部郡高向邑の両説があると書く。太田亮は高向臣は越前国坂井郡高向郷から、継体天皇と共に畿内へ進出し、河内国錦部郡高向を本拠地にしたと書くが[3]、私は太田説を採る。

漢皇子の父の高向王を養育した高向臣の原郷の越前国坂井郡高向郷にかかわる皇胤を、真人賜姓の三番・四番目に掲載していることからも、天武天皇の母は皇極・斉明天皇だが、父は母の初婚の夫の高向王の子で、本来は大海人漢皇子であったことを示している。

当麻真人と高向臣・高向王・天武天皇

そのことは三国真人の次に載る当麻真人が証している。『日本書紀』や『姓氏録』は、用明天皇の皇子の麻呂子皇子の後裔と書くが、高向王は用明天皇の孫である。麻呂子皇子は当麻皇子ともいうが(推古天皇十一年四月条・七月条)。当麻寺は当麻真人の氏寺である。『大和志料』(奈良県知事の依頼で斎藤美澄が明治二十七年に完成した書)は、当麻真人の氏寺の当麻寺に伝わる古文献(『広大和名勝志』所引『曼陀羅疏』に載る『了恵八巻抄』)を引用して、当麻真人の系譜を、左のように記している。

用明天皇——麻呂子親王——当麻公豊浜——当麻真人国見

そして葛下郡当麻村の条では、麻呂子皇子の子孫について、「郷土記ニ拠ルニ、当麻・高田ノ二氏ハ其苗裔ナリト云フ」と書いている。高田氏とは現在の大和高田市の高田居住の氏だが、この地は葛下郡高田で西に隣接して当麻がある。『奈良県の地名』(日本歴史地名大系30・一九八一年・平凡社)は大和高田市について、「当麻氏は当地に拠し、中世末期まで政治・経済に多大の影響を与えた」と書くが、この高田は高向の転である。越前国坂井郡高向郷は現在は高田(福井県丸岡町高田)という。『福井県の地名』（日本歴史地名大系18・一九八一年・平凡社）は、式内社の高向神社は丸岡町高田にあると書き、『式内調査報告書・第十五巻』（一九八六年・皇学館大学出版部）も同じ事を記すから、「当麻・高田ノ二氏」の「高田」も元は「高向」であった。

理由はそれだけではない。当麻の近くの高向には伊福部氏が居住しているからである（この地には伊福部氏の氏寺の伊福寺跡があり、現在の八幡神社はその鎮守として伊福寺域内にあった）。『延喜式』神名帳に載る因幡国八上郡（鳥取県八頭郡）の多加牟久《たかむく》神社（河原町本鹿）について、栗田寛は『新撰姓氏録考証』で越前国坂井郡の高向神社と同じで、共に高向臣が祭祀する神社と書く[5]。推古朝遺文の『上宮記』（釈記・巻十七）は越前の高向を「多加牟久」と書くから、古い表記は「多加牟久」で後に「高向」と書かれたのである。後述するが尾張国の式内社の「高牟」神社も『尾張国神名帳』が書くように、「高牟久」神社だから、因幡の「多加牟久」神社はその古い神社表記を用いたのである。『因幡国伊福部臣古志』は多加牟久《たかむく》（高向）神社の神を「武牟口命《たけむく》」と書くが、私は拙著『天武天皇論（一）』で「高向と大海・伊福部の回路」と題して、十五頁にわたって因幡の高向神社は伊福部氏が祭祀していた事実を書いた[6]。その伊福部氏が高田に当麻氏と共に居住している事や、前述した越前国の式内社の高向神社がある『和名抄』の高向郷を、現在は「高田」という事からも、当麻真人が居住した「当麻」の隣地の「高田」も、「高向」が「高田」に転じたと考えられる。問題はなぜ当麻真人の当麻氏が、高向王にかかわる「高向」という地名、または「高向氏」という氏族にかかわるかである。

高向氏は越前国坂井郡高向郷から、継体天皇と共に畿内へ移り、河内国錦部郡高向を新しい本貫地にした。加藤謙吉は『蘇我氏と大和王権』で、蘇我氏系氏族に入っている高向臣の畿内の本貫地を河内国錦部郡高向とし、「錦部郡は石川郡の南西に隣接する小郡であるが、古くは石川郡とともに石川の総称と呼ばれた地域」と書く。[7] そして孝徳朝で右大臣であった蘇我倉山田石川麻呂の「倉山田石川」について、「山田」は大和国十市郡の山田と一般にいわれているが、河内国石川地方に山田の地名があるから、蘇我倉氏が河内から大和へ居を移してつけられた地名と論証する。[7] 私も加藤説を採る。ところで蘇我につく「倉」だが、この「倉」は朝廷の「クラ」に関与した氏族につく。当麻真人の祖の当麻（麻呂子）皇子の母を、『日本書紀』は「葛城直磐村《いはれ》の女広子」と書くが、『古事記』は「当麻之倉首比呂の女飯之子《いひのこ》」と書き、『上宮聖徳法王帝説』は「葛木当麻倉首比里古の娘伊比古《いひこ》郎女」と書く（「飯之子」と「伊比古」は同一人物）。葛城の「当麻倉首」の娘が用明天皇の妃となり、当麻皇子を生んだのであり、当麻倉首は葛城の土着氏族の葛城直と親類関係にあったから、正史の『日本書紀』は当麻倉首より家格の上の葛城直を、当麻皇子の祖にしたのである。

加藤謙吉は、葛城には日置倉人（葛上郡日置郷）、尾張倉人（葛上郡高尾張邑）や忍海倉連・当麻倉首など、「葛城地方発祥の蘇我氏直系の倉人・倉氏」が居たが[8]（加藤は五～六世紀の蘇我氏の本拠地を葛城とみる）、この「倉」にかかわる蘇我氏が、六世紀中葉以降に河内の石川地方へ進出して、「蘇我倉山田石川」と称したと推論する。[9] 当麻真人の祖の当麻皇子の母は、蘇我氏系の当麻倉氏の出自だから、当然、河内の蘇我倉氏の近くに住む蘇我氏系の高向臣（『古事記』孝元天皇段に、蘇我石河宿禰は蘇我臣・高向臣らの祖とある）と当麻氏は親しかった（葛城山の東に当麻真人、西に高向臣が居住している）。したがって高向王の父は、用明天皇の皇子で当麻真人の祖の当麻皇子（用明元年正月一日条には麻呂子皇子とあり、推古十一年四月一日条・同年七月三日条・同年七月六日条には当麻皇子と書く）であったから、真人賜姓の上位に当麻真人が記されているのである。天武天皇の父が『日本書紀』が書く舒明天皇であったとしたら、当麻真人は上位どころか真人賜姓十三氏に入る血縁的理由はない。『日本書紀』が高向王を用明天皇の孫と書いて父の名を記さないのは、父の当麻皇子を記すと、漢皇子が大海人皇子と同一人物とわかってしまうことをおそれたのであろう。

高向王と大海人皇子を結ぶ当麻真人と大海氏

高向王の子を漢皇子と斉明紀は書くが、漢皇子が大海人皇子なら、大海人皇子の養育氏族の大海氏と当麻氏や高向氏との間に接点がなければならない。そのことを次に書く。

『日本書紀』朱鳥元年（六八六）九月二十七日条に崩御した天武天皇の殯《もがり》の記事を載せるが、この日から二年間つづく殯の最初の日の誄《しのびこと》のトップに、

　第一に、大海宿禰《おほしあまのすくね》蒭蒲《あらかま》、壬生《みぶ》の事を誄たてまつる。

と書かれている。

大海人皇子（天武天皇）は、大海蒭蒲の大海氏が養育している。したがって舒明紀は「大海皇子」、天武紀は「大海人皇子」と書く。大海氏について岩波書店版『日本書紀・下』の補注は、「姓氏録、右京・摂津の神別に凡海連を載せ、綿積命の後とする。天武天皇の幼名大海人皇子は、この氏に由来すると思われる」と書いているが、綿積命は安曇氏の祖である。しかし横田健一[10]・上田正昭[11]は、大（凡）海氏は安曇氏系でなく尾張氏系と書く。

理由は崇神紀に尾張大海媛とあり、崇神記には意富阿麻（大海）比売は尾張連の祖とあり、『旧事

本紀』（天孫本紀）には火明命（尾張氏の始祖）七世の孫に大海姫命が記されていること。さらに壬申の乱に尾張氏が協力していることをあげる。上田正昭は壬申の乱における尾張氏の協力は、「尾張の大海」である「天武帝の乳母大海氏」の媒介によると述べている。(11)『日本書紀』（持統十年五月八日条）に尾張大隅が直広肆（従五位下相当）と水田四十町を下賜されているが、『続日本紀』（天平宝字元年十二月八日条）には大隅が壬申の乱の時大海人皇子を迎えて、私第《してい》を行宮として提供し軍資を供したので、上功として功田四十町を与えるから、三世に伝えよと記す。しかし安曇氏は壬申の乱の時に大海人皇子に協力した記事がない。この事実からも私は横田・上田見解を採る。横田健一・上田正昭の両氏は書いていないが、『姓氏録』（未定雑姓・右京）に、「凡海連・火明命の後なり」とあり、『尾張国風土記』逸文にも「凡海部忍人」の名がある。

『続日本紀』大宝元年（七〇一）三月十五日条に、「追大肆《ついだいし》凡海宿禰《おほあますくね》麁鎌《あらかま》を陸奥《むつ》に遣《つかは》して金《くがね》を冶《う》たしむ」とある。この凡海宿禰麁鎌は大海宿禰蓑蒲と同一人物だが、大和国忍海部に居住する。三品彰英は大海・凡海・忍海は同義と書くが、(12)池田末則も『奈良県史・地名』で「凡海」は「『大海』『忍海』の義」と書く。(13)葛城の忍海郡は現在の新庄町大字忍海周辺だが、新庄町の北西に隣接して当麻町があり、北に隣接して高向（大和高田市）がある。大海人皇子の忍（大）海と漢皇子の高向・当麻は隣接している。

当麻真人の祖の当麻皇子を生んだ母は、当麻倉氏の出自だが、大海氏の忍海には忍海倉連が居り（『続日本紀』宝亀八年正月癸亥条に、正六位上忍海倉連甑が外従五位下になったとある）、加藤謙吉は葛上郡高尾張邑に「尾張倉人」という人物が居ることをあげ、(14)葛城地方では「蘇我・尾張両氏が勢力圏を共存させ、後者が前者の影響下にあった事実」を述べているが[15]、忍海倉・尾張倉は大海氏が属す尾張氏系であり、当麻倉は蘇我氏系だが、高向氏も蘇我氏系である。この事実からも、高向氏─当麻氏─大海氏は血縁・地縁で接点があり、高向王の子の漢皇子と大海人皇子は、当麻真人を接点にして結びついている。

天武が大海人漢皇子ならなぜ「漢」と呼ばれたか

葛城の新庄町忍海の西二キロの新庄町平岡の山中に群集墳が三十七基ある（「平岡西方古墳群」と呼ばれている）。一九八六年四月から橿原考古学研究所の千賀久が責任者になって発掘調査をしたが、千賀久は、「埋葬施設はいずれも横穴式石室で、その開始時期は五世紀後半から末葉までさかのぼる」と書き、「副葬品のなかには12号墳からは鍛冶具が出土し、六世紀後半の古墳のほとんどから、石室内あるいは羨道の閉塞部分から鉄滓が検出された。したがって鉄器製作にかかわった集団の墓という印象を強く感じる。さらに朝鮮半島南部の伽耶あるいは新羅に通じる馬具のくつわや鋳造製の鉄斧などが出土し、土師器のミニチュアかまどとセットになるこしきもみられる。このような渡来品ないしは渡来系の遺物を副葬品にもつ墓の被葬者たちは、五世紀後半以降に葛城地域に新たに居住した集団である可能性が強いと言えよう」と書いている[16]。

この古墳に隣接して笛吹の地があり、伊福部氏や大海氏が祭祀する笛吹神社（元は火雷神社）が鎮座するが（伊福部氏は大海氏と同じ尾張氏系で、忍海に居住するが、前述したように高向（高田）に居住し、また因幡国では高向神社を祭祀しており、高向氏とかかわる）、この神社の近くにある小字《こあざ》を地光寺というのは、地光寺という寺があったからだが（古文書では慈光寺とあり、「慈」が「地」になったのだが、慈光寺は忍海郡唯一の白鳳寺院）、この小字の畑から大正元年に礎石や白鳳期の鬼面文軒丸瓦が出土しているが、この瓦は新羅系瓦である（橿原市考古学研究所編『葛城の古墳と古代寺院』）。門脇禎二は『葛城と古代国家』（一九八四年・教育社）で、慈光寺は新羅系の忍海漢人・手人にかかわると述べているが、三品彰英は『続日本紀』（養老六年三月辛亥条）の忍海漢人安得、忍海漢人麻呂、忍海部乎太須を、新羅から渡来した「鍛冶金作のいわゆる韓鍛冶」とみて、凡海宿禰麁鎌《あらかま》を「陸奥に遣はして冶金せしむ」と『続日本紀』（大宝元年三月十五日条）に載る記事から、凡海麁鎌を忍海漢人の「上位の同族人」とみている。(17)三品彰英は凡海麁鎌《あらかま》は、天武天皇の葬儀でトップに「壬生《みぶ》の事」の誄をした大海蒭蒲《あらかま》と同一人物であることに気づいていないから、大海氏も忍海漢人の指導者の漢氏系氏族とみているが、大海氏は前述したように尾張氏系氏族である。しかし大海蒭蒲は凡海麁鎌と書かれ冶金工人で、配下に冶金・鍛冶工人の漢人（忍〈大・凡〉海漢人）が居た。この漢人は新羅系だが、高向臣の配下の高向漢人も新羅系で大海人皇子と漢皇子は新羅系渡来人の線で結びつく。大海氏・高向氏は「漢人」を配下にもっているから、大海人皇子の別名が漢皇子なのは、忍海漢人か高向漢人のどちらか、または両方の漢人の女性が乳母になったので、「漢皇子」といわれたのである。

大海人皇子と漢皇子を結ぶ氏族と漢人

大海氏と同じ尾張氏系の伊福部氏は、前述したように当麻・高向とかかわり、高向神社を祀っているが、壬申の乱で最初に挙兵したのは美濃国穴八磨郡の湯沐《ゆのうながし》令（皇后・皇子の経済的地盤の土地の管理責任者）の多品治であった。大宝二年（七〇二）の穴八磨郡の籍帖には春部《かすかべ》（春日部）里に「主政大初位下、伊福部君福善」とある。伊福部氏が当麻真人や大海氏とかかわることは前述した。この伊福部氏が居た地を野村忠夫は「揖斐郡揖斐川町溝口・脛永」と書き[18]、吉田東伍は揖斐川に隣接した春日村（『和名抄』の池田郡伊福郷）とみている[19]。

このように大海人皇子の経済的地盤の地（湯沐）の近くに伊福部氏が居住しているが、「湯沐令」は壬申紀のみに書かれている。前川明久は漢の高祖が沛の湯沐邑から挙兵した故事にならい、美濃の湯沐邑を乱の拠点にしたとみて、沛の湯沐邑には「鉄官」「工官」が置かれ、製鉄、製銅がおこなわれ、武器を製造していたので（『漢書』巻二八、地理志）、『漢書』を読んでいた天武天皇は湯沐邑で武器を作らせたとみる。そして美濃国山方郡三井田里出身の五百木（伊福）部姓の二名が、壬申の乱の功で受位しているのは、武器を作っていたからと推測し、『続日本紀』（霊亀二年四月八日条）に尾張大隅が壬申の乱の時の功で「上功」を得た記事に、「軍資」を提供したとあるが、その軍資を「美濃の伊福部の鍛造した武器類」と書く[20]。この前川説には谷川健一も賛成しているが[21]、私も賛成する。しかし「軍資」は武器類だけではなく、他の物資も供給していたであろう。

このように大海人皇子と深くかかわる伊福部氏は前述したように当麻真人とかかわり、大海氏とは同族（尾張氏系）であり、漢人らとは鋳造・鍛造の工人としてかかわっているから、これらの氏族とかかわる大海人皇子の挙兵に協力するのは当然である。しかも前述したが伊福部氏は高向（現在の大和高田市）に居住していた。この地は当麻の隣地だが、高向氏も居住していたから高向と言われたのである。伊福部氏は因幡で高向神社を祀っていたことは前述したが、このように高向に伊福部氏がかかわっていることと、伊福部氏が壬申の乱で大海人皇子に積極的に協力している事からも、天武天皇の父が高向王であることが伊福部氏の線からも推察できる。

天武天皇の殯の初日に七人が誄《しのびこと》をしているが、六人のうち直大参（正五位上相当）が二人、直大肆（従五位上相当）が二人、直広肆（従五位下相当）が二人である。ところがトップに「壬生の事」の誄をした大海蒭蒲は無位である。誄をおこなった朱鳥元年（六八六）から十五年後の大宝元年（七〇一）に、陸奥へ冶金工人として派遣された時、蒭蒲（麁鎌）は追大肆（従八位下相当）で、官位としては最下位である。天武天皇の養育氏族であっても、殯の時にトップで誄を挙げながら無位で、十五年後にようやく追大肆なのは、冶金工人で職人だったからである。

『国史大辞典・8』（一九八七年・吉川弘文館）は、「当麻」の項で「当麻氏の氏寺であったと推測される当麻寺は、天武朝創建と伝え、奈良時代建築である東西両塔が現存している。（中略）鎌倉時代には大和鍛冶五派の一つである当麻派の刀匠が住んで当麻鍛冶と称され」たと書いている。鎌倉時代のことを書いた記事だが、古くからこの地には鍛冶の伝統があったから、「当麻派」として有名になったのであろう。鍛冶職などの工人は古くからの伝統技術を、門外不出の秘伝として伝えていく職業だから、鎌倉時代に突然当麻の地で始まったのではない。古くから鍛冶・冶金技術は家伝として伝えられており、用明天皇の妃を出した頃も、その技術を伝えていたと考えられる。ところが大海氏も冶金・鍛冶工人であるから、大海氏と当麻氏・高向氏は地縁以外でも結びつきがある。しかもこれらの氏族は配下に漢人がいたのだから、大海人皇子の別名が漢皇子であることと無理なく結びつくし、当麻真人が天武天皇と結びつくこともわかる。

天武が高向王の子である事を示す当麻真人の動向

天武朝の当麻真人と天武天皇は従兄弟の関係であった事を、いくつかの事例で示す。当麻真人以前の当麻公の記事は壬申紀に載る。天武元年六月二十六日条に、近江朝廷側が樟使主磐手を吉備国に派遣し、吉備国守当麻公広島を殺すよう命じる記事が載る。当麻公は、「元より大皇弟に隷《つ》きまつること有り。疑はくは反《そむ》くこと有らむか。若《も》し服《まつろ》はぬ色《おもへり》有らば、則ち殺せ」と、命じている。この記事が当麻氏に関する最初の記事だが、当麻公広島は大海人皇子に「元より」「隷《つ》きまつる」重要人物であった。この記事に続けて壬申紀は、「是《ここ》に磐手、吉備国に到《いた》りて、符《おしてのふみ》を授《たま》ふ日に、広島を紿《あざむ》きて刀を解《と》かしむ。磐手、乃ち刀を抜きて殺しつ」と書く。

当麻広島は斬殺されたが、壬申の乱では当麻氏は大海人側について戦っている。単に個人の協力ではなく、氏族としての協力である。当麻皇子の子は長男は高向王と名乗り（難波皇子の長男も栗隈王といい、二男・三男の後胤が真人賜姓のトップに載る守山真人・路真人になっている）。二男が当麻公、孫が当麻真人になったのである。『日本書紀』天武十年二月三十日条に、「小紫位当麻公豊浜薨《みまか》る」とある。「小紫」は従三位相当だが、「公」のなかで当麻公のみが、その死を記されているのも、前述したように当麻豊浜が当麻皇子の子であり、天武天皇の血縁であったからであろう。

『日本書紀』の天武十四年五月十九日条に、当麻真人広麻呂が亡くなったが、「壬申の年の功」で「直大参」（正五位上相当）から「直大壱」（正四位上相当）に一挙に上っている。また『続日本紀』大宝元年七月十一日条には、当麻真人国見が壬申の功で食封を下賜されているが、その時、国見も直大壱である。このように正史にも三人が壬申の乱にかかわっていたことを記しているが、広麻呂は天武四年四月八日条に、「勅《みことのり》したまはく、『小錦上当麻公広麻呂・小錦下久努臣麻呂二人、朝参せしむこと勿《なか》れ』とのたまふ」とあり（小錦上は正五位上相当。小錦下は従五位下相当）、勅勘を受けている。しかし亡くなった時には二階級特進しており、他の皇親の「公」とは違って、「当麻公」は特別扱いである。

当麻（麻呂子）皇子の母の広子（飯之子）は、用明天皇の皇子の当麻（麻呂子）皇子皇女の酢香手姫を生んでいる。酢香手姫皇女について用明天皇即位前紀は、注記で次のように書く。

酢香手姫皇女を以《も》ちて伊勢神宮に拝《め》して、日神の祀《まつり》に奉《つかへまつ》らしむ。是の皇女、此の天皇の時より炊《かしきや》屋姫天皇の世に逮《いた》るまで、日神の祀に奉る。自ら葛城に退《しりぞ》きて薨《みう》せましぬ。炊屋姫天皇の紀に見ゆ。或本に云はく、三十七年の間、日神の祀に奉る。自ら退《しりぞ》きて薨せましぬといふ。

「葛城に退きて」とあるのは葛城の当麻の地であり、当麻の隣が大海人皇子が養育されていた忍（大）海だが、当麻氏は伊勢神宮への厚い信仰を酢香手姫皇女の影響を受けてもっていたと考えられるが、この信仰は天武天皇に影響している。斎王の酢香手姫皇女が伊勢から葛城の当麻へ帰った以降、舒明・皇極・孝徳・斉明・天智の王朝は斎王を派遣していない。しかし天武天皇は即位すると大伯皇女を天武二年に斎王に卜定し、翌年伊勢に大伯皇女は入っている。単に中断していた斎王の派遣を復活しただけでなく、壬申紀には伊勢国の朝明《あさけ》郡の迹太《とほ》川のほとりで、大海人皇子は「天照大神を望拝す」とあり、酢香手姫皇女が斎王であった伊勢神宮に対し、大海人皇子も厚い信仰心をもっていた。この事実も当麻真人と大海人皇子との結びつきの強さを裏付けている（『続日本紀』によれば当麻真人橘は大宝二年〈七〇二〉、当麻真人楯は慶雲二年〈七〇五〉に斎宮頭になっている）。

天武が天智の異父兄である事を示す決定的根拠

天武天皇の殯は朱鳥元年（六八六）九月二十七日にはじまって、持統二年（六八八）十一月十一日に当麻真人智徳の「騰極《ひつぎ》の次第」の誄で終っている。舒明天皇の殯は舒明十三年（六四一）一月十八日に初まって、皇極元年（六四二）十二月十四日に、「息長山田公、日嗣《ひつぎ》を奉誄《しのびたてまつ》る」とある。当麻真人知徳の「騰極の次第」については、「古《いにしへ》には日嗣《ひつぎ》と云ふなり」とあるから、小学館版の『日本書紀・三』は「騰極《とうきょく》」と訓んでいる。

舒明天皇の和風諡号は「息長足日広額天皇」だから、息長山田公が「日継」の誄をしている。つまり舒明天皇の出自が息長氏だからである。天武天皇の父を『日本書紀』は舒明天皇と書くから、天武天皇の「日継」の誄も息長真人がやるべきである（持統六年十一月八日条に息長真人老の名が載る。彼は直広肆〈従五位下相当〉とあるが、持統二年十二月の殯の時の誄人の当麻真人知徳も直広肆である。『日本書紀』が書くように天武が天智の弟で、共に父が舒明天皇なら、当然、息長真人老が「日継」の誄をやるべきである）。しかし息長真人でなく当麻真人がおこなっている事実は、当麻真人の祖の用明天皇の皇子の当麻（麻呂子）皇子が高向王の父だったからである。『日本書紀』が高向王の祖父は用明天皇の孫と書いて、父の名を記さないのも、父の名を書くと出自がはっきりわかって都合が悪かったからであろう。

「日継」の誄をした当麻真人知徳は大宝三年（七〇三）十一月十七日には、持統天皇の葬儀に、「諸王・諸臣を率いて、太上天皇に誄奉る」と『続日本紀』は書き、慶雲四年（七〇七）十一月十二日条の文武天皇の殯の時も、当麻真人知徳が「誄人を率ゐて誄奉る」とあるから、岩波書店版『日本書紀・下』の頭注は、当麻真人知徳が「帝皇日継を暗《そら》んじていた人」だから選ばれたと書く。この解釈が的はずれなのは、当麻真人知徳は天武天皇の血縁者（従兄弟）であったことを理解していないからである。天武の皇后と孫の葬儀の誄をおこなったのも、天武と血縁上もっとも近い人物だったからである。そのことは後述するが、当麻真人国見も「左右兵衛の事」の誄をしていることが示している。

日嗣の誄をする人物は「帝皇日継を暗んじていた人」ではなく、故人の血縁者であることは、天皇ではないが堅塩媛（欽明天皇の妃で、用明・推古天皇の母、蘇我稲目の娘）の改葬の誄儀礼をおこなった推古二十年（六一二）二月二十日の葬儀で、境部臣摩理勢が「氏姓《うじかばね》の本《もと》」の誄をした記事からも証せられる。和田萃は「殯の基礎的考察」で、境部臣摩理勢の「氏姓の本」を「蘇我氏の系譜」とみて、「天皇・皇后の葬礼にあっても、誄儀礼の最後に、皇統譜というべき日嗣がよみあげられて」殯宮儀礼はすべて完了したと書く。(22) 境部臣摩理勢は被葬者の堅塩媛や蘇我馬子の弟である（『日本古代氏族人名辞典』も、日野昭「蘇我氏における同族関係」〈『日本古代氏族伝承の研究』所収〉、門脇禎二『蘇我蝦夷・入鹿』、加藤謙吉『蘇我氏と大和王権』を参考にして、境部摩理勢は「稲目の子で馬子の弟」と書いている）。

以上述べたように、息長山田公も境部臣摩理勢も血縁関係の人物であることからみても、天武天皇の殯の最後に「日嗣」を述べた当麻知徳も、天武天皇の血縁者である事は確かである。

なぜ当麻真人国見は天武朝の左右兵衛の長官か

当麻真人知徳だけでなく当麻真人国見を検証しても、天武天皇の父は正史が書く田村皇子（舒明天皇）でなく高向王であることを証している。

当麻真人国見は天武天皇の殯で「左右兵衛の事」の誄をしている（国見は「直大参」、正五位上相当だが、智徳は「直広肆」、従五位下相当だから、この兄弟は国見が兄）。兵衛は天武朝で新しく創設された天皇を守る親衛隊である。岩波書店版『日本書紀・下』の頭注は「兵衛」の「制度は天武朝に整備されたもの」で、「親衛隊の中核」と書く。天武天皇は武力で政権を樹立したのだから、通常の世襲制の下で即位した天皇とは違う。だからこそ新しく左右兵衛府を創立したのである。その長官に身内《みうち》で信頼できる人物を任命した。その人物が当麻真人国見である。

身内でなければ「兵衛」の長に任命されなかった例として、「授刀舎人《たちはきのとねり》」をあげよう。元明天皇の即位（慶雲四年七月十七日）の四日後に五衛府とは別に授刀舎人寮を創設した。令制の五衛府は宮城の門を守る衛門府、宮城全体を守る左衛士府・右衛士府。宮城でもっとも重要な大極殿を守る左兵衛府と右兵衛府の五衛府がある。天武天皇が創設した左右の兵衛府は、天皇を守るのが主な役目だったが、後に形骸化して大極殿の守護になっていた。そこで天武朝の兵衛府と似た授刀舎人府を、新しく創設したのである。瀧川政次郎・井上薫・直木孝次郎・笹山晴生らが述べているが[23]、授刀舎人府は元明天皇と首皇子のための親衛隊で、私兵的性格が強いことは、諸氏の見解は一致している。

藤原不比等が亡くなった翌日、新田部親王は五衛府と授刀舎人寮の長官になっている（『続日本紀』養老四年八月四日）。新田部親王は不比等の異母妹で不比等の愛人であった五百重娘と天武天皇の間の子である。不比等の四男の麻呂は天武天皇の死後、五百重娘と不比等の間に生まれた子である。したがって新田部親王は不比等の息子のような存在であった。角田文衛は新田部親王を任命したのは不比等の遺言と述べているが[24]、不比等の次男の房前は養老六年に授刀舎人頭になっている。笹山晴生は房前の任官について、「房前は不比等の四子の中ではことに政治的才能があり、この前年の元明上皇崩御のおり、右大臣長屋王とともに、とくに後事を託されたほどであった。寮の長官は普通従五位であるのに、従三位内臣という高官の房前がその地位を占めていたということは、藤原氏が授刀寮の存在を重視し、それを支配下に収めようと努めていたことを物語る。おそらく藤原氏は授刀舎人の創設当初から、この舎人と深い関係を持っていたであろう」と書いている[25]。井上薫[23]・林陸朗[26]・笹山晴生[25]は、授刀舎人寮の設置は女帝の護衛だけでなく、首皇子へ皇位を継承するのを妨げる勢力の策動を封じるためと論じている。そのような授刀舎人寮の長官に、新田部親王や藤原房前など血縁の人物が任命されているのだから、天武天皇が新設した左右兵衛府の長官であった当麻真人国見も、天武天皇の血縁者と見るべきである。国見と知徳の兄弟は大海人皇子の父が高向王なら、大海人皇子と従兄弟である。

そのことを裏付ける事実をさらに示す。

なぜ当麻真人国見は東宮大傅になったのか

『日本書紀』によれば当麻真人国見は持統十一年（六九七）二月に、東宮《みこのみや》大傅《おおかしづき》に任命されている。この「東宮」は軽皇子（文武天皇）だが、『続日本紀』の文武天皇即位の条には、持統天皇十一年に皇太子になったとあるから、軽皇子が皇太子として正式にきまったので、東宮大傅に任命されたのである。「東宮」は中国では皇太子のいる場所をいうが、皇太子も「東宮」という。今でも皇太子の居る場所を「東宮御所」という。『日本書紀』は天智天皇を「東宮開別皇子」と書くが（舒明紀十三年十月条）、「東宮」という言葉が実際に使われたのは、軽皇子が「東宮」になったとき以降である。そのことは荒木敏夫が『日本古代の皇太子』で詳述している。[27]

持統十一年（六九七）二月二十八日に初めて東宮大傅という役職ができて、直広壱（正四位上相当）の当麻真人国見が任命されたが、律令の解説書の『令集解』の職員令には、東宮傅（養老令の発令以降は「大傅」の「大」をとっている）について、「古記に云ふ、道徳を以て輔導する也」とある。「東宮大傅（東宮傅）」は皇太子に「道徳」つまり「帝王学」を教える教師をいう。この役に当麻真人国見が任命されたことは無視できない（この年八月に十五歳で皇太子は即位し文武天皇となり、文武元年になる）。

天平年間成立の『藤氏家伝』の下巻「武智麻呂伝」には、首皇子（後の聖武天皇）の東宮傅について、藤原武智麻呂が養老三年（七一九）七月に任命されたとある。武智麻呂は不比等の長男で学問に非常に優れ、人格者であったと「武智麻呂伝」は書き、「東宮傅」について「以道徳輔導」と書く。武智麻呂は皇太子の首皇子の伯父であることからみても、単に識見のすぐれた人物が皇太子に道徳を教えたのでなく、見識のある血縁者が教えている。そのような役職に当麻真人国見が任命されていることからみても、当麻真人国見も首皇子にとって見識のある血縁者であった。

東宮傅は藤原武智麻呂以外でも、皇太子の縁者がなっている。『続日本紀』に載る東宮傅は、宝亀二年（七七一）正月二十三日条に、「他戸親王を立てて皇太子に為す」という記事に続けて、大納言正三位大中臣清麻呂を東宮傅にしたと記している。清麻呂は神祇伯中臣意美麻呂の子で東宮傅になった年の三月には右大臣となり、従二位に叙せられている。また天応元年（七八一）四月十四日条には、桓武天皇即位の日、東宮傅として中納言従三位藤原田麻呂が任命されている。田麻呂は不比等の三男宇合の子で、東宮傅の後、右大臣になり従二位になっている。このように、武智麻呂以降でも、藤原・中臣氏の主流の右大臣級の人物が東宮傅になっているが、いずれも皇太子の血縁者であることからみても、東宮大傅になった当麻真人国見も血縁者であったから選ばれたのである。そのことは当麻真人国見は東宮大傅の前は、左右兵衛府の長官だったが、皇太子の伯父の藤原武智麻呂と藤原房前の兄弟も、皇太子の教育だけでなく天皇・皇太子の護衛の要職にそれぞれついている。この事からみても、二つの要職に就任した当麻真人国見を、単に信頼の厚い重臣とみることはできない。親衛隊の長官と皇太子の教育の役を天武天皇・持統天皇から任命されたのは、平安時代初期の例からみても、天武天皇の血縁者であったからである。天武天皇と当麻真人国見は、共に祖父を当麻（麻呂子）皇子とする従兄弟であった。そのことは当麻真人国見だけでなく、国見の実弟の当麻真人知徳が、一般の誄人でなく、血縁者でなければ任命されない、天武天皇の「日嗣」の誄人になっていることからもいえる。

息長帯日広額天皇（舒明天皇）の葬儀のおこなわれた、皇極元年十二月十三日に、「日嗣」の誄人になったのは、亡き天皇と同族の息長君（後の息長真人）山田であったのだから、当麻真人知徳が天武天皇の葬儀で「日嗣」の誄人になっているのは、当麻真人が天武天皇と血縁関係にあったことを明示している。

丹比・猪名真人と尾張氏・大海氏と高向神社

当麻真人の次の六番目に載る茨城真人について、倉本一宏は「摂津国三島郡茨城邑」を本拠地とする氏族と書く(2)。それ以上のことは書いていないが、この茨城真人は高橋真人と同じに、『日本書紀』

『古事記』『姓氏録』には記載はない。しかし倉本一宏の見解は正しいだろう。倉本は前述した記述以外は述べていないが、茨城真人の「茨城」は現在の茨木市である。茨木市太田三丁目の太田茶臼山古墳は、宮内庁指定の継体天皇の三島藍野陵に比定されている。しかしこの古墳は継体天皇が亡くなった時代より古いから、年代が合うこの古墳の東、約一・五キロにある高槻市の今城塚古墳が、継体天皇陵とされ、学界では通説になっている。今城塚古墳を含む地域が、かつての茨城の地と考えられるから、茨城真人は継体天皇にかかわる氏族である。そのことは高橋真人・三国真人や、後述する多くの真人も、継体天皇にかかわることからもいえる。

七番目の丹比《たぢひ》真人と八番目の猪名《ゐな》真人は、尾張氏系の真人である。『日本書紀』は丹比・猪名真人は、共に宣化天皇と仁賢天皇の娘の橘《たちばな》　仲《なか》皇女の間に生れた、上殖葉《かみえは》皇子の後裔と書くが、宣化天皇は継体天皇が尾張連の娘の目子《めのこ》媛を妃として生まれた皇子である。『姓氏録』も丹比真人は賀美恵波《かみえは》（上殖葉）皇子の後裔と書くが、猪名真人は宣化天皇の妃の大河内《おほしかふち》稚子《わくご》媛（出自不明）が生んだ火焔《ほのほ》皇子の後裔と書く。しかし丹比と猪名の真人の祖が異母兄弟であっても、父は宣化天皇だから尾張氏系氏族である。

継体天皇が越前に居た若い時に妃にしたのが尾張連の娘だが、尾張氏の娘を妃にしたのは、継体天皇が養育された母の振姫の故郷の越前国坂井郡高向郷のある坂井郡に、尾張氏が居たからである。奈良時代の文献だが（天平十二年の『越前国正税帳』）、坂井郡の少領に尾張氏系の「海直大食」が載る。また坂井郡海部郷には「尾張諸上」の名がある（『大日本古文書・五』六〇四・六〇六）。新井喜久夫は越前国坂井郡海部郷に拠点をもって居た尾張氏は、坂井郡高向郷で養育された継体天皇との「人的交渉により、尾張氏の女を継体が娶ったものと思われる」と書く[28]（継体紀は継体天皇の最初の妃は「尾張連草香の女、目子媛」で、二人の皇子が安閑天皇・宣化天皇になったと書く）。継体天皇は生まれ育った高向の近くに居た尾張氏の女性を妻にしたが、高向郷にある式内社の高向神社（現代の祭神は継体天皇とその母振姫）の東二キロにある横山古墳群は、継体天皇の母の振姫の出自氏族の墓と見られている。この古墳群の一五号墳から出土した円筒埴輪について、白崎昭一郎は「底部の作り方に尾張地方からの影響が強いと云われている。もしそれが事実とすれば、継体天皇の元妃、目子媛（安閑・宣化両天皇の母）が尾張の出身と伝えられるのと併せ考えて、興味あることといえる」と書いている[29]（傍点引用者）。厳密にいえば継体天皇の妃目子媛は「尾張の出身」でなく尾張連草香の娘で「尾張氏の出自」である。

このように尾張氏は継体天皇が養育された越前国坂井郡高向郷とその周辺に居住していたから、尾張氏の娘が継体天皇の「元妃」になったのである。尾張氏の関係は越前だけでなく、尾張氏の本国（尾張国）ともかかわっている。真人賜姓の四番目に記されている三国真人については前述したが、熱田神宮所管の『熱田宮旧記』には「三国真人、継体天皇皇子椀子王後胤云々、祝を譜代相続して姓氏と為す」とあり、尾張国には式内社の「高牟神社」が愛知郡と春日部郡にあるが、愛知郡の「高牟神社」を『塵點録』や『尾張国神名帳』は「高牟久神社」と書き、高向臣の祀る神社と書く。したがって春日部郡の「高牟神社」も「高牟久神社」つまり高向神社である。尾張国で高向神社を祀っているのは、越前国坂井郡高向郷とその周辺に、継体天皇の「元妃」を出した尾張氏が居たから、越前国の高向郷で祀っていた高向神社を、尾張国でも祀ったのである。

尾張国の高向神社が祀られている愛知郡には、「海連」が居る（『大日本古文書』五―一四二）。ところが前述したように越前国坂井郡の少領は尾張氏系の「海直」があり、坂井郡には海部郷がある。このように尾張氏の姓は「海」にかかわるが、大海人皇子の養育氏族は「大海氏」であり、大海人皇子と尾張氏と継体天皇の養育地の高向は結びついている。この事実からも大海人皇子の父が高向王であることが確かめられるし、尾張氏出自の妃が生んだ宣化天皇の後裔が、真人になるのもうなずける。

真人賜姓の十三氏が示す天武天皇の出自

十三氏の真人のうち八番目までの出自を述べたが、九番目から十三番目までは、継体天皇の皇子か継体天皇の曾祖父意富々杼《おほほど》王の後裔だが、『日本書紀』『古事記』『姓氏録』によって出自に違いがある。そのことを整理して示す（数字は天武紀の掲載順序。『紀』は『日本書紀』、『記』は『古事記』、『録』は『姓氏録』）

○継体天皇の皇子

坂田真人（9、『紀』）継体天皇と根王の娘広姫との間に生まれた中皇子の後裔。

酒人《さかと》真人（12、『紀』）中皇子と同じ母の子、菟《うさぎ》皇子の後裔（継体紀は、菟皇子を中皇子の実兄とし、先に書く）。

○継体天皇の祖父意富々杼《おほほど》王の子孫（意富々杼王の父は応神天皇の皇子若渟毛二俣王《わかぬけふたまた》）

坂田酒人真人（9、12。『録』。『紀』の坂田真人・酒田真人が合体している）

羽田真人（10、『紀』『記』は「波多」、『録』は「八多」と書く）

息長《おきなが》真人（11、『紀』『記』は「息長坂」と書き、息長真人と坂田真人が合体している）

酒人真人（12、『記』『録』は坂田真人と合体している）
山道《やまぢ》真人（13、『紀』『記』。『録』は山路真人と書く）
『日本書紀』では坂田真人と酒人真人は継体天皇の皇子になっているが、『姓氏録』は「坂田酒人真人」と書いて、継体天皇の祖（意富々杼王）の後裔とし、『古事記』も酒人君を同じに書く。また坂田君については「息長坂君」と書いて、息長氏と重ねているが、やはり酒人君と同じに継体天皇の祖の後裔と書いており、『古事記』と同じである。『古事記』は波多君・山道君も、酒人君・息長坂君と同じ祖と書くから、これらの氏族は『日本書紀』や『姓氏録』とも、出自は一致する。このように九番目から十三番目までの真人賜姓の皇胤氏族は、すべて継体天皇を祖とする氏族である（『日本書紀』の坂田真人・酒人真人を継体天皇の皇子とする系譜は、新しい系譜で本来は『古事記』『姓氏録』の伝承であろう）。

真人賜姓の一番目から八番目までを整理すると、次のようになる。

一、守山真人。敏達天皇の皇子難波皇子の後裔。
二、路真人。守山真人と同じ難波皇子の後裔。
三、高橋真人。越前国坂井郡を本貫とする三国真人と同族。
四、三国真人。『古事記』は継体天皇の祖父意富々杼王の後裔と書くが、『日本書紀』『姓氏録』は継体天皇の子の椀子《まろこ》皇子を祖と書く。この記述は坂田真人・酒人真人を『古事記』『姓氏録』が意富々杼王の後裔と書くのに、『日本書紀』が継体天皇の皇子の子孫と書くのと同じであり、本来の伝承は『古事記』の意富々杼王の後裔。
五、当麻真人。用明天皇の皇子麻呂子（当麻）皇子の後裔。

六、茨城真人。摂津国三島郡茨城邑を本拠地とするが、近くに継体天皇陵といわれる今城塚古墳があるから、継体天皇にかかわる氏族だが、詳細は不明。
七、丹比真人。宣化天皇の皇子上殖葉《かみえは》皇子の後裔。
八、猪名真人。宣化天皇の皇子上殖葉皇子の後裔（『姓氏録』は猪名真人は宣化天皇の子ではあるが、火焰《ほの》皇子《ほ》の子孫と書く）。
八位までの真人は九位以降と違って、敏達天皇・用明天皇・宣化天皇の皇子の後裔氏族（守山・路・当麻・丹比・猪名）と、継体天皇の養育地の越前国坂井郡高向郷にかかわる氏族（高橋・三国）、継体天皇陵のある摂津国にかかわる氏族（茨城）である。注目すべきは、皇子を祖とする氏族の中に、正史の『日本書紀』が天武天皇の父と書く、敏達天皇の皇子の忍坂彦人大兄にかかわる系譜の氏族が、まったく無視されている事実である。

『日本書紀』の天武天皇の父の記述があくまで正しいと主張するなら、天武紀の真人賜姓がまったく無視している理由を、具体的に説明してほしい。さらに用明天皇の皇子の後裔の当麻真人は、正史の『日本書紀』の書く父（舒明天皇）の系譜とは結びつかない。しかし天武天皇の父を高向王とすれば結びつく。私見の大海人漢皇子の父は高向王とみる見解を認めない人は、この事実をどうみるか、私見以外の具体例を示して反論してほしい。

九番目以降の真人賜姓の皇胤で注目すべき氏族は、十一番目に載る息長真人である。息長真人の祖は息長真手王だが、息長真手王の後裔は、『日本書紀』では次のようになる。

敏達天皇
＝＝押坂彦人大兄皇子
息長真手王——広姫

田村皇子（舒明天皇）
＝＝葛城皇子
＝＝大海人皇子
茅渟王——宝皇女（皇極・斉明天皇）

舒明天皇（田村皇子）の諡号は「息長足日《おきながたらしひ》広額《ひろぬか》天皇」である。理由は父の母系が息長氏だからだが、宝皇女も息長系である。正史の書く天武天皇の父母は、両方が共に息長真手王が祖なのだから、この系譜が正しければ、当然、真人十三氏のトップかトップに近くへ息長真人を載せるべきだが、十一番目に載っている。理由は大海人皇子の父は息長氏ではないが、母の宝皇女が息長氏系だからである。

この事実も、天武天皇が天智天皇と同じに父が舒明天皇でないことを示している。舒明天皇が父なら、前述したように舒明天皇の和風諡号が「息長帯日広額天皇」なのだから、当然、息長真人が天武天皇の葬儀の殯で、「騰極の次第」の誄をしなければならない。しかし当麻真人がおこなっている。正史の『日本書紀』の記述によれば、当麻真人は天武天皇とは、まったく無関係の「真人」である。当麻真人は、智徳が「騰極（日嗣）」の誄をしているだけでなく、兄の国見も「左右兵衛」の誄をしている。「左右兵衛」は天武天皇が初めて創設した親衛隊である。さらに持統天皇は孫の軽皇子の「東宮大傅」に国見を任命しているから、持統天皇も息長真人より当麻真人を重視したのである。天武天皇と当麻真人の系譜は、次のようになる。

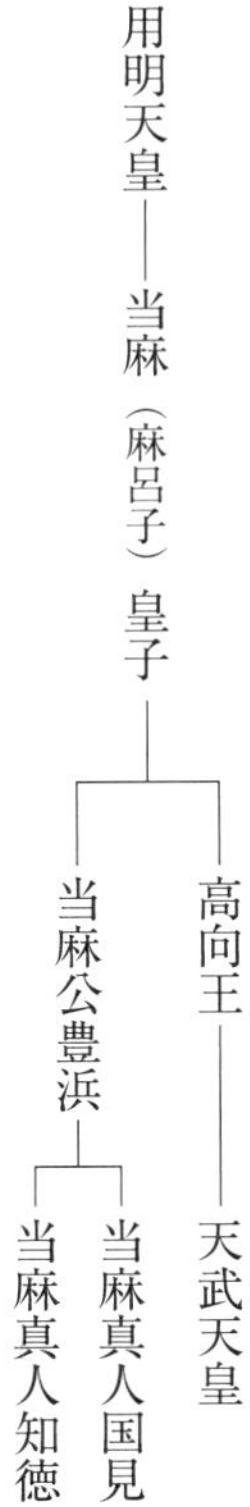

高向王の父の名を『日本書紀』が記さない理由

『日本書紀』は高向王（大海人皇子の父）の父の名を記さず、祖父が用明天皇だとのみ記すが、用明天皇の皇子は六人居る。六人のうち真人賜姓十三氏に載るのは、葛城直盤村の娘広子の生んだ麻呂子（当麻）皇子を祖とする当麻真人のみである。麻呂子皇子の兄弟は五人居るが四人は皇后（穴穂別間人皇女）の子である。長男は聖徳太子だが高向王の父を示す史料はまったくない。二男の来目《くめ》皇子と殖栗皇子は、『姓氏録』（左京皇別）に来目皇子は登美真人の祖、殖栗皇子は蜷淵真人の祖とあるが、真人十三氏の中に入っていないから、天武天皇とは無関係だし、高向王とかかわる史料もない。残るのは四男の茨田《まむた》皇子と、蘇我稲目の娘石寸名《いしきな》の子の田目《ため》皇子と、当麻真人の祖の麻呂子皇子である。この三皇子を検証しても、茨田皇子・田目皇子は史料がなく、史料のある当麻（麻呂子）皇子・当麻真人が、前述したように高向王・大海人皇子・漢皇子と結びつく史料を豊富にもっていることからも、高向王の父は当麻皇子である。

以上述べたように用明天皇の孫の高向王は、用明天皇の皇子六人を検証しても、当麻皇子が高向王の父であることが証されるが、『日本書紀』は高向王の祖父は書いても、なぜか父の名を記さない。

理由は前述したが、『日本書紀』の成立期には天智天皇には異父兄が居たと思っていた人たちが少数だが生存しており、宝皇女（皇極・斉明天皇）の初婚の夫の高向王の父の名を明らかにすると、大海人皇子と漢皇子を別人にし、天武天皇を天智天皇の「実弟」にした意図が、達成できなくなってしまうからである。

一般にその人物の出自を語る時は、父は誰かと書くのに、父を語らず祖父の名のみを明らかにすることはありえない。この常識を無視して、斉明紀が祖父の用明天皇のみを記すのは、高向王の出自を明らかにしたくなかったからである。この『日本書紀』の書き方からみても、高向王の子の漢皇子の存在を、『日本書紀』の書くままにストレートに認めるわけにはいかない。いままで述べてきた真人十三氏の検証からも、天武天皇は天智天皇の実弟で、父は田村皇子（舒明天皇）と書く『日本書紀』の記事は疑わしい。

後述するが、漢皇子の事を書く斉明紀・壬申紀・天武紀は、述作者が違うし、第二段階の加筆・改変は天武紀にはないから、天武紀を検証すれば、天武天皇の真の出自が明らかになる。

〔注〕
(1) 福永光司「天皇と真人」『道教と日本思想』所収　一九八五年　徳間書房
(2) 倉本一宏「真人姓氏族について」『日本古代国家成立期の政権構造』所収　一九九七年　吉川弘文館
(3) 太田亮『姓氏家系大辞典・第三巻』五七五九頁　一九六三年　角川書店
(4) 吉田東伍『大日本地名辞書・第五巻』七四頁　一九〇〇年　冨山房
(5) 栗田寛『新撰姓氏録考証・上』三〇三頁　一八九四年（一九六二年　臨川書房復刻）
(6) 大和岩雄『天武天皇論（一）』一六八頁〜一七七頁　一九八七年　大和書房
(7) 加藤謙吉『蘇我氏と大和王権』二九頁　一九八三年　吉川弘文館
(8) 加藤謙吉（注7）前掲書　一二二頁
(9) 加藤謙吉（注7）前掲書　八八頁
(10) 横田健一「神武紀熊野高倉下説話の一考察」「史泉」三五・三六合併号　一九六七年
(11) 上田正昭「和風諡号と神代史」『赤松俊秀教授退官記念国史論集』所収　一九七二年　吉川弘文館
(12) 三品彰英『日本書紀朝鮮関係記事考証』八七頁　一九六三年　吉川弘文館
(13) 池田末則『奈良県史・地名』四一〇頁　一九八五年　名著出版
(14) 加藤謙吉（注7）前掲書　五五頁〜五八頁
(15) 加藤謙吉（注7）前掲書　五六頁
(16) 千賀久「葛城山麓の群集墳と渡来系集団――新庄町平岡西方古墳群の調査を通じて――」奈良新聞　一九八六年七月三〇日文化欄
(17) 三品彰英（注12）前掲書　八七頁

(18) 野村忠夫『古代の美濃』 一二九頁 一九八〇年 教育社
(19) 吉田東伍（注4）前掲書 四四四頁
(20) 前川明久「壬申の乱と湯沐邑」「日本歴史」 二三〇号
(21) 谷川健一『青銅の神の足跡』 八一頁 一九八一年 集英社
(22) 和田萃「殯の基礎的考察」「史林」 五二巻五号 一九七〇年
(23) 瀧川政次郎「授刀舎人について」『続日本紀研究』 三巻四号。井上薫「舎人制度の一考察」『日本古代の政治と宗教』所収 一九六一年 吉川弘文館。直木孝次郎『飛鳥奈良時代の研究』所収 一九七五年 塙書房。笹山晴生「授刀舎人補考」『日本古代衛府制度の研究』所収 一九八五年 東京大学出版会
(24) 角田文衛「天皇権力と皇親権力」『律令国家の展開』所収 一九六一年 塙書房
(25) 笹山晴生『古代国家と軍隊』 九八頁 一九七五年 中央公論社
(26) 林陸朗「親衛隊を詠んだ万葉集の歌」『古代史講座・九』月報 一九六三年 学生社。「皇位継承と親衛隊」『上代政治社会の研究』所収 一九六九年 吉川弘文館
(27) 荒木敏夫『日本古代の皇太子』 一五九頁〜一六〇頁 一九八五年 吉川弘文館
(28) 新井喜久夫「古代の尾張氏について（下）」「信濃」 一七巻一号 一九六五年
(29) 白崎昭一郎『越前若狭の古代史』 九三頁〜九四頁 一九八〇年 福井郷土史懇談会

第二章

中大兄の「中」は同母兄弟の二男を示す

中大兄の同母兄の漢皇子と大海人皇子は同一人物である

「中大兄」は二男で長男をいう異例な表現

「中大兄」の「中」について、喜田貞吉は「中天皇考」で、「大兄」は「皇后所生の長子なれば第一に列し」と書き、葛城皇子は古市大兄の弟で、「第二皇子なりしこと明かなり。しかして中大兄の称あり」と書いている。[1] 水野祐は喜田貞吉が「皇后所生の長子なれば第一に列し」と書いているのを批判し、「大兄と称される皇子は、大体において長男に与えられている」が、必ずしも皇后が生んだ「嫡出子ではない。舒明天皇と皇后との間に生まれた長子葛城皇子よりも先に、天皇と妃の堅塩媛との間の長子古人皇子が、まず大兄と称され、後に皇后の出自である葛城皇子が大兄と称された」と書いている。[2]

水野祐が喜田説を批判するように、「大兄」は必らずしも「皇后所生の長子」ではない。井上光貞は「古代の皇太子」で「大兄」について次頁の表を示す。[3] この表を井上光貞は示して、「大兄」についての問題点を三つあげる。

「第一に、山背大兄王を除くと、大兄はみな天皇の長子であり、もしくはそのただ一人の子である。異腹の大兄をもつこともある。第二に、大兄は、生来、天皇たり得べき出生身分であったと考えられるふしがある。第三に、大兄の実例は、五世紀の履中にはじまり、七世紀中葉の中大兄皇子らの世代に終っている」と書く。[3]

喜田貞吉は皇后出生の長男が「大兄」だと書くが、[1] 水野祐は皇后以外の妃が生んだ長男の古人大兄皇子がいることを示し、[2] 井上光貞はさらに天皇の皇子でない山背大兄王を示すが、[3]「大兄」は皇后の

名	系譜関係	出典	立太子	即位
大兄去来穂別尊	仁徳皇后の長子	記・紀		即位（履中）
勾大兄皇子	継体元妃の長子	記・紀	父継体の太子	即位（安閑）
箭田珠勝大兄皇子	欽明皇后の長子	紀		父の在世中に死す
大兄皇子	欽明妃の長子	紀		即位（用明）
押坂彦人大兄皇子	敏達元皇后の長子	紀	叔父用明の太子	
山背大兄王	聖徳太子の長子	紀・法王帝説		
古人大兄皇子	舒明夫人の長子	紀・家伝		
中大兄皇子	舒明皇后の長子	紀・家伝	叔父孝徳の太子	即位（天智）

長男、天皇の長男に限定されていない。しかし「長男」であることは確かだが、なぜか「中大兄」のみ「中」が冠されている。後に天智天皇になる「大兄」にのみ「中」が冠されているのは、天武・天智の兄弟関係を論じるための重要な鍵になるが、ほとんどの日本古代史学者は問題にしていない。

　しかし直木孝次郎は「中大兄の名称をめぐる諸問題」と題する論文で問題にしている。直木は「中大兄」だけが、命・尊・皇子などの敬称が、『日本書紀』や『万葉集』に一例もないことを問題にし、理由として、「大兄」は「当初は皇位継承の上で有力な皇子であることを意味する名称であって、とくに敬称の意味はなかったので、『皇子』がついていた」。しかし後に「大兄皇子」の多くが「天皇」

になる例が多くなったので、「『大兄』の名称自体が敬称を含むと考えられ、『皇子』の称を省くようになったと思われる」と書く。したがって「古人大兄」「古人皇子」「古人太子」とも書かれているから、「中大兄」も「中皇子」の意と解す。[4] しかしなぜ「中」がこの皇子のみに冠されているのかについては、まったくふれていない。

「中大兄」の「中」については、序章で喜田貞吉の説[1]、また前述した水野祐の説[2]を示したように、異母兄の古人大兄の弟とみる説が有力である。しかし寺西貞弘は「わが国においては招婿婚の慣習が強く、子供は母方の手によって養育されるのが普通であった。そのためわが国においては、同母兄弟中の最年長」を「大兄」、次を「中」というと書いている[5]（傍点は引用者）。しかし寺西は具体例を示さないから、具体例を示す。

まず直木孝次郎が書く「中皇子」について書く。「中皇子」は『日本書紀』に二例載る。一例は継体元年三月十四日条に載る継体天皇が根王の娘の広姫との間に、「長《え》の兎《うさぎ》皇子」「少《おと》の中皇子」をもうけたとある記事。二例目は仁徳二年三月八日条の、皇后磐之媛命が生んだ皇子として、「大兄去来穂別天皇・住吉仲皇子」とある記事だが、この「住吉仲皇子」は履中即位前紀・履中元年四月十七日条には、計十二回「仲皇子」と記されている。この二例の「仲皇子」はいずれも同母兄弟の二男である。

また「仲姫」も応神二年三月三日条に「仲姫を立てて皇后にしたまふ」とあるが、「是より先に天皇、皇后の姉高城《たかき》入《いり》姫を以《も》ちて妃とす」とあり、仲姫も同母姉妹の二女である。『古事記』は「仲姫」を「中日売命」と書き、「高木之入日売命」の妹と書く。『古事記』も同母姉妹の二女を「中日売命」

と書いている。

さらに「中子」も応神二十二年九月十日条に、吉備臣の祖御友別の子を、長男を「長子《このかみ》稲速別《いなはやわけ》」、二男を「中子《なかつこ》仲彦《なかつひこ》」、三男を「弟《おと》彦」と書く。この兄弟も同母兄弟の二男が「中子」である。舒明紀即位前紀には、山背大兄王を支持した境部臣麻理勢の長男の毛津を「兄子」、二男の阿椰《あや》を「仲子」と書く。「長子」が「兄子」、「二子」が「仲子」だが、いずれも母を同じにする兄弟で、古人大兄と中大兄のような、父の違う兄弟の二男ではない。

また「仲《なかち》」についても、継体紀の元年三月十四日条に次の記事が載る。

坂田《さかた》大跨《おほまた》王の女《むすめ》を広媛と曰《い》ふ。三女を生む。長《え》を神前皇女《かむさきひめみこ》と曰《まを》し、仲《なかち》を茨田《まむた》皇女と曰し、少《おと》を馬来田《まぐた》皇女と曰す。

茨田《まむた》連《むらじ》小望《をもち》が女を関媛《せきひめ》と曰ふ。三女を生む。長を茨田大娘皇女と曰し、仲を白坂活日《しらさかいくひ》姫《ひめ》皇女と曰し、少を小野《をの》稚娘《わきいらつめ》皇女と曰す。

とある。

欽明紀元年正月十五日条には、皇后石姫が、

二男一女を生みたまふ。長を箭田《やた》珠勝《たまかつ》大兄皇子と曰《まう》し、仲を訳語田《をさだ》渟中倉太珠敷《ぬなかくらふとたましき》尊と曰し、少を笠縫《かさぬい》皇女と曰す。

と書く。いずれも「仲《なかち》」は同母の二女か二男である。この用例は皇子・皇女だけではない。『万葉集』（巻十九・四二一六）の注記に「藤原二郎」が載り、同じ『万葉集』（巻二）の注記に「仲郎」（一二六）・「中郎」（一二八）が載るが、「二郎」も「仲（中）郎」も、「ナカチ」「ナカツコ」と読まれ、「中」と

「二」は同母兄弟の二番目である。

『日本書紀』に載る「中・仲」の例は、すべて同母の兄弟・姉妹の二番目の子をいうから、「中大兄」の「中」は異母兄の古人大兄の弟の意味でなく、斉明紀の冒頭で書く同母兄の漢皇子の弟の意味の「中」の「大兄」である（後述するが、藤原不比等の孫で「鎌足伝」を書いた「仲麻呂」の「仲」も同母の二男だからつけられている）。この中大兄の同母兄の漢皇子は、斉明紀の冒頭に、ただ名だけが記されているのみで、生きているか死んでいるかわからない同母兄である。このような影の薄い人物でなく、壬申紀が「虎」と書いて、人々に恐れられ、また畏敬されていたと書く大海人皇子が、本来は漢皇子と同一人物で、序章で書いたように「大海人漢皇子」であったから、同母兄の天武天皇の弟である天智天皇は、「大兄」に「中」が冠されたのである。

水野祐の「大兄制」と「中大兄」についての見解

井上光貞は履中天皇になる「大兄去来穂別《イザホワケ》尊」からが、「大兄制」のはじまりとする[3]のに対し、直木孝次郎は去来穂別尊に冠されている「大兄」を「大江」という地名とし、安閑天皇になる「勾《マガリ》大兄皇子」からを「大兄制」のはじめとみる[6]。「大江」を「大川」と解しての直木孝次郎の地名説は、私は採らない。理由は勾大兄皇子以降の「大兄」は名前に冠されていないのに、履中天皇の場合は名前に「大兄」が冠されているから、「大兄」とあっても勾大兄皇子以降の「大兄」とは、同列には論じられないからである。

水野祐は「欽明王朝論批判序説」で、大兄制を認める井上・直木説を批判し、次のように書く。

いわゆる皇太子、もしくは皇太子制という慣行が見られる前の段階で、皇太子に相当するものと考えられるのが、「大兄」という呼称である。これも最近では「大兄制」などと称され、あたかも一つの制度として皇太子制の先行形態のように考えるむきもあるようであるが、私はそれが皇太子制に先行して制度化されていたものなどとは考えられないという判断を下している。皇太子制といわれるものですら、律令制下においてさえ、明確な法的制度化は行なわれていないのであるから、皇太子制が確立する前の段階に大兄制という一つの制度が、すでに先行していたとすることはできない(2)。

このように水野祐は書いて、「大兄」について、五つの見解を書く。

一は、中大兄皇子の実名は葛城皇子。古人大兄皇子は古人皇子で、後からまたの名として大兄皇子と呼ばれ、最後に古人大兄皇子と書かれており、『古事記』は押坂彦人大兄皇子を、忍坂日子人太子と書き、「大兄」でなく「太子」と書いており、『日本書紀』の用明二年冬の条には「太子彦人皇子」とあって、『日本書紀』も「太子」と書いているから、「大兄」は「尊称として後からそういう尊称で呼ぶのに相応しい皇子にあたえられた」と推定する。

二は、「大兄」は大体長男につけられているが、必らずしも皇后が生んだ嫡出子ではないとし、「舒明天皇と皇后との間に生まれた長子葛城皇子よりも先に、天皇と妃の堅塩媛との間に長子古人皇子が、まず大兄と称され、後に皇后の出自である葛城皇子が大兄と称されるに及んで、第一の大兄皇子に対して、弟の大海人皇子の存在を考慮に入れて、中大兄皇子と呼ばれるようになった場合を見ると、このことは明らかであろう」と書く。

三は、舒明・皇極朝には、古人大兄皇子・山背大兄皇子・中大兄皇子が居り、「大兄は一天皇の時に一人と限らず、複数の大兄があってよい」ことをあげる。

四は、「大兄」は「太子」と書かれており、また複数の「大兄」が居た例もあるから、「大兄を以て直ちに皇太子と同視し、もしくはそれに類するものとして、大兄制というような語句を用いて、これを一つの制度化された地位に対する呼称とする説は承認し得ない」と書く。

五は、「大兄を以て皇太子と同視することはできない」理由として、「推古天皇の崩御に際して、山背大兄皇子の存在が認められるにかかわらず、田村皇子が皇位を継承している事例、また皇極天皇の退位後、古人大兄皇子、中大兄皇子がありながら、軽皇子が皇位を継承した例に徴しても明らかである」と書く。したがって「大兄と称されていた皇子が、絶対的に次代の天皇位を継承するというのでもなく、その最も有力な候補者ではあっても、必らずしもそれが皇位継承者として事前に確定されていた絶対的な力をもつものではない」と、結論している。[2]

この水野説の基本的見解に私は賛成する。しかし、喜田貞吉[1]と同じに「中大兄」(水野祐は「中大兄皇子」と書くが、『日本書紀』はすべて「中大兄」である)と呼ばれた理由として、「古人大兄皇子」が「第一の大兄皇子」だから、「弟の大海人皇子の存在を考慮」して、古人大兄と大海人皇子の「中」の大兄皇子と水野祐は解している。この「中大兄」観には同調できない。前述したように、「中」は同母兄弟・姉妹の二子をいい、異母兄弟の古人皇子と葛城皇子の間では成り立たないからである。

「大兄」の検証から見た天智天皇の「中大兄」

荒木敏夫は『日本書紀』以外の文献に載る「大兄」の例を十例示し、(7)これらの史料の検証によって、「大兄の語を『書紀』の世界の中でしかとらえていないかわかるはずである」と書く。そして「これらの史料を通じてみれば、『大兄』を付さない皇子であっても、程度の差はあれ、『国政参与』がうかがえるのであって、『大兄』であるか否かが、参与の程度を測る決定的な物差になっていないとみるべきであろう。そして何よりも重要な点は、国政の最重要課題である王位継承に『大兄』を付さない皇子が、その即位の正当性を主張したり、また即位にまでいたる例の存在こそ、『大兄』の語の有無が王族内の子弟を決定的に区別するものでないことを物語るといえよう」と書き、水野祐と同じに、「大兄制」という制度があったとする見解を批判している。(7)そして大兄は「王族内の有力な王位資格者」であることを示す呼称であったから、「大兄」を称することは、「王族内の有力な王位継承資格者が使用すると、長子の意味だけではとどまらない内容が付加されてくる」と書いて、「大兄論」と題する論考の結論にしている。(7)私は荒木敏夫の見解を採る。

問題は「中大兄」という呼称である。「大兄」が単なる長子をいう意味だけでなく、「有力な王位継承資格者」を示しているとするなら、同母兄弟・姉妹の次子をいう「中」が冠されていることは、他の「大兄」と違った特別の意味をもった「大兄」であることを示している。したがって「中大兄」は通説の異母兄弟の古人大兄の弟だから「中大兄」といわれたのではない。異母兄弟の間の二子を「中

(仲)」という例は、『日本書紀』を検証しても、前述したように皆無である。異母でなく同母の兄弟の二男を「中」というのだから、『日本書紀』の記述にしたがえば、「中大兄」は漢皇子の弟であったから「中」が冠されたのである。

　では「中大兄」といつからいわれたのか。舒明紀には「葛城皇子」「東宮開別皇子」が各一例あり、「中大兄」とはない。「中大兄」とあるのは皇極紀に十四例。孝徳前紀に四例。「大化」年号に三例の計二十一例である。皇極紀以降は「中大兄」に統一されているが、「中大兄」の異母兄の「古人大兄」は違う。「古人大兄」の関係記事は、舒明紀に「古人皇子」「大兄皇子」の二例が載り、皇極紀に三例、孝徳前紀に三例、大化に七例、天智に一例載るが、皇極紀には、古人大兄が二例。古人大兄皇子が一例である。孝徳前紀は、古人大兄、古人大市皇子、大兄命が各一例。「大化」年号の時は、古人大兄、古人大市皇子、古人皇子、古人太子、吉野太子、吉野皇子、吉野大兄王が各一例。天智紀は、古人大兄皇子が一例である。このように「中大兄」は統一されているのに、「古人大兄」は統一されていない。もっとも多いのが「古人大兄」の三例で、「古人大兄皇子」「古人大市皇子」が各二例、他はすべて一例のみである。

　以上の比較からみても、「中大兄」という表現は意図して統一しており、私はこの「統一」は『日本書紀』の第二段階の編纂時に、二十三年間も「皇太子」であったと工作したときに「中大兄」と統一して記したとみている。

兄弟継承と中大兄・漢皇子・大海人皇子

「大兄制」があったと主張する論者は、長子相承が「大兄制」施行の頃から制度化されはじめたのではないか、という考え方が根底にあった。しかし、わが国の皇位継承は根強く兄弟相承であった。もちろん神武から仲哀までの古代のことは、あくまで伝承であって事実だといえないが、それ以後の『日本書紀』に載る歴代天皇の皇位継承は、次の表でも明らかのように兄弟相承である。

仲哀以前は歴史的事実とはいえないから、応神天皇以降を論じるが、長男の嫡子継承は履中・武烈・安閑・欽明・天智のたった五例しかない。『懐風藻』によれば軽皇子（文武天皇）を皇太子にきめる会議で、天智天皇の子の大友皇子の長男葛城王が、神代の昔からわが国では嫡子・嫡孫継承だと発言している（「嫡子」とは嫡（正）妻の子の意）。しかし一〇一頁の表でも「嫡子」とあるのは欽明天皇だけである。

一〇二頁の仁徳天皇以降の皇位継承の系譜は『日本書紀』が示す系譜だが、この系譜を見ても兄弟継承である。したがって「大兄」が皇位継承者としての決定的呼称ではなく、まして二子の意の「中」が冠されているのだから、異父兄ではあるが大海人漢皇子も母が天皇であったから、皇位継承では中大兄の強力なライバルであった。それを『日本書紀』は実弟に変えてしまったのである。

古代の皇位継承を示す表（一〇一頁）と系譜（一〇二頁）を例示したが、その表と系譜をみれば、兄弟継承が主流だから、私は天武は天智の強力なライバルだったとみる。寺西貞弘は「古代の皇位継承について」で、応神朝以降の皇位継承を検証し、「わが国の皇位継承の状態は常に兄弟相承という慣

綏靖	神武の三男	応神	仲哀の四男	宣化	継体の次男
安寧	綏靖の長男	仁徳	応神の四男	欽明	継体の**嫡子**
懿徳	安寧の次男	履中	仁徳の長男	敏達	欽明の次男
孝昭	懿徳の長男	反正	履中の同母弟	用明	欽明の四男
孝安	孝昭の次男	允恭	反正の同母弟	崇峻	欽明の十二男
孝霊	孝安の長男	安康	允恭の次男	推古	敏達の皇后
孝元	孝霊の長男	雄略	允恭の五男	舒明	彦人大兄皇子の子
開化	孝元の次男	清寧	雄略の三男	皇極	舒明の皇后
崇神	開化の次男	顕宗	市辺押磐皇子の次男	孝徳	皇極の同母弟
垂仁	崇神の三男	仁賢	顕宗の兄	斉明	皇極の重祚
景行	垂仁の次男	武烈	仁賢の長男	天智	舒明の長男
成務	景行の四男	継体	彦主人王の子	天武	天智の同母弟
仲哀	日本武尊の二男	安閑	継体の長男	持統	天武の皇后

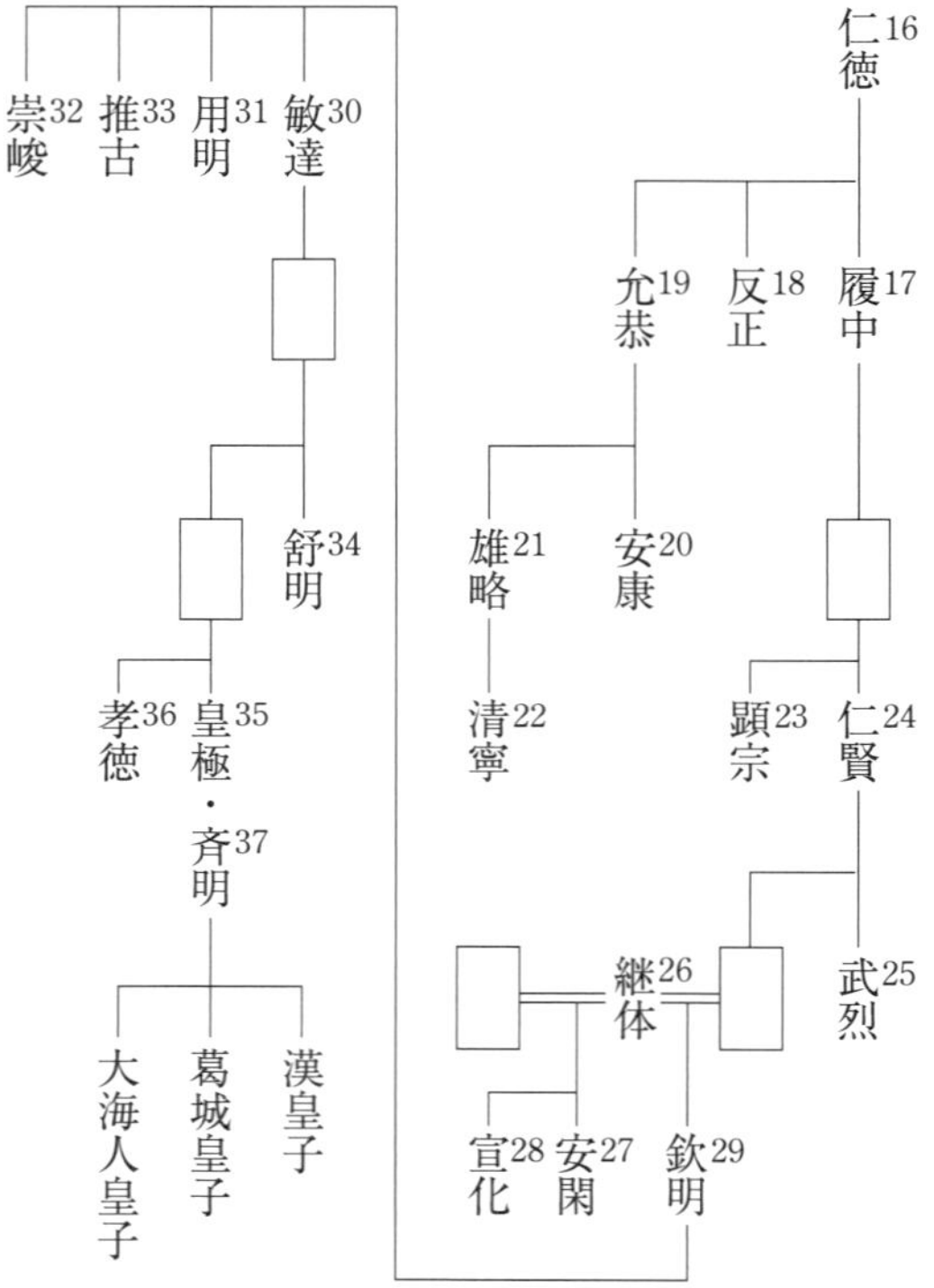

習を基本としたもの」と結論している。しかし欽明の子の時代から「兄弟相承は弱体化した」とみて、その時期から「律令的直系相承が導入された」と書く。「しかし奈良時代は直系相承を基本とした皇位継承を運用しているが、これは律令を忠実に履行しようとした皇室が、律令女帝という特異な存在を介することによって、かろうじて運用できたものである。そのため、この間常に本来的な慣習である兄弟相承へ引きもどそうとする力が働いており、律令諸制度が破綻をきたす桓武朝以後には、再び

本来の兄弟相承が復活する」と書き、結論として「わが国において固有に直系相承が発達したとは認め難い。よって、わが国固有の直系的相承法として定説化した感さえある『大兄制』は存在したとは考えられない」と書く[8]。

荒木敏夫も『日本古代の皇太子』で、応神から武烈までの皇位継承は、「同母兄弟間の継承」と傍点をふって強調し、兄弟継承であっても「同母兄弟といえども長子であることが即位の絶対的条件になっていない」と書き、継体から天武にいたる皇位継承では、「同母兄弟間の王位の兄弟継承が、安閑→宣化、天智→天武の二例しか実現していない事実」をあげ、「安閑→宣化の場合、継体死後の欽明朝との併立と内乱が背後にあり、天智→天武の場合も衆知のとおり壬申の乱の勝利を前提としてのみ実現したもの」と書く[9]。しかし「『兄弟相承』と通例対置される王位の「直系相承」は未成熟で、継体以降においても見出せない」から、「長子優先の原理は、王位継承の絶対的基準にはなっていない」と、荒木敏夫は結論している[10]。

古代の皇位継承は兄弟継承が多く、父から子への継承はすくない。大海人漢皇子は兄でありながら、弟が先に皇位についたのは、母は同じだが、大海人漢皇子の父は天皇でなかったからである。しかし中大兄の父は天皇だが、大海人漢皇子と葛城皇子（中大兄）の兄弟の母は、他の母と違って天皇になっている。したがって父は違うが、皇位継承の資格からいえば母が二度も天皇になっている大海人漢皇子が、中大兄の兄だから先になってもよいという理由も成り立つ。そのことが母の死後も中大兄がすぐ即位できなかった理由だし、孝徳天皇の死後、「皇太子」の中大兄が即位せず、六十歳を過ぎた母が、再び皇位につくという異例の即位も、中大兄の実弟でなく異父兄が後の天武天皇であったからである。

中大兄が即位せず、なぜ母が再び天皇になったのか

孝徳紀の冒頭は、母の天皇(皇極天皇)は皇位を中大兄に譲るといい、中大兄も皇位につくつもりであった。しかし中臣鎌子(藤原鎌足)が叔父の軽皇子や異母兄の古人大兄が居るのだから、「長幼の序」に従って、皇位は叔父か、または異母兄に譲るべきだと進言していた。この中臣鎌子の進言を中大兄は聞いて叔父に皇位を譲り、「皇太子」になって実権を握ったと書かれている。

だとすれば、ライバルの異母兄の古人大兄は殺され、叔父の孝徳天皇は崩御した後は、孝徳紀の冒頭の記事からすれば、当然、中大兄が即位すべきである。ところが即位しない。理由はなぜか。その説明は『日本書紀』はしない。しないのは、できなかったのである。

六十歳を過ぎた母が他に例のない二度目の即位をした。この事実についての日本古代史学者たちは、さまざまな理由づけをしているが(この事は次に書く)、どの説明も説得力はない。ないのはあたりまえである。孝徳紀の即位前記の記事を信用した上で見解を述べているからである。しかしこの記事は創作記事で、中臣鎌子の中大兄への進言は事実ではなかったから、叔父の孝徳天皇が亡くなっても、即位できなかったのである。正史の『日本書紀』ではライバルの二人(異母兄の古人大兄と叔父の孝徳天皇)は亡くなっているが、もう一人のライバルが居た。異父兄の大海人漢皇子である。異母兄や叔父が当時の皇位継承ではライバルになっているのだから、異父兄はさらに強力なライバルである。この異父兄の存在によって、二人の兄弟の母が異例の二度目の皇位に、六十歳を過ぎてからついたので

ある。

『日本書紀』は大海人漢皇子と葛城皇子（中大兄）の母が、再び皇位についたことについての説明を、読者にわかるようには説明していない。しかし暗示はしている。それが異父兄の漢皇子の存在を、他に例のない異例の二度目の即位の斉明紀の冒頭に載せていることで示している。名だけで活動記録はない漢皇子という異父兄の存在を、斉明紀の冒頭に書くことによって、秘かに中大兄が即位できなかった理由を示しているのである。

中大兄が斉明天皇の死後も即位しなかった理由

中大兄は斉明天皇が亡くなってからも、六年間も「皇太子」であったと天智紀は書いている。井上光貞は母の斉明天皇が崩御しても、「皇太子」の中大兄が即位しないことについて、「本来なら中大兄皇子が即位すべきところを、そうしなかったのは、これまでの皇太子の地位にあって、政治の実権を行使することが、政治の運営上スムーズであるという認識に基づくものである」と書いて、中大兄が斉明天皇が亡くなった後、六年間も即位しなかった理由とする。[11]この説が天皇不執政説として通説化している。

この天皇不執政説は中大兄が二十三年間も「皇太子」であったことを、真実だと認めた上での説だが、第四章で詳述するが二十三年間も「皇太子」であったのは作文である。直木孝次郎は、天皇不執政説については、「天皇不執政という原則が古代にあったとは思われない[12]」と批判し、中大兄が母の死後も即位せず、六年間も皇位につかなかった理由について、吉永登が「間人皇女――天智天皇の即位をはばむもの——」という論文[13]で、中大兄と実妹の間人《はしひと》皇女の「不倫関係」を、『古事記』の允恭記の軽皇子兄妹の不倫と重ねて論じている説に賛成している。そして吉永説に立てば、「なぜ中大兄は二十三年もの長いあいだ皇太子のままでいたか、という古代史の疑問もとける」と書いている[12]。

しかし吉永登が理由としてあげる間人皇后に送った孝徳天皇の歌の解釈は、成り立たないことを、国文学者の土橋寛[14]、神堀忍[15]が詳細に反論している。北山茂夫もこの歌は民謡で、「おそらく後世の史官が天皇の立場にかれらなりの同情をよせ、ありふれた民謡を材料にして、小さな説話をつくったのであろう」と書いている[16]。私も土橋・神堀・北山の批判を採る。しかしなぜ中大兄が孝徳天皇の崩御後も即位せず、さらに母の舒明天皇が崩御後も即位しないのか、この理由に多くの学者は苦慮して、天皇不執政論や、中大兄の兄妹不倫説で説明している。松本清張も吉永説を採って、このように解釈しないと、天皇になれるのに二十三年間も天皇にならなかった説明がつかないと書いている[17]（中大兄が二十三年間も「皇太子」であったと『日本書紀』が書く理由は、本書第四章以降の各章で視点を変えてその理由を書く）。

中大兄が母の斉明天皇の死後もすぐ即位できなかった理由は、「虎」といわれて恐れられていた異母兄の大海人漢皇子の存在が理由だが（そのことは第四章で書く）、六年間も天皇不在なのは歴史上この時だけである。しかし「スメラミコト」がいなかったわけではない。古代の天皇の「マツリゴト」は二つあった。一つは皇祖神やよろずの神々を祀る「マツリゴト」であり、二つは国民を統治する「マツリゴト」であった。国政は即位しなくてもできるが、「スメラミコト」の「ミコト」は、神の「ミコト」を聞く聖なる「ミコトモチ」でもあった。この神語を聞く「ミコトモチ」を空位にするわけにはいかなかった。この神と人との「中」を執り持つ「スメラミコト」が間人皇女である。

間人皇女は天智称制四年二月二十五日に崩御している。初七日の三月一日に、「間人大后の為《みため》に、三百三十人を度《いへで》せしむ」とある。中大兄の妹で孝徳天皇の皇后であっただけで、三百三十人もの得度《とくど》はあり得ぬ。「スメラミコト」はいなくても「ナカツスメラミコト」としての「マツリゴト（神事）」をおこなっていたから、大量の得度者をつくったのである。そのことは天智称制六年二月二十七日の間人皇女の埋葬からもいえる。その埋葬は亡くなってからちょうど満二年だから、二年間おこなった殯《もがり》の後に、埋葬している。天武天皇の殯も満二年だから、間人皇女は天皇と同じ扱いであった。このことからみても、彼女が「スメラミコト」であったことを証している。

斉明七年七月二十四日に九州の朝倉宮で亡くなった斉明天皇（大海人漢皇子・中大兄皇子・間人皇女の母）の遺骨も、この時に中天皇（間人皇女）と共に合葬している。そのことを『日本書紀』は「小市岡上陵に合　葬《あはせはぶ》りまつる」と書いている。二月二十七日、母と妹を合葬して一カ月弱の三月十九日に都を近江に移し、翌年正月、中大兄はようやく即位しており、天皇の期間はたった四年である（『万葉集』の天智朝以前の間人皇女の歌の「中皇命」は天智朝で「中皇命」であったから書かれた称号である）。

中大兄が六年間即位しなかったのは、四年間は妹が「スメラミコト」になっており、「マツリゴト」のうちで、もっとも重要な祭事をおこなっていたからである。その後の二年間はその「スメラミコト」の殯の期間だった。しかし政治の「マツリゴト」をおこなう「スメラミコト」が、六年間不在であったのは、他の天皇にない異例である。この異例は中大兄の同母兄の存在にあったと考えられる（称制の理由として新羅と唐との戦争を理由にあげる古代史学者が居るが、この戦争は二年間で終っており、六年間も即位せずに居る必要はないから、対新羅・対唐との戦争を理由にする見解は認められない。この戦争に勝利するためにも、母の斉明天皇の死後、ただちに即位して天皇として戦争という非常時に対応すべきであり、この対外戦争が六年間即位しなかった理由にはならない)。

宝皇女（皇極・斉明天皇）が高向王と結婚した地縁

中大兄の「中」の意味を、母の宝（財）皇女の養育氏族を検証することで、さらに裏付ける。

天武・天智の母の宝皇女は、父は敏達天皇の孫の茅渟《ちぬ》王である。「タカラ」という名は、この名を名乗る氏族が乳母で養育氏族だったからである。『古事記』は建内宿禰後裔氏族として、若子《わくご》宿禰を「江野財《えのたから》臣の祖」と書く。

星野良作は「江野の財の臣という複氏名という推定」書くが[18]、すでに吉田東伍[19]・太田亮[20]が越前国江沼郡に財造が居るから、「江野財臣」は江沼氏と財氏の複氏名と述べている。高向臣は越前国高向出身の継体天皇の母と縁があったから、継体天皇の畿内進出と共に、河内国へ移住しているから、江野財臣もその時に畿内へ移住し、高向氏と同じに蘇我氏系に入ったのであろう。『紀氏家牒』は江沼臣は「大倭国高市県江沼里」に居たと書く。現在は江沼里は不明だが、蘇我（石川）氏と同族という系譜を作ったのは、高市郡（県）に蘇我氏が居たからである。式内社の高市御県神社（橿原市四条町宮ノ坪）の西北西一キロの地を曾我といい、式内社の宗我坐宗我都比古神社（橿原市曾我町鳥居ノ脇）が鎮座するが、江沼里もこの近くである。

江沼（野）氏と財（宝）氏は複姓で一体になっているから、両氏は同じ場所に住んでいたであろう。

宝皇女の養育氏族の宝（財）氏がこの江沼里か、その周辺に住んで居たことは、宝皇女の父の茅渟王の墓の所在からもいえる。『延喜式』諸陵の「片岡葦田墓」について、「茅渟皇子、在二大和国葛下郡一。兆域東西五町、南北五町。無二守戸一」とあり、『大和志』は「在所未レ詳。或曰、築山村。今曰二城山一」と書き、現在の大和高田市築山の築山古墳を茅渟王墓と書く。『北葛城郡史』も同じ見解を書いている。

江沼宝氏が住んでいた曾我周辺から西北西約二キロの地が大和高田市築山だが、この地は高向から高田になったことは、第一章で述べた。高向氏も江沼宝氏も共に越前国が本貫で、蘇我氏系に入っているから、高向氏に養育された高向王と、宝氏に養育された宝皇女が結婚したのは、地縁と血縁があったからであろう。

大海人漢皇子の母の宝皇女の養育氏族の宝（財）氏、父の高向王を養育した高向氏、大海人漢皇子を養育した大海氏、高向漢人氏・忍（大）海漢人氏らの居住地は、高向王の父の当麻皇子の後裔氏族の当麻真人の本拠地を含めて、東西七キロ、南北六キロの近距離の地域内にある。しかし『日本書紀』が天武天皇の父と書く田村皇子（舒明天皇）の関係氏族は、この地域とは無縁である。この事実からも、天武天皇の父は正史の書く田村皇子（舒明天皇）でなく、高向王であったことを証しており、宝皇女が生んだ長男と二男は、父が違うが二男の父は天皇であったから、母系では「中」だが父系では「大兄」であった。したがってこの皇子のみ「中」が冠され「大兄」といわれたのであろう。

以上述べたように、異母兄の古人大兄皇子の弟だから「中大兄」というとみる「中」についての通説は間違っている。同母兄の大海人漢皇子が居たから、「中」が冠されたのである。「中」についての理解が喜田貞吉以降、根本的に間違っていたことが、天武と天智の正史の兄弟関係にまったく疑問をもたなかった一因である。

中大兄の「中」は二男・二女の「中」だが、異父兄弟の二男・二女を「中」とはいわない。いうのは同母兄弟・同母姉妹である。とすれば『日本書紀』が書く中大兄の同母兄は漢皇子だが、漢皇子は名のみで、活動記録がまったくないから、この同母兄でなく、異母兄の古人大兄の弟の意と解釈していたのが通説であった。このような間違いをおこした原因は、大海人漢皇子という同母兄を、『日本書紀』が異母兄の漢皇子と、父母が同じ実弟の大海人皇子に分解したからである。このように分解したのも中大兄を大海人皇子より偉大であった如く巨像化した結果である。その巨像化工作は第四章「中大兄はなぜ異例の長期間皇太子か」で示す。

〔注〕

(1) 喜田貞吉「中天皇考」「芸文」第六年第一号　一九一五年。『喜田貞吉著作集・第三巻』所収　一九八一年　平凡社

(2) 水野祐「欽明王朝論批判序説」「東アジアの古代文化」八号　一九七六年　大和書房

(3) 井上光貞「古代の皇太子」『日本古代国家の研究』所収　一九六五年　岩波書店

(4) 直木孝次郎「中大兄の名称をめぐる諸問題」『日本書紀研究・第二十七冊』所収　二〇〇六年　塙書房

(5) 寺西貞弘「古代の皇位継承について」『日本書紀研究・第十一冊』所収　一九七九年　塙書房

(6) 直木孝次郎「厩戸皇子の立太子について」『飛鳥奈良時代の研究』所収　一九七五年　塙書房

(7) 荒木敏夫「大兄論」『日本古代の皇太子』所収　一九八五年　吉川弘文館

(8) 寺西貞弘「古代の皇位継承について」『日本書紀研究・第十一冊』所収　一九七九年　塙書房

(9) 荒木敏夫（注7）前掲書　一八九頁〜一九〇頁

(10) 荒木敏夫（注7）前掲書　二〇五頁〜二〇七頁

(11) 井上光貞『日本の歴史・3（飛鳥朝）』三五二頁　一九七一年　小学館

(12) 直木孝次郎『日本の歴史・2（古代国家の成立）』二二七頁　一九六四年　中央公論社

(13) 吉永登「間人皇女——天智天皇の即位をはばむもの——」「日本文学」一九六三年三月号

(14) 土橋寛『古代歌謡全注釈・日本書紀編』三五四頁　一九七六年　角川書店

(15) 神堀忍「孝徳紀御製私解」「万葉」五六号

(16) 北山茂夫『国民の歴史・3（飛鳥朝）』二一一頁　一九六八年　文英堂

(17) 松本清張『清張通史・4（天皇と豪族）』二七二頁　一九七八年　講談社

(18) 星野良作「武内宿禰系譜の成立と江沼氏の伝承」「法政大学第二工業高等学校紀要」一号　一九六五年
(19) 吉田東伍『大日本地名辞書』第五巻　七八頁・八三頁　一九〇二年　冨山房
(20) 太田亮『姓氏家系大辞典』第二巻　三三五六頁。第三巻　六二〇九頁　一九六三年　角川書店

第三章

天武は天智の娘を四人もなぜ妃にしたか

「弟」が「兄」の皇女を四人も妃にしている事実が示す真相

天武が天智の娘を四人も妃にした異常性

天武天皇は天智天皇の娘を四人も妃にしている。『日本書紀』によれば天武は天智の実弟である。なぜ、兄の娘を四人も弟が妃にしたのか。

この異常な事実について私は『古事記と天武天皇の謎』で、「天武が天智の実の弟でなく、異父兄だったからではないだろうか」と書いた。[1] この私見について白崎昭一郎は、大田皇女・鸕野皇女は天智天皇生存中に天武の妃になったが、大江皇女・新田部皇女は天智天皇の死後の天武王権樹立後に妃になったから、「天智が実際に大海人に与えたのが二人だけだったとしたら、全く異常でないといえないまでも、その異常性はかなり稀薄なものとなるのではなかろうか」と書いて私見を批判した。[2] 白崎昭一郎は天武は天智の異父兄とみる私説批判のために書いているから、四人と二人の数を問題にしているが、私が論じているのは異常性そのものである。白崎昭一郎も二人でも実兄から実弟は「全く異常でないとはいえない」と認めている。[2]「実兄」が娘を「実弟」に二人もつづけて嫁がせているのがすでに異常であり、他に例はない。

上田正昭は四人も天智の娘が天武の妃になっていることを「政略結婚」と書き、[3] 直木孝次郎も白崎昭一郎と同じに、「中大兄皇子の立案した一種の政略結婚」で、兄が生存中に実弟に対して「政略結婚」として嫁がせたのが、大田・鸕野の二皇女と書く。[4] しかし「政略」という概念からすると、父母が同じで、しかも兄でなく実弟に対しての「政略」とはいかなるものか。「政略」というなら次の四つの問に答えてほしい。

一、天皇は多くの妃があり、両親が同じでない兄弟・姉妹が多いから、そうした異母・異父の兄弟間なら「政略」も必要だが、両親の同じ実の兄弟で、なぜ「政略結婚」をしなければならないのか。

二、一歩譲って実の兄弟の「政略結婚」を認めたとしても、弟から兄へならわかるが、なぜ兄が「実弟」に娘を嫁《とつ》がせたのか。「実弟」は「実兄」に対して自分の娘たちを妃として出していない（天智の皇子の大友の妃には皇女を嫁がせている）。兄が「実弟」に気を遣って娘を嫁《とつ》がせているのはどういうことか。しかも四人もである。直木・上田の両氏は、単に「政略結婚」ですませず、なぜ四人も「実弟」が「実兄」の皇女を妃にしたか、具体的にその理由を述べるべきである。

三、さらに問題なのは一人だけでなく、二人もつづけて適齢期になると、待っていたように兄は「実弟」に娘を嫁がせていることである。父の葛城皇子は『日本書紀』によれば、舒明十三年（六四一）に十六歳である。直木孝次郎は、『日本書紀』によると、鸕野皇女が妃となったのは斉明三年（六五七）のことだから、大田皇女もたぶんそのころに妃となったと推測する。また鸕野皇女については、大化元年（六四五）の生まれだから斉明三年のころは十三歳、大田皇女はその一つ年上とみて、「二人とも十三、四歳で大海人皇子のもとに嫁いだことになる」と書いている。(4) 二人の姉妹は中大兄の最初の二子で、その二人をつづけて当時の適齢期になると、つづけて姉妹を「実弟」に嫁がせている。異父兄ならともかく「実弟」に対しては、他にはこのような例はないのだから異常である。異常でないというならその理由を説明してほしい。

四、大田皇女・鸕野讃良皇女だけではない。壬申の乱に勝利し、新政権を樹立した天武天皇は、天智天皇の皇女の大江皇女と新田部皇女を妃にしている。葛城皇子（天智天皇）の生存中に二人、死後に二人、合計四人も妃にしているが、大江・新田部の二人の天智天皇の娘たちは、天武天皇の意志による政略結婚で、中大兄の意志による政略結婚とは違うが、兄の皇女を「実弟」が四人も妃にした例は他になく異例である。政略結婚説以外に、大海人皇子の妃の額田王を天智天皇がとったから、その罪ほろぼしに娘を嫁がせたとする俗説がある。額田王については後述するが、大田皇女が大海人皇子の妃になったのは斉明五年ころだから、二人の皇女が大海人の妃になった以後か同時期に額田王と結婚している。したがってこの説は成り立たない。罪ほろぼし説は問題外である。

　また壬申の乱後即位した天武が、天智の皇女の大江皇女・新田部皇女を妃にしたことについて、皇后（鸕野讃良皇女）が父亡き後の異母妹をかわいそうに思ってひきとったという説もある。しかしこの説について私は『天智・天武天皇の謎』で、「五十歳過ぎの天武の妃に、若い異母妹をかわいそうに思ってあてがうなどということが、ありうるだろうか。父亡き後の妹たちがかわいそうだったら、ひきとって若い皇族のところへ嫁がせるのが常識であろう」と書いた[5]。また異母妹の大江皇女が生んだ長皇子や弓削皇子。新田部皇女が生んだ舎人皇子などは、皇后の実子の軽皇子の皇位継承のライバルになるのだから、皇后は逆に天皇が異母妹を妃にすることに賛成するどころか、反対したはずだ。私は前著で、「妃としてライバルであり、生まれて来る皇子は、自分の子の草壁皇子のライバルになることがわかっていて、天武の皇后が夫の妃にしたという説は、鸕野讃良皇女の女ごころをまったく無視した説で、成り立たない。彼女は実姉の大田皇女が生んだ大津皇子も殺しているではないか」と書いた[5]。

　中西進は「天智の四子、大田・鸕野・大江・新田部が天武の後宮に入った」のは、古い婚制の名ごりだとして、『古事記』の孝霊記・垂仁記・応神記に姉妹が天皇の妃になっていることを示す(6)。しかし中西進の示す例は史実として認め難い時代の例である。もし史実として認めたとしても、いずれも皇孫か豪族の娘であって、天皇または皇子の娘の例ではない。

しかし史実として認められる例に、宣化天皇の皇女が三人、欽明天皇の皇后（石姫）、妃（稚綾姫・日影姫）になっている。宣化天皇は欽明天皇の異母兄だが、『日本書紀』によれば大海人皇子は中大兄の「実弟」である。両親が同じ実の兄弟の間で、兄が弟に皇女を妃に出している例は皆無である。しかし異父兄弟であれば、宣化・欽明の異母兄弟の例からみても、あり得るから、天武が天智の皇女を四人も妃にした事実からも、天武と天智は両親が同じ兄弟でないことを実証している。

中大兄が生存中に二人の皇女を妃に出したのは、天武即位前紀が書く「虎」と呼ばれていた異父兄との仲を、良好にしておくためであり、天武天皇が亡き天智天皇の皇女を二人も妃にしたのも、敵にした異父弟との関係を、これ以上悪化させないためであった（壬申の乱に勝利後、鎌足の娘を二人、壬申の乱で戦った蘇我赤兄の娘も妃にしているのも、同じ意図である）。いずれにせよ天智（中大兄）の皇女を四人も天武が妃にしている事実も、二人の兄弟関係が、正史の『日本書紀』の書く両親が同じ兄弟ではなく、異父兄弟であり、しかも天武は天智の弟でなく、兄であったことを示している。

大田皇女と鸕野讃良皇女を妃にした時期は、母の宝皇女が六十歳を過ぎて再び即位した斉明朝の二、三年ころだが、前述したように、宝皇女が異例な二度目の即位を、老齢であるのに強行したのは（当時の六十歳は今の八十歳以上である）、腹を痛めて生んだ二人の異父兄弟の存在であった。したがってかわいい孫を二人も、適齢期になるとまっていたように嫁がせたのは、父の違う兄弟の仲を心配した母の強い意向によっている。異父兄弟間の皇位争いを恐れた、母性愛が生んだ政略結婚であった。

大海人が中大兄の皇女を二人も妃にした当時の政治情況

黛弘道は母が再び即位した理由について、大海人の存在をあげている。「弟」が実力者だから、自分が天皇になると棚上げされて、政治の実権は全部「弟」に握られてしまうので、兄弟の母を再び天皇にして、「いまのままの皇太子の地位にいれば、即位の暁には大海人をとびこえて、大友皇子に政権をゆずることも夢ではない。現在および将来に対する計算から、中大兄は現状維持の結論を出し、母親である皇極女帝を、もう一度かつぎ出したのである」と書いている。(7)

黛弘道は「天皇不執政」の見解に立っているから、天皇になると「虎」といわれた「弟」の大海人皇子が皇太子になって実権を握られるから（中大兄の子の大友皇子は斉明元年〈六五五〉に八歳）、母を天皇にして孝徳朝につづいて皇太子として実権を握ったと推論している。この天皇不執政説は井上光貞の見解である。井上光貞は「本来なら中大兄皇子が即位すべきところをそうしなかったのは、これまでの皇太子の地位にあって、政治の実権を行使することが政治の運営上スムーズであるという認識に基づくものである」と書いているが、(8)この井上光貞の天皇不執政説を採らない直木孝次郎(9)は、吉永登(10)の中大兄と間人皇女の兄妹の不倫が原因で、中大兄は母の斉明天皇の死後も即位しなかったという説を採っており、(11)松本清張も賛同していることは第二章で書いた。(12)また吉永説は成り立たないと神堀忍(13)・土橋寛(14)・北山茂夫(15)が論証しており、私も吉永説は認められないことも、第二章で書いた。

井上光貞・黛弘道・吉永登・直木孝次郎・松本清張・神堀忍・土橋寛・北山茂夫らは、以上の論考

を、中大兄は二十三年間「皇太子」であったという前提で論じている（彼らだけでなくこの見解が一般的である）。北山茂夫は「皇太子中大兄は、右大臣の横死事件、飛鳥への遷都、孝徳との不和のあとにかもされていた宮廷内外の不穏の空気をひどく警戒して、またもや登極を見送った」と書き(16)（傍点引用者）、上田正昭は「孝徳帝のあとは、年すでに三十に達していた皇太子中大兄皇子の即位が当然予想される。しかし、深慮遠謀の人、中大兄皇子は即位せずに、六十二歳となった皇極前大后を再び皇位に推す」と書く(17)（傍点引用者）。そして中大兄が即位しなかった理由として有間皇子の存在もあげている(18)。

吉村武彦は「孝徳天皇には左大臣阿倍内麻呂の女小足媛が生んだ有間皇子がいた。小足媛の父親は皇親でないといえ、現役の左大臣である。まったく無視することはできないであろう。そこで、皇極が重祚し、中大兄は引き続き皇太子として政務をとった」と書く(19)。森公章も「中大兄には王位継承の対抗者、孝徳の子有間皇子がいて即位することかなわず、結局は王族内の重鎮皇極が斉明としてふたたび王位につくことになった」と書いている(20)。有馬皇子の謀反は蘇我赤兄にそそのかされたと『日本書紀』は書くが、北山茂夫は「この事件は皇太子と赤兄との共謀かもしれない」と書き(21)、門脇禎二も「事件の裏に中大兄の手が動いていた形跡もつよい」と書く(22)。吉村武彦も中大兄と蘇我赤兄の共謀説を採り、有馬皇子と守君大石《もりのきみおおいわ》・坂合部《さかいべ》連《むらじ》薬《くすり》・塩屋《しほや》連《むらじ》鯯魚《このしろ》が捉《とら》えられているが、「この変で処刑されたのは鯯魚だけで、他の二人は流刑の解除後に活躍している。首謀者と目される蘇我赤兄は、（中略）娘を中大兄と大海人皇子にとつがせているばかりか、天智朝には左大臣に任命されている。このような経過からみれば、有間皇子の謀反の際、すでに中大兄と結びついていたことは疑いない。彼は中大

兄の意向をくんで、早くから有間皇子に接近し、そして挑発したのだろう」と書いている。(23)

私も中大兄が仕組んだ陰謀だと思うが、有間皇子を消すためにも、異父兄の大海人皇子を味方にする必要があったから、二人の娘を異父兄に嫁がせた。この実行には前述したように、異父兄弟の母(皇極・斉明天皇)の強い意志も働いていたであろう。

天智の皇女を即位後天武が二人も妃にした理由

壬申の乱に勝利した後、天武天皇は天智天皇の皇女を二人も妃にしている。一人は大江皇女で、長《なが》皇子・弓削《ゆげ》皇子の母である。大江皇女の妹の新田部《にいたべ》皇女も妃になって、舎人《とねり》皇子を生んでいる。また藤原鎌足の娘の氷上《ひかみ》娘と、妹の五百重《いほべ》娘も「夫人」にしている。氷上娘は但馬《たじま》皇女を生み、五百重娘は新田部《にいたべ》皇子を生む。更に、蘇我赤兄の娘の大蕤《おほぬの》娘も「夫人」にしているが、穂積《ほづみ》皇子・紀《き》皇女・田形皇女の母である。

蘇我赤兄は天智朝末期の左大臣で、壬申の乱で大海人皇子と戦い、敗れて子や孫と共に配流になっている(天武元年八月二十五日条)。大蕤娘は父母や兄弟が配流になっているのに、勝利した天武天皇の妃になって、三人も皇子・皇女を生んでいる。この蘇我赤兄の娘も、藤原鎌足の二人の娘も、さらに天智天皇の皇女二人も、政略結婚によって勝利者の妃になっているのである。

敗者の娘たちが勝者の妃になっているが、この場合は勝者の意志によっている。しかし戦いの勝者・敗者の関係だけでなく、政略結婚は娘たちの父と相手との関係によっておこなわれる。中大兄の娘の大田皇女・鸕野讃良皇女の場合は、兄弟の間の政略結婚だが、天武は天智の皇女を四人も妃にしているが、天智は天武の皇女を妃にしていない。しかし天智の子の大友皇子が、大海人皇子と額田王との間に生まれた十市皇女を、妃にしている。

十市皇女については『日本書紀』天武七年四月条に、「十市皇女、卒然に病《にはかやまいおこ》発り、宮中に薨《みまか》りませぬ」とあるが、十市皇女の年齢について稲岡耕二は、「大化四年生れという説によれば、三十一歳となる。夫の大友皇子は大化三年生れであり、あるいは、もう少し皇女の年齢は下げて考えるべきかもしれない」と書く(24)。伊藤博は「この時、十市皇女は三十歳程度」と書く(25)。したがって十市皇女を稲岡・伊藤は三十歳前後とみるが、直木孝次郎は諸文献にあたって綿密な検証をおこない、十市皇女を大化四年(六四八)に生まれと推定する(26)。この考証は大友皇子と十市皇女の間に生まれた葛野王を満十七歳で生んだという前提に立っての推論だが、戦前までは数え年で言っており、数え年は古代からの呼称である。数え年だと十五歳か十六歳である。

『養老令』(戸令聴婚嫁条)に「凡《およ》そ男は年十五、女は年十三以上にして、婚嫁《こんか》を聴《ゆる》せ」とあり、『梁塵秘抄』には「女の盛りなるは、十四五六歳二十三四とか」とあり、この年齢はいずれも数え年である。直木孝次郎は葛野王を生んだ満十七歳を天智四年(六六五)とみるから(26)、大友皇子と十市皇女は天智二年頃に結婚したと考えられる。十市皇女を直木の年齢考であてれば、亡くなった時は三十一歳である。大友皇子は壬申の乱の戦で破れ、二十五歳で自ら生命を絶っているが、十市皇女より一歳年長であり、二人の結婚は斉明天皇の亡くなった直後とみられる。

このように「実弟」は「実兄」の子に娘を一人だけ嫁がせているが、「実弟」は「実兄」の娘を四人も妃にしている。この違いは中大兄には多くの皇女がいたが、大海人の皇女がすくなかったこともある。しかしそのことを考慮に入れても、「実兄」は一人なのに「実弟」が「実兄」の皇女を四人も妃にしている事実は異例である。しかし「実弟」は正史の『日本書紀』が、意図して「兄」を「弟」にした作文で、事実は天智天皇（中大兄皇子）の異父兄であったとみれば、四人を妃にした理由も不自然ではない。

蒲生野の遊猟の時、大海人皇子と額田王が詠んだ歌

天武が天智の皇女を四人も妃にしている問題と共に、二人の兄弟関係で問題にすべきなのは、額田王をめぐる二人の関係である。『万葉集』巻一（二〇・二一）に次の歌が載る。

天皇・蒲生野に遊猟しましし時、額田王の作れる歌

茜さす　紫野行き　標野《しめの》ゆき　野守は見ずや　君が袖振る

皇太子の答へませる御歌

紫草《むらさき》の　にほへる妹を　にくくあらば　人妻故に　吾恋ひめやも

紀に「天皇の七年丁卯の夏五月五日に、蒲生野に縦猟《みかり》したまふ。時に大皇弟・諸王・内臣及び群臣、悉皆《ことごと》に従ひき」といふ

この歌の題詞の「皇太子」は大海人皇子、「人妻」は額田王、「人妻」の「人」は天智天皇だが、天武紀は額田王は大海人皇子の妃であったことを、明記している。

「人妻」の「人」は本来大海人皇子なのに、なぜ大海人皇子は、天智天皇（人）の「妻」と詠むのか。

私はこの問題について、拙著『天智・天武天皇の謎』で、佐佐木幸綱（「蒲生野遊猟の歌」『初期万葉』

所収、一九七五年)、伊藤博(「遊宴の花」『萬葉集の歌人と作品〈上〉』所収 一九七五年)、青木生子(「宮女――額田王」「国文学――解釈と鑑賞」一九七五年 一六号)、橋本達雄(「初期万葉と額田王」『万葉宮廷歌人の研究』所収 一九七五年)、服部喜美子(「蒲生野の贈答歌」『万葉集を学ぶ〈第一集〉』所収 一九七七年)の見解を紹介し(27)、折口説を採って『万葉百歌』の著者の山本健吉・池田弥三郎の見解も紹介し、額田王と大海人のかわした歌について、前述の拙著で、この歌については二説あると、次のように書いた。

山本健吉・池田弥三郎が『万葉百歌』(一九六三年)で述べている。遊猟の後の宴席で、大海人皇子の舞に対して、才女額田王がからかって歌いかけた歌(二〇)と、それに大海人が答えた歌(二一)と解する説と、伊藤博が「遊宴の花」(『萬葉集の歌人と作品(上)』所収)で述べている、「御言持《みこともち》歌人」の額田王が大海人と前もって打合わせしておいて、遊猟の後の宴席を楽しくするために演じた応答歌とみる、二説である。

伊藤博は額田王と大海人皇子の「唱和から近代的な恋愛葛藤を想い見るのは、制作の根源に立ち入るばあい、はかない虚妄といわざるをえない」と書くが(「遊宴の花」)、とすれば、天智が天武に娘を嫁がせたのを、『万葉集』の額田王をめぐる天智と天武の三角関係に求めるのも、「はかない虚妄」である。(中略)

橋本達雄は宴席の「大宮人たちの面前で披露されたもの」とみており(「初期万葉と額田王」『万葉宮廷歌人の研究』所収・一九七五年)、服部喜美子も額田王と大海人皇子の歌について、「何故このように、巻頭に近い雑歌の中に並んでいるのか、十分考えてみなければならない」と書き、山本・池田説や伊藤説の「遊猟地での夕の宴席に想定する説は最も妥当な説」と認めている(「蒲生野の贈答歌」『万葉集を学ぶ〈第一集〉』所収・一九七七年）。

このように私は書いたが[27]、伊藤博は「遊宴の花」を発表して十年後に刊行した『萬葉集全注・巻第一』では、服部喜美子が問題にしている「雑歌」に、この歌が入っていることに注目して、「歌は公的な『雑歌』の部立に収められたのである。よって、二〇～二一番歌を三角関係の恋歌と見る古来の解釈に従わない。そういう歌であれば、これは、巻二の『相聞』の部に収められたはずである」と書き、次のように書く。

一首の素材に目を向けると、すべてが本日の遊猟における嘱目の景物ばかりであることに気づく。すなわち、「赤根」「紫野」「標野」「野守」等々、第四句までには、本日の狩の場や獲物に関する語が一つずつ、きまって登録されている。このはっきりした特徴は、結句の「袖」もまた、「大皇弟・諸王・内臣または群臣」以下ことごとに従っていたその宮廷人たちの着飾りの「袖」と無縁ではないことを思わせる。いわば、即興の物名歌の感が強い。このことは、この歌が、盛大な本日の狩の目ぼしい景物を各句毎に道具立てにしてうたった、優婉にして人工的な、「恋」を主題とする歌であったことを物語る[28]。

伊藤博は遊猟後の饗宴の歌の中でのみ、天智天皇の妻（人妻）になったのであり、天智天皇は「擬制」の夫としてうたわれた、と結論する。私は伊藤説を採る。

このような見解はすでに折口信夫が昭和十年（一九三五）に発表した「額田女王」で述べている。折口信夫は「右の唱和の御歌は、宴会の座興を催した歌」と書き、額田王が「天智天皇にお伴して居たからと言って、寵を受けて居たとも言えない」と書く。そしてこの歌を「かけあひ歌」とし、「女性は殊に、男性の歌の謂はゞあげあしを取る事に馴れて居ました。宮廷から、都会・田舎に拘らず、すべて社会的儀禮として、恒例的に又は臨時に、男女の歌のかけあひが行はれました。其歌が、近代の人の考へるやうに、文學的であるよりは、今言つた點に上達した人たちが、その國・地方での歌人として騒がれたのです。萬葉歌人の多くは、さうした歌の上手だつた所から、名の傳へられた人たちなのです」といっており[29]、伊藤博の見解の本質は、すでに折口信夫が述べている。

大海人は額田王をなぜ「人妻」と詠んだのか

大海人の歌について、伊藤博は次のような見解を書く。

初老四十歳程度の女性を、大海人皇子は「紫草のにほへる妹」と言ってのけた。ここには、その場に臨んで事情を知っている者に言外に感知されるしっぺ返しがある。満座あげての笑いがあったであろう。それは王（引用者注、額田王）をいたく侮辱したことになるけれども、「君」を買って出た男が本当の夫であればこそ許された発言である。笑いは大きければ大きいだけ、座興を高めるのであり、（中略）事柄は「人妻故に」でも同様で、（中略）人妻（天智妻）でもないのに、本日の素材を道具立てにして人妻（天智妻）であるかのように唱えた歌に対し、本当の夫が「人妻故に我れ恋ひめやも」とすまして、またいきり立つように応じたところに、逆に満座の笑いをそそるしっぺ返しがあったわけで、ここでも天皇の座は暗々裡に高められている[30]。

この伊藤説を直木孝次郎は認めない。なぜなら、直木は額田王は、「若いころは大海人を立派な男と考えて愛情をもち、結婚して十市皇女を生んだが、年を重ねるうちに中大兄のすぐれていることを知り、愛を大海人から中大兄に移した」という前提に立って、大海人は額田王の歌に答えて、「わたしのもとを去ったあなたを憎いと思ってはいない。あなたが兄の天智の妻であることを、もちろん承知しているが、それでもわたしはあなたが恋いしいのだよ。あとを追って袖をふるぐらいは大目《おおめ》にみてもらいたい」と詠んだと解釈する。そして、「皮肉をたっぷり利かせながらの、大のろけである。緊張がきれて一座が爆笑につつまれたことはまちがいあるまい。大海人は全面降伏の形をとって、勝ちはむかしの妻にゆずり、座興を高めた功を手にした」と書く(31)。

この天智天皇の妻になったとする直木の見解には従えない。額田王が天智の妃や嬪になったという記載がないから、「一高級官人として若い子女や采女を指導し、とりしまる任務を帯び」ていたと直木は書く(31)が、身﨑壽は天智の葬儀にかかわる挽歌をみるに、額田王は「妻」として天智の死をいたんでいないと書いており(32)、額田王について論じるほとんどの論者は、天智の妻になったという説は採らない。私も通説を採る。

ところで今問題にしている狩りは、天智天皇が即位した天智称制七年の五月五日の節句の行事だが、『藤氏家伝』に載る「鎌足伝」には、月日は不明だが天智称制七年のころにあった長槍騒動（酒宴の最中に大海人が槍を抜いて天智天皇の座す床を突きさし、天皇が怒って大海人を殺そうとしたので、藤原鎌足が止めたという騒動）が書かれている。直木孝次郎はこの長槍騒動について、五月五日の「蒲生野薬狩りの前か後かもわからないが、天智と大海人のあいだに、何らかのわだかまりがあることを感じていた廷臣」の前で、大海人と額田王の歌のやりとりがおこなわれたことで、天智と弟（大海人）の間のわだかまりは消えた(33)、と書いている。果してそうか。

長槍騒動については第十六章で詳述するが、この「鎌足伝」の記述は鎌足の功績を高めるために作られた話であり、事実だと断定はできないが、事実でないとしても、大海人が即位を祝う宴で長槍で床を突きさしたので、天皇が刀を抜いて大海人を斬ろうとしたという話を作っているのは、大海人が中大兄の即位に不満を持っていたと見られていたからである。そのような「虎」と呼ばれ恐れられていた、五十歳前後の誇り高い皇子なのだから、座興歌を宮廷人や女官の前で詠んだのは、宴会を盛上げるためで、天皇の御機嫌を取る歌を詠んだのではない。

伊藤博は「初老四十歳程度の女性を、大海人皇子は『紫草のにほへる妹』と言ってのけた。（中略）それは額田王をいたく侮辱したことになる」と書く[28]が、「初老」の女を「人妻（一夜妻）」にする天智天皇は、もっと笑い者にされたのであり、侮辱されている。しかし余興の歌だから、直木孝次郎が書くように天智天皇は「苦笑するほかなかったろう[34]」。しかし直木孝次郎と私とでは「苦笑」の意味が違う。「苦笑」であったとしても、即位の年の節句の五月五日の「遊猟」の宴で、「人妻」と詠んだ歌は、『藤氏家伝』で藤原仲麻呂が書く「鎌足伝」の中に、同じ天智天皇の即位の宴に、大海人皇子が場違いな長槍を持って出席し、天智天皇の座す床を突きさしたという行動と重ねて見ると、見解は決定的にわかれる。私はこの歌は「言葉の長槍」と思っている。額田王と組んで四十歳を過ぎたわが妻（今では五十歳、六十歳の女性のイメージ）を、「人妻（天智の妻）」と詠んで、天皇や満座の笑いをさそったのだろう。

天智即位年の二つの宴会と大海人皇子の行動

直木孝次郎は天智と天武の関係を、偉大な兄とその兄に従う弟と見るから、額田王は最初に結婚した弟より、「年を重ねるうちに中大兄のすぐれていることを知り、愛を大海人から中大兄に移した」と書く(33)。そのような「兄」がなぜいつまでたっても「皇太子」のままでおり、母が二度も異例の即位をし、さらに母の死後も即位せず（というより即位できず）、ようやく即位したか。たった四年間しか皇位につけなかったのは、どういうことか。そのことについての直木孝次郎の説得力のある説明はない。

伊藤博は『萬葉集全注』で大海人皇子が額田王について詠んだ「人妻」は、歌の中だけの言葉で、四十歳前後か四十歳を過ぎた自分の妻が、天智の妻になっていたわけではないと書き(28)、多くの『万葉集』の研究者も同意見だが（折口信夫もすでに同じ見解を述べている）、直木孝次郎は前述したように、額田王は大海人皇子より兄の男らしさにほれて中大兄の妻になったと主張する。とすると、そのような兄に妻をとられた弟が、前述したように中大兄による薬猟の宴会で、兄に盗られた前妻を「人妻」と詠んで、兄や出席者たちの笑い（失笑）を買うような行為をするだろうか。否《いな》である。

天武即位前紀は天智の宮廷を去って吉野へ行く大海人皇子を「虎」と書き、「虎」に「翼を着けて放った」と書く。また「生れましより岐《き》嶷《ぎよく》なる姿有り。壮《をとこざかり》に及《いた》りまして雄抜《ゆうばつ》にして神武《じんむ》あり」と書いている。他にこのような記述のある天皇も人物もいない。この「虎」と呼ばれ、「岐嶷」「雄抜」「神武」と書かれている皇子だから、天智天皇の即位を祝う宴会にも、長槍を持って行き、天皇の座す床を長槍で突きさしたと書かれているのである。この長槍騒動については、詳細は第十六章で書くが、天皇の面前で即位を祝う宴席の床を長槍で突きさす皇子は、直木孝次郎の書くような皇子のイメージ（天智に愛妻をとられても、彼女を「人妻」と詠んで天智の御機嫌を取る卑屈な人物）ではない。

直木孝次郎は長槍で床を突いた行為は実際にあったと見て、「天智は即位したころから大友を自分のあとつぎとする考えをもち、それを感じとった大海人が憤懣《ふんまん》を爆発させたのではなかろうか」と書く[35]が（私は天智の即位そのものに不満だったとみるが）、もしその推測があたっていたとしても、このような行動をすること自体が、天智の前で「人妻」と詠んで天智に媚る男でないことを証している。

天武は天智の皇女をなぜ四人も妃にしたか

天智称制七年五月五日の節句におこなった薬猟の後の宴で、大海人皇子が額田王を天智の「人妻」と詠んだことについての私見を書いたのは、この『万葉集』に載る歌からみても、天武が天智の娘を四人も妃にした理由が読みとれるからである。

父は違うが自分の腹を痛めて生んだ二人の異父兄弟（後の天武・天智天皇）の関係をもっとも心配していたのは、母の宝皇女（皇極・斉明天皇）であった。斉明天皇は孫の建皇子を斉明四年五月に八歳で亡くしている。『日本書紀』によれば天皇は、「哀《かなしみ》に忍《しの》びず傷慟《いたみまど》ひたまふこと極めて甚《はなはだ》し。群臣に詔して曰はく。『万歳千秋の後に、要《かなら》ず朕が陵《みささぎ》に合葬《あはせはぶ》れ』」といったという。このような孫に対する愛情からも、数え年の十三、四歳で大海人皇子の妃になった建皇子の二人の姉たちにも、強い愛情をもっていたであろう。そのことが異父兄弟の間を心配した母として、孫の二人を大海人に嫁《とつ》がせたのであろう。したがって九州に向う時、身重の孫の大田皇女も船に乗せ、船中で大海人皇子の子を出産させている。もちろん二人の皇子も「中皇命《なかつすめらみこと》」の間人皇女も、額田王も乗船していた。

当時の結婚は一夫多妻が皇族・貴族では当然だったから、親子関係は母系によって結びついており、子供の養育も母の関係氏族によっていた。宝皇女が他にない異例の二度にわたって皇位についたのも（二度目の即位は六十歳を過ぎていた）、自分の腹を痛めて生んだ父の違う皇子たちと、孫たちのことであったろう（それは孫の建皇子の死にあたっての歎きからも推測できる）。私は斉明三、四年から六、七年にかけて、大海人が中大兄の皇女をつづけて二人も妃にしたのは、前述したが、中大兄の意志より、大海人と中大兄の母の宝皇女の意志とみている。

壬申の乱に勝利した後に、さらに天智天皇の皇女を二人も妃にしているのは、天智天皇の重臣、藤原鎌足の娘を二人、天智朝の左大臣蘇我赤兄の娘を一人、妃にしたのと同じ露骨な政略結婚だが、それにしても四人も同じ父の皇女を妃にしている例は他にはない。まして正史の『日本書紀』によれば、大海人と中大兄は両親を同じくする兄弟であり、もしこのことが事実なら、異常という外はない。しかし両親のどちらかが違うなら、そのような例はある。

序章でも書いたが、欽明天皇の皇后は異母兄弟の宣化天皇の皇女石姫、天智天皇の皇后の倭姫も異母兄弟の古人大兄皇子の皇女である。しかし大海人と中大兄は父も母も同じ兄弟と『日本書紀』は書くのだから異常である。さらに問題なのは兄が弟へ、つまり目上が目下へ二人以上の娘を嫁がせる例は皆無という事実である。そのことを『日本書紀』から示す。

一、安寧天皇の皇孫の二人の娘が孝霊天皇へ。

二、開化天皇の皇子丹波道主王の娘五人が垂仁天皇へ。
三、景行天皇の皇孫品陀真若王の三人の娘が応神天皇へ。
四、大宅木事の二人の娘が反正天皇へ。
五、応神天皇の子の稚渟毛二岐皇子の二人の娘が允恭天皇へ。
六、蘇我稲目の二人の娘が欽明天皇へ。

この六例はすべて目下から目上へである。

『古事記』は安寧天皇の皇孫を和知都美命と書き、大宅木事を丸邇許碁登と書いているが、同じ伝承を載せる。天智紀によれば、蘇我山田石川麻呂も造媛《みやつこひめ》、遠智娘《をちいらつめ》、姪《めい》娘を中大兄に嫁がせているが、造媛は遠智娘の別名の美濃津子娘の「ミノツコ」は「ミヤツコ」の転とみられているから、三人でなく二人になるが、やはり目下（臣下）から目上（天皇）であり、目上（兄）から目下（弟）はあり得ない。また両親が同じ兄弟間で娘を嫁《とつ》がせる例もない。あるのは前述したように異母兄弟間である。したがって異父兄弟間はあり得ても、父も母も同じで、しかも目上の兄が目下の弟に、つづけて二人も皇女を嫁がせる例は皆無だから、この事実からみても、天武天皇は天智天皇の異父兄の大海人漢皇子であり、天武天皇が天智天皇の「実弟」と書く『日本書紀』の記事は、事実ではない。

〔注〕

（1）大和岩雄「天武天皇の出自の謎」『古事記と天武天皇の謎』所収　一九七九年　六興出版

（2）白崎昭一郎「天武天皇年齢考」「東アジアの古代文化」二九号　一九八一年　大和書房

（3）上田正昭『女帝――古代日本の光と影――』一三〇頁～一三四頁　一九七一年　講談社

（4）直木孝次郎『日本の歴史・2（古代国家の成立）』二七二頁　一九六五年　中央公論社

（5）大和岩雄「天智天皇の娘を四人もなぜ天武天皇は妃にしたか」『天智・天武天皇の謎』所収　一九九一年　六興出版

（6）中西進「額田王」『万葉集の研究・上』所収　一九六八年　桜楓社

（7）黛弘道「古代天皇制の成立」『図説日本の歴史・3』所収　一九七四年　学習研究社

（8）井上光貞『日本の歴史・3（飛鳥の朝廷）』三五二頁　一九七四年　小学館

（9）直木孝次郎（注4）前掲書　二二七頁

（10）吉永登「間人皇女――天智天皇の即位をはばむもの――」「日本文学」一九六三年三月号

（11）直木孝次郎（注4）前掲書　二二三頁～二二六頁

（12）松本清張『清張通史・1（天皇と豪族）』二七二頁～二七四頁　一九七八年　講談社

（13）神堀忍「孝徳紀御製私解」『万葉』五六号　一九六五年

（14）土橋寛『古代歌謡全注釈・日本書紀編』三五三頁～三五四頁　一九七六年　角川書店

（15）北山茂夫『国民の歴史・3（飛鳥朝）』二一一頁　一九六八年　文英堂

（16）北山茂夫（注15）前掲書　二一三頁

（17）上田正昭（注3）前掲書　一二三頁

(18) 上田正昭(注3)前掲書 一二二頁～一二三頁
(19) 吉村武彦『日本の歴史・3(古代王権の展開)』二〇八頁 一九九一年 集英社
(20) 森公章『日本の時代史・3(倭国から日本へ)』六〇頁 二〇〇二年 吉川弘文館
(21) 北山茂夫(注15)前掲書 二一七頁
(22) 門脇禎二『新版・飛鳥』二〇四頁 一九七七年 日本放送出版協会
(23) 吉村武彦(注19)前掲書 二一二頁
(24) 稲岡耕二『萬葉集全注・巻第二』二三九頁 一九八五年 有斐閣
(25) 伊藤博『萬葉集全注・巻第一』九一頁～九二頁 一九八三年 有斐閣
(26) 直木孝次郎「額田王の年齢」『額田王』所収 二〇〇七年 吉川弘文館
(27) 大和岩雄(注5)前掲書 一〇九頁～一一〇頁
(28) 伊藤博(注25)前掲書 九一頁～九二頁
(29) 折口信夫「額田女王」『婦人公論』一九三五年六月号。『折口信夫全集・第九巻』所収 一九六六年 中央公論社
(30) 伊藤博(注25)前掲書 九四頁
(31) 直木孝次郎(注26)前掲書 二〇八頁
(32) 身﨑壽「初期宮廷挽歌の様相」『宮廷挽歌の世界』所収 一九九四年 塙書房
(33) 直木孝次郎(注26)前掲書 二一〇頁
(34) 直木孝次郎(注26)前掲書 二一一頁
(35) 直木孝次郎(注26)前掲書 二六二頁

第四章

中大兄はなぜ異例の長期間皇太子か

中大兄像の巨大化は大海人像の矮小化が生んだ創作

中大兄の二十三年間の「皇太子」は創作記事

孝徳紀は中大兄は「大化」元年（六四五）に「皇太子」になったと書き、天智称制七年（六六八）までの二十三年間も皇太子であったと書く。この「皇太子」と同じ意味で『日本書紀』は「東宮」とも書くが、荒木敏夫は『日本古代の皇太子』でこの問題を詳細に論じて、「飛鳥浄御原令によって皇太子制が成立し、それ以前においては、王族の有力者が国政に参画し、時によって大王の代行を行うことがあっても、それらは『皇太子』といえるものではない」と結論し、中大兄や大海人の「皇太子」「東宮」「東宮大皇弟」を追記と書く[1]。本間満は「大海人皇子の皇太弟について」で、皇太子が元年に立太子礼がおこなわれるのが慣習化され、整備されていくのは桓武天皇以降であることを文献例をあげて示し、大海人皇子を「東宮大皇弟」「皇大弟」と書き、大海人皇子が天武朝で皇太子であったとする『日本書紀』の記述を認めていない[2]。

「皇太子」は飛鳥浄御原令以降と書く荒木敏夫は「浄御原令下では珂瑠皇子（文武天皇）が最初の『皇太子』」であり、「珂瑠皇子の時代になってはじめて東宮が藤原宮の一部に構成され出現する」から、「厩戸皇子・葛城（中大兄）皇子・大海人皇子の『立太子』もまた疑問となってくることは必然的帰結」で、「珂瑠皇子以前の『皇太子』はすべて疑問となる」と書いている[1]。

私も一九八七年刊行の『天武天皇論』（一・二の二分冊の著書）で、中大兄が「皇太子」であった事を否定し、大海人を「皇弟」にした事に対応して、二十三年間も中大兄を「皇太子」にしたと書き、一九八七年刊の『天武天皇出生の謎』で、さらにそのことを詳述した。

『日本書紀』が中大兄は孝徳朝の「大化」元年から「皇太子」になったと書くのは、中大兄が「大化改新」で功績があったからである。しかし「大化改新」を否定する論者は中大兄の「皇太子」を否定するから、大化改新否定論の立場からの主張を紹介する。門脇禎二は一九七五年発表の『「大化改新」の虚像と実像』で、政治の実権は中大兄でなく孝徳天皇にあったと述べ、井上光貞らが主張する中大兄が「皇太子」として実権(執政権)をもっていたことを疑っている。(3)

吉村武彦も一九九一年刊行の「古代王権の展開」(『日本の歴史・3』・集英社)で、「孝徳朝に、中大兄がいかに実権を握っていたかのようにみえても、天皇として最終的に権力を掌握していたのは孝徳天皇である。(中略)孝徳朝の歴史を、中大兄という特定個人の恣意のまま動く歴史に置き換えてしまうのは、やはりまちがいだといわざるをえない」と書いている。(4)

遠山美都男も一九九三年刊行の『大化改新』で、『書紀』などは、中大兄が孝徳の「皇太子」であったとするが、大王軽皇子が死んだのち、中大兄がただちに即位せず、皇極女帝が斉明天皇として再び即位したことは、王権継承の危機を未然に抑止する女帝の役割を考えれば、皇極譲位の時はおろか孝徳死後の段階においてすら、中大兄の即位に対する支配層の全面的な合意はなお形成されておらず、中大兄の王権継承資格は絶対的なものになっていなかったことになろう」と書いている。(5)

森公章も「孝徳朝の政権構成」について、「乙巳の変を起こした中大兄皇子や中臣鎌足の突出はない。『家伝』は、鎌足に過大な権力の委託・封戸給付があったかに記すが、具体的記述に乏しく、何より天智朝までは鎌足の活動が不明であることから、孝徳朝における彼らの政治的位置を過大評価することは避けねばならない」と書いている。(6)

中村修也は二〇〇六年刊行の『偽りの大化改新』と題する著書が示すように、「大化改新」は「偽り」とみて、門脇[3]・吉村[4]・遠山[5]・森[6]らの見解に賛同し、「乙巳の変は軽王子が首謀者であり、中大兄は関与していない」。「中大兄が孝徳大王の『皇太子』になっていることも虚構の可能性が高い」と書いている[7]。

「皇太子」という称号は「東宮」と同じに浄御原令以降の称号であるから、中大兄が孝徳朝・斉明朝・天智称制六年まで、二十三年間「皇太子」であったことは、机上の創作である。問題は「皇太子」という称号はないとしても、孝徳朝から政治の実権を握っていたか、であるが、いわゆる「大化改新」の主役は、中大兄でなく叔父の軽皇子（孝徳天皇）と見る見解が強い。後述するがいわゆる「大化」年号の時代と、「白雉」年号の時代では、左右大臣が入れ替ってまったく違った外交方針（「大化」年間は親新羅、「白雉」年間以降は反新羅）を採っている。この事実からみても「大化改新」の主導者は軽皇子をかついだ孝徳朝の左大臣の阿倍倉梯麻呂（内麻呂）、右大臣の蘇我倉山田石川麻呂、国博士の旻法師、高向史（漢人）玄理と考えられる。中大兄が政権運営に関与しだしたのは、「白雉」年間以降と考えられるが、しかしそれ以後も「皇太子」であったのではない。そのことは孝徳天皇が亡くなった後、「皇太子」であったなら当然即位すべきなのに即位せず、斉明朝になっても『日本書紀』は「皇太子」と書いていることからもいえる。

中大兄が「皇太子」であったという前提で、なぜ即位しなかったのかを論じる論考が見られるが、これらの論者は家永三郎[8]や井上光貞[9]の論考に引かれて、推古朝から「皇太子制」が執行されたという前提で論じている。しかし前述したようにこの見解は無理で、「皇太子制」は浄御原律令執行以後である。「皇太子」でなくても実権を中大兄が握っていたなら、当然母が他に例のない二度目の天皇になる事はない。この異例の即位は、斉明紀の冒頭に異父兄の漢皇子の存在を記しているように、異父兄の存在が中大兄の即位の障害になっていたからである。この異父兄は大海人漢皇子だが、中大兄が長期間にわたって「皇太子」だったとする記述は、この異父兄の存在によっている。

『日本書紀』はその異父兄を天智の「実弟」にして、中大兄の巨大化（二十三年間の「皇太子」という創作）をはかった。その一例が蘇我入鹿暗殺に中大兄も参加していたという記述である。

中大兄は蘇我入鹿暗殺の現場には居なかった（一）

中村修也は中大兄は入鹿を斬っていないと、二〇〇六年刊の『偽りの大化改新』で書いているが[10]、私は一九九一年刊の拙著『天智・天武天皇の謎』[11]で、「中大兄皇子は蘇我入鹿を斬っていない」と題する章（第二章）で、そのことをすでに書いている。

中村修也は中大兄が入鹿を斬っていない理由として、「血の穢れを受けた王子は、神聖なる大王になりにくい不文律が当時あった」ことを理由にする。理由の一つとして『日本書紀』の皇極二年十一月一日条の記事をあげる。山背大兄王を討つために蘇我入鹿が自らおこなった記事と、用明元年五月条の穴穂部皇子が自ら三輪君逆を討とうとした時の記事を取り上げ、入鹿をおしとどめた古人大兄皇子も、穴穂部皇子が行こうとするのを止めた入鹿も、「権力者は血の穢れを受けるべきではない」と忠告して止めさせた例と書く。したがって入鹿を斬ることは血の穢れの役を実行することになり、皇位を狙っている中大兄がやるはずはない。それなのにやったと書くのは、「中大兄を貶めている記述」

と、中村修也は書く(12)。
この中村説には賛成できない。生駒山の山中に逃げこんだ山背大兄王を入鹿が討ちに行こうとしているから、古人大兄皇子は「鼠は穴に伏《かく》れて生き、穴を失いて死ぬ」といい、山中にかくれた敵はいつかは死ぬから行くな、といったので入鹿は行くのをやめたのである。また穴穂部皇子の行動を入鹿が止めたのも、「王たる者は刑人《つみびと》を近づけず。自ら往《いでま》すべからず」といってとりやめさせている。「王たる者」は「刑人（罪人）」に近づくべきではないといっているのであって、どちらの例も血の穢れを理由にして止めているのではない。したがって私は、中村見解とは違った視点から、中大兄は入鹿暗殺の現場に居なかったと推測している。

『日本書紀』によれば、中大兄と中臣鎌子は、法興寺の槻樹の下での打毱で親しくなり、「倶《とも》に」、「周孔の教を南淵先生の所に学ぶ。遂に路上、往還《かよ》ふ間に、肩を並べて潜《ひそか》に図《はか》り、相協《あひかな》はずといふこと無し」とある。「潜に図り」は入鹿暗殺のことである。この『日本書紀』を熟読している藤原仲麻呂は、前述したように『藤氏家伝』の「鎌足伝」では、南淵請安でなく旻法師の学堂に藤原鎌足（中臣鎌子）は通ったと書く。しかも一緒に通ったと書く中大兄は消えており、鎌足と共に通ったのは暗殺するはずの蘇我入鹿になっている。

このような「鎌足伝」の記述だから、『日本書紀』が入鹿を殺した佐伯子麻呂や葛城稚犬養網田と同じに、中大兄も入鹿を斬った人物として、三人を「等」と書くのに、なぜか「鎌足伝」は子麻呂と網田は「等」としているが、中大兄は「与」と書き、正史が暗殺者として中大兄を含めて三人にしているのに、中大兄をはずしている。この記述は、鎌足（中臣鎌子）と中大兄が入鹿暗殺の現場に居たことを、仲麻呂が疑っていたからであろう。

入鹿誅殺を書く「鎌足伝」の記事について、『藤氏家伝――注釈と研究――』は「鎌足伝」と『日本書紀』の記事を対比して示し、入鹿暗殺の記事は『日本書紀』の引用と書いているが[13]、なぜか「鎌足伝」は、中大兄の活動を積極的に書く正史の記事と違って、中大兄の活動を消極的に書く。第四章で書いたが、「鎌足伝」では蔑称の名の「入鹿」と書かず「太郎」「桉作」と書き、『日本書紀』が中大兄と共に通ったと書く、南淵請安の学堂を、僧の旻法師の学堂に通ったと書く。さらに学堂へは中大兄と共に通ったと正史は書くのに、蘇我太郎と通ったと書き、蘇我太郎は秀才だったと書く。「鎌足伝」で鎌足の曾孫がこのように書いている事実からみても、『日本書紀』を正史だからといって全面的に信用するのは危険である。

中大兄は蘇我入鹿暗殺の現場には居なかった（二）

私は前述したように拙著（『天智・天武天皇の謎』一九九一年　六興出版）で、中大兄は蘇我入鹿を斬っていないと書いた。中村修也も私見と違うが中大兄は入鹿を斬っていないと書き、中大兄と中臣鎌子は「乙巳の変においてどのような役割も果していない」と書く[10]。遠山美都男も『大化改新』で「入鹿暗殺の舞台設定そのものが事実を伝えたものではないとしたならば、そこで交わされたという会話に対して深刻な疑問が生じてくるであろう」と書き、中大兄に斬られた後の入鹿をみて中大兄とかわした会話は、「全体的に後世の机上の作文と考えた方が妥当」と書く[14]。

遠山美都男は入鹿が斬られた後の記述を、「机上の作文」と書くが[15]、その前の記述も、真実と作文の記事が混在している。

この事件は大極殿でおこなわれたと書かれているが、当時、大極殿があったかは疑わしい。鬼頭清明は「日本における大極殿の成立」で、大極殿は持統天皇の藤原宮造営以降の成立と詳論している。(16) 遠山美都男も「大極殿」は『日本書紀』が成立した当時の創作とみて、蘇我入鹿が斬られた飛鳥板蓋宮の「大殿」は小墾田宮と大体同じと推定する。そして入鹿が斬殺されたのは、「『日本書紀』や『家伝』上が描く『大極殿』のような『開かれた空間』でなく、むしろ限られた人間のみが出入をゆるされた『閉ざされた空間』であったことになる」と書いている。(17) 鬼頭・遠山見解が事実で、「開かれた空間」の大極殿でないとすると、この事実からも、蘇我入鹿暗殺事件の記事は、後から加えられた創作記事である。その事を箇条書に書く。

一、皇極朝時代に大極殿はないが、天皇の臨席する御殿に、身分の低い佐伯子麻呂らが剣を持って入ることはできないから、「箱の中に両剣」を入れて持ち込み、襲撃の直前に箱を開けて佐伯子麻呂と葛城犬養網田に渡したと書いている。このように剣もかくしているのに、なぜか、中大兄は長槍、中臣鎌子は弓矢を持ってかくれている。

二、『日本書紀』によると大極殿に居る入鹿に、大極殿の「側《かたはら》」に居た中大兄が、「『咄嗟《やあ》』といひ、即ち子麻呂《ねまろ》と共に、其の不意《ゆくりもな》きに出で、剣を以《も》ちて入鹿が頭肩を傷《やぶ》り割《さ》く」とある（傍点引用者）。大極殿の側《かたわら》から「やあ」と大声をあげて叫んで飛び出せば、大極殿のなかに居た入鹿は、彼らが近づいてくるまでに逃げてしまうではないか。

三、中大兄が「不意」に出たと書くのと、中大兄が「咄嗟《やあ》」といったと書くのもおかしい。なぜなら「やあ」と大声をあげたら、相手に襲撃を知らせてしまい「不意」ではないではないか。したがってこのような記述そのものが、この記事は作文で、中大兄が蘇我入鹿を斬っていないことを示している。

四、中大兄は「長槍」を持って、外に隠れていたと書かれている。なぜ持っていた「長槍」を使わずに、「剣を以ちて入鹿が頭肩を傷《やぶ》り割《さ》く」のか。「長槍」はどこへいってしまったのか（清水三朗も「最初は長槍を持っていたはずの中大兄が、次の記述ではいつのまにか剣に持ち変えている。この間の説明は全くない。初めに長槍と書いたことを忘れてしまったのか」と書いている。〈「高向漢人玄理の周辺（下）」「東アジアの古代文化」三六号　一九八三年　大和書房〉）。

五、入鹿は身を守るために大極殿へ剣を持ちこんだので、鎌子が俳優を使って入鹿が身につけている剣を、「解《と》かしむ」と『日本書紀』は書く。したがって剣を解《と》かしたのだから、子麻呂らも剣を「箱の中」に入れてかくしており、襲撃する直前に箱から出している。剣は箱に入れてかくしているのに、長槍をかくしていないのはおかしい。この記述からみても、佐伯子麻呂らの行動は事実だが、中大兄が槍を持っていたという記事は事実ではないから、中大兄がもっていた「槍」が、突然「剣」に変っているのである。

六、中臣鎌子は中大兄と共に、大極殿の外に弓矢を持ってかくれていたと、『日本書紀』は書く。剣を箱の中へ入れてかくし、襲撃する直前に取り出しているのは、暗殺をさとらせないためなのに、なぜ中臣鎌子は堂々と弓矢をかくさずに持っているのか。まして中大兄は槍まで持ち込んでいる。

七、大極殿の外に弓矢を持ってかくれていたと書くが、もし外から鎌子が内に居た入鹿をねらって射ったとしたら、入鹿の近くに居た皇極女帝にあたることだってありうる。中臣鎌子が弓の名手であったことなど、どの文献にもないのだから、これも作文である。

八、箱に入れた剣について、「両剣」と書いている。佐伯子麻呂と葛城犬養網田の二人の剣を箱に入れたのだから「両剣」であって、中大兄の剣は入っていない。ところが長槍を持って外に居た中大兄が、突然、剣をもって真先に内に居た入鹿を斬っているのも、おかしい。

九、蘇我入鹿は中大兄に剣で斬られてから、「驚きて起つ」と書いているのもおかしい。なぜなら中大兄が「咄嗟」と大声をあげた時にこそ、「驚きて起つ」はずである。

十、『日本書紀』は入鹿誅殺の記事の後に三つの謡歌《わざうた》を載せるが、三つめの次の歌、

　小林に　我を引入れて　奸《せ》し人の　面《おもて》も知らず　家も知らずも

について、小学館版『日本書紀・3』の頭注（直木孝次郎執筆）は、「『小林』は大極殿。『我を引入れて奸し人』は『自分（入鹿）を誘い込んで殺した人』と解し、その『人』は中大兄であるが、『面も知らず家も知らずも』だから、どこの誰だか知らないと、入鹿にとって最も遠い存在の佐伯子麻呂・稚犬養網田という人物名を挙げて説き明しとした」と書く。土橋寛も『古代歌謡全注釈・日本書紀編』で、直木孝次郎と同じに、入鹿を殺したのは中大兄皇子であるが、「『面も知らず　家も知らずも』と」あるから、「『せし人』を中大兄とするわけにはいかず、中大兄の輩下の中で入鹿とは最も縁の遠い二人（佐伯連子麻呂・稚犬養連網田）を挙げたのであろう」と書いている[18]。直木・土橋の両氏の見解は、中大兄が入鹿を斬り殺したと書いているが、『日本書紀』は殺したとは書いていない。しかし誤読されるような書き方はしている。『日本書紀』の編者は中大兄が殺したと書きたかったが、そ

こまでは創作できず、「傷つけた」にしたのである。殺したのは佐伯子麻呂と葛城犬養網田である。

入鹿暗殺の現場に居た皇極天皇は、中大兄に「知らず、作る所、何事有りつるや」と問うと、「鞍作、天宗を尽《つく》し滅《ほろぼ》して、日位《ひつぎのくらい》を傾けむとす。豈《あに》天孫を以て鞍作に代《か》へむや」と答えたと書く。「天宗」は山背大兄王ら上宮王家をいう。原島礼二は「山背大兄王一族の滅亡には中大兄のおじ軽皇子も加わっており、母の女帝がまったく知らなかったはずもない。だから中大兄がそうした答をしたとは、どうも考えられないのである。（中略）中大兄の答なるものは、事実を正しく伝えていないといわざるをえない。つまり『日本書紀』編纂当時の手が、ここに加わっている可能性がかなり高いのである。したがって、その答のひきがねとなった女帝の問いの中身も、はたして事実に即しているものかどうか、疑われても仕方がないと思う」と書いている[19]（傍点引用者）。

遠山美都男も「『天宗』を滅ぼし『日位』を傾けようとしたという行動に中大兄自身も加担していた」のだから、『書紀』が「入鹿独りの罪状に帰そうとする主張は、実態のない、殆ど意味をもたないものである」と述べ、入鹿暗殺の記事に疑問を述べている[17]。

以上述べてきたことからも、中大兄は蘇我入鹿を斬っていないし、現場には中大兄も中臣鎌子も居らず、作文と私は推測する。『日本書紀』のいわゆる「大化改新」関係記事を、全面的に信用して論じたのでは、歴史の真実は見えてこない（中大兄は現場に居なかったから、入鹿を斬ってはいないが、『日本書紀』天智五年三月条は、病床の佐伯子麻呂の家に行き、「其の所患《やまひ》を問いたまひ、元《はじめ》よりつかへまつれり功をなげきたまふ」と書いているから、中大兄が入鹿暗殺の現場に居なかったとしても、陰謀に関与していた事は確かである）。

「乙巳の変」（大化改新）についての諸見解

「大化改新」を最近は「乙巳の変」と書くのは、「大化」年号が当時あったか疑わしいし、中大兄や中臣鎌子（藤原鎌足）の活躍に疑問が出されているからである。

『日本書紀』の皇極紀は、いわゆる「大化改新」に至る前史で、蘇我本宗家を滅亡させた主役として、中大兄と中臣鎌子の活躍を書く。「大化改新」については、一九六六年・六七年に「日本史研究」八六号・八八号に掲載した原秀三郎の「大化改新論批判序説」で、大化改新否定論が発表された以降、[20] 原秀三郎は「大化改新――つくられた虚像――」を一九七八年、[21]「孝徳紀の史料批判と難波朝廷の復元」を一九八〇年刊行の『日本古代国家史研究』に載せ、[22] 自説をさらに詳細に述べている。原説と同時期の一九六七年に門脇禎二も「大化改新は存在したのか」と題する論考を、「中央公論」四月号に発表している。門脇禎二は一九六九年には『「大化改新」論――その前史の研究――』と題する書き下し論著を刊行し、[23] 一九九一年に『「大化改新」史論』（上・下）を刊行し、積極的に『日本書紀』の記述に疑問を投げかけている。[24] 原・門脇論考についての賛否の過程で、学界は「大化改新」でなく、「乙巳の変」というようになり、主役を中大兄・中臣鎌子と見る見解を、軽皇子（孝徳天皇）に改めている。

新しい見解の立場から一九八三年に山尾幸久は「七世紀の国際政局と大化改新」、[25] 篠川賢も同年に「乙巳の変と蘇我倉山田石川麻呂」[26] を発表している。一九八九年には遠山美都男が『「乙巳の変」の再構成――大化改新の新研究序説――』を発表し、[17] 一九九三年に中公新書で『大化改新』を刊行し、門脇禎二の論考に影響を受けた見解を述べている。[5] 吉村武彦も通史『日本の歴史・3』の第五、六章で新知見に立って、乙巳の変について述べており、[27]吉村武彦と同じ立場から森公章は「中臣鎌足と乙巳の変以降の政権構成」を二〇〇一年に発表している。[28]二〇〇六年には中村修也が『偽りの大化改新』と題して、さらに徹底した新知見を講談社現代新書で述べている。[10]

　前述の論者たちは、正史が書く主役の中大兄を認めず、主役を軽皇子（孝徳天皇）とし、中臣鎌子の活躍も否定する。しかし中大兄らが軽皇子と共に活動し、入鹿誅殺に参加したことは認めているが、中村修也は中大兄を入鹿暗殺の実行者として認めていない（私も一九九一年刊の拙著『天智・天武天皇の謎』の「第二章・中大兄皇子は蘇我入鹿を斬っていない」で直接行為はしていないと書いた）。したがって中村修也が「中大兄＝皇太子はありえない」と書き、[29]遠山美津男や吉村武彦が皇太子として「中大兄がそれなりの権力を有していた」とみていることに対して、否定的見解を書いている。[30]私が「大化」年代にまったく中大兄の影響がなかったとは見ないのは、蘇我倉山田石川麻呂事件に中大兄が関与していたとみるからである。しかし皇極紀が書く蘇我入鹿暗殺に中大兄と中臣鎌子が、現場で活躍したと書く記述は、創作記事であることは前述したように明らかであり、中大兄と中臣鎌子が出合った打毬の記事も、事実ではないことは通説である。さらに問題なのは、南淵請安の学堂で「周孔の教」を、中大兄と鎌子が手をたずさえて学んだと書く記事を、鎌足の曾孫の藤原仲麻呂が、「鎌足伝」（『藤氏家伝』所収）でまったく取上げていないことである。しかし南淵請安の学堂へ中大兄と鎌足が共に通ったと書く記事を事実とみる人達は、南淵請安が当然「国博士」になるべきなのになっていないので、亡くなっていたから旻法師になったと書く。しかし「鎌足伝」では『日本書紀』の記事を藤原仲麻呂は読んでいながら、鎌足は旻法師の学堂へ通ったと書き、中大兄と鎌足が南淵先生の学堂へ通った事を否定している。このように鎌足の曾孫まで正史の『日本書紀』の記事を認めていない事実は無視できない。

中大兄の「皇太子」は二十三年間以上と書く記事

中大兄は大化元年（六四五）から天智称制六年（六六七）の間「皇太子」であったと『日本書紀』は書くが、舒明十三年（六四一）十月十八日条に、

東宮開別皇子、年十六にして誄《しのびこと》たてまつりたまふ。

とある。「東宮」は皇太子居住の宮、または皇太子をいう。皇太子は大化元年からだから小学館版の『日本書紀・3』の頭注者の直木孝次郎は、継体七年十二月八日条の「春宮《とうぐう》に処《ゐ》て」とある「春宮」と同じと書き、「トウグウ」と訓む。しかし岩波書店版の『日本書紀・下』の舒明紀の頭注者の黛弘道は「ヒツギノミコ」と訓んでいる。理由は神武紀の四十三年正月条に「皇子神渟名川耳尊を立てて、皇太子《ひつぎのみこ》としたまふ」とあり、以後、崇峻紀までの「皇太子」表記（すべての天皇に記されているのではない）は立太子記事として載り、敏達五年三月十日条に「東宮《ひつぎのみこ》聖徳に嫁《みあひ》す」とあるから、「東宮開別皇子」の「東宮」も「ヒツギノミコ」と訓んだのである。

次の皇極紀の頭注者は小学館版は直木孝次郎だが、岩波書店版は坂本太郎である。頭注者が変わると訓みも変わっている。岩波書店版は皇極元年（六四二）十一月十六日の記事を、次のように記す。

天皇新嘗《にひなへ》御《きこしめ》す。是《こ》の日《ひ》に、皇子《みこ》・大臣《おほおみ》、各《おのおの》自《みづか》ら新嘗す。

ところが同じ記事を小学館版は、

天皇、新嘗を御《きこ》しめす。是の日に、皇太子《ひつぎのみこ》・大臣、各自新嘗す。

と書き、岩波書店版は「皇子」、小学館版は「皇太子」と記している。この「皇太子」という書き方は、谷川士清の『日本書紀通証』、河村秀根・益根の『書紀集解』、飯田武郷の『日本書紀通釈』も同じであり、吉川弘文館の『日本書紀索引』（一九六九年）も「皇太子《ひつぎのみこ》」で、岩波書店版のみが「皇子《みこ》」である。なぜ坂本太郎は「皇子」としたのか、理由は直木孝次郎が舒明十三年の「東宮《ひつぎのみこ》」を「東《とう》宮《ぐう》」と訓んだように、皇極元年には中大兄はまだ「皇太子」になっていないとみて「皇子」と書いたのである。直木孝次郎も頭注で、「この『皇太子』を『皇子』とする写本もある」と書いている。

整理すると岩波書店版は舒明紀は黛弘道、皇極紀は坂本太郎で、頭注者が違うから、葛城皇子（中大兄）をいう舒明紀の「東宮」を「ヒツギノミコ」と訓むが、皇極紀は「皇子《ミコ》」と書き「ヒツギノミコ」という訓み方はしていない。小学館版の頭注者は舒明紀も皇極紀も直木孝次郎で同一人だが、舒明紀の「東宮」は「トウグウ」と訓み、皇極紀は「皇太子《ヒツギノミコ》」と書くが「皇子《ミコ》」という書き方もあると書き、いずれも統一整理された頭注ではない。このような日本古代史の碩学たちの訓み方の違い、混乱は、中大兄の「皇太子」は孝徳天皇が即位した大化元年（六四五）からとみているからである。舒明紀の「東宮」に対し、皇極紀にも「皇太子」または「皇子」の表記があり、中大兄の「皇太子（東宮）」の表記は混乱している。このような混乱した記事が見られるのは、中大兄の「皇太子」、大海人皇子の「皇弟」「大皇弟」は、『日本書紀』の最終編纂期に急拠書き加えられたからである。そのことは第六章以降でくわしく書くが、このような『日本書紀』の中大兄に関する「皇太子」「東宮」の混乱記事からみても、中大兄の「皇太子」は事実ではない。

斉明天皇崩御後も「中大兄」はなぜ「皇太子」か

斉明紀の四年十一月九日条は、次のように書く。

皇太子、親《みづか》ら有間皇子に問う。

また、天智即位前紀も、次のように書く。

皇太子、素服して称制したまふ。

このように斉明紀も、斉明天皇が崩御しても「中大兄」は「皇太子」である。なぜか、孝徳朝の十年間、斉明朝の七年間、「皇太子」であったのに、母の斉明天皇が亡くなっても、まだ「皇太子」のままで即位しない理由については、「皇太子執政論」がある。

「皇太子執政論」の代表は井上光貞(9)、直木孝次郎(31)がいる。天皇にまつりあげられると、執政権が強力に使えなくなるからという理由である。つまり統治の実質的権力は皇太子にあったとし、当時は新羅と唐の連合軍と戦争状態にあったから、執政権を強力に発揮するために、皇太子のままでいたという主張である。この主張は中大兄がいつまでも皇太子のままで即位しないための理由づけとして考えられた見解だから、通説になっている。しかし説得力はない。なぜなら新羅・唐との戦争が理由なら、その戦争に破れた後は、戦いが終ったのだから皇太子のままでいる必要はないではないか。もし天皇にまつりあげられると、執政権を思いのままに使えないとすれば、大海人皇子を天皇にすればよいではないか。しかし、このような主張には、大海人皇子は「実弟」でも、「虎」と呼ばれて恐れられていたから、兄の中大兄は象徴的存在の天皇であっても同意しないと、「皇太子執政論」の論者は反論するだろう。しかし「皇太子執政論」が主張される根拠は、中大兄が二十三年間も「皇太子」であったことを史実として認め、天皇にならずに「皇太子」で居たのは、政治の実権は「皇太子」にあったからだという主張に拠っている。しかし孝徳・斉明・天智称制六年までの二十三年間の「皇太子」は、さらに舒明・皇極年間も「東宮」・「皇太子」であったという記述もあり、中大兄の「皇太子」期間を『日本書紀』は延長している。このように中大兄の「皇太子」期間は『日本書紀』編者の創作と見られるから、「皇太子執政論」は成り立たない。中大兄が母の斉明天皇が亡くなった後も即位しなかったのは、というよりできなかったのは、「虎」と呼ばれていた異父兄の存在である。

　天智天皇の即位は天智称制七年正月であり、持統天皇の即位は持統称制四年正月である。持統天皇が天武天皇の死後三年間即位しなかった理由は、「皇太子」の草壁皇子が居たからである。持統三年四月十三日条に「皇太子草壁皇子尊薨《かむさ》りましぬ」とあり、草壁皇子が即位すべきであったが病弱で執務ができなかったため「臨朝称制」であった（天武十年二月二十五日条に「草壁皇子尊を立てて皇太子としたまふ」とある）。したがって持統天皇の三年間皇位につかなかった理由は明らかだが、中大兄が即位しない理由は、正史の『日本書紀』は明らかにしていない。なぜ明らかにしないのか、その理由を追求せずに、「皇太子執政論」をもち出すのは問題である。

『日本書紀』は天智称制四年二月二十五日条に、「間人大后（「大后」とあるのは孝徳天皇の皇后であったからである）」が亡くなったと書き、三月一日に間人大后のために三百三十人を得度させたと書く。この得度も単に孝徳天皇の皇后としては異常だが、天智称制六年二月二十六日まで、ぴったり二年間も殯をしているのはさらに異常である。翌日、母の斉明天皇の遺骨と共に合葬されている。そして一カ月後の三月十九日に都を近江へ移し、翌年正月にようやく中大兄は即位している。この事実は「間人大后」が「中天皇」だったから、六年間即位できなかったのである（持統紀も天智紀と同じに天智称制元年を「天命開別天皇元年」と書いているが、森博達の考証によれば、元明朝の和銅七年に紀清人が持統紀を述作しているから、『日本書紀』の最終編纂期に天智四年が天智十年に改められたのである）。

天智称制六年までの治政にかかわる「中天皇」

『万葉集』の巻一（三・十）の題詞の「中皇命《なかつすめらみこと》」は、他の文献（『大安寺縁起』）に「仲天皇」とあり、この「ナカツスメラミコト」を、多くの論者が、間人皇女であると論証している。私が知るかぎりでも「中天皇（皇命）間人皇女説」は、江戸時代の国学者荷田春満・賀茂真淵からはじまって、土屋文明[32]・吉永登[33]・中西進[34]・稲岡耕二[35]・神野志隆光[36]・伊藤博[37]など、国文学者・万葉学者も採っている。古代史家も田中卓は『万葉集』の「中皇命」だけでなく、『大安寺縁起』の「仲天皇」も間人皇女とし[38]、坂本太郎は田中卓のあげる二例以外に、野中寺弥勒菩薩像の「中宮天皇」も間人皇女と書く[39]。

　原秀三郎は「間人皇女は事実皇位についていた」と書き[40]、小林恵子も間人皇女は即位していたと書く[41]。しかし「中天皇」と「中」がついているのだから、天皇と同じにみなしての即位と見るのは早計である。押部佳周は間人皇女は「斉明天皇の崩御後、まもなく天皇に准ずる地位に就き、天皇大権をもって詔勅する権限を有したのであるが、正式に即位することがなく、天智四年二月に薨じた。彼女の地位と権限は称制期の鸕野皇女（天武皇后）と同じものであったと考えられる」と書いている[42]。この押部見解が正しい。

「ナカツスメラミコト」は「中皇命」という表記以外に「仲天皇」と書く。したがって喜田貞吉のタイトルは「中天皇考」だが、(43)『続日本紀』（神護景雲三年十月条）の宣命に「中《なかつ》天皇《すめらみこと》」とある。この「中天皇」を元正天皇とみる喜田説は通説になっているが、「中天皇（皇命）」を中継ぎのために擁立された代行天皇とする喜田説については異論がある。

折口信夫に「女帝考」と題する論考があるが、この論考で折口は喜田の中継ぎ天皇説を批判している。「なかつすめらみこと」の「すめらみこと」は、「最高最貴の御《み》言《こと》執ち」の意であるから、「中（仲）」は「神と天皇との間に立っておいでになる御方」と書き、さらに次のように書く。

> 中天皇が神意を承け、其告げによつて、人間なるすめらみことが、其を實現するのが、宮廷政治の原則だつた。さうして、其両様竝行して完備するのが、正常の姿であつたのが、時としては、さうした形が行はれずに、片方のなかつすめらみこと制だけが行はれることがあつた。さうして、其が表面に出て來ることが、稀にはあつた。此がわが国元來の女帝の御姿であつた。(44)

井上光貞は「古代の女帝」で、この折口信夫の神と天皇の間に立つ中継ぎの人とみる見解を批判し、単なる「中つぎの天皇に他ならない」と書き、理由として「国語の学者に聞くと、中というのは、はしとはし、前と後との中間という意味」に過ぎないこと。「皇后がその身分のままで、天皇とよばれていたなどということは考えがたいこと」をあげる。(9) 折口信夫は「神と天皇（人）」との間の「中」とみるのに対し、井上光貞は「人と人」(9)との「中」とみている。

井上光貞のこのような中つぎ天皇論では、なぜ女性のみが「中皇命（天皇）」になるのかも解けないし、神功皇后伝承も卑弥呼・台（壱）与が女王になっている理由も解けない。折口信夫の見解を取るべきである。[44] 古代の「マツリゴト」にとって、神と人との間を執《と》り持つ「マツリゴト」と、人と人との間を執り持つ「マツリゴト」があった。天皇はそのどちらもおこなう「現人神《あらひとかみ》」であったが、「中天皇」は欠かすことのできない神と人との「ナカ」を執り持つために擁立された「スメラミコト」である。

　押部佳周は天智称制三年二月九日条の「天皇、大皇弟に命じて、冠位の階名を増し換《か》ふる」とある記事は、ここだけ「天皇」とあるのに注目して、「天皇」は「皇太子」の間違いとみる通説に対して、この「天皇」を間人皇女とみている。そして白村江での戦いで敗北したのを契機に、「皇太子」の中大兄と「大皇弟」の大海人の共同執政とみる通説に疑問を呈している。[42] 押部は文字通り「天皇」と解すから間人皇女の執政を推測するが、「中天皇」は「天皇」ではない。「中」の意味を欠落してはならない。中大兄が斉明天皇の崩御後すぐに即位せず、中天皇を擁立したのは異父兄の存在による。

　孝徳紀の白雉四年是歳条に、孝徳天皇が皇后の間人皇女に贈った次の歌が載る。

　　金木着け　吾が飼ふ駒は　引き出せず　吾が飼ふ駒を　人見つらむか

　中大兄が孝徳天皇が居る難波から飛鳥へ、母や大海人皇子らと共に、間人皇后もつれて去った時の天皇の歌だが、吉永登は「間人皇女——天智天皇の即位をはばむもの——」と題する論文で、孝徳天皇・斉明天皇の没後も「皇太子」の中大兄が即位しない理由を、中大兄と実母の間人皇女が允恭天皇の皇太子軽皇子と実妹の軽皇女の場合と同じに、愛しあったからと推測している。[33] この吉永説は前述（一〇四頁〜一〇七頁）したように認められない。中大兄が即位できなかったのは、「虎」といわれていた異父兄（大海人漢皇子）の存在が原因であり、吉永説は無理である。葛城皇子（中大兄）と間人皇女が軽兄妹のような関係にあったら、間人皇女が「中天皇」になれるはずはない。

問題は通説のように「人見つらむか」の「人」が中大兄か、である。神田秀夫は異父兄妹や、異母兄妹ならともかく、同父・同母兄妹の間の恋愛関係が、古代とはいえ当時認められるはずはないと書いている。[45] 小林恵子は大海人と中大兄を兄弟とみないから（詳細は第十七章でくわしく書くが、私見は異父兄弟とみるが、小林恵子は非兄弟説である）、「人見つらむか」の「人」を大海人皇子とみて、「間人が夫の孝徳の許を去る時、初めて大海人が『紀』に登場するのは偶然とは考えられない」と書いている。[41] 私もこの「人」は大海人皇子とみる。異父または異母兄妹なら不倫と見られないことは、藤原不比等は天武天皇の夫人で父は鎌足だが母の違う妹の藤原五百重娘と関係し、四男の麻呂（持統九年生）を生ませているからである。この例からも間人皇女の異父兄の大海人皇子が、「人見つらむか」の「人」と推測できる。

このような異母兄妹間での結婚は天皇の場合でもおこなわれている。仁徳天皇は異母妹の八田若娘女、用明天皇は穴穂部間人皇女、桓武天皇は酒人内親王、平城天皇は朝原内親王を、皇后・妃にしている。天皇も異母妹を妃にしているのだから、同母兄の中大兄とは不倫だが、異母兄の大海人漢皇子との間の恋愛関係は不倫にはならないから、前述の歌の「人」は父母が同じ兄妹の兄の中大兄でなく、異母兄妹の兄の大海人漢皇子と見るべきだろう。

間人皇女を「中天皇」に立てたことは、天智称制十年十月に、大海人皇子が天智天皇の病床に呼ばれた時、

洪業を奉《あ》げて、大后に付属《つ》けまつり、大友王をして諸政を奉宣せしめむことを。

と言ったと天智紀は書く。似た発言は壬申紀にも載るが（「洪業を奉げて」は壬申紀では「天下を挙げて」とある）、この「洪業（天下）」を継ぐべきだと言われたのは、天武の皇后の倭皇女（孝徳天皇の皇女）である。倭皇女は「中天皇」にならず大友皇子に天智は継がせるが、このような発言からみても孝徳天皇の皇后で、大海人の中大兄の妹の間人皇女が「中天皇」であったのは確かである。天智天皇は「中天皇」の死去と二年間の殯が終るまで即位できなかったから、壬申紀は天智の治政を四年と書き、十年としていない（持統紀も「十年」と書くのは、和銅七年に紀清人が新しく述作した巻で、この時期に天智の治政の四年を十年に改めたからだ）。

第八章でくわしく書くが、天智紀には記事の重出・矛盾、編集の疎漏記事が多い。『日本書紀』の編纂は天武十年（六八一）に始まって、養老四年まで三十九年かかっているが、文武朝の終りか元明朝の初めに持統朝を除く巻の編纂は終了した。この編纂を私は第一段階というが、その後藤原不比等の亡くなる養老四年八月三日直前まで編纂は続き、不比等が生きられない事を知って編纂をやめた。この編修期間を私は第二段階というが（詳細は第十一章・第十二章で書く）、第一段階では天智紀は四年で、間人皇后の天皇紀が斉明紀と天智紀の間にあったと考えられる（六年間だが治政四年、殯期間が二年）。この六年間の天皇紀と天智の四年間の天皇紀を合わせて十年にしたから、前述したような重出その他の混乱した記事になり、不比等の死の直前に完成させようとしたから、さらに不統一になってしまったのである。

そのことについてはさまざまな角度からさらにくわしく述べるが、天智紀の三年二月条の「天皇、大皇弟に命じ」の「天皇」は七年に即位した「天皇」の誤記という解釈が一般的だが、間人大后のことかもしれない。もし彼女がさらに六年以上生きていたら、中大兄は皇位につけず、壬申の乱もおきずに大海人皇子が即位して、その後の歴史も大きく変っていたであろう。

〔補記〕序章で述べたように、『続日本紀』が『日本紀』の成立を追記的記述にして、短く書くのは、不比等の死によって不充分なまま完結させたからと考えられる。藤原不比等の意図は父の藤原鎌足を『日本紀』で巨像化しようとした。そのためには中大兄を巨像化する必要があったから、入鹿暗殺事件の主役に二人を仕立て、さらに「大化改新」の主役にも仕立てたのであろう。

〔注〕

（1）荒木敏夫『日本古代の皇太子』一四六頁～一四七頁　一九八五年　吉川弘文館

（2）本間満「大海人皇子の皇太弟について」「政治経済史学」一七一号　一九八〇年

（3）門脇禎二「『大化改新』の虚像と実像」『「大化改新」史論・下巻』所収　一九九一年　思文閣出版

（4）吉村武彦『日本の歴史・3（古代王権の展開）』二〇七頁　一九九一年　集英社

（5）遠山美都男『大化改新』七八頁　一九九三年　中央公論社

（6）森公章「孝徳朝の政権構成」『倭国から日本へ』所収　二〇〇二年　吉川弘文館

（7）中村修也『偽りの大化改新』一一二頁～一一三頁　二〇〇六年　講談社

（8）家永三郎「飛鳥朝に於ける摂政政治の本質――聖徳太子摂政の史的意義――」「社会経済史学」八巻六号　一九三八年

（9）井上光貞「古代の皇太子」『日本古代国家の研究』所収　一九六五年　岩波書店

（10）中村修也（注7）前掲書　九九頁～一〇六頁

（11）大和岩雄「中大兄皇子は蘇我入鹿を斬っていない」『天智・天武天皇の謎』所収　一九九一年　六興出版

（12）中村修也（注7）前掲書　一〇一頁～一〇六頁

（13）沖森卓也・佐藤信・矢嶋泉「『家伝』鎌足伝・『日本書紀』対照表」『藤氏家伝――注釈と研究――』所収　一九九九年　吉川弘文館

（14）遠山美都男（注5）前掲書　二二〇頁

（15）遠山美都男（注5）前掲書　一三二頁

（16）鬼頭清明「日本における大極殿の成立」井上光貞博士還暦記念会編『古代史論叢（中）』所収　一九七八年　吉

川弘文館
(17) 遠山美都男「『乙巳の変』の再構成――大化改新の新研究序説――」『学習院大学文学部研究年報・第三三輯』所収　一九八九年
(18) 土橋寛『古代歌謡全注釈・日本書紀編』三四二頁～三四三頁　一九七六年　角川書店
(19) 原島礼二「皇極女帝と中大兄皇子」「明日香風」七号　一九八三年
(20) 原秀三郎「大化改新論批判序説――律令制人民支配の成立過程を論じていわゆる〝大化改新〟の存在を疑う――」『日本古代国家史研究』所収　一九八〇年　東京大学出版会
(21) 原秀三郎「大化改新――つくられた虚像――」『日本史の謎と発見・4――女帝の世紀』所収　一九七八年　毎日新聞社
(22) 原秀三郎「孝徳紀の史料批判と難波朝廷の復元」(注20) 前掲書所収
(23) 門脇禎二『「大化改新」論――その前史の研究――』一九六九年　徳間書店
(24) 門脇禎二『「大化改新」史論・上』一九九一年　思文閣出版
(25) 山尾幸久「七世紀の国際政局と大化改新」「歴史公論」九一号　一九八三年
(26) 篠川賢「乙巳の変と蘇我倉山田石川麻呂」『日本古代政治史論考』所収　一九八三年　吉川弘文館
(27) 吉村武彦「大化の改新」(注4) 前掲書所収
(28) 森公章「中臣鎌足と乙巳の変以降の政権構成」「日本歴史」六三四号　二〇〇一年
(29) 中村修也 (注7) 前掲書　二一三頁
(30) 中村修也 (注7) 前掲書　一九〇頁
(31) 直木孝次郎「大兄制と皇位継承法」『ゼミナール日本古代史　下』所収　一九八〇年　光文社
(32) 土屋文明「中皇命私考」「文学」一九四六年六月号

(33)吉永登「間人皇女——天智天皇の即位をはばむもの——」「日本文学」一九六三年三月号
(34)中西進「中皇命は誰か」「国文学——解釈と鑑賞——」一九六五年六月号
(35)稲岡耕二「初期万葉の歌人たち　中皇命」「国文学——解釈と鑑賞——」一九七一年六月号
(36)神野志隆光「中皇命と宇智野の歌」『万葉集を学ぶ・第一集』所収　一九七七年　有斐閣
(37)伊藤博『萬葉集全注・一』三四頁〜三六頁　一九八三年　有斐閣
(38)田中卓「中天皇をめぐる諸問題」「日本学士院紀要」九巻二号　一九五一年
(39)坂本太郎「古代金石文二題」『古典と歴史』所収　一九七二年　吉川弘文館
(40)原秀三郎『日本古代国家史研究』一九〇頁　一九八〇年　東京大学出版会
(41)小林恵子「中大兄・大海人皇子非兄弟説より見た間人皇女即位考」「東アジアの古代文化」三五号　一九八三年
(42)押部佳周『日本古代の国家と宗教・下巻』一三〇頁　一九八〇年　吉川弘文館
(43)喜田貞吉「中天皇考」「芸文」第六年一号　一九一五年。『喜田貞吉著作集、第三巻』一九八一年　平凡社
(44)折口信夫「女帝考」『折口信夫全集・二〇巻』所収　一九六七年　中央公論社
(45)神田秀夫『初期万葉の女王たち』一四〇頁　一九六九年　塙書房

第五章

天智紀以前の大海人の行動はなぜ不記載か

「虎」と呼ばれた大海人の活動を消す必要のあった理由

「虎」と呼ばれた大海人の活躍を記さない正史

『日本書紀』の天武天皇即位前紀（壬申紀）は、大海人皇子が近江の宮廷を去って吉野へ向った時のことを、次のように書く。

或《あるひと》の曰く。「虎に翼を着けて放てり」といふ。

また、次のようにも書いている。

生れまししより岐嶷《きぎょく》なる姿有り。壮《をとこざかり》に及《いた》りまして雄抜《ゆうばつ》にして神武あり。天文・遁甲《とんこう》を能《よ》くしたまふ。

「岐嶷《きぎょく》」は「幼くして人にぬきんでるさま」。「雄抜」は「群を抜いて雄々しいさま」をいい、「神武」は神のように雄々しい武徳をいう。このように書かれている人物が、なぜ「乙巳の変」や、その「乙巳の変」の結果によって成立した孝徳朝、さらに孝徳天皇の死後、母の宝皇女が再び即位した斉明朝に、まったく活躍しないのか。

孝徳紀の白雉四年是歳条には、次の記事が載る。

皇太子、乃ち皇祖母尊《すめみおや》、間人《はしひと》皇后を奉り弁《あは》せて皇弟等を率て、往きて倭飛鳥河辺行宮に居《ま》します。時に公卿大夫・百官の人等、皆随《したが》ひて遷《うつ》る。

また翌年の白雉五年十月一日条には、次の記事が載る。

皇太子、天皇病疾《みやまひ》したまふと聞きて、乃《すなは》ち皇祖母尊・間人皇后を奉り、弁《あは》せて皇弟・公卿等を率て、難波宮に赴《おもむ》きたまふ。

この二つの記事が異様なのは、皇太子・皇祖母尊・皇后は、孝徳天皇との関係においての呼称である。とすれば「皇弟」も孝徳天皇の弟でなければならない。しかし誰もこの「皇弟」を孝徳天皇の弟とは見ない。というのは『日本書紀』で「皇弟」「大皇弟」と書くのは、大海人皇子のみだからである。「大皇弟」は天智紀に書かれているから、天智天皇の「弟」の大海人皇子と解するのは当然だが、孝徳紀に「皇太子」（葛城中大兄皇子）の弟として「皇弟」と書くのは異常である。このような異常な書き方は、『日本書紀』の編纂者が徹底して大海人皇子（天武天皇）を、中大兄（天智天皇）の「実弟」だと主張する、強い意図に依っている。この「実弟」への異常なこだわりは、なにを意味しているのか。その意味は大海人皇子が中大兄の「弟」でなかったからである。

このような大海人皇子についての正史の扱い方は、斉明紀の記事で大海人皇子を徹底して無視していることが示している。斉明天皇七年（六六一）正月条に、百済救援のための指揮を執るため、斉明天皇が船で九州に向った時の記事が載る。

甲辰に、御船、大伯《おほく》海に到る。時に大田姫皇女、女《ひめみこ》を産む。仍《よ》りて是《こ》の女を名づけて、大伯皇女と曰《い》ふ。

大田姫皇女は大海人皇子の妃であり、大伯皇女は大海人皇女の子なのに、大海人皇子の名は消えているから、大田皇女の夫は誰なのか、大田皇女が生んだ大伯皇子の父は誰なのか、まったくわからない。『日本書紀』を初めから読み進めてきた読者は、大田皇女の夫、大伯皇子の父が誰なのかわからないまま、この記事を読んでいるのである。ようやく天武紀の即位前紀を読んで、大田皇女の夫、大伯皇子の父が、天武天皇だとわかるほど、壬申紀に「虎」と呼ばれて恐れられたという人物は、無視されている。

国博士旻法師の学堂で学んだ大海人皇子

『日本書紀』の天武天皇即位前紀に、天武天皇は幼なくして人にぬきんでており（生れましましより岐嶷）、青年になると群をぬいて雄々しく神わざの武徳をもつ（壮に及りまして雄抜にして神武あり）人物に、成長したと書かれ、さらに「天文・遁甲を能くしたまふ」とある。「天文」は天空の現象をいう。天武四年正月五日条に、

　始めて占星台を興《た》つ

とある。占星台は天文を観察し吉凶を占うための施設だから、「天文」と「占星台」は結びつくが、「天文」と「遁甲」を天武天皇は誰から学んだのだろうか。

『日本書紀』推古十六年（六〇八）九月十一日条は、「唐国《もろこしのくに》」に遣わす「学問僧」のなかに、「新《いまきの》漢人日文《あやひとにちもん》」がいることを記す。この「日文」が「旻《みん》」である。たぶん中国で「日文」を一字に変えて「旻」にしたのであろう。舒明四年（六三二）八月条に「僧旻」が帰国した記事が載る。旻は二十四年間も唐で学んだが、その学問の一つが天文である。舒明九年二月二十三日条と、十一年正月二十五日条に、旻法師が異常な天文現象がおきた時、天文の知識を示したことが載る。「遁甲」については岩波書店版『日本書紀・下』は、「一種の占星術」と書くから、「天文」とかかわる。

推古十年（六〇二）十月条に、百済の僧観勒が暦本と天文・地理の書と、遁甲・方術の書を献じたとある。この観勒の時代は、大海人・中大兄が学堂へ通って学ぶ時代より四十年以上前だから、大海

人が遁甲を学んだのは観勒ではない。隋・唐に二十四年も留学していた僧旻は天文にくわしいが、当時の天文の知識は「一種の占星術」である。『藤氏家伝』の「鎌足伝」によれば、旻法師の学堂では「周易《しうやく》」を教えたとあるが、「周易」は易学である。遁甲・方術には卜筮・占験などの術があり、易学ともかかわる。壬申紀には次の記事が載る。

　横河に及《いた》らむとするに、黒雲有り。広さ十余丈にして天に経《わた》れり。時に天皇、異《あや》しびたまひ、則ち燭を挙げて親《みづか》ら式《ちょく》をとり、占ひて曰《のたま》はく。「天下両分の祥《しるし》なり。然《しか》して朕遂《ちんつい》に天下を得むか」とのたまふ。

大海人皇子はあやしい「黒雲」を見て「天文」「易学」の知識で前途を占なっている。「式」は回転して吉凶を占う易の道具である。この事実からみても、大海人皇子は「天文・遁甲を能《よ》くしたまふ」皇子であるが、天文・遁甲（一種の占星術）は旻法師から学んでいる。

　この旻法師は孝徳朝で国博士になっている。また国博士の旻法師が病気になった時、孝徳紀（白雉四年〈六五三〉五月是月条）によれば、孝徳天皇はわざわざ行幸して旻法師を見舞い、旻法師が亡くなったら、自分も共に死ぬと言ったと書いている。このような旻法師と孝徳天皇の関係からみても、大海人皇子と孝徳天皇の関係は、単に叔父（孝徳天皇）と甥（大海人皇子）との関係だけでなく、

　孝徳天皇——国博士旻法師——大海人皇子

という関係で、旻法師と結びつきがある。国博士として活動していた旻法師のことは孝徳紀に書かれているのに、孝徳紀では大海人皇子の活動は書かれていないのはどういうことか。意図して中大兄の活動は書いたが、大海人の活動は無視したのである。

藤原仲麻呂は「鎌足伝」で次のように書いている。

> 嘗《むかし》、群公《まへつきみ》の子、咸《みな》、旻法師の堂に集《つど》ひて、『周易《しうやく》』を読みき。大臣《おほおみ》後《おく》れて至るに、鞍作《くらつくり》起立《た》ちて杭礼《かうれい》して倶《とも》に坐《ゐ》き。

「大臣」は藤原鎌足、「鞍作」は蘇我入鹿、「周易」は「易経」のことである。「易経」は周代の占いの書を元にし、陰陽の二元を組み合せ、六十四卦によって、自然と人生との変化の道理を解説した書である。「鎌足伝」は「鞍作」を「蘇我太郎」とも書き、「入鹿」という『日本書紀』が用いている蔑称はこの記事では用いていない。「大臣」と「鞍作」はお互に「杭礼して倶に坐き」と書き、共に秀才で二人は相手を尊敬していたと書いている。仲麻呂は曾祖父の鎌足の偉大な功績を讃美するため「鎌足伝」を書いたのだから、『日本書紀』の中大兄と鎌足による蘇我入鹿暗殺については、正史の記述をそのまま引用し、そこでは「入鹿」と書いているのに、この記事では「入鹿」と書かない。しかもこの記事には中大兄が登場しない。『日本書紀』は旻法師の学堂でなく、「南淵先生」の学堂へ、中大兄と共に通って、そこで入鹿暗殺の計画を練ったと書いているが、この正史の記事をまったく無視して鎌足の曾孫の仲麻呂は「鎌足伝」を書いている（「鎌足伝」についてはくわしく第十六章で述べる）。

坂本太郎[1]や横田健一[2]は『日本書紀』と違う記事は原「鎌足伝」にあったと書いている（坂本・横田の両氏は「鎌足伝」を「大織冠伝」と書き、原「大織冠伝」は『日本書紀』以前に書かれていたとみている）。坂本・横田説については第十六章でくわしくふれるが、鎌足の曾孫でさえ、このような正史の蘇我入鹿像とはまったく違う記事を、敢えて「鎌足伝」に載せている事実から見ても、大海人皇子の活躍をほとんど載せず、中大兄と藤原鎌足の活躍のみを載せる皇極・孝徳紀は問題である。私は大海人皇子を中大兄の「大皇弟」の視点でしか書かない天智紀の工作意図からして、計画的に皇極紀・孝徳紀では大海人皇子の活動を無視して載せなかったと見ている。したがって旻法師の学堂へ大海人皇子が通って、天文・遁甲を学んだことも載せず、まして国博士の旻法師や叔父の孝徳天皇と親しかったことも、すべて載せなかったのであろう。大海人皇子が「易」に長じていたのも、旻法師が講義をした「易経」を学んでいたからである。

国博士高向玄理・刑部尚書高向国押と高向王

国博士は旻と高向玄理が孝徳朝でなっているが、僧の旻と漢人の玄理は推古十六年（六〇八）十月十一日に、小野妹子と隋に学問僧・学生として渡り、三十年前後二人は隋・唐で学んでいる（出発時は旻は「新漢人日文」とあり、高向史玄理は「高向漢人玄理」とある。旻は舒明四年〈六三二〉、玄理は舒明十二年〈六四〇〉に帰国しており、旻は二十四年間、玄理は三十二年間の留学である）。この二人が孝徳朝で国博士になっているが、孝徳朝には次のような新しい官職名がある。

将作大匠荒田井直比羅夫（『日本書紀』白雉元年十月条。大化三年是歳条には「工人」とある）。

難波朝廷刑部尚書大花上高向臣国押（『続日本紀』和銅元年閏八月丁酉条）

難波朝衛部大華上物部連宇麻乃（『続日本紀』養老元年三月癸卯条）

祠官頭小花下諱部《いんべ》首作斯（『古語拾遺』白雉四年任命）

これらの官職は中国の唐の官職名をそのまま用いている新しい官職だが、笹山晴生(3)・東野治之(4)・福原栄太郎(5)は、従来朝廷の軍事を掌《つかさど》っていた物部連が「衛部」、神祇にかかわっていた忌《いん》部が似た官職の「祠官頭」であるから、旧来の伴造《とものみやつこ》が品部制によって代々継承してきた役職の官名を、唐風に改称していたに過ぎないと書いている。しかし高向国押の高向臣は、司法・警察の長官に任命されるような役職に、従来からついていた氏族ではない。高向国押がこの役職に任命されたのは、国博士の高向玄理との関係が無視できないが、高向国押について、『日本書紀』（皇極四年六月十二日条）に記事が載る。

蘇我入鹿が暗殺されると「漢直等」が、大臣の蘇我蝦夷の邸宅へ集まって、「軍陣を設《ま》けむ」と書く。この「漢直等」を統率していたのが高向国押だが、彼は「漢直等に謂《かた》りて曰く。『吾等、君大郎《きみたいろう》に由りて戮《ころ》されぬべし。大臣、亦今日明日に立《たちどころ》に其の誅《つみ》せられむことを俟《ま》たむこと決し。然《しか》らば誰が為に空《むな》しく戦ひて、尽《ことごと》に刑《つみ》せられむか』といふ」と、『日本書紀』は書き、さらに続けて、「言ひ畢《をは》りて剣を解き弓を投げ、此《これ》を捨てて去る。賊徒、亦随《したが》ひて散り走《に》ぐ」と書く。

この高向国押について、遠山美都男は「『乙巳の変』の再構成」で、次のように書く。

> 同氏はのちの河内国錦部郡錦部郷高向村を本拠地としたことからいっても、蘇我本宗家よりは河内国の石川郡に拠点をもつ蘇我倉山田石川麻呂、さらには錦部郡に隣接する和泉国和泉郡に宮を営んでいた軽皇子との間に密接な関係があったことが推定される。高向国押が早くからクーデター派に気脈を通じており、クーデター派の指示をうけ東漢氏の軍陣に潜伏し、その内部からの切り崩しを策した可能性もみとめられるであろう。(6)

遠山美都男が書く高向国押と蘇我倉山田石川麻呂との関係について、加藤謙吉は『蘇我氏と大和政権』で、「山田石川」について綿密な検証をしている。一般に「山田」は大和の「山田」、「石川」は河内の「石川」とみられているが、加藤は「大和の山田は本貫である河内の山田の地名を移したもの」と検証し、「山田石川」は河内国石川郡の地名によると結論する。(7)そして高向臣の河内国錦部郡高向も、「錦部郡は石川郡の南西に隣接する小郡であるが、古くは石川郡とともに石川の総称で呼ばれた地域」と書いている。(8)

蘇我倉山田石川麻呂と同じ蘇我氏系の高向国押が、共に反蘇我本宗家の立場に立ったのは、同郷で密接な関係にあったからだと加藤謙吉は書く(9)が、私も加藤説を採る。さらに重視するのは左大臣の阿部内倉梯麻呂や右大臣の蘇我倉山田石川麻呂の「倉」である。加藤謙吉は「葛城地方」の忍海倉連や「(葛城) 当麻倉首」について、「おそらくこれらは葛城地方発祥の蘇我氏直系の倉氏とみてよい」と書く(9)が、忍海倉連の忍海は大海人皇子を養育した大海氏の居住地である。大海氏配下には忍(大)海漢人が居り、当麻倉首の当麻は、高向王の父の当麻皇子を祖とする当麻真人の居住地である。この事は第一章で詳述したが、高向国押・高向玄理の孝徳朝での活躍からみても、高向王の子の漢皇子、つまり大海人皇子の孝徳朝の活躍は消されたと考えられる。

高向国押は蘇我氏系氏族だから、「漢直等」を統率して、蘇我蝦夷の邸宅を守った。この漢人の中には国博士の高向漢人玄理の高向漢人も加わっていただろう。しかし高向臣は前述(六一〜六二頁)したように、他の蘇我氏系氏族と違って本貫地は越前国坂井郡高向郷である。この地で養育された継体天皇と共に畿内に進出し、河内国に居住したが、その地は蘇我倉山田石川麻呂の本拠地であった。したがって蘇我氏系でも蘇我倉氏との結びつきが強いから、乙巳の変後の改新政権で右大臣になる蘇我倉山田石川麻呂と親しかったのである。したがって前述したように、高向氏は蘇我氏系でありながら、反蘇我本宗家の行動をとり、孝徳朝で高向臣国押は刑部尚書、高向史（漢人）玄理は国博士になったのである。

「韓人、鞍作臣を殺しつ」の「韓人」と高向漢人

高向国押・高向玄理の高向氏が漢皇子（大海人漢皇子）の父の高向王とかかわることは、序章・第一章で述べた。したがって大海人皇子は乙巳の変と、「大化」の新政権への関与を、『日本書紀』はまったく書かないが、高向氏（国押・玄理）の行動からみても、なんらかの活動をしていたことが推測でき、私は『天武天皇論（一）』で次のように書いた。

乙巳の変は、高向漢人玄理の帰国（舒明十二年）の五年後におきている。彼はこの間、無為にすごしていたのではないだろう。三十二年間も不在の国で、人間関係をつくるには、縁者をとおしてであるから、高向国押との接触がまずなされ、高向国押を介して、高向王の子の大海人（漢）皇子と親しくなったであろう。漢皇子の「漢」は忍海漢人や高向漢人など、新羅系漢人の「漢」である。高向漢人玄理（国博士の時は高向史漢人）は高向王の子の大海人（漢）皇子と接触すると共に、蘇我倉山田石川麻呂らもグループにひき入れたであろう。

蘇我入鹿暗殺について、古人大兄皇子が「韓人《からひと》、鞍作臣を殺しつ。吾が心痛し」と言ったと『日本書紀』は書き、「韓人」について「韓政《からひとのまつりごと》に因《よ》りて誅《つみ》せらるるを謂《い》ふ」と注しているから、谷川士清（『日本書紀通証』）は、三韓の貢調に託して殺したと書く。

敷田年治（『日本書紀標注』）は、古人大兄が禍の身に及ぶことを恐れて、「韓人」を創作したと

し、飯田武郷（『日本書紀通釈』）は、三韓貢調はもともと作為で、にせの韓人を作っていたが、その「韓人」をいうと解する。

植垣節也は、藤原鎌足の別業の場の摂津三島が、渡来人の多い地だから、「古人大兄は鎌足が三嶋の出身だと知っていて、そこが渡来人たちの多く住む地域とも知っていたので、クーデターまで無名だった一青年の名を思い出せないままに、あわてて韓人と呼んだと解すべきだと思う」と推論する（「藤原鎌足の出自について」「日本歴史」二九六号）。

『通証』『標注』『通釈』の解釈は、『韓人』を創作か、にせ韓人とみるが、植垣説は鎌足に比定する。しかし鎌足はクーデターの主役でないから、韓人鎌足説は無理である。もし『日本書紀』が書くように、主役とみても、鎌足を古人大兄皇子が、渡来人の多い三島出身と知っていて「韓人」と言ったとする説は、鎌足三島出身説を強調する植垣氏の主観だから、古人大兄皇子がそう言ったとするのは、拡大解釈である。まして「名も思い出せない」無名の青年の出身地だけは知っていて、出身地の連想から「韓人」と言ったというのは、理屈に合わない。

このような解釈より、高向漢人玄理の動向に注目していた古人大兄皇子が、入鹿暗殺のバックに玄理がいるとみて言ったか（「韓人」と「漢人」は同義）、玄理とつながりのある漢人が、直接参加していたための発言とみたほうが、合理性がある。(10)

このように私は書いたが、孝徳朝で国博士になった時は「高向史玄理」とあり、「漢人《あやひと》」が「史《ふみ》」に姓《かばね》が変っているが、国博士に任命される以前の玄理は「漢人《あやひと》」で「韓人《からひと》」と表記は違うが、同義である。私は高向漢人玄理が古人大兄皇子が呼んだ「韓人」ではないかと推測している（中大兄・藤原鎌足が入鹿暗殺現場に居たと『日本書紀』が書くのは作文である事は、第四章で詳述したが、この「韓人」は第六章で詳述する)。

「大化」の親新羅政策と高向玄理と大海人皇子

大海人皇子の「大海」にかかわる大海氏にも、漢皇子の父の高向王にかかわる高向氏も、いずれも漢人が配下に居る(忍海漢人・高向漢人)。前述(六八頁)したがこの漢人はいずれも新羅系である。

孝徳朝初期(「大化」年号の時期)の外交政策が親新羅であったことは、石母田正[11]・井上光貞[12]・門脇禎二[13]・金鉉球[14]・山尾幸久[15]・鈴木靖民[16]の諸氏が詳論している。また田村圓澄[17]・鈴木靖民[18]・三池賢一[19]・中井真考[20]も、この改新によって、わが国の仏教・学芸・制度・文化が新羅化したことを述べている。

井上光貞は反新羅・反唐の舒明・皇極朝は、高向漢人玄理を歓迎する立場にはなかったから(玄理は舒明十二年に帰国しているが、翌年十月に天皇は亡くなり、皇極天皇が即位する)、彼の帰国は「唐朝の意志」と見ている[12]。鈴木靖民も「親唐派の代表的人物である玄理を外交に当らせた究極の目的は、六三三年(推古五年)以来断たれて久しい唐との国交を復活することにあった」と書いているが[16]、石母田正は「日本と新羅と唐をむすぶ路線をつくった」のは、高向玄理と金春秋と書き、玄理を親唐だけでなく親新羅の「すぐれた外交家」と書いている[11]。金鉉球も玄理は新羅に立寄り新羅使と共に帰国しているから、「唐・新羅の意図による」帰国とみている[21]。

日本の学校制度は高向玄理が新羅の学制を採り入れたという見解を、多賀秋五郎[22]・利光三津夫[23]は述べており、吉田晶は改新政権の評制(後の郡制)は新羅の啄評の影響とみるが[24]、金鉉球は学制とともに評制も高向玄理が新羅から導入したと論証している。[25] 乙巳の変を境に倭国の学芸・制度・文化が新羅化したことは、鈴木靖民も述べているが、[16] この推進者は高向玄理である。

高向玄理は国博士に任命された翌年の大化二年（六四六）九月に新羅に派遣されている。玄理の最初の外交は新羅外交であった。この記事には「小徳高向博士黒麻呂」とあり、注に「黒麻呂、更《また》の名は玄理」とある（「小徳」は従四位上・下相当だが、帰国した「漢人」が国博士になって「史」という姓《かばね》になり、従四位相当になっているのは、彼の才能が高く評価されていたからである）。玄理も「黒麻呂」という亦の名をもっているから、大海人も「漢」という亦の名があったのは当然である。高向玄理は、新羅に行った翌年の大化三年（月・日は不明）に新羅王子金春秋（七年後には新羅王になっている）を伴って帰国している。金春秋は帰国すると、すぐ唐に赴いている（大化四年は唐暦で貞観二十二年）。『旧唐書』（倭国日本伝）には倭国が唐帝に対し、「新羅ニ附シテ表ヲ奉リ、以テ起居ヲ通ズ」とある。石母田正はこの記事について次のように書く。

この唐の太宗にたいする天皇の上表文の捧呈は、六三一年以来の唐との断絶状態を打開する最初の試みであり打診であったが、それを媒介したのが外ならぬ新羅の「質」であるはずの金春秋であったらしいことは興味がある。それは、舒明期の第一次遣唐使派遣の、新しい情勢のもとでの復活であった。新しい情勢というのは、この時期の新羅の状況、唐の対朝鮮政策が、日本と新羅の連合を要求していたという事情である。日本と新羅と唐をむすぶ路線をつくったのは、この時期の新羅と日本の支配層を代表とする二人のすぐれた外交家である金春秋と高向玄理である。[11]

このように石母田正は書くが、親新羅の高向玄理は、改新政権の国博士として、金春秋をとおして唐との国交回復をはかったのである。金鉉球も『大和政権の対外関係研究』で、金春秋の来日は新羅と大化の改新政権との「軍事協力体制を成立させるためであった」と書き、金春秋が来日後、すぐ入唐しているのは、石母田正と同じに「日・唐間の国交再開の仲介」と書いている[26]。高向玄理が三十二年ぶりに新羅経由で帰国したことと、『旧唐書』(倭国日本伝)の倭国に関する記事(大化四年)からみても、高向玄理の帰国は、唐朝の意向を受けての新羅経由の帰国であり、帰国前に新羅に立寄り金春秋に会っていたであろう。したがって国博士に任命されるとすぐ新羅に行き、王になる金春秋をわが国へ連れてきており、金春秋はわが国での用件を果すと、帰国してすぐ唐へ行っている。この二人の唐―新羅―倭国を結ぶ交流は通じ合っており、石母田正が書くように、二人は「すぐれた外交官」であった[11](そのことは後述する)。

玄理は外交だけでなく内政でも大きな改革をした。大化五年正月条に、

博士高向玄理と釈僧旻とに詔し、八省・百官を置かしむ

とある。「八省」は大宝令に載る制度だから、記事はそのままは信用できないが、玄理と旻の国博士が、八省(中務・式部・治部・民部・兵部・刑部・大蔵・宮内)のような官制を、唐の官制にならって定め、その官制にもとづいて作った役所に勤務する「百官」の役人を置いたのであろう。前述した唐の官職名、「将作大匠」「刑部尚書」「衛部」「祠官頭」などは、「八省・百官を置かしむ」が示す一例である。

高向王の子の漢皇子を大海人皇子と同一人物とみると、父の高向王や漢皇子にかかわるのは、当然、高向臣国押や高向漢人(史)玄理である。この高向臣や高向漢人が要職についている「大化」の新政

権の親新羅政策の主導者は高向玄理だが、天武天皇も親新羅政策をとっている（そのことは、第九章で詳述する）。また孝徳朝では活躍する高向臣は、斉明朝・天智朝ではまったく登場せず、天武朝になると活動記事があり、高向朝臣麻呂は天武十三年四月に、新羅大使に任命されている。この事実からみても、天武天皇は高向王の子であり、高向臣（後に「朝臣」）や高向漢人とかかわるから、親新羅政策を政権樹立後、積極的に執ったのである。したがって当然、孝徳朝でも活躍したとみられるが、『日本書紀』は記さず、皇極紀と同じに中大兄と藤原鎌足の活動のみを書くのは、意図して中大兄と鎌足の活動を工作したので、その反動で、大海人の活動を意図して消したと考えられる（中大兄・鎌足が親百済・反新羅である事は次章以降の各章でくわしく述べる）。

反新羅政権を倒して樹立した「大化」政権と大海人皇子

大海人皇子が旻法師の学堂に通い、「天文・遁甲」を学んだことは前述したが、旻の帰国は舒明四年（六三二）だから高向玄理より八年ほど早い。田村圓澄は「僧旻らは唐からの帰途、新羅に立ち寄っている。僧旻らにたいする新羅側の鄭重な扱い方から推察すれば、僧旻らが短期間の滞在で、新羅を離れたとは考えられない。新羅滞在中、僧旻らは新羅仏教界の指導的な僧と会い、また新羅仏教についての知見を深めたであろう」と書いている[27]。

皇極四年（六四五）六月十二日に蘇我入鹿は殺され、父の蝦夷も屋敷に火をつけて死に、蘇我本宗家は滅びた。一カ月後の大化元年七月十日に、高句麗・百済・新羅の三国の使者が飛鳥板蓋宮に来て、進調している。三国の使者が時を同じくして進調しているのは、この時が最初である。三国の使者たちは数カ月前に難波に到着しているから、蘇我本宗家滅亡計画を立てていた勢力は、計画が成功したので、新羅・高麗・百済の使者を、難波から大和の飛鳥に来るように呼んだ。ところが、高麗や新羅の大使は飛鳥へ来たが、百済の大使は来《こ》ずに「調使」のみが来《き》た。『日本書紀』は、「百済の大使佐平縁福のみは、遇病《やまひ》して津の館に留《とどま》りて京に入《まゐ》らず」と書く。「津の館」は難波津の館だが、難波まで大使は来ていながら、大使の大役を果すべき京（飛鳥）へなぜ行かないのか。病気と称して「京に入らず」は、親百済の蘇我本宗家を滅亡させた新政権への抗議であろう。そのことは入鹿暗殺のとき、現場に居た古人大兄皇子が、その場を見て、

私宮に走り入り、人に謂ひて曰く。「韓人《からひと》、鞍作臣を殺しつ。韓政に因りて誅せらるるを謂ふ。吾が心痛し。」といふ。

と書かれていることが証している。本文は韓人に殺されたと書いているが、注記は「韓政《からひとのまつりごと》」つまり外国（韓）に関する政略、外交関係の政争によって殺されたと注している。親百済の「韓政」の推進者を暗殺した新政権の招集を、難波まで来た百済大使は「急病」と称して行かなかったのである。この事実からみても、乙巳の変後の新政権が反百済・親新羅であったことがわかる。

蘇我入鹿暗殺事件については、中大兄と藤原鎌足の功績をたたえる代表的事件としてのとらえ方が一般的だが、このような書き方は本来の入鹿暗殺の真の目的を隠して、いわゆる「大化改新」を中大兄と鎌足の功績にするために変えられたのであり、真相はこの注記にある。親百済の蘇我本宗家を討って、反百済・親新羅政権を樹立するための政変が、いわゆる「大化改新」であった。バックには新羅・唐が居た。したがって、この政変前に旻法師や高向漢人玄理が帰国したのも、単純な帰国ではな

かったろう。彼らも蘇我本宗家打倒の計画に参加していたので、新政権の国博士になったのである。高向玄理が帰国の途中に新羅に立寄り、新羅使と共に帰国していることも、そのことを証している。金鉉球も「唐・新羅の意図」をみている。[26] 高向玄理は国博士に任命されると、すぐに新羅に行き（大化元年九月）、二年近くも新羅に居る。これも異例だが、大化三年には後に朝鮮王になる金春秋と共に帰国している。『日本書紀』は新羅王子金春秋を「質」と書くが、この記述は前述したように『日本書紀』に関与した百済亡命史官、または百済から渡来した田辺史らの百済系氏族による、造作用語である。金春秋は帰国すると、すぐ唐に行っていることからも、隋・唐に三十年以上居た高向玄理—金春秋—唐との結びつきを示している。

関晃は推古十六年（六〇八）に高向玄理や僧旻などの学生・学問僧を派遣したのは、蘇我氏であったが、蘇我氏が実権を握っていた時に帰国した彼ら（旻や高向玄理）が、まったく登用されていないのは、彼らの帰国後の態度が悪かったからだと書いているが、[28] そうではないだろう。金鉉球は「唐の新羅支援要請を断った蘇我氏の親百済政策に反して、彼らが唐・新羅と深い関係をもっていたこと以外には考えられない。ならば、蘇我氏を倒して登場した改新政権が、彼らを国博士として登用したのは、逆に彼らの唐・新羅との深いつながりを利用するため、即ち親唐・親新羅政策の推進のためであったということになる」と書いている。[29]

金鉉球の見解には基本的には賛成だが、国博士の高向玄理や旻の親唐・親新羅政策の、「政策立案機関の責任者は、内臣中臣鎌子連であった」という金鉉球の主張は認め難い。『日本書紀』には孝徳朝で中臣鎌子が具体的行動をした記述はないし、第六章・第九章で述べるが鎌子（鎌足）や長男の藤原不比等を、親新羅とする根拠はない。金鉉球は別邸のあった摂津国三島に新羅人が居たことを理由にしているが、具体的に新羅系渡来氏族とどのような接触があったか、中臣鎌子が孝徳朝でどのような親新羅政策をおこなったかを示さなくては説得力はない。「韓人」は「韓政」の意味もあり、親百済・反新羅の蘇我本宗家（蝦夷・入鹿）の政策に反対する勢力が、蘇我入鹿を誅殺しているのだから、その「韓人」は高向漢人玄理や新漢人日文（旻のこと）をいうのであって、中臣鎌子ではない。

　田村圓澄は大和の飛鳥は飛鳥寺を中心とし、蘇我本宗家による百済仏教の本拠地だったから飛鳥から難波へ都を移したと書く。「仏法による難波政権擁護の祈願所としての寺」として、造作半ばの難波吉士氏の原四天王寺に着目した」と書き、新羅系仏教の原四天王寺がある難波は、「僧旻など新羅仏教に触れた大唐学問僧は、百済仏教が主流をなす飛鳥の地より親近感をいだいたのではないか」とも述べている(30)。

　この難波にこだわったのは孝徳天皇で、「皇太子」ではない。旻の病床を見舞った天皇は「旻が亡くなったら、私も共に死ぬ」といっているが、その旻も難波で死に（白雉四年六月）、一年後に天皇も難波で死ぬ（白雉五年十月）。この難波の天皇を置き去りにして、白雉四年に「皇太子」は母や妹をつれて難波を去って、百済仏教の本拠地の大和国の飛鳥に居を定めている。この事実からみても、「中大兄」は反新羅・親百済であり、孝徳朝の国博士の高向玄理や旻法師の政策と違う。したがって中大兄が、唐に三十年余留学していた親唐・親新羅政策を推進した、二人の国博士と組んでいたとは考えられない。彼らと組んでいたのは中大兄の異父兄であろう。そのことは漢皇子の父の高向王とかかわる高向玄理・高向国押らの活躍と、第六章・第九章で書く親新羅政策を積極的にとる天武天皇の政策からも裏付けられる。そのような大海人漢皇子の活動を、皇極紀・孝徳紀で消して、一方で、大海人皇子を「皇弟」「大皇弟」と「弟」を強調し、中大兄と藤原鎌足の活躍のみを書いている事実は、無視できない。

新羅皇子金春秋と高向漢人玄理と漢皇子

いままで論じてきた私が基本史料にしたのは『日本書紀』だが、『日本書紀』の外交記事を、正史だからといって全面的に信用してしまったら、客観性を欠く。その代表例は孝徳朝の新羅の王子金春秋の記事である。彼は第二十九代の新羅王太宗武烈王（在位六五四〜六六一）になっているが、孝徳紀の大化三年是歳条は、次のように書いている。

新羅、上臣大阿飡金春秋等を遣《つかは》して、博士小徳高向黒麻呂・小山中中臣連押熊を送りて来《きた》り、孔雀一隻・鸚鵡《おうむ》一隻を献《たてまつ》る。仍《よ》りて春秋を以《も》ちて質とす。春秋、姿顔《かほよ》美く善《この》みて談咲《ほたきごと》す（引用者注、「高向黒麻呂」の「黒麻呂」は「玄理」の別称）。

金春秋は「質」だったと『日本書紀』は書くが石母田正は、「金春秋は滞在期間は一年にみたず、翌年には唐廷に入見して重要な外交をおこなっている」ことから、「質」ではなく、「新羅と日本と唐を連絡する外交官」と見て、次のように書いている。

六四八（大化四、貞観二二）年に、日本が唐帝にたいし、「新羅ニ附シテ表ヲ奉リ、以テ起居ヲ通ズ」という記事の意義は、この点で重要である（旧唐書倭国日本伝。書紀にはこの記事は欠けている）。この唐の太宗にたいする天皇の上表文の捧呈は、六三一年以来の唐との断絶状態を打開する最初の試みであり打診であったが、それを媒介したのが外ならぬ新羅の「質」であるはずの金春秋であったらしいことは興味がある。それは、舒明期の第一次遣唐使派遣の、新しい情勢のもとでの復活であった。新しい情勢というのは、この時期の新羅の状況、唐の対朝鮮政策が、日本と新羅の連合を要求していたという事情である。日本と新羅と唐をむすぶ路線をつくったのは、この時期の新羅と日本の支配層を代表する二人のすぐれた外交家である金春秋と高向玄理である。(31)

このように石母田正は書いて、さらに『新唐書』の「日本伝」が、「遣唐使にたいして高宗が、新羅がこの時百済・高句麗に侵略されているという理由で『兵ヲ出シ新羅ヲ援ケシム』るという璽書」を出したと書いていることに注目し、さらに次のように書く。

従来この記事が注目されなかったのは、日本書紀はもちろん旧唐書倭国日本伝にも欠けており、後者に比べて新味なしとされる新唐書にのせられているためもあろう。善隣国宝記所収の唐録にもそれに関連する記事がみられ、高宗の言として「王国ハ、新羅・高麗・百済ト接近ス。若シ危急有ラバ、宜シク遣使、之ヲ救ウベシ」とあるが、これでは救援の対象、出兵のことおよび指示の形式が明確でない。新唐書の簡潔明瞭な記事をとるべきである。同盟国百済・高句麗に敵対して、新羅を援助するための半島出兵を日本天皇に指示したこの予想外の璽書は、高宗の朝鮮三国にたいする新しい政策の継続であり、発展であることをみれば、少しも唐突のものではないのである。

（中略）

璽書の形における日本にたいする新羅援助のための出兵の指示も、高宗にとって日本の天皇が百済王・高句麗王と同列の諸蕃の王であると考えられたことをしめし、その意味するところは百済の犠牲においての新羅救援であり、任那の新羅への還附である。親百済的な蘇我方式は、改新政府の政策が新羅を媒介とする唐との結合、朝貢国として唐に臣従することを目的とする以上、ここで最終的に放棄しなければならないことになったのである。[31]

この石母田論文では『旧唐書』倭国伝、『新唐書』日本伝、『唐録』（『善隣国宝記』所収）など、唐の倭（日本）関係の文書を示して、金春秋は『日本書紀』の書くような「質」ではないと論証している。[32]

また金鉉球は『大和政権の対外関係研究』（吉川弘文館）と題する大著で、『日本書紀』は「任那問題とも絡んで、新羅を蕃国・属国として表現している」から、「高向玄理の派遣と金春秋の来日を、任那問題を絡んだ人質の問題として表現することによって、任那問題に対する『日本書紀』の全体的な構想を完成させる素材に使った」とみる。したがって「『日本書紀』編纂当時の新羅王の二、三代祖先である金春秋を、日本に対する人質として表現することによって、新羅に対する日本の優位を誇示すると同時に、新羅を蕃国・属国として表現している『日本書紀』全体の対新羅史観にも一貫性を持たせることができるわけである」と書く。[33] このような視点からみて、金春秋は「質」ではないと結論している。「質」でないのになぜ『日本書紀』は「質」と書くのか。その事については石母田正も金鉉球もふれていないが、第十一章で詳述するが最終編纂時に関与した百済系史官または新羅によって滅亡させられ亡命した百済官人やその子らが、新羅王子を敢えて蔑視した視点で書いた「質」であろう。

「質」でないとしたら高向玄理はなんのために新羅へ行き、金春秋と共に帰国したのか。理由を倭国と新羅の「軍事協力体制を成立させるため」と金鉉球は書き、「両国間の軍事協力体制は、改新政権の高向玄理と、新羅の金春秋との相互訪問によりできあがった」と書く。そして「軍事協力体制」ができたので、金春秋は『三国史記』[33]（「新羅本紀」真徳王二年正月条）が書くように入唐し、「大化四年の上表文を唐へ伝達した」と書く（金鉉球は石母田論文は読んでいないが、「上表文」は石母田の書く「璽書」のことである）。

私は石母田正、金鉉球の論考に注目している。拙著『天武天皇論（一）』で、「壬申の乱で勝利し、自らの政権を樹立すると、親新羅の外交政策を一貫してとった」と書き、孝徳朝の「大化」年号の時代の「親新羅政権にかかわっていたのではないか」と書いた。そして「大化三年に高向玄理に案内されて新羅の王子金春秋（後の武烈王）が来たとき、金春秋と親しく接したのは、『中大兄』でなく、『中大兄』の一貫した反新羅政策からみても、大海人（漢）皇子であろう」と書き、高向王の子の漢皇子と高向漢人（史）玄理の結びつきを推論した[34]。

高向漢人玄理や旻法師を「国博士」にしたのは、孝徳天皇が信頼していた左大臣阿倍倉梯麻呂（内麻呂）・右大臣蘇我倉山田石川麻呂だが、『公卿補任』によれば、蘇我倉山田石川麻呂の弟が蘇我連子（石川連子）で、連子の子が蘇我安麻呂だが、天武即位前紀によれば病床の天智が蘇我安麻呂に命じて大海人を召した時、「安摩侶、素《もと》より東宮の好《よみ》したまふ所なり。密《ひそか》に東宮を顧《かへり》みたてまつりて曰《まを》さく、『有意《こころしら》ひて言《のたま》へ』とまをす。東宮、茲《ここ》に陰謀有らむことを疑ひて慎《つつし》みたまふ」とある。「大化」年間の右大臣の甥が大海人皇子と親しかった事実からみても、蘇我安麻侶の伯父の蘇我倉山田石川麻呂と大海人が親しかったことが推測できる。右大臣も大海人も親新羅であることで共通しているが、この大海人と親しかった右大臣を自殺に追い込んでいる中大兄（天智天皇）は、反新羅・親百済である。

親新羅であった「大化」年代の左・右大臣

親新羅の人物は国博士の高向玄理・旻法師だけではない。左大臣阿倍倉梯麻呂、右大臣蘇我倉山田石川麻呂も親新羅である。難波の原四天王寺は難波吉士の創建だが、「吉士」は新羅の官位十七階の十四位の呼称である。大和朝廷の対新羅外交は敏達朝から活潑になるが、外交使節として登場するのは難波吉士である。六世紀後半から七世紀前半にかけて、難波吉士は新羅との交渉のために、朝鮮半島の間を往来している。

最初の記事は『日本書紀』の雄略八年二月条である。難波吉士赤目《あかめ》子《こ》は高麗と戦っている新羅救援に派遣されている。次の敏達四年四月条に吉士金《かね》子が新羅へ、吉士木蓮《いたび》子が任那へ派遣されている。崇峻四年十一月には吉士金が新羅、吉士木蓮子が任那へ再度派遣され、共に任那の事《こと》について新羅と任那に問うている。推古八年には前述の木蓮子が、三度《みたび》任那に遣わされたとあるが、「難波吉士木蓮子」と書かれているから、吉士金子も難波吉士であろう。推古五年十一月条には難波吉士磐金《いわかね》が新羅へ派遣され、翌年四月に鵲《かささぎ》を二隻持って帰国し、難波の森で養《か》ったとある。推古八年二月には難波吉士神が新羅へ派遣されている。推古三十一年七月条には新羅が任那を討ったから、磐金を新羅、倉下を任那へ派遣している。彼らは同年十一月に共に新羅から帰国している。このように難波吉士は、新羅と新羅領になった任那のみへ派遣されているのは、新羅との交渉が難波吉士の専任だったからである。

この難波吉士は『姓氏録』（摂津国皇別）では、「吉志」として載る。佐伯有清はこの「吉志」も難波吉士のことと書くが[35]、「難波忌寸と同じき祖。大彦命の後なり」とあり、『姓氏録』（河内国皇別）の難波忌寸条にも、「大彦命の後なり。阿倍氏の遠祖」とある。佐伯有清は「難波忌寸の旧氏姓は難波吉士。後に草香部吉士となり、さらに後に難波連」と書く[36]。大橋信弥は「難波吉士について」で、「難波吉士の出自については、『新撰姓氏録』に大彦命裔を称するが、これは従来より指摘されているごとく、『吉士集団』が阿倍氏の配下であったところから、擬制されたもの」と書いている[37]。左大臣阿倍倉梯麻呂の配下に新羅系帰化氏族の難波吉士が居たことからみても、左大臣が親新羅であったことが証される。

大橋信弥は「吉志舞について」で、「大伴氏が久米舞を主掌する事情から考えて、阿倍氏が吉志舞を主掌することにも、それなりの事情があったと思われ、この点を明らかにすれば、吉志舞の性格が明らかになると同時に、阿倍氏の実態もより明らかになると考えられる」と書き、阿倍氏と海外交渉の関連を検証し、海外交渉の根拠地の難波地方に注目する。そして、「同祖系譜あるいは吉志舞奏上における阿倍氏の位置を考える時、ほぼ次のような想定が成り立つであろう。阿倍氏は難波において、海外交渉の専従者『吉士集団』を統括していたのではなかろうか」と書く[38]。このことは、海外交渉に占める難波の位置からしても、左大臣の阿倍倉梯麻呂と難波吉士・吉士舞の関係からみても、孝徳朝の難波遷都は左大臣の進言と見られる。親百済の蘇我本宗家の本拠地の大和の飛鳥から、親新羅の難波吉士の難波へ都を移したことからも、この新政権が親新羅・反百済であったことは明らかである。

金鉉球も「阿倍氏は新羅系氏族で、主に新羅との関係で活躍した難波吉士と服属関係にあった」と書いている。(39) 大橋信弥も、阿倍氏と阿倍氏関係氏族を検証し、「当然阿倍氏がある時期の大和政権の海外交渉の統括者であることを想定させる。おそらく阿倍氏は大和政権の対外交渉、外交担当の『大夫』として、難波地方に拠点を置き、新羅系の『吉士集団』を指揮すると同時に、海外交渉の表裏の玄関たる北九州、越両地方の国造と同族関係を結び、それらの諸氏の協力を仰いだと思われるのである。そして阿倍氏はかかる歴史的な背景をもって大嘗祭における吉志舞を主掌したと考えるのである」と、大橋信弥は書いている。(38)

左大臣だけでなく右大臣の蘇我倉山田石川麻呂についても、金鉉球は、「蘇我氏本宗家の現実と乖離した親百済政策に反対する親新羅論者」であったと書き、蘇我本宗家の滅亡をはかった軽皇子らの運動に参加し、親百済系勢力の打倒に協力した蘇我氏系氏族の長老であったから、新政権の右大臣に選ばれたと、論考している。(39) 蘇我倉山田石川麻呂が新羅とかかわる具体例は、蘇我倉山田石川麻呂の娘を母とする鸕野《うの》讃良《さらら》皇女の名からいえる。天皇・皇族・貴族の子は、生母の関係氏族が乳母・養育者になるから、「鸕野」「讃良」も、彼女の乳母・養育氏族にかかわる。「鸕野」の名について直木孝次郎は、河内国讃良（更荒）郡の宇奴連に養育されたので鸕野讃良（沙羅々）皇女というと書き、蘇我倉山田石川麻呂が讃良郡の宇奴連とかかわりがあったから、養育氏族の名と地名がつけられたとみる。(40)『日本書紀』欽明二十三年七月条に、河内国更荒《さらら》郡鸕鷀野邑《うののさと》の新羅人は、この年に来た新羅人の後裔とある。『姓氏録』（河内国未定雑姓）には宇奴（野）連は「新羅皇子金庭興の後なり」とある。

孝徳天皇の妃は左大臣の阿倍倉梯麻呂の娘の小《を》足媛《たらしひめ》（有間皇子の母）と、蘇我倉山田石川麻呂の娘の乳娘《ちのいらつめ》である。皇后の間人皇女（舒明天皇の皇女）以外の妃は、孝徳天皇の妃は親新羅の左右大臣の娘のみである。門脇禎二も孝徳天皇は親新羅政策を推進していたと書き、「大化」の新政権は従来の親百済から、「明らかに親新羅外交に転じた」と書いている。(41) 以上述べた事例からも、左大臣だけでなく右大臣・孝徳天皇も、親新羅であったことが推測できる。

ところが親新羅の左右大臣は、左大臣が亡くなると右大臣は一週間後に、中大兄によって妻子と共に自死させられ、左右大臣の死によって親新羅政権は消えた。

「大化」から「白雉」への転換と大海人と中大兄

『日本書紀』大化五年三月十七日条に、左大臣が死んだと書き、三月二十四日に蘇我日向が中大兄に、「近いうちに右大臣が謀反を起す」と進言し、中大兄はその進言をすぐに「信《う》けたまふ」と正史は書き、ただちに右大臣の家を包囲し、翌日右大臣は妻子八人と共に自殺している。後に中大兄は右大臣は無実の罪であったことを知って「悔い恥づる」と『日本書紀』は書くが、左大臣の死の一週間以内に右大臣を死に追いつめる行動を、中大兄がとっている事から見ても、計画的暗殺である。

左右大臣の死から一カ月もたたない四月二十日に、左大臣巨勢徳陀古、右大臣大伴長徳の新政権が発足する。翌年「白雉」と年号を改め、その年百済のために船二隻を作り、白雉二年には新羅の使者を「訓嘖《せ》めて追い還《かへ》し」、左大臣は天皇に、

「方今《いま》し新羅を伐《う》たずば、後に必ず悔有《くひあ》るべし」

と進言している。この進言に天皇がどう答えたかは正史は記さない。たぶん孝徳天皇は同意しなかったのであろう。このように新政権ははっきり、親百済・反新羅の性格を明らかにしているが、左大臣

の巨勢徳陀古と同族の巨勢比等（人・比登）は、天智称制十年正月に御史大夫（後の大納言）に任命され、壬申の乱では近江朝廷側の将軍として「数万の衆を率て」、大海人皇子軍の本拠地の「不破を襲はむ」としたが実行できずに捕えられ、比等と家族は配流されている。この事実からみても、巨勢氏が中大兄（天智天皇）側の人物であることは明らかである。ところが『日本書紀』の大化二年三月十九日条に、東国の国司の穂積臣咋《くひ》と国司介《すけ》の巨勢臣紫檀が、「百姓の中《うち》に、戸毎《ごと》に求め索《こ》ひ、仍《よ》りて悔いて物を還《かへ》せり。而るを尽《ことごとく》には与へず」の罪で罰せられている。巨勢紫檀はさらに「田部の馬を取れり」の罪も問われている。このような人物のうちの穂積咋は蘇我倉山田石川麻呂の家を囲む軍を率い、石川麻呂の一族を死に追い込み、さらに穂積咋の行為として、田口臣筑紫らを、右大臣の「伴党」であったからと言って捕え、首枷をつけ、後ろ手に縛りあげて四日後に殺している。また自殺した右大臣の首を、木（紀）麻呂・蘇我日向（右大臣が謀反をはかっていると讒言をした人物）らと共に、物部二田造塩に命じて斬らせ、さらにその死体を刺し挙げて大声で「いまし斬りつ」と叫ばせている。

穂積咋は石川麻呂だけでなく、その「伴党」まで痛めつけて殺しているのは、たぶん国司らを罪した最高責任者が右大臣の蘇我倉山田石川麻呂だったからであろう。ところが穂積咋・巨勢紫檀と同じ罪で罰せられた東国国司の紀臣麻利耆拕《まりきた》は、巨勢徳陀古を左大臣とする新政権が誕生した白雉元年二月に、新政権誕生の儀式に役職を得て参加している（この時は「紀乎麻呂岐太《をまろきた》」とあるが、同一人物である）。穂積咋も中大兄の命令で蘇我倉山田石川麻呂を討つ軍の隊長になっているから、新政権で復権していたであろう。そのことは壬申の乱の時に大友皇子側について、穂積臣百足・五百枝の兄弟が倭京（飛鳥古京）に急行し、飛鳥寺の西に軍営を設置し、小墾田にあった兵庫の武器を近江京に運送しようとした。しかし大海人軍の奇策にあって軍営を奪われ、百足は斬殺されていることからもいえる。

　ところが東国国司の不正を暴露したのは坂東惣領の高向臣である（孝徳紀は名を欠いている）。また不正を働いた国司らを罰したのは役職からして刑部尚書がおこなったが、刑部尚書は高向臣国押であった。この高向臣は右大臣の蘇我倉山田石川麻呂の蘇我倉氏とは地縁があり、結びついている事は第一章で書いたが、前出したように右大臣蘇我倉山田石川麻呂の甥の蘇我安麻呂は、天智天皇が病床へ大海人皇子を呼んだ時（天武即位前紀）、大海人皇子が「好《よみ》したまふ」安麻呂は、この呼び出しには「陰謀有らむ」と大海人皇子に伝えている。この事実からも蘇我倉山田石川麻呂と大海人皇子は、孝徳紀はまったく伝えていないが、親しかったことが推測できる。

　大海人皇子――右大臣蘇我倉山田石川麻呂――国博士高向玄理――刑部尚書高向国押――坂東惣領高向臣（名は不明）

　この結びつきからも、大海人皇子は高向玄理・高向国押とかかわる高向王の子の大海人漢皇子で、中大兄の異父兄であったから、高向玄理や高向国押と親しかったことが推測できるが、一方、中大兄（天智天皇）とは前述したように、新政権の巨勢徳陀古や東国国司として罰せられた穂積咋らが親しかったことがわかる。そのことは巨勢・穂積氏らが壬申の乱の時、大友皇子側の将軍として大海人皇子軍と戦ったことで明らかである。

　巨勢・穂積氏が活躍する斉明朝・天智朝では、「大化」年間に活躍した高向国押・高向玄理の高向臣・高向漢人（史）はまったく登場しないのだから、中大兄と大海人は対立の立場にあったことがわかる。そのことは斉明朝・天智朝ではまったく登場しない高向氏が、天武朝なると重視されていることが示している。天武十年十二月二十九日条に、高向臣麻呂が小錦下（従五位下相当）になり、天武十三年四月二十日条には、小錦下高向臣麻呂が新羅大使に任命されている。『続日本紀』によれば麻呂は大宝二年三月に従四位上で参議になり、慶雲二年四月に中納言、和銅元年閏八月に従三位中納言で没しており、天武朝、持統朝、文武朝（持統太上天皇の時代）の天武・持統政権の時代に重用されているのは、高向氏が高向王の養育氏族であったからであろう。

以上述べた事例からみても、大海人漢皇子は「大化」年代、中大兄は「白雉」年間以降に活躍したことが推測できる。しかし「大化」年代の大海人漢皇子の活躍は『日本書紀』の最終編纂時に削られたのである（そのことは後述する）。

白雉四年五月に、孝徳天皇は旻法師の病床を見舞っているが、「或本に云はく」として、

僧旻法師、安曇寺に臥病す。是に天皇、幸して問ひたまひ、仍《よ》りて其の手を執りて曰《のたまは》く。「もし法師今日亡《し》なば、朕従ひて明日亡なむ」とのたまふ。

旻法師が親新羅で、旻法師の学堂に大海人皇子は通い、「天文・遁甲」や「周易」を学んだことは前述したが、孝徳天皇も親新羅であったが、「是歳」に親百済の中大兄は孝徳天皇を難波に置去りにして、母や孝徳天皇の皇后で実妹の間人皇女らと共に、飛鳥へ去っている。この時「皇弟」も同行したとあるが、疑わしい。

翌年の白雉五年（六五四）に高向玄理は唐へ旅立っている。白雉四年（六五三）五月に二隻の船で二百四十人余が唐へ派遣されているのに、翌年の二月にまた二隻の船を遣唐使船に仕立てて、唐へ向っている。僅か九カ月後の遣唐使の派遣は異例だが、この異例な遣唐使船に、大使の上の「押使」とし

て大錦上（正四位上相当）の高向玄理が乗船している（大使の河辺麻呂は従五位下相当の小錦下）。この押使の派遣も異例である。大使は翌年の白雉五年八月に帰国しているのに高向玄理は帰国していない。彼は明国で「客死」と見られているが、二十三年間居た唐へ亡命したのである。

白雉五年十月十日に孝徳天皇は難波で崩御し、三カ月後に大和の飛鳥で、大海人・中大兄の母が再び即位する。斉明天皇である。

斉明朝でもまったく無視されている大海人皇子

斉明三年（六五七）是歳条に次の記事が載る。

是の歳に、使を新羅に使して曰はく。「沙門智達・間人連御厩・依網連稚子等をもちて、汝が国の使に付けて、大唐に送り致さむと欲す」とのたまふ。新羅、聴送《うけ》り肯《か》へず。是《こ》に由《よ》りて、沙門智達等還《かへりまゐ》帰けり。

高向玄理や旻らは、新羅人が付いて唐から新羅経由で帰国し、左大臣巨勢徳陀古らの反新羅勢力の登場で、入唐した高向玄理が唐へ去った時でも、すでに新羅との関係は悪くなっているのに（高向玄理の入唐以前に左大臣の巨勢徳陀古は「新羅を討つべし」と天皇に進言している）、新羅は高向玄理には「使を付けて、唐に送り」と『日本書紀』は書いている。高向玄理にはこのようなはからいを新羅はしているのに、智達らにはそのようなはからいをせず、智達らは入唐出来ずにやむをえず帰国している。この事実は斉明朝の左大臣が反新羅の巨勢徳陀古であったからだが、そのバックには中大兄が居た。

左大臣巨勢徳陀古は斉明四年（六五八）正月十三日に亡くなっているが、この年の十一月十一日に有馬皇子は謀反の罪で刑死している。中大兄らが支持する百済は斉明六年（六六〇）七月に、王城を新羅・唐連合軍によって落城させられており、劣勢であったから、親新羅であった孝徳天皇の嫡男の有馬皇子はまだ十九歳ではあったが、生かしておくわけにいかなかった。理由は巨勢徳陀古が孝徳朝で左大臣になる以前の前任者の左大臣（阿倍倉梯麻呂）の娘の小足《をたらし》姫が、有馬皇子の母であったから、有馬皇子のバックには、前述した阿倍倉梯麻呂と親しい難波吉士らの新羅系吉士集団がおり、父の孝徳天皇を支えた親新羅集団が居たからである。それだけではなく、親新羅の大海人皇子と有馬皇子が結びつくことを恐れて、有馬皇子を亡《な》きものにしたと考えられる。

斉明六年十二月二十四日の条に、斉明天皇は難波宮に行幸している。この行幸は「筑紫に幸して」、百済救援の軍を派遣するためであった。翌年正月六日には乗船して天皇は筑紫に向った。三日後の八日に、「御船、大伯海に到る。時に大田姫皇女、女《ひめみこ》を産む。仍《よ》りて女を名けて大伯皇女と曰ふ」とあるから、臨月の出産間ぎわの孫も、女帝は乗船させている。しかしこの孫を出産した大伯皇女が誰の子かまったく記していない。『日本書紀』を読み進めてきた読者は、次の天智紀を読み、さらに壬申紀を読み、天武紀を読んだところで、ようやく大田皇女の生んだ大伯皇女が、天武天皇（大海人皇子）の子であることがわかる。

このように斉明紀でも大海人皇子はまったく無視されている。この徹底した無視は、皇極・孝徳・斉明朝で大海人皇子が活躍しなかったのではなく、中大兄を長期間（三十年近く）「皇太子」に仕立てた意図の反動である。「虎」と呼ばれていた人物が、まったく活動しないはずはない。中大兄の活動を書けば書くほど、相対的に大海人の活動を消したのである。しかし天智紀では消すわけにはいかなかったので、「大皇弟」と書いて「弟」を力説した。この異父兄を「弟」にした工作も『日本書紀』の最終編纂時だが、『日本書紀』は「正史」といわれているが、序章で書いたように『日本紀』に「続」を冠した『続日本紀』の『日本紀』成立記事は「正史」にふさわしい紹介記事になっていない。理由はどこにあるか。そのことをさらにさぐっていく。

〔注〕

（1）坂本太郎「大化改新の研究」第一編第三章『坂本太郎著作集・第六巻』所収　一九八八年　吉川弘文館
（2）横田健一「藤原鎌足伝研究序説」『白鳳天平の世界』所収　一九七三年　創元社
（3）笹山晴生『日本古代衛府制度の研究』一九八五年　東京大学出版会
（4）東野治之『長屋王家木簡の研究』一八三頁　一九九六年　塙書房
（5）福原栄太郎「孝徳朝の『刑部尚書』について」『日本歴史の構造と展開』所収　一九八三年　山川出版社
（6）遠山美都男「『乙巳の変』の再構成」『古代王権と大化改新』所収　一九九九年　雄山閣
（7）加藤謙吉『蘇我氏と大和王権』六頁　一九八三年　吉川弘文館
（8）加藤謙吉（注7）前掲書　二二頁
（9）加藤謙吉（注7）前掲書　一六八頁
（10）大和岩雄『天武天皇論（一）』一八九頁〜一九一頁　一九八七年　大和書房
（11）石母田正『日本の古代国家』五八頁〜六四頁　一九七一年　岩波書店
（12）井上光貞「大化の改新と東アジア」『岩波講座　日本歴史・2』所収　一九七五年　岩波書店
（13）門脇禎二「『大化改新』から壬申の乱へ」『日本古代史講座・5』所収　一九八一年　学生社
（14）金鉉球『大和政権の対外関係研究』四三一頁　一九八五年　吉川弘文館
（15）山尾幸久「ヤマト国家の展開と東アジア」『古代の日朝関係』所収　一九八五年　塙書房
（16）鈴木靖民「東アジアにおける国家形成」『岩波講座　日本通史・第三巻』所収　一九九四年　岩波書店
（17）田村圓澄『古代朝鮮仏教と日本仏教』一九八〇年　吉川弘文館
（18）鈴木靖民「日・羅関係と遣唐使」『朝鮮史研究論文集』七号　一九八二年

(19) 三池賢一「新羅と日本の位階」『セミナー　日本と朝鮮の歴史』所収　一九八二年　毎日新聞社
(20) 中井真考「新羅と日本の仏教統制機関」(注19) 前掲書所収
(21) 金鉉球 (注14) 前掲書　三五七頁
(22) 多賀秋五郎『唐代教育史の研究』一二三頁〜一三四頁　一九四三年　不昧堂書店
(23) 利光三津夫『律令制とその周辺』一一二頁　一九六七年　慶応義塾法学研究会
(24) 吉田晶「評制の成立過程」『日本古代国家成立史論』所収　一九七二年　東京大学出版会
(25) 金鉉球 (注14) 前掲書　四三一頁
(26) 金鉉球 (注14) 前掲書　四二一頁
(27) 田村圓澄 (注17) 前掲書　一一七頁〜一一九頁
(28) 関晃「推古朝政治の性格」『大和王権』所収　一九七三年　有精堂
(29) 金鉉球 (注14) 前掲書　三八四頁
(30) 田村圓澄 (注17) 前掲書　一〇七頁
(31) 石母田正 (注11) 前掲書　五九頁
(32) 石母田正 (注11) 前掲書　五九頁〜六一頁
(33) 金鉉球 (注14) 前掲書　四一九頁〜四二七頁
(34) 大和岩雄 (注10) 前掲書　五九頁
(35) 佐伯有清『新撰姓氏録の研究・考証篇第一』三七九頁　一九八一年　吉川弘文館
(36) 佐伯有清 (注35) 前掲書　四一八頁
(37) 大橋信弥「難波吉士について」『日本古代の王権と氏族』所収　一九九七年　吉川弘文館
(38) 大橋信弥「吉士舞について」(注37) 前掲書所収

（39）金鉉球（注14）前掲書　四六一頁
（40）直木孝次郎『持統天皇』四〇頁～四一頁　一九六〇年　吉川弘文館
（41）門脇禎二「『大化改新』の虚像と実像」『「大化改新」史論・下巻』所収　一九九一年　思文閣出版

第六章

乙巳の変の一因としての対外関係

対新羅・百済関係によって起きた乙巳の変の真相

息長系の舒明天皇時代の親新羅外交の理由

第五章までは『日本書紀成立考』のサブタイトルの「天武・天智異父兄弟考」に視点を置いて書いてきたので、本章では『日本書紀』の成立にかかわる対外関係に視点をおいて、いわゆる「大化改新」と呼ばれる乙巳の変について述べる。舒明天皇の即位の六二九年から、崩御の六四〇年までの治政の対外関係を、表にして示す（新羅・百済は『三国史記』の「新羅本紀」「百済本紀」による）。

年	『日本書紀』	「新羅本紀」	「百済本紀」
六二九	一月　田村皇子即位。	九月　唐に朝貢。	九月　唐に朝貢。
六三〇	三月　百済の使者、朝貢。 八月　犬上三田耜・恵日を唐へ派遣。		
六三一	三月　百済、王子豊璋を人質として送る。	七月　唐に使者を遣し、美女二名を献上。	九月　唐に朝貢。
六三二	八月　唐使、犬上三田耜と共に来る。この時、唐に留学していた僧霊雲・旻が新羅の送使を同行して帰国す。	正月　真平王薨。唐の大宗、弔書を送る。善徳王即位。 十二月　唐に朝貢。	七月　新羅へ出兵。 十月　唐に朝貢。
六三三		七月　唐に朝貢。 八月　百済が西辺を侵攻。	八月　新羅の西谷城を攻略。
六三五		正月　唐の使節使が来て「桂国楽浪郡公新羅王」に冊封。	

六三六			五月　新羅の独山城を侵襲。
六三七		十二月　新羅使、唐帝に鉄甲・斧を献上。	
六三八	月不明　百済・新羅使朝貢。		
六三九	九月　唐僧二人、新羅使と共に来る。 十一月　新羅の客を饗応。冠位を贈る。		
六四〇	十月　唐に留学していた高向漢人玄理、唐僧と共に新羅経由で帰国。同行した百済・新羅の朝貢使に各爵一級を賜ふ。	五月　新羅王は子弟を唐の大学へ入学できるように、唐朝に請うた。	二月　子弟を唐の大学へ入学できるように、唐朝に請うた。

推古天皇の死後、田村皇子と山背大兄王のどちらを皇位につけるかでもめたが、蘇我蝦夷らの支持で田村皇子が即位した（舒明天皇）。舒明朝の外交を見ると百済・新羅・唐に対してはそれぞれと交流しており、一国に片寄った外交はしていない。しかし百済と新羅との関係は、百済より新羅と積極的に交流している。

六三二年から六四〇年に二回百済の使者も来たと舒明紀は書いているが、舒明十二年（六四〇）の高向漢人玄理が唐から三十二年ぶりに新羅経由で帰国した記事には、高向漢人玄理に同行して百済と新羅の朝貢使も来ており、両国の使者はそれぞれ「爵一級を賜ふ」とある。新羅経由なのに、なぜか百済の朝貢使が同行している。しかし当時は新羅と百済は戦争状態で、この年の二年後には百済の義慈王は自ら大軍を率いて新羅に侵攻し、四十余城を攻め取っているのだから、百済使の同行はあり得ない。したがって舒明十年（六三八）の百済・新羅の使者の「並《ならび》に朝貢」も疑わしい。第一に来た月が不明であり、第二に「百済」が「新羅」の上位に書かれている。この事実からも、以後の各章でもふれるが、『日本書紀』の最終編纂時期（私は第二段階の編纂と書いている）には百済系帰化氏族の「史《ふひと》」や、百済亡命史官が関与していることを示している。この舒明紀の記事も彼らが書き加えた記事だから、「新羅」の上に「百済」を書き加えたのであろう。

とすると六三二年から六四〇年の八年間は、新羅と唐とは交流があったが、百済とはなかったことになる。舒明天皇は親百済の蘇我本宗家の支持で皇位についているのに、なぜ新羅と親しくしているのか。理由は大別して二つあった。一つは交流の目的の国が唐であったことである。したがって天皇は即位すると翌年（六三〇）の八月に、犬上三田耜・薬師《くすし》恵日を唐に派遣している。犬上三田耜は推古二十二年（六一四）六月に隋に行き、翌年（六一五）九月に帰国している外交官で、十五年ぶりに中国へ派遣されている。恵日は推古三十一年（六二三）に新羅使が厩戸皇子（聖徳太子）を葬《とむら》うために仏像と仏具を持って来た時、唐で学んだ学問僧の一人として帰国している（中国へ行ったのはいつかは不明）。このように二人は中国をよく知っている人物だから、適任者として選ばれたのである。

二つは舒明天皇の和風諡号、「息長足日広額天皇」が示している。皇極元年十二月十四日の天皇の喪葬では息長山田公が、「日嗣《ひつぎ》を奉《しのびことたてまつ》誄る」とあるから、諡号に「息長」とあるのは舒明天皇の母系が息長氏だから、息長氏の代表の息長山田公が「日嗣」の誄をおこなったのである。ところが『古事記』は息長氏の祖の息長帯比売の遠祖を、新羅の王子の天之日矛と書く。拙著『新版・古事記成立考』で詳述したが、『日本書紀』の神功皇后紀の新羅征服譚は、『日本書紀』の最終編纂期に関与した百済系「史《ふひと》」氏族や、百済亡命史官らによって作られた作文で、新羅王の血脈を引く息長帯比売を、強引に新羅征服者に仕立てたのである（そのことは三六六頁〜三七一頁に書くが、『日本書紀』は征服の印《しるし》として新羅王の門に立てたという「矛」が、『古事記』では杖を「新羅の国の国守りのために立てた」と書いていることが証している）。

山背大兄王は厩戸皇子の子で蘇我本宗家の血統の子なのに、山背大兄王でなく息長系の田村皇子を天皇に蘇我蝦夷がしたのは、蘇我本宗家と対立関係にあった厩戸皇子の子の山背大兄王より、田村皇子（舒明天皇）が息長系であっても、蝦夷・入鹿の権力の行使のためには利用しやすかったからである。その事は舒明天皇が蘇我蝦夷の妹の法提郎媛を妃とし、妃が古人大兄皇子を生んでいる事が証している。

また山背大兄王は蘇我本宗家関係の女性を妻にしていないことも、蘇我馬子・蝦夷らが、山背大兄王より田村皇子を擁立した理由だろうが、田村皇子は即位して舒明天皇になると、祖を新羅王子の天之日矛にする自家の息長氏の出自からも、外交面では推古朝の厩戸皇子の方針をとり、内政面でのみ、蘇我本宗家の意向に従っている。

皇極天皇の時代の親百済外交と蘇我蝦夷

舒明天皇が崩御すると、舒明天皇の皇后の宝皇女が皇位について、皇極天皇になった。この天皇の統治期間の外交関係を、舒明天皇の外交関係と同じに、表にして示す。

年	『日本書紀』	「新羅本紀」	「百済本紀」
六四二	一月　皇極天皇即位。 二月　百済、新羅に使者を派遣。 三月　新羅の賀騰極使と弔使来る。 四月　百済の大使翹岐が従者と共に来る。	正月　唐に朝貢。 七月　百済が大兵を動員して四十余城を攻め取り、翌月、唐に通じる道を絶つ。	正月　前年に王が崩御。義慈王が即位し、唐に朝貢。 七月　義慈王は自ら兵を率いて新羅を侵攻し、四十余城を攻め取る。
	七月　百済の大佐平の知積を朝饗。		
六四三	七月　百済使の貢物僅少を咎める。 十一月　山背大兄王と一族、自殺。	正月　唐に朝貢。 九月　百済の大攻撃を唐に知らせる。	
六四四		正月　唐に朝貢。 五月　百済の七城を取る。	正月　唐に朝貢。 九月　七城を新羅に取られる。

皇極天皇が即位すると、対外政策はがらりと変っている。右の表では記さなかったが、皇極天皇元年（六四二）二月条に、百済について、次のような記事が載る。

今年の正月に、国主の母薨《みう》せぬ。又弟王子の児翹岐《げうき》と共に母妹の女子四人、内佐平岐味、高名有る人四十余、島に放たれぬ、といふ。

「弟王子」は義慈王の弟の王子の意だが、同年二月二十四日条には、

翹岐を召し阿曇山背連の家に安置《はべ》らしむ。

とあり、四月八日条には、

大使翹岐、其の従者を将《ゐ》て拝朝《みかどをろがみ》す。

とあり、皇極天皇に会っている。天皇に拝謁した二日後の十日の条には、

蘇我大臣、畝傍の家に百済の翹岐等を喚《よ》び、親《みづか》ら対《むか》ひて語話《ものがたり》す。仍りて良馬一匹・鉄二十鋌を賜ふ。

と記す。そして翌月の五月五日には蘇我大臣の蘇我蝦夷は、

河内国の依網屯倉《よさみのみやけ》の前に、翹岐等を召《よ》び、射猟を観《み》しむ。

とある。五月二十一日に翹岐の従者が亡くなり、二十二日に翹岐の児が死去しているが、二十四日条には左の記事が載る。

翹岐、其の妻子を将《ひきゐ》て、百済の大井の家に移る。乃ち人を遣りて児を石川に葬らしむ。

また七月二十二日条には、次の記事が載る。

百済使人大佐平智積等に朝《みかど》に饗《あ》へたまふ。或本に云はく。百済使人大佐平智積と児達率、名をもらせり。恩率軍善といふ。乃《すなは》ち健児《ちからひと》に命《みことおほ》せて、翹岐が前に相撲とらしむ。智積等、宴畢《とよのあかりをは》りて退《まかりい》で、翹岐が門《かど》を拝す。

百済の官位では「佐平」は第一位で、わが国の「正一位」に相当するが、翹岐に関する記事は以上である。青木和夫は翹岐の追放事件を皇極紀は元年（六四二）正月条に記すが、事実は同年四月で、彼の脱出は翌年（六四三）の夏のことと書く。[1] 門脇禎二は青木説を採って、「百済から追放された翹岐らは六四三年の夏には筑紫についたが、飛鳥の宮廷豊浦大臣は、こののち翹岐をとくに厚遇し、あたかも亡命した王者のごとく扱った。このことは、当時の日朝関係をみるうえで、なかなか軽視できることではない。つまり、飛鳥の宮廷は、ここから必然的に百済の義慈王（即位六四一）の政権とは対

立関係に入っていかざるをえなかった、とみられるからである」と書いている[2]。

翹岐が兄の義慈王が即位したことで追放され、わが国へ来たことは、前述した皇極元年二月二十四日条の記事からいえる。しかし四月になると「大使」として皇極天皇に拝謁している。しかしこの拝謁は門脇禎二が書くような、「百済の義慈王の政権とは対立関係に入っていかざるをえなかった」にはなっていない。その事は前述の七月二十二日条の記事が示している。義慈王の派遣した大佐平智積と翹岐は、共に朝廷の宴に列席して相撲を見ており、帰りに知積は「翹岐の門を拝す」という行動からみても、皇極朝の政権が百済の政権と対立関係にあったとはいえない。そのことは同年八月六日条の次の記事が証している。

百済使・参官等罷り帰る。仍りて大船と同船と三艘を賜ふ。

この「百済使」について小学館版『日本書紀・3』頭注は、「百済使人大佐平智積が有力候補」と書くが、彼らの帰国に船を贈っている事実も、門脇見解を否定している。

以上述べてきたことからも、皇極朝では天皇が即位するや、親新羅から親百済に外交政策が変わっている。変わったとたんに、皇極二年十一月には、山背大兄王の斑鳩宮の襲撃がおこなわれている。この事実は当時の国際状況と無関係ではない。

「大化」の新政権がおこなった反百済行動

六四五年（大化元年）の乙巳の年は、六月の三日間に激変がおきる。

十二日　中大兄・中臣鎌子らが蘇我入鹿を暗殺。

十三日　蘇我蝦夷自殺。

十四日　皇極天皇譲位。軽皇子即位（孝徳天皇）。

六月十二日の事件が時代を激変させているが、中大兄・中臣鎌子が入鹿暗殺の現場に居た事実はなく、『日本書紀』の記述は創作であることは、第四章で詳述した。また第五章で、この入鹿暗殺の現場に居た古人大兄皇子が「韓人、鞍作臣を殺しつ」と言った「韓人」は、この事件の三日後に国博士になった高向玄理ではないかという推測を述べた（孝徳紀は高向史玄理とあり、「史」だが、彼が留学する時は高向漢人であり、高向玄理は「韓人」である）。しかし理由をくわしく書かなかったので、私見を書く。

小学館版『日本書紀・3』の頭注（直木孝次郎執筆）は、「『韓人』についてては諸説あるが、未詳。古人大兄が中大兄のことを『韓人』と間接的に表現したとみたい」と書いているが、中大兄は前述したように関与していない。もし『日本書紀』の記述が事実であったとしても、前述（一七三頁～一七四頁）したように、『日本書紀通証』『日本書紀標注』『日本書紀通釈』の見解はそれぞれ違う。違う理由は、中大兄を「韓人」という理由がまったくないからである。中大兄でなければ、もう一人の入鹿暗殺の主役の中臣鎌子が「韓人」だという説を、植垣節也[3]・金鉉球[4]が述べているが、理由は中臣鎌子が韓人の多く住む摂津の三島の出身だからと書く。しかしこの主張は、近所に韓人が居ればまわりの人も韓人と呼ばれたという主張で、安易過ぎて認められない。しかし「漢人」は中大兄か鎌子だとする見解のみなのは、蘇我入鹿暗殺の主役はこの二人と、『日本書紀』が書いているからである。

前章で書いたが（一七八頁～一七九頁）、蘇我入鹿が殺されて一カ月後の大化元年七月十日に、高句麗・百済・新羅の三国の使者が、飛鳥に来て進調している。通常、外国の使者は筑紫に到着し、朝廷の指示があるまで筑紫に居る。推古十六年（六〇八）四月に筑紫に着いた隋使の裴世清は、六月十五日に難波へ来て、八月三日に飛鳥京に入っている。推古十八年七月に筑紫へ来た新羅使も、九月に朝廷が使を遣して飛鳥へ来るよう伝え、十月八日に飛鳥京に入っている。隋使はわが国に来て四カ月、新羅使も三カ月かかって、ようやく飛鳥京へ入っているが、隋使は二カ月近く難波に滞在している。この事実からみても、乙巳の変の時には三韓の使者らはすべて難波に居た。その時に入鹿暗殺事件がおきている。この事実からみても、入鹿暗殺事件を国内の主導権・権力争いという視点でのみ見ていたのでは、見えるものも見えてこない。しかしほとんどの論者が国内問題の視点のみで論じている。「大化改新」があったか、なかったかの論も、その視点に立っているが、乙巳の変も外交的視点から単純化していえば、「親新羅勢力が親百済勢力を打倒した事件」である。

　そのことはこの事件が高麗・百済・新羅の三韓の大使らが、難波に来ている時におきている事からもいえるが、事件の一カ月後、新政権は三韓の使者を飛鳥へ呼んでいる。その時前述（一七九頁）したように、百済の大使のみ、病気と称して難波に居ながら、新政権の飛鳥へ行かなかった。理由は新政権が親百済の蘇我本宗家を滅亡させたからである。この事実をさらに証しているのは、天皇の詔の内容である。その内容で新政権の反百済は明らかになっているが、そのことは高麗の大使への発言と比較すればさらに明らかである。高麗の大使に対しては、次のように言っている。

　　天皇の使者と高麗の神の子の使者とのやりとりは歴史は浅いが将来長く続くから、温和な心で相継いで往来せよ。

ところが百済の大使代理に対しては、次のように言っている。

古くは百済を内官家とし、中頃は任那国を百済に属国として与え、後に百済王は任那の境界の視察に派遣した使者にすべて見せた。ところが今回の調は不充分であるから返却する。今後は貢物を天皇が見るから詳細に産地の国と品名をくわしく記せ。そのために同じ顔ぶれで再度来朝せよ。また鬼部達率竟斯の妻子を人質として出せ。

このような高麗使と百済使（難波まで来て飛鳥へ大使が来なかった百済使）に対する発言の違いと、新羅使にはなにも言っていない事実からも、新政権の対外方針が明らかにわかる。乙巳の変が三韓の使者が難波に居る時におきている事からも、乙巳の変（大化改新）は外交方針の対立に根ざした政変である。そのことを無視して、国内問題の視点のみで論じていたのでは、見るべきものが見えてこない。

蘇我本宗家滅亡にかかわる秦河勝の登場

いわゆる「大化改新」の主謀者は、中大兄や中臣鎌子ではなく、改新政権の左大臣・右大臣になった阿倍・蘇我倉の両氏であることも、第五章で書いたが、『日本書紀』は蘇我入鹿暗殺によって、蘇我本宗家が滅びることを予兆する記事を、山背大兄王の一族が自殺して四カ月後の皇極三年（六四四）三月から、謡歌などを載せて書いている。その代表例が、秦河勝が大生部多の常世虫騒動を止めさせた記事と謡歌である。

土橋寛は、この騒動は蘇我本宗家の滅亡に関係があるとみて、次のように書いている。

大生部多が秦河勝の統率下に属していたとしても、それだけでは、河勝が多を「打懲ます」必然性に乏しい。河勝がこの事件に登場してくるのは、蘇我氏と秦氏の対立関係によるものと考えるほうがわかりやすい。蘇我馬子、蝦夷が百済系渡来氏族の東漢氏の軍事力と深く結びつき、百済仏教を信奉したこと、これに対抗して聖徳太子が秦河勝と結合して、新羅や新羅仏教に繋がっていたことについては、関晃氏や平野邦雄氏がすでに説かれているところである。

　この記事は、蘇我氏と大生部多との関係をふまえて、蘇我氏の謀略を粉砕したその功績を讃めたものと思われる。この事件がもし東国の一隅で起こった単なる民間信仰の問題であるなら、『皇極紀』のあの場所に取り上げたり、「時人」の歌を作って河勝を讃めたりする必要はないであろう。[5]

　このように土橋寛は述べて（傍点は引用者）、秦河勝が「蘇我氏の謀略を粉砕したその功績を讃めたもの」と推論している。大生部多を討った秦河勝の記事の終りには、次の謡歌が載る。

　太秦《うづまさ》は神とも神と聞こえ来る常世《とこよ》の神を打ち懲《きた》ますも

「太秦」は秦氏の総称である。秦氏の代表者が河勝だから、「太秦」は秦河勝の意だが、「河勝は神」でなく「太秦は神」とあるのは、秦集団が蘇我本宗家の滅亡に関与したことを、この歌は示している。平野邦雄は秦氏は殖産的性格だけでなく、軍事力もあったことを推論して次のように書いている。

　秦河勝と聖徳太子との最初の出会いは用明天皇二年（五八七）の物部守屋討伐の軍中においてであったという。太子の伝記の一つには、彼は「軍政人《いくさのまつりごとひと》」として軍をひきいて太子の身辺をまもり、みずから木を刻んで四天王像をつくり、四天王の矢を放って、物部守屋を倒し、その頭を切ったと書いてある。これは太子による四天王寺建立の伏線となる物語である。守屋討伐軍に、太子が加わっていたことの真偽については、意見のあるところであるが、しかし河勝が太子の「軍政人」だったということは、このことばの古さからおしても、事実であるらしい。『西琳寺《さいりんじ》縁起』などにも、「大政人」とか「小政人」という古い職制をあらわすことばがあるところからみれば、河勝は太子の家政所にあって、軍事を掌握した側近者だったと考えられる。帰化人がみずから武力をもっていたことは、東漢氏の場合をみればよくわかる。漢氏は蘇我氏の「傭兵《ようへい》隊長」として崇峻《すしゅん》天皇を殺害し、大化のクーデターには、蝦夷《えみし》の邸宅を守ったのである。八世紀になっても、藤原広嗣《ふじわらのひろつぐ》の反乱、橘奈良麻呂《たちばなのならまろ》の反乱などに、秦・漢両氏はその騎馬戦力を使用している。とくに藤原仲麻呂《ふじわらのなかまろ》の乱では、「檜前忌寸《ひのくまのいみき》二百三十六人、秦忌寸三十一人」が鎮圧にはたらいた。「檜前忌寸」というのは、大和の高市郡檜前を中心にひろがっていた東漢氏の同族の総称である。

とにかく、秦河勝が秦氏一族の武力と財力をもって、太子の側近に参加していたことはまず疑いなく、一種の「黒幕的存在」であったろう。[6]

このような見解からみても、秦の武力集団と蘇我本宗家の東漢氏の武力集団の戦いが、現実にあったのではなく、東漢氏の軍事力に対して、反蘇我本宗家側は秦氏の軍事力で対抗しようとした。その事実が「太秦」が大生部多を討った話として、蘇我本宗家滅亡に関連させて皇極紀に載せたのだろう。

上宮王家と蘇我本宗家滅亡にかかわる秦氏

『日本書紀』皇極二年（六四三）十一月一日条に、「蘇我臣入鹿、小徳巨勢徳太臣・大仁土師娑婆連を遣りて、山背大兄王等を斑鳩に掩《おそ》はしむ」とある。山背大兄王は山中に逃げるが、三輪文屋が「請《ねが》はくは、深草屯倉に移向《ゆ》き、茲《ここ》より馬に乗りて東国に詣《いた》り、乳部《みぶ》を以《も》ちて本《もと》として師《いくさ》を興《おこ》し、還《かへ》りて戦はむことを。其の勝たむこと必《かなら》じ」と言ったとある。その発言に対して山背大兄王は、勝てるだろうが、戦いによって「万 民《おほみたから》を煩労《わづら》はしめむや」と云って斑鳩宮に戻り、「子弟《みうがら》・妃妾《みめ》と一時《もろとも》に自ら経《わな》きて倶《とも》に死す」とある。

この記述について前之園亮一は、王は東国へ脱出して挙兵する意志をもって、「生駒山中に隠れていた四、五日間に、必死に活路をさがし求めていたが」、無理だとわかったので、「やむなく法隆寺に帰って一族自尽の道を選んだ」と書いている。そして斑鳩で馬を徴発できなかったことが、子弟・妃妾と共に自死した理由と推論している(7)。

三輪文屋はなぜ「深草屯倉に移向《ゆ》き」と言ったのか。岩波書店版『日本書紀・下』の頭注は「深草屯倉」について、「和名抄、山城国紀伊郡深草郷。今の京都市伏見区。欽明即位前紀に秦大津父の出身地として山背国紀伊郡深草里とある」と書くが、この地には『山城国風土記』逸文に載る秦公伊侶具と稲荷神社の伝説があり、秦氏の山城国における一つの本拠地であった。

上田正昭も岸俊男らとの座談会「秦氏とその遺跡」で、次のように語っている。

山背大兄が斑鳩宮を包囲されて、生駒に逃げたそのときに三輪の君が進言する。深草に逃げたらいいと。しかし、いま深草に逃げたら勝てるかもしれんが、そういうことは出来ないと山背大兄は進言をしりぞける。あの場合もいままでの議論は、深草に屯倉があって経済的地盤があったと考える方が多いわけです。だが深草へ逃げていけば勝てるかもしれないと、その背後にはかなり軍事力の面を考えるべきだと思います(8)。

秦氏の軍事力については、このように上田正昭も述べているが、加藤謙吉も次のように書いている。

三輪文屋君は山背大兄王に、まず深草屯倉に行くことを勧めている。深草は葛野と並ぶ山背秦氏の一大勢力圏である。深草屯倉の開発・管理に秦氏一族が深くかかわっていたことは、事実とみて間違いないと思われる。（中略）おそらく深草屯倉は、推古紀十五年是歳条に「亦国毎《またくにごと》に屯倉を置く」とある倭（大和）・河内・山背三国に設置された屯倉の一つであろう。孝徳紀大化二年三月壬午条は、天皇の諮問に答えた中大兄皇子の奉請文を掲げるが、それによれば当時、屯倉は王族たちの私有物に帰していた。深草屯倉もまた厩戸皇子から山背大兄王に伝領され、上宮王家の私的な財源となっていたと考えて差し支えない。したがって深草屯倉への逃避行は、東国行きの馬の入手だけが目的だったのではなく、屯倉の管理者であり山背大兄王の後援者であった秦氏の軍事的援助を当てにしたものと理解することができる。(9)

このような見解を書く加藤謙吉は、東国の秦氏の軍事力として、秦河勝が討ったという大生部多の属する「大生部」を、厩戸皇子・山背大兄王の上宮王家の「乳部（壬生部）」とみて（加藤は「大生部は大壬生部のことで、本来は『オホミブベ』と訓まれ、『オオフベ』に転訛したと書く）、この乳部を管理していたのが秦氏と書いている。

上田正昭は、神亀三年（七二六）の『山背国愛宕郡出雲郷計帳』に「大生部直美保麻呂」の名が載り、「出雲郷雲下里には大生部氏と姻戚関係の秦氏がいるから、秦造――秦氏――大生部氏のあいだには密接なつながりがある」と書いて、山城国で大生部と秦氏は結びついていると書く。そして「七三八年（天平一〇）の『駿河国正税帳』にも秦忌寸稲粟らが名を連ねており、この地方（大生部多のいた富士川のほとり）に秦氏を名のるものがいたことは否定できない」と書いているが[10]、太田亮も『和名抄』の駿河国益頭郡八田郷は「秦郷」だと書いている[11]。

加藤謙吉は駿河国の大生部以外に、参河国八名郡美夫郷や伊豆国田方郡棄妾郷に大生部、有雑郷に生部、那賀郡那珂郷に生部直、賀茂郡賀茂郷に生部の存在が確認でき、「甲斐にも大生部が居たと考えて差し支えない」から、「山背大兄の再挙のための軍事力として期待された秦氏管轄下の『東国の乳部』のなかには、伊豆・駿河・参河などの大生部」や、甲斐の大生部が含まれていたとみている[12]。

厩戸皇子・山背大兄王の「大生部（大壬生部）」は、秦氏の管轄下の軍事組織であった事は、大海人皇子が最初に挙兵を命じたのが、美濃国の皇子の湯沐《ゆのうながし》令の多品治であった事からもいえる（「湯沐」は皇妃・皇子の壬生部の別称。「令」は湯沐の長官で、多品治は将軍として壬申の乱で活躍している）。

このように蘇我本宗家に百済系の東漢氏が軍事集団として仕えていたように、上宮王家にとっては秦氏は財政支援集団としてだけでなく、軍事上の支援集団でもあった。しかし秦河勝は山背大兄王の斑鳩宮急襲になんら協力・援助ができなかったので、山背大兄王の死後、蘇我本宗家に反対する勢力を結集し、財政面・軍事面で協力し、山背大兄王の一家が自殺して一年半後に、蘇我本宗家を滅亡させたのである。その事を示すのが、蘇我入鹿暗殺の直前に書かれている、秦河勝が大生部多を討ったという皇極紀の暗示記事である。

推古朝の外交政策から見えてくる対新羅観

以上述べた山背大兄王と蘇我入鹿の襲撃・暗殺事件は、国内事情だけでなく国外事情も考慮して検証しなければ、真の原因は見えてこない。このような対外関係が国内事情に影響した発端は、私は推古朝にあるとみているから、推古朝の対外関係を表にして示す。

年	『日本書紀』	「新羅本紀」	「百済本紀」
五九七	四月　百済王子阿佐朝貢。		
	十一月　吉士磐金を新羅へ派遣。		
五九八	四月　磐金帰朝。鵲二隻献上。 八月　新羅、孔雀一隻献上。		九月　隋に朝貢。
六〇〇	是歳　任那の為に新羅を討つ。難波吉士神を新羅に派遣。		
六〇二	六月　征新羅将軍来目皇子、筑紫で発病。新羅征討中止。	月不明　隋に朝貢。 八月　百済阿莫城攻撃、撃退	八月　新羅の阿英城を攻撃し、各地で新羅軍と戦う。
六〇三	七月　征新羅将軍当麻皇子も、妻の死で新羅征討中止。		
六〇七	七月　小野妹子を隋へ派遣。		
六〇八	九月　小野妹子、隋の答礼使裴世清らを伴い帰国。	二月　高句麗が北境を侵し、八千人を生け捕りにした。	三月　隋に朝貢　隋の裴世清らが倭国へ行くために、わが国の南路を通って行った。
	隋使の帰国に同行して、小野妹子は再び隋に向う。	四月　高句麗が牛鳴山城を攻略した。	
六〇九	九月　隋に派遣した小野妹子ら帰国。		
六一〇	十月　新羅・任那の使者を朝廷に迎え、秦河勝が新羅の導者になり、盛大		

	な歓迎で使者を饗応した。		
六一一	八月　新羅・任那朝貢。	新羅王は隋に出兵を要請。 十月　百済の攻撃で椵岑城陥落。	二月　隋に朝貢。 新羅の椵岑城を落す。
六一四	六月　犬上御田鍬らを隋へ派遣。		
六一五	九月　遣隋使帰国。		
六一六	七月　新羅、仏像を献上。	十月　百済、母山城を攻撃。	十月　兵八千で新羅の母山城を攻撃。
六一八	隋帝殺され、唐建国。	将軍辺品は椵岑城を取り戻した時、敵陣に突入して戦死。	新羅の将軍が椵岑城を取り戻したが、戦死した。
六二一	月不明　新羅朝貢。書を上表する。新羅の上表はこの時から始まる。	七月　唐に使を派遣し方物を献ず。唐の高祖が謁見し修交を認め、詔書と品物や錦を新羅王に賜ふ。	十月　唐に派遣した使者は在来種の背の低い馬を献上。
六二二	二月　厩戸皇子没。		
六二三	七月　新羅使が仏像・仏具を持参し、仏像は秦寺、仏具は四天王寺に納める。新羅使と同行して唐の僧恵斉・恵光、医師恵日・福因も来る。 月不明　吉士磐金を新羅へ派遣。 月不明　大軍を派遣して新羅征討。		
六二四		十月　百済六城を包囲。三城は陥落。	正月　唐に朝貢。 十月　新羅の六城を攻めて取る。
六二五		十一月　唐に朝貢し、百済の侵攻を訴え	十一月　唐に朝貢。

		る。	
六二六	五月　蘇我馬子没。	七月　唐に朝貢。 百済が王在城を取る。	八月　新羅の王在城の城主を殺害。 十二月　唐に朝貢。
六二七		七月　百済が西辺の三城を奪う。	七月　新羅の西辺の二城を落す。 男女三百余人を捕虜。
六二八	三月　推古天皇没。	二月　根峯城を包囲した百済軍を撃破。	二月　新羅の根峯城を攻めるが敗北。

推古朝の頃も新羅と百済は戦争状態にあったが、表の推古紀の記事で問題になるのは六〇〇年（推古八年）の是歳条の記事である。末松保和は『任那興亡史』で、任那救援の倭軍が新羅を破ってとった六城のうち、多多羅・素奈羅・弗知鬼・委陀は継体二十三年四月条の四村、敏達紀四年六月条の四邑と対応し、南加羅は四城の総称で、阿羅羅は安羅のことだから、推古紀の記事はほとんど信頼できないと書いている。[13]石母田正[14]・三品彰英[15]・鬼頭清明[16]・鈴木英夫[17]・田中嗣人[18]も、この記事は創作記事と書く。

山尾幸久は『古代の日朝関係』で、この記事の「原史料が七世紀末か八世紀初めにまとめられたことは、上表文や新羅王の言、または『南加羅』の扱いかたや、『大将軍』『副将軍』などからうかがえる。主題は新羅から〝任那の調〟をとることであって、軍事行動はなかった」と書き、鈴木英夫と同じに、『日本書紀』の編者が「構成し述作」した作文が、新羅進攻記事だと結論している。[19]この記事で事実と見られるのは、難波吉士神・難波木蓮子を新羅・任那に派遣した記事だけであろう。

しかし六〇二年・六〇三年（推古十年・十一年）の新羅征討の皇子派遣は事実とみられている。なぜなら五九一年（崇峻四年）に、紀男麻呂・巨勢猿・大伴囓・葛城烏奈良《をなら》を新羅征討の大将軍にして、兵二万余を率いて筑紫まで出兵しているからである。彼らは五九五年（推古三年）まで筑紫に居た。推古三年七月条に「将軍等、筑紫より至《いた》れり」とあるから、この時に飛鳥へ兵を引上げている。

それから二年後の推古五年十一月には難波吉士磐金が新羅に派遣されているが、従来の任那の調の事での派遣ではないから、五カ月も新羅に居て、翌六年四月、鵲二隻を持って帰国しており、同年八月に、新羅は孔雀一隻を貢上している。この事実は推古朝になり厩戸皇子が執政に関与したので、前年の七月に筑紫の将軍を引上げ、翌年十一月には難波吉士を友好の使者として派遣したのである。

しかしこの政策に反対する蘇我馬子大臣らの勢力が、筑紫から兵を引上げたことに反対し、推古九年十一月に新羅侵攻を議《はか》り、翌年（六〇二）に厩戸皇子の弟の来目皇子が、兵二万五千人を率いて二月に出発し筑紫まで行く。しかし病気になり、十一年二月に亡くなったので、同年四月に当麻皇子が征討将軍に任命された。しかし同行した妻の死で新羅征討は中止になる。妻も同行しているのだから、新羅征討といっても、前述の紀男麻呂らと同じに筑紫に居ただけであろう。

平野邦雄は厩戸皇子が実弟の来目皇子を征新羅将軍に任じた時から、蘇我馬子らと違い「新羅政策は変わりはじめた」と書き、来目皇子の死によって「異母兄当麻《たいま》皇子が将軍に任じられるが、皇子は難波を船出して、赤石《あかし》についたばかりで、妻が病死したのを理由に、京に引き上げてしまう。おそらくはじめから外征する気はなかったのであろう。（中略）このようにして、太子は内外に対し、朝鮮遠征のいちおうの名目を立てておいて、六〇三年には征討計画を全面的に中止してしまう」と、述べている。(6)

厩戸皇子は推古九年（六〇一）に斑鳩宮の造営を始め、推古十三年（六〇五）の新羅征討計画をやめた年に、斑鳩宮に移り住んでいる。この移住についても平野は、「ここは地理上からみても、飛鳥《あすか》とは正反対のところである。飛鳥が大和盆地の南東にあるのに対し、斑鳩は北西に位置する。当時の国際港難波にでるのには、いっぽうは逢坂《おうさか》越えをしなければならないが、こちらは竜田《たつた》越えのルートをとればよい。宮居の移転がつねにそうであるように、この場合も、飛鳥に根をはる蘇我氏の影響力からの脱出がねらいであったろう。このころから、新羅征討軍の中止など、外交上のめだった変化があらわれはじめるのは偶然ではない」と書いている。(6)

そのことは推古十六年（六〇八）の小野妹子の隋への派遣や、推古十八年（六一〇）十月に新羅使を朝廷に盛大に迎え歓迎している記事が示している。しかしこの記事で注目すべきなのは、新羅使の官位の低さである。官位の「奈末」は新羅十七等の官位の第十一位で我が国の従六位上・下相当である。百済使の推古朝の官位はわからないが、欽明年間の官位はわかる。その記事によれば、徳率（従二位相当）の使者が八年に二名、十四年に一名来ており、杆率（正三位相当）の使者は九年・十四年・十五年に各一名が来ている。また奈率（従三位相当）が十四年に一名、固徳（正五位上・下相当）が十四年に一名来ており、最下位でも正五位上・下相当である。推古朝の次の舒明朝の二年に来た百済使は、恩率（正二位相当）であり、七年の百済使は達率（従一位相当）で更に上位の使者である。皇極元年の使者は最高位の佐平（正一位相当）である。このように新羅使と百済使の官位の大きな違いは無視できない。新羅使の正使が従六位上・下相当の「奈末」なのは、特にこの時の使者が低い官位であったわけではない。

欽明二十一年から推古三十一年の間に官位のわかる新羅使は十一人いるが、九人は奈末であり、欽明二十二年の使者の一人が乃伐干（従五位上・下相当）である。さらに推古三十一年の使者に至っては、大舎（正七位上・下相当）という十七位ある官位の十二位の使者である。このように百済と新羅の使者の官位が極端に違うのはなぜか。理由は推古朝にあっては筑紫までだが二人の皇子を新羅征討将軍として出しており、厩戸皇子の死の直後、新羅征討についての論議が、わが国の朝廷でおこなわれている状態であったからであろう。しかしそのような低い官位の新羅使でも盛大に迎えていたのは、厩戸皇子の外交方針によるのである。

厩戸皇子・秦河勝・蘇我倉山田石川麻呂・秦吾寺

推古三十一年是歳条に倭国が新羅に出兵して圧力をかけ、その結果、新羅からの貢献が実現したとある記事について、森公章は「実際には新羅・任那使の来朝があり、遣隋使も帰国しているので、以上の軍事は架空のものと見なされる」と書いているが[20]、前年に厩戸皇子が亡くなっているから、出兵企画はあったが、出兵記事は推古八年（六〇〇）の記事と同じ百済系史官の工作記事であろう。石母田正はこの記事に載る「意見の対立が聖徳太子の死の翌年であることに注意すべきである」と書き、「新羅との外交交渉を重視する」見解は、厩戸皇子によって確立されたと書く。そして「圧倒的な百済文化の支配したこの時代において、例外的な現象」と書き、この「現象」を「太子―秦造河勝―広隆寺建立という新羅文化の存在を確認させる……太子方式」と書いている[21]。

石母田正が秦河勝についてこのように書くのは、推古十一年（六〇三）十一月一日条に厩戸皇子の

「導き仏像」を秦河勝に下賜し、「蜂岡寺」を河勝が造営したとあるからである（蜂岡寺は広隆寺のこと）。秦河勝は推古十八年（六一〇）に新羅使を飛鳥に迎えた時、新羅使の「導者」になっている。また推古三十一年七月に新羅使が持ってきた仏像は「秦寺」におさめられたと書かれているが、「秦寺」は広隆寺の事だから、石母田正は「太子―秦造河勝―広隆寺建立という新羅文化の存在を確認」と書くのである。

この石母田論文の「太子―秦造河勝―広隆寺建立」という見解は、平野邦雄の先行論文「秦氏の研究（二）」を読んで書かれている。平野邦雄は次のように書いている。

秦氏が新羅仏教への親近性を示すのは、それ以前の秦氏には新羅仏教との関係を全く見出し得ないところから、仏法興隆をめぐる蘇・漢の中心勢力に対抗する、聖徳太子と秦河勝の新興勢力の結成に由来すると一応考えられよう。太子が急速に河勝と接近するのは事実であり、最近、肥後和男が「蘇我氏の滅亡をめぐって」（『読史会五十年記念国史論集』一）で、太子と蘇我氏の対立を支えるものは秦・漢の対立であるとの観点から、「河勝と聖徳太子の結合」を改めて指摘されたことを注目したい（引用者注、「秦・漢の対立」と書く「秦」は秦氏だが、「漢」は東漢氏のこと）。新羅仏教はいわば百済仏教に対置されるものとして登場するのではあるまいか。太子が蘇我氏による百済援助と任那復興政策を転換し、征新羅軍の中止と、隋との平和交渉を進めたにもかかわらず、太子の死の翌年には、もう数万の軍が新羅に向って出されるという事態が発生しているのも、太子・河勝と蘇我氏の新羅に対する立場の相違を反映するものとみられるのである。[22]

このように平野邦雄は書いて、注記に厩戸皇子の征新羅軍の中止という外交政策の転換は、「坂本太郎『大化改新の研究』一九八頁、井上光貞『大化改新』一二二頁、小林行雄『古墳の話』三二頁などにも、太子の外交関係の転換にふれている」と書き、その転換は親百済政策を親新羅に変えたと書いている。そして「山背大兄が、皇極紀に『深草屯倉』によって蘇我氏に抵抗しようとしたのも、同地がかつて欽明天皇が秦大津父を『山背国紀伊郡深草里』に得たとあるように、秦氏の本拠地に外ならない点から、山背大兄の背景に秦氏の存在を予想する」と書いている[22]が、このような見解に、上田正昭[8]・加藤謙吉[9]も前述したように同調している。また平野邦雄は、「大化の改新に際し、蘇我・東漢の勢力連合は周知の事実であるが、逆に改新側に投じた倉山田石川麻呂の有力な部下として、秦吾寺が居ることも改めて記録さるべきである」と書いている[22]。つまり推古朝の厩戸皇子と蘇我本宗家の親新羅・反百済と、親百済・反新羅の外交政策の相違する勢力争いが、いわゆる「大化改新」の改新派と非改新派の争いとなり、厩戸皇子―秦河勝に結びつく勢力が、蘇我倉山田石川麻呂のバックに居たとみているのである。

一般に乙巳の変(いわゆる「大化改新」)の主役は中大兄と中臣鎌子とみられている。加藤謙吉も「倉山田石川麻呂の入鹿殺害計画への参加は、『書紀』『家伝』によれば、中臣鎌子の中大兄皇子への進言によってなされたものであり、石川麻呂の女と中大兄の婚姻の媒をとったのも、佐伯連子麻呂・葛城稚犬養連網田を推挙したのも、ともに鎌足とされ、計画決行の当日も、三韓の表文を読む石川麻呂が『流《い》づる汗身に浹《あまね》くして、声乱れ手動《わなな》く』という醜態をさらしたのに対し、鎌足・中大兄は終始冷静にことを進めている。その後の蝦夷自尽に至る過程も同様で、石川麻呂はまったく表面にあらわれない。鎌足・中大兄に比して彼はあくまでも脇役の地位に甘んじている」と書き、このような「クーデターに至るまでの石川麻呂の立場が、そこに描写された通りのものであるかどうかはすこぶる疑問である」と書いている。そして十頁にわたって「すこぶる疑問である」理由を書いているが、大別して理由の第一は、中臣鎌子が石川麻呂を中大兄に結びつけたと書き、主役を中臣鎌子と中大兄と書く、『書紀』や『家伝』の記事を額面通りにうけとることは控えるべきで、表面に現われないが石川麻呂の主体的意志が隠されていると考えなければならない」という主張である。

理由の第二は、「鎌足の推挙によって、本宗家討滅のクーデターに参加したとする佐伯連子麻呂・葛城稚犬養連網田、それに『書紀』によればやはり仲間の一人である海犬養連勝麻呂の三名が、いずれも石川麻呂と個人的に結びつく人物の可能性のあることである」と書いて、「可能性」の歴史的事実を詳細に史料を示して論じ、「クーデターの実質的な演出者が石川麻呂であった可能性は増々濃厚になる」と書いている[23]。

私は加藤見解を支持する。しかし「鎌足の功業を強調する必要から、本来第一の功労者であった石川麻呂の活動が故意に削除されたと考えられるのであり、大化五年に彼が謀反の冤罪を着せられて誅せられたのも、大王家中心の中央集権的国家体制を推進しようとする中大兄と鎌足にとって、従来の蘇我氏大臣体制の延長線上に位置し、クーデターの成功によって、次第に政界に重きを増しつつあった石川麻呂を是が非でも排除せねばならぬ差し迫った状況にあったことを意味するものと判断されるのである」という見解[24]は、支持できない。加藤は石川麻呂は「蘇我氏大臣体制の延長線上に位置」していたと書いているが、一方で加藤謙吉は「推古天皇の崩後、皇位継承をめぐる紛糾が生じたとき、蘇我倉麻呂（蘇我倉山田石川麻呂）は群臣会議の席上で、ただひとり『臣は当時《ただいま》、便《たやす》く言すことを得じ。

さらに思ひて後に啓《もう》さむ』といって意見を保留した（『書紀』）。この発言は会議を招集した大臣蝦夷の意向がほぼ田村皇子擁立に固まりつつあった状況に鑑みると、境部臣摩理勢ほどではないにしても、蝦夷の政策に対する反抗の姿勢を示したものとうけとることができる」と書いているではないか。(23)

蘇我倉山田石川麻呂のとった行動は反蘇我本宗家行動である。推古天皇の崩御直後のことだが、推古朝の外交方針の対立は、親百済・反新羅の馬子・蝦夷の蘇我本宗家と、その方針に同調しない厩戸皇子・山背大兄王の上宮王家の対立である。この対立は当時の海外状況と連動し、軍事力をもつ東漢氏と秦氏の渡来氏族も加わって、結果は蘇我本宗家の滅亡となり、蘇我倉山田石川麻呂らの新政権が台頭した。しかし親百済・反新羅の中大兄らによって蘇我倉氏は自殺に追い込まれ、秦吾寺は斬殺され、

厩戸皇子―秦河勝―山背大兄王―蘇我倉山田石川麻呂―秦吾寺

と結びつく関係は消えたのである。

「大化」新政権の右大臣と秦氏、左大臣と難波吉士氏

加藤謙吉は『朝野群載』所載の『広隆寺縁起』や、寛平二年（八九〇）成立の『広隆寺資財交替実録帳』に、秦河勝の冠位を「大花上」と記し、『広隆寺来由記』は「小徳位大花上」とあることに注目し、「大化五年の大花上・下冠は、冠位十二階の大・小徳冠に対応する冠位であるから、両者の対応関係に立って秦氏側は小徳を大花上に置き換えて記したものと推測される。その場合、このような造作がただ追記的になされたとみるよりは、大化五年当時、秦河勝がまだ生存していたことを示す何らかの証拠があって、それに基づいて大花上の冠位が記されたと解するほうが合理的であろう。この

年は河勝が大生部多を討った皇極三年の僅か五年後であり、生存の可能性は少なくない」と書いている[24]。加藤見解を採れば、秦吾寺は秦河勝によって右大臣の重臣になっていたから、中大兄によって斬殺・絞殺・流罪になった三十八人のうち、特に斬殺された重要人物として、秦吾寺の名を『日本書紀』は記したといえる。

第五章の「親新羅であった『大化』年代の左・右大臣」で書いたが、右大臣の蘇我倉山田石川麻呂だけではなく、左大臣の阿倍倉梯麻呂も親新羅である。しかも左大臣は右大臣が秦氏に結びつくように、第五章で述べたが難波吉士氏と結びついている。『姓氏録』では難波吉士氏系は阿倍氏同族になっているが、難波吉士氏も秦氏と同じに新羅系である（秦氏も難波吉士も、その集団のすべてが新羅系とは、厳密には言えないが、主体氏族は東漢氏が百済系であるのに対して新羅系）。阿倍氏—難波吉士氏の結びつきからみても、飛鳥から新政権が難波へ都を移したのは、左大臣の影響が考えられる。そのことは大化四年二月八日条に、

阿倍大臣、四衆を四天王寺に請《ま》せて、仏像四軀を迎へ、塔の内に坐せしむ。

とあることからもいえる。『太子伝古今目録抄』所引の『大同縁起』に、塔（五重塔）内の小四天王像は「阿倍大臣敬請者」とあるが、四天王寺の創建は阿倍氏または難波吉士氏の創建説があるが、田村圓澄は『飛鳥・白鳳仏教史・上』で、「難波の四天王寺は、もとは難波を本貫とする難波吉士氏の『氏寺』であったと考えられる」と書き、次のように述べている。

厩戸王の逝去の年に、新羅の真平王から贈られた仏像一軀は太秦の広隆寺に安置され、舎利・金塔などは難波の原四天王寺に納められたが、これは秦氏と難波吉士氏が協議し、事前に決定し

たことであった。新羅系渡来氏族であり、また親新羅派であった秦氏と難波吉士氏の要請を、新羅の真平王が了承し、両氏の希望の仏像と仏具などが、倭に送られてきたと思われる。新羅——秦氏——広隆寺——厩戸王、および新羅——難波吉士氏——原四天王寺——厩戸王の図式を想定することができるであろう。厩戸王と新羅の真平王との親近関係には、広隆寺を氏寺とする秦氏と、原四天王寺を氏寺とする難波吉士氏が介在している。[25]

田村圓澄は書いていないが、私が『秦氏の研究』で述べたように、四天王寺の楽師はすべて秦氏で、秦氏と四天王寺は創建時から現代まで、連綿と結びついているが、「大化」の新政権の左大臣が難波吉士氏の四天王寺、右大臣が秦氏の広隆寺とかかわり、新政権が蘇我本宗家や百済系の東漢氏の本拠地の飛鳥から移った難波には、難波吉士氏だけでなく、秦氏も居住していた（そのことも『秦氏の研究』で述べた）。このように「大化」の新政権の左右大臣の検証からみても、「乙巳の変」の主体を隠して、中大兄と中臣鎌子を主役に『日本書紀』は書いているが、隠された実体は、左右大臣のバックに新羅渡来氏族の秦氏や難波吉士氏が居たという事実である。そのことが両氏と密接な人物が左右大臣として登場したのであり、この政権のみになぜか登場する国博士も、唐に三十年前後留学していた新漢人の旻と漢人の高向玄理であることからみても、対外関係を無視しては、いわゆる「大化改新」、乙巳の変の真相は見えてこない。

「大化」の新政権の外交と高向玄理と金春秋

おわりに「大化改新」による新政権、孝徳時代の外交関係を表で示す。

年	『日本書紀』	「新羅本紀」	「百済本紀」
六四五	六月　孝徳天皇即位。 七月　百済・新羅朝貢。	一月　唐に朝貢。 唐が高句麗を討つ。唐のために三万の兵を出兵。百済はその隙をねらって七城を落す。	五月　新羅の七城を取るが、新羅の将軍金庾信が反撃する。
六四六	二月　百済・新羅朝貢。 九月　高向玄理を新羅へ派遣。 「任那の調」を廃止。		
六四七	一月　新羅、朝貢。 是歳、高向玄理（黒麻呂）を送りて、新羅王子金春秋が来る。	真徳王即位。	十月　新羅の二城を攻めるが、金庾信の新羅軍に敗北。
六四八	是歳、新羅、朝貢。	一月　唐に朝貢。 三月　金庾信、百済軍と戦い勝利。 この年、金春秋は子と共に唐に行く。	三月　金庾信と戦って、敗北。
六四九	五月　三輪色夫らを新羅に派遣。 是歳、質としての金多遂が従者三十七人と共に来る。	八月　金庾信、百済軍を破り、兵八千九百余人を斬り、軍馬一万頭を獲得。	八月　金庾信と戦って、大敗。
六五〇	四月　新羅、朝貢。 是歳、百済のために船二隻を作る。	六月　使者を唐に派遣し、百済軍を大敗させたことを報告。	
六五一	六月　百済・新羅朝貢。 新羅使が唐服を着ていたので、追い返し、左大臣巨勢徳太は、新羅征討を進言		唐に朝貢（月は不明）。

	する。		
六五二	四月　百済・新羅、朝貢。	十一月　唐に朝貢。	
六五三	五月　二百四十一人の第二次遣唐使らを派遣。 六月　百済・新羅、朝貢。	十一月　唐に朝貢。	
六五四	二月　押使高向玄理らの第三次遣唐使派遣。 七月　百済・新羅の送使と共に、西海使吉士長円が帰国。 十月　孝徳天皇崩御。百済・新羅の弔使来る。	三月　真徳王が亡くなる。 四月　金春秋が武烈王となる。 五月　唐は即位を祝う持節使を派遣。	

まずこの表で明らかなように、乙巳の変の時期から、新羅の将軍の金庾信の登場で、いままで一方的に百済軍に攻め込まれていた新羅軍が勝利するようになり、六四九年には大勝している。この年は大化五年だが、三月十七日に左大臣阿倍倉梯麻呂が亡くなり、一週間後の三月二十四日、中大兄は蘇我日向の讒言を信じて蘇我倉山田石川麻呂の屋敷を軍隊を動員して囲み、大和の山田寺に逃げた石川麻呂は、翌日、家族と共に自殺している。それから約一カ月後の四月二十日に左大臣に巨勢徳太、右大臣に大伴長徳（馬飼）が任命せられている。

白雉二年（六五一）是歳条に、次の記事が載る。

新羅の貢調使知万沙飡等、唐国の服を着て筑紫に泊《は》つ。朝庭、恣《ほしいまま》に俗《しわざ》を移せることを悪《にく》み、

苛責《せ》めて追ひ還したまふ。時に、巨勢大臣奏請《まを》して曰《まう》さく。「方今《いま》し新羅を伐《う》たずは、後に必ず悔有《くひあ》るべし。（後略）

この記事だけを読んでいれば、新羅使ははじめて唐服を着て来たので、筑紫から追い返したとみられるが、そうではない。

『三国史記』の「新羅本紀」第五の真徳王二年（六四九）条に、前年に入唐した金春秋のことを、次のように書いている。

　春秋は礼服を改めて唐制のものを使用したいと願い出ると、太宗は珍貴な衣服を取り出して春秋とその従者に与え、詔命をもって彼らに官位を授けたが、春秋には特進を、文王には左武将軍を賜わった。

　春秋が帰国する際、太宗は三品以上の官吏に命じて送別の宴を張らせたが、その優待ぶりはこのうえなく厚かった。春秋は太宗に「臣は七人の子おります。聖上のそばで宿衛の任に当らせてください」といい、同行した子の文王と大監を唐に留めて帰国した。

この記事からすれば帰国した翌年の六四九年から、官吏は礼服を唐制のものに改めているから、六五〇年四月に来た新羅使はすでに唐服を着ていたであろう。この年は左大臣の巨勢徳太も任官したばかりであったから黙認したが、翌年になると新羅使を筑紫から追い返している。この左大臣の態度からも外交政策の百八十度転換を示している。

六四六年九月に高向玄理は新羅へ行き、翌年、帰国している（帰国月は不明）。その時、後に新羅王になる金春秋を同行している。金春秋は帰国した翌年六四八年に入唐している。彼は三年間の期間中にわが国と唐へ行っている。その唐に三十二年も高向玄理は居たのだから、二人(春秋と玄理)は中国語で話し合うことができたであろう。このような友好関係にあった金春秋と高向玄理の関係も、巨勢徳太を左大臣に任命した中大兄によって切断された。

筑紫から使者が追い返されたことを知った新羅の金春秋は怒ったであろう。彼は三年後には新羅王になっている。また金春秋と親しかった国博士の高向玄理も、新政権の反新羅政策に絶望したであろう。

反新羅政策をとった新政権も、唐との交流は継続したかったので、六五三年(白雉四年)に遣唐使船を仕立てて、唐へ派遣した。ところが翌年にも遣唐使船を仕立てて遣唐使を派遣している。この短期間での遣唐使派遣は異例であり、大使の上に押使を仕立てての派遣も異例である。このような異例ずくめは、高向玄理が亡命するための遣唐使派遣だったからである。だから大使らは帰国しているのに、押使の高向玄理は帰らなかった。

「大化」と「白雉」年間の外交方針の大きな差異

蘇我倉山田石川麻呂と秦氏の結びつきには、両氏が「倉」にかかわる氏族であったことも理由だが、中大兄が実権を握った政権は、唐服を着て来たことを理由に新羅の使者を筑紫から追放し、新羅侵攻を左大臣は天皇に進言し、認めない天皇を置き去りにして、四年後には、飛鳥へ中大兄らは新しい左右大臣の政権と共に移っている。

「白雉」の政権の外交政策は蘇我本宗家の蘇我蝦夷や蘇我入鹿とまったく同じである。そのことは山背大兄王の斑鳩宮を蘇我本宗家の蘇我入鹿の命令で襲撃した巨勢徳太（陀）が、蘇我倉山田石川麻呂を自殺に追い込んだ後に、左大臣になっていることが示している。

巨勢徳太については、皇極二年十一月一日条に、蘇我入鹿が巨勢徳太と土師娑婆を派遣して、「山背大兄王等を斑鳩に掩《おそ》はしむ」とあるが、皇極四年六月十二日条には、中大兄が「将軍巨勢徳陀臣を使して、天地開闢《ひら》けてより君臣の始めより有ることを以《も》ちて、賊党に説《と》かしめたまふ」とある。この記事では、巨勢徳太は「将軍」と書かれているが、彼は中大兄の命令で、蘇我邸を警備している東漢氏らに降服をすすめている。このように蘇我入鹿の命令で行動していた徳太（陀）は、三年半後には、入鹿や蝦夷を死に追い込んだ側へ寝返っている。

中大兄の命令を聞いて行動している徳太だが、『日本書紀』は大化改新の主役を中大兄にしているのだから、当然「大化」の政権で大臣になっているべきだ。しかし大化元年七月十日条には、高麗使と百済使に孝徳天皇の詔を伝える役目として徳太は登場するのみで、大化年間にはまったく登場せず、大化時代の左右大臣が死んだ後に左大臣になり、改元した「白雉」の二年是歳条には、新羅征討を進言している。さらに斉明朝になってもひきつづき巨勢徳太は左大臣をつとめ、斉明四年正月十三日に亡くなっているが、右大臣になった大伴長徳も巨勢徳太と共に行動している。

『上宮聖徳太子伝補闕記』『聖徳太子伝暦』によれば、山背大兄王の斑鳩宮襲撃には巨勢徳太と大伴馬甘《うまかい》が参加していたと書かれている（皇極紀は大伴長徳の亦の名を「馬飼」と書いているから、「馬甘」は長徳である）。つまり山背大兄王襲撃の時の将軍が、「白雉」年号の左右大臣になっている。これはなにを意味するのか。前述の『補闕記』『伝暦』は、徳太・長徳（馬飼［甘］）以外に、軽皇子も山背大兄王襲撃に参加したとあるので、門脇禎二は乙巳の変の主役は中大兄でなく軽皇子だったから、巨勢徳太・大伴長徳を左右大臣にした事で、より孝徳天皇（軽皇子）の政権は強固になったと主張する。[2] しかしこの主張は無理である。強固になったというなら、なぜ天皇と親しい左右大臣が、孝徳天皇を難波に置いたまま、中大兄と共に飛鳥へ行ってしまったのか。しかも巨勢徳太は斉明朝になっても左大臣の重職についているではないか。さらに門脇禎二説を否定するのは、親新羅政策から反新羅政策に変更した政権の外交方針は、次の斉明朝・天智朝でも実行されているが、その主導者は中大兄である。この事実からみても巨勢徳太・大伴長徳を左右大臣にしたのは、蘇我倉山田石川麻呂を自殺させ、秦吾寺を斬り殺した中大兄である。そのことは壬申の乱の時、巨勢氏は大友皇子側の将軍になって戦っていることからもいえる。

軽皇子は蘇我入鹿に山背大兄王を討つ名目としてかつがれ、次に新政権の左右大臣になる阿倍・蘇我倉の両氏にかつがれて天皇になり、二人の死後は中大兄に置き去りされて亡くなっており、門脇説のように孝徳天皇が実権を持っていたとはいえない。乙巳の変の主役は蘇我倉山田石川麻呂と阿倍倉梯麻呂で、そのバックには経済力と軍事力を持った秦氏が居り、蘇我本宗家の東漢氏と対抗した。そのことを暗示するのが、蘇我本宗家滅亡を予告する記事として載る秦河勝が大生部多らの騒動を討ち鎮めた記事である。また蘇我倉氏に協力した阿倍氏には難波吉士氏が隷属していた。いずれも主体の氏族は新羅系であったが、難波吉士は外交の主役であった。難波吉士氏の本拠地は難波だが、主に居住していたのは東成郡・西成郡である。ところが秦氏も高向玄理の高向史（漢人）も同じ郡に居住していた。「大化」の新政権が、蘇我本宗家・東漢氏の本拠地の都を難波に移したのも、新羅・唐の制度を取り入れた政治改革をおこなったのも、秦氏・難波吉士氏の影響が無視できない。

以上、本章では「大化改新」といわれている乙巳の変に至る経過を、従来の論考とは違って、国内事情より、当時の国際事情、外交方針の相違によっておきた政変という視点で、原因を推古朝からの対新羅・百済外交を取り上げて論じた。

この視点から見えてくるのは、正史といわれている『日本書紀』が、ありもしない新羅侵攻記事を創作している事実と、「大化改新」の主導者として、中大兄と中臣鎌子を主役に仕立てて活動させている創作記事である。正史に作文している記事が、反新羅記事なのは、新羅に滅ぼされて亡命した百済史官とその子孫、また百済渡来氏族の「史《ふひと》」が『日本書紀』の最終編纂時の第二段階の編修に関与しているからであり、中大兄と中臣鎌子を大活躍させて、蘇我入鹿の暗殺までも二人の活躍によると作文しているのは、藤原不比等の関与による。そのことの詳細は第十章以降の章で書くが、本章で厩戸王（聖徳太子）の外交政策について私見を述べた。しかし大山誠一は私見が引用している『日本書紀』の記述をまったく無視した主張を発表している。私は大山見解の一部は認めたので、私の責任編集の「東アジアの古代文化」で取上げた。しかしその後の大山発言には同調できないので、次章でそのことを書く。

〔注〕

(1) 青木和夫『日本古代の政治と人物』一三八頁～一三九頁　一九七七年　吉川弘文館
(2) 門脇禎二「『大化改新』から壬申の乱へ」『「大化改新」史論・下巻』所収　一九九一年　思文閣出版
(3) 植垣節也「藤原鎌足の出自について」「日本歴史」二九六号
(4) 金鉉球『大和政権の対外関係研究』三八六頁　一九八五年　吉川弘文館
(5) 土橋寛『古代歌謡全注釈・日本書紀編』三四七頁～三四八頁　一九七六年　角川書店
(6) 平野邦雄「帰化人と聖徳太子」『帰化人と古代国家』所収　一九九三年　吉川弘文館
(7) 前之園亮一「太子の一族」『聖徳太子のすべて』所収　一九八八年　新人物往来社
(8) 上田正昭「秦氏とその遺跡」『座談会・日本の渡来文化』所収　一九七五年　中央公論社
(9) 加藤謙吉「秦氏と上宮乳部」『秦氏とその民』所収　一九九八年　白水社
(10) 上田正昭『京都の歴史・1』一三二頁　一九七〇年　学芸書林
(11) 太田亮『姓氏家系大辞典・第三巻』四七二五頁　一九六三年　角川書店
(12) 加藤謙吉（注9）前掲書　一九九頁・二〇三頁
(13) 末松保和『任那興亡史』一八六頁　一九四四年　吉川弘文館
(14) 石母田正『日本の古代国家』三三頁　一九七一年　岩波書店
(15) 三品彰英「聖徳太子の任那対策」『聖徳太子論集』所収　一九七一年　平楽寺書店
(16) 鬼頭清明「推古朝をめぐる国際的環境」『日本古代国家の形成と東アジア』所収　一九七六年　校倉書房
(17) 鈴木英夫「『任那の調』の起源と性格」「国史学」一一九号
(18) 田中嗣人『聖徳太子信仰の成立』一〇四頁　一九八三年　吉川弘文館

(19) 山尾幸久『古代の日朝関係』三五五頁　一九八九年　塙書房
(20) 森公章『東アジアの動乱と倭国』二二五頁　二〇〇六年　吉川弘文館
(21) 石母田正（注14）前掲書　四九頁～五二頁
(22) 平野邦雄「秦氏の研究（一）」「史学雑誌」七〇篇三号　一九六一年
(23) 加藤謙吉『蘇我氏と大和王権』一六一頁～一七一頁　一九八三年　吉川弘文館
(24) 加藤謙吉（注23）前掲書　一八四頁
(25) 田村圓澄『飛鳥・白鳳仏教史・上』一七五頁～一七六頁　一九九四年　吉川弘文館

第七章

『日本書紀』の成立と「聖徳太子」と不比等

大山誠一の聖徳太子否定説に立つ『記』『紀』成立論批判

大山誠一の聖徳太子非実在説をめぐって

私が責任編集者として刊行していた季刊誌「東アジアの古代文化」一〇二号（一九九九年冬号）の特集は、「聖徳太子と日本書紀」であった。大山誠一が『〈聖徳太子〉の誕生』（一九九九年・吉川弘文館）を刊行し、厩戸王は実在したが、「聖徳太子」は実在しないと主張したので、その問題提起を特集にした。その特集の巻頭に「聖徳太子と日本書紀」と題して、大山誠一に私が見解を聞く対談を載せ、直木孝次郎・田村圓澄・佐伯有清・黛弘道・山尾幸久・田中嗣人・遠山美都男の論考を載せた。さらに一〇三号に大山誠一、一〇四号に梅原猛・上田正昭・中西進・武田佐知子・高田良信・黒岩重吾・本間満・大山誠一。一〇五号に鎌田東二、一〇六号に森博達・増尾伸一郎・吉田一彦・大山誠一の論考を掲載した。

大山誠一の見解は「東アジアの古代文化」で、積極的に私は紹介した。

一〇二号　聖徳太子と日本書紀（私との対談）
一〇三号　厩戸王の実像
一〇四号　聖徳太子関係史料の再検討
一〇六号　聖徳太子関係史料の再検討（その二）

一〇二号以外は大山誠一の執筆原稿である。一〇六号は二〇〇一年二月刊行だが、二〇〇一年五月刊行の大山誠一の著書『聖徳太子と日本人』の「あとがき」で、大山は次のように書いている。

聖徳太子という人物の存在感は、日本の歴史全体を通じてきわめて大きい。その聖徳太子について、私は、一九九六年に「〈聖徳太子〉研究の再検討」という論文を発表し、さらに一昨年(一九九九年)には、一般向けに『〈聖徳太子〉の誕生』(吉川弘文館)を刊行した。そこで述べたのは、聖徳太子は実在の人物ではなく、七二〇年に完成した『日本書紀』において、当時の権力者であった藤原不比等・長屋王らと唐から帰国した道慈らが創造した人物像であること。その目的は、大宝律令で一応完成した律令国家の主宰者である天皇のモデルとして、中国的聖天子像を描くことであったこと、その後さらに、天平年間に、疫病流行という危機の中で、光明皇后が、行信の助言により聖徳太子の加護を求めて、法隆寺にある様々な聖徳太子関係史料を作って聖徳太子信仰を完成させたこと。そして、鑑真や最澄が、その聖徳太子信仰を利用し、増幅させていった、というようなものであった。

この私の説は聖徳太子に関する意外な結論であったためか、多くの方たちから注目され、特に季刊誌『東アジアの古代文化』(大和書房)では、一〇二号で特集を組んでいただき、さらにその後も、繰り返し拙稿を発表する機会も与えられた。同時に、他の研究誌や新聞・雑誌などにも私見を発表する機会があり、私にとって、『〈聖徳太子〉の誕生』刊行後のこの二年間は、ほとんど「聖徳太子漬け」とも言うべき日々であった[1]。

この時期の私も、大山説を知らせることに力をそそいでいたから(二〇〇二年には「東アジアの古代文化」に掲載した人たちの論考に手を加えていただき、大山誠一の批判に対する反論も載せ、直木孝次郎・上田正昭・梅原猛・佐伯有清・田村圓澄・黛弘道・中西進・山尾幸久・森博達ら十八人の論者の論考を載せた、『聖徳太子の実像と幻像』を大和書房から刊行している)、私の見解は書かなかった。しかし最近の大山誠一の著書などを読み、本書の『日本書紀成立考——天武・天智異父兄弟考——』にも関係ある見解を大山誠一が書いているので、私見と大山見解の批判を書く。

大山誠一の聖徳太子と中大兄の「皇太子」観

大山誠一は『〈聖徳太子〉の誕生』に載る「聖徳太子信仰の成立」と題する章で、「不比等の悲願」と題して次のように書いている。長文の引用になるが、大山説を理解するためにそのまま引用する。

不比等が築いたのが日本の律令国家であるが、彼の意図したところは、天皇を神として宗教的世界に祭り上げ、その天皇の信任を得て、不比等自身が、縦横に政治権力を振るうことであった。露骨に言えば、傀儡《かいらい》の天皇のもとで思うがままに権力を振るうということであるが、不比等のたぐいまれな権謀術数をもってしても、不可能なことであった。それは、擁立すべき天皇に恵まれなかったことである。

（中略）

不比等が、この悲願を実現するために、まず必要と考えたのは、皇太子という地位の認知であった。本来、皇太子は、次の皇位を予定された存在であるが、飛鳥浄御原令《あすかきよみはらりょう》で制度化されたばかりで、実例としては軽と首の二人しかいない。しかも、軽の場合はごく短期間だったし、首は、その存在感は軽く、皇位は元正に移り、「この神器を皇太子に譲らむとすれども、年歯幼稚にして未だ深宮を離れず」と言われる始末であった。長屋王の策謀によるとしても、それが一般に受容されたところに、皇太子制が今なお定着していないという現実があったのである。結局、首を皇位につけるには、どうしても皇太子という地位の重さを徹底させねばならない。『日本書紀』を編纂するにあたって、不比等が何よりも重視したのは、このことだったに違いない。

そのために、まず行われたのが、神武以来の歴代天皇に立太子記事を挿入し、皇位継承にあたっての皇太子の地位を強調したことであった。しかし、このようなことを機械的にしてもさほどのインパクトはない。やはり、皇太子自身の存在感を示さなければいけない。そのためには、皇太子として重きをなした実例を示す必要がある。それが、『日本書紀』の中で、唯一皇太子としての事蹟を託された中大兄王《なかのおおえ》であった。彼は、もちろん皇太子制の成立以前だから、一人の有力な王族であったにすぎなかったはずである。しかし、六四五年に蘇我入鹿《そがのいるか》を滅ぼし、大化改新を遂行し、白村江の戦いで敗れた外交的失敗はあっても、その後六六八年に正式に即位したあとは、近江令を制定し、庚午年籍《こうごねんじゃく》を作成して、律令国家の基礎を築いたのである。その点においては、在世中一度も戸籍を作ることができなかった天武とは比較にならない功績があったと言えよう。しかも、その間の大部分は、大王ではなく、孝徳、斉明を、単純には言えないにしても、ほとんど傀儡として立てていたのである。大王として在位したのは、わずか四年間であった。その即位前の中大兄王を、『日本書紀』は皇太子と称したのである。これにより、皇太子が、国政の上でも大きな存在感をもつことができる実例を示したことになる。

このような準備をした上で不比等は、新たに中国的聖天子像として聖徳太子を描くにあたって、彼を皇太子としたのである。皇太子とされ、「録摂《まつりごとふさねつかさど》政らしむ。万機《よろずのまつりごと》を以て悉く委《ゆだ》ぬ」（推古紀元年四月己卯条）、同じく「万機を総摂《ふさねかわ》りて、天皇事《みかどわざ》したまふ」（用明紀元年正月朔条）とあるが、そのモデルは明らかに中大兄王であった。事実、聖徳太子に関する記事と、中大兄王に関する記事とは、文章がよく似ているのである。たとえば、原文のまま示すが、前者に「天覆地載。四時順行、萬気得㆑通」とあれば後者に「天覆地載。帝道唯一」、また、前者に「国非㆓二君㆒。民無㆓両主㆒」とあれば、後者にも「天無㆓二日㆒、国無㆓二王㆒」「君無㆓二政㆒、臣無㆓弐朝㆒」「天無㆓双日㆒。国無㆓二王㆒」といった文章がある。聖徳太子関係のは、いずれも憲法十七条の文章で、中大兄王のは皇極紀、孝徳紀の文章である。おそらく、両者は、共通の筆者により、不比等の意図を踏まえて書かれたのであろう(2)。

大山は『日本書紀』で「皇太子」を強調している皇子として、中大兄皇子と聖徳太子をあげて、聖徳太子の「皇太子」は「中国的聖天子像」として作られた虚像とし、中大兄皇子の「皇太子」は実像と書く。「文章がよく似ている」記述を、同じ「皇太子」として活躍する二人の皇子に書いているのは、同じ意図による皇太子像を、『日本書紀』の最終編者は意図して書いているのであって、聖徳太子が「虚像」なら、皇太子中大兄はもっと「虚像」である。大山の記述そのものが、そのことを示しているのに、大山は気付いていない。

大山誠一の著書『古代国家と大化改新』批判

大山誠一は中大兄について、「六四五年に蘇我入鹿を滅ぼし、大化改新を遂行し、白村江の戦いで敗れた外交的失敗はあっても、その後六六八年に正式に即位したあとは、近江令を制定し、庚午年籍を作成して、律令国家の基礎を築いた」と書くが、大山は一九八八年刊行の『古代国家と大化改新』

で、大化改新や近江令はあったと書き、特に「天智朝の国制」と題する章では、

一　甲子の宣と天武四年詔
二　甲子の宣の歴史的意義
三　天智朝権力の構造

というタイトルで、天智称制三年の甲子の宣を中心に、七十二頁にわたって論じている。天智称制三年の甲子の宣の冒頭の「天皇命㆓大皇弟㆒」の「天皇命」のみを重視し、天武四年詔の「甲子年諸氏被㆑給部曲者」は、「天皇命」にしたがった「大皇弟」が、天武朝になって「ものまね」をしたに過ぎないとみている。したがって浄御原令は近江令によっているとし、「私は今日通説化しつつある近江令否定説よりも肯定説に説得力を感じている」と書き、近江令が存在したとする理由を、「さきにも述べたごとく天武朝以後の史局が天智朝の歴史過程のほとんどを抹殺しているため」と書く[3]。「さきにも述べた」という記事では、次のように書いている。

　さて、天智朝における諸施策であるが、前述の通り『書紀』の伝えるところはきわめて少なく、人民支配と密接に関係すると思われるものとしては、わずかに天智三年（六六四）の甲子の宣と庚午年籍の作成の二つに限られるといってよい。両者がなぜ天武朝史局の手で残されたかは、庚午年籍が氏姓の台帳として大宝・養老両令に永久保存が定められたごとく、律令国家にとって長く人民支配の原点としての意味を有していたからであり、甲子の宣の場合も、古代貴族たちの政治的母体である氏および氏上に関する最初の法令であると同時に、その修正法たる天武四年詔の存在との関係で無視し難かったためであろう。おそらくこの二つ以外の天智朝の諸施策は、近江

朝廷の敗北とともに灰燼に帰したというよりも、壬申の乱に勝利した天武朝の史局によって、後代の歴史に影響ない限り意図的に消去されたのではなかろうか。[4]

このように大山誠一は書くから、大山の説明を知ろうとして、前述の記事に続く文章を読むと、二十二頁にわたって書いているのは民部・家部の部曲の説明で、「意図的に消去」の説明はない。

なぜ天武朝の史局は「天智朝の歴史のほとんどを抹殺した」か、唯一理由と見られるのは次の記事である。

近江令の施行を直接示す証拠がないという青木氏の指摘であるが、それは一に「天智紀」の特殊性と考えねばならないことである。従来、壬申の乱により官書の多くが零落欠少したのを藤原武智麻呂が民間に尋訪して写取したとする『武智麻呂伝』の記載により、ともすれば壬申の乱の混乱によってよるべき史料が失われたと考えるのであるが、確かに武智麻呂の段階ではそのように考えられていたかもしれないが、私はむしろ天智朝の記事の乏しさは天武朝史局の天智朝に対する否定的態度という人為的なものが大きかったと考える。すでに述べたごとく、「天智紀」のなかで政治的意味を有する法令は甲子の宣ただ一つであるが、それとて天武四年詔の直接の先行法令であったため遺ったに過ぎず、これを除けば天武朝史局は天智朝における、近江令とは直ちに断言しないまでも井上氏が様々に指摘された法制上の改革を完全に抹消しているのであり、私はその原因を壬申の乱による史料散逸に求めるのは不可能と考える。

なぜなら、ほかならぬ天武自身が皇太弟として長く天智朝権力の中枢にあったばかりでなく、壬申の乱で天武方についた官人たちも当然のことながら乱直前まで近江朝に属していたのであり、彼らが天智朝の政治過程をまったく忘失したとは考え難いからである。それよりも、一族相喰む骨肉の争いを余儀なくされた天武朝の貴族・官人たちが、敵対した近江朝廷側の事績を意図的に抹消したと考える方が自然なのではなかろうか。それゆえ私は、近江令が施行された形跡はないとする青木氏の説は、天武朝史局の作為として退け得ると考えるのである(6)。

この大山論文から見えてくるのは、主観的推論である。大山誠一は天武天皇を偉大な兄の政策を順守していた従順な弟であったと見ている。だから天武天皇自身でなく「敵対した近江朝廷側の事績を意図的に抹消した」のは「天武朝の貴族・官人たち」にしている。天武の能力を評価していないのは、天智の近江令の存在を認める立場からの主観的発想によっている。この主観で天智を高く評価するから、「近江令」にもとづいて「浄御原律令」が作られたとし、天武の「浄御原律令」を「近江令」の亜流とするのである。

その主観的発想が同じ「皇太子」とあっても、聖徳太子の「皇太子」と中大兄の「皇太子」は違うとしてしまうのである。理由は近江令を発布した天皇の皇太子像が、聖徳太子の皇太子像と同じ虚像だと、自説の根拠がなくなってしまうからである。そのため聖徳太子の皇太子像は虚像、中大兄の皇太子像は実像にしているが、私が本書で書いてきたように、中大兄の皇太子や皇太子以前の皇極紀の記事は、中臣鎌足と共に虚像である（「近江令」についての私見は二七四頁～二七五頁に書く）。

大山誠一は「大化三年と大化五年の冠位の改訂の特徴の第一」として、「より直接的には」、中大兄らによって「上宮王家と蘇我本宗家を滅亡」させたが、その「中大兄皇子を中心とする専制権力が確立していたという内的契機を重視すべきであろう」と書く(7)。ところが前述（二四二頁）したように、大山は「大王として在位したのは、わずか四年間であった」と書いている。「大化」年間に専制権力を確立させていた人物が、母の天皇の死後も皇位につかず、たった四年間しかの天皇在位なのはなぜか。納得のいく説明をしてほしい。孝徳天皇の亡くなった後、「皇太子」の中大兄が即位せず、六十歳を過ぎた高齢の母が、異例の二度目の皇位についたことについて、なぜ中大兄が即位しなかったのか、その理由についての諸見解は前述（一五五頁〜一五六頁）したが、中大兄の皇太子と聖徳太子の皇太子は違うと主張するなら、なぜたった四年の天皇なのか、その理由を示してほしい。

なお私は前章で述べたように、中大兄・中臣鎌子による「大化改新」はなかったと書いてきたが、「大化改新」を認める大山誠一のような論者は、中大兄を高く評価しなければ、その説は成り立たないから、十年後に聖徳太子論を書くことになった時も、同じ「皇太子」でも聖徳太子と中大兄の「皇太子」は違うと、書かざるを得なかったのである。しかし大山も認めているように、聖徳太子と中大兄を「皇太子」にしたのは、中大兄も聖徳太子と同じ発想で藤原不比等が巨像化したからである。不比等の父の藤原鎌足を巨像化するには中大兄（天智天皇）も、聖徳太子以上に巨像化する必要があったのであり、中大兄の称讃記事も聖徳太子の称讃記事と同じように疑わしいのである。

『紀』の編纂開始時期についての大山説と森説

大山誠一は『〈聖徳太子〉の誕生』の中で、「『古事記』と『日本書紀』」という見出しをつけて、二十五頁にわたって『記』『紀』について述べているが、その章の冒頭で次のように書く。

これまでの考察の結果では、法隆寺系史料は『日本書紀』を知識として利用しつつ、法隆寺が独自の立場で作ったものであった。したがって、『日本書紀』の方が古いわけであるが、その『日本書紀』における聖徳太子像は、憲法十七条の場合のように、編者自身の手になったようである。少なくとも、それ以前に、聖徳太子に関するなんらかの史料が存在したとする確たる根拠はないようである。とすれば、『日本書紀』は養老四年（七二〇）の成立だから、〈聖徳太子〉もそれと同時に誕生したとしてよいだろうか。私は、基本的には、そう考えてよいと思っている。おそらく、聖徳太子は、『日本書紀』とともに誕生したのだと思う。(8)

このように書いて大山は、『古事記』に「上宮之厩戸豊聡耳命」とあるのを取上げ、実名は「厩戸」で「それ以外の部分は後からの付加」とし、「上宮」は「なんらかの尊称」とみて、「豊聡耳」の「豊」は美称、「聡耳」は「あらゆることを聞き分ける天耳に等しい聡い耳」と書いて、「厩戸王に特別な能力および人格を付加した」美称と書く。また「命」も『古事記』は仁徳以降の下巻では「命」は天皇に即位する皇子のみにつけているから、厩戸王のみ「命」とある理由も同じと書いている。そしてこのように書かれている厩戸王の「聖人としての人物像が一切記されなかった」のに、『日本書紀』ではできたのは、粟田真人ら遣唐使一行が見てきた唐の実態を知ったことをあげる。

唐の実態を帰国した遣唐使一行から聞いた藤原不比等によって、「新たな歴史書の編纂が開始される。もちろん、それが『日本書紀』である。和銅七年（七一四）二月に、紀清人《きのきよひと》と三宅藤麻呂《みやけのふじまろ》に国史を撰する旨の詔が下ったが、これが『日本書紀』編纂の端緒である」と大山誠一は書く。しかし天武十年（六八一）に天皇が川嶋皇子らに命じて、「帝紀」と「上古諸事」を「記定」させたとあるから、この「記定」について大山は、「『帝紀』や上古の諸事を規定するというのは、単に歴史書の素材を確認する作業に過ぎないのであって、まともな国家なら、日常的になされていることである」と書き、「理念が明確になっていれば、歴史書の述作自体はさほど時間を必要とするものではない」と断言し、『日本書紀』は和銅七年から養老四年までの六年間で完成したと明言している。(8)

一般的解釈は岩波書店版『日本書紀・上』の解説で坂本太郎が書く見解である（この見解は二三頁〜二四頁で書いた）。坂本は「書紀の編修は、天武天皇十年に始まり、養老四年（七二〇）に及んだ三十九年もの長い事業である」と書いているが、大山は和銅七年（七一四）までは編纂はなかったと明記している。しかし和銅六年まで天武天皇が意図した国史編纂が、大宝律令を作っていながら実行されなかったであろうか（浄御原律令によって大宝律令は作られたという説もあるではないか）。

この大山誠一の著書は一九九九年二月の「あとがき」からみて、一九九八年までに書かれている。ところが森博達の『日本書紀の謎を解く——述作者は誰か——』が、一九九九年八月十一日の日付の「あとがき」がつけられて、同年十月に刊行された。(9) この著書を読んだ大山誠一は、二〇〇一年五月刊行の著書『聖徳太子と日本人』では、森見解を知って、次のように前著の記述を改めている。

『日本書紀』の編纂に関しては、一般には、天武十年（六八一）に、川嶋《かわしま》皇子らに命じて、『帝紀』と上古《じょうこ》の諸事を記定させたという記事が、その開始を示すと考えられており、その点は、近年の森博達氏の研究でも確認されている。(10)

このように書いて森説を紹介し、「私も、基本的には、その通りと思う」と書いて、(10) 和銅七年の紀清人らの国史編纂を『日本書紀』の編纂開始と書いたことを忘れたかのような書き方をしている。あまりにも変り身が早いではないか。

大山誠一説は「学界内外に定着した」か

二〇〇九年十一月に大山誠一は『天孫降臨の夢――藤原不比等のプロジェクト――』と題する著書を刊行している。この著書の「はじめに」で次のように書く。

聖徳太子は実在しなかった、架空の存在だった、という趣旨の論文を書いたのが一九九六年である。その論文は、その後まもなく、一般向けに書き直して出版したが、それが『〈聖徳太子〉の誕生』（大山誠一、一九九九年）である。あれから約一〇年が経った。今なお、日本全体としては千年を越えるマインドコントロールゆえの「聖徳太子はいたと思う」あるいは「いたと思いたい」といった心情的な拒否反応は強く残っているものの、学問的な根拠をあげた反論は皆無であり、すでに〈聖徳太子は実在しない〉という理解は学界内外に定着したと言ってよいと思う。(11)

大山は学界「内」だけでなく「外」でも、大山説への理解は「定着した」と自認しているが、私は二〇〇〇年一月三十日発行の「東アジアの古代文化」一〇二号で、前述したような特集を組むと、知人の朝日新聞学芸部の渡辺延志に連絡し、大山説は問題提起として重要だから取上げたらどうかと、提案した。朝日新聞の二〇〇〇年二月十四日の夕刊の文化欄（東京版）は、ほぼ半頁をとって「聖徳太子は実在しなかった――大胆な学説に賛否両論――」という見出しで取上げた。専門学者たちの賛否両論を載せた後に、この記事は次のように書いている。

「問題提起」として評価する声もある。大山氏の説をめぐり特集を組んだ古代史専門誌「東アジアの古代文化」の発行責任者・大和岩雄氏は「多くの研究者が漠然と考えていたことをはっきりと言い切った。大変勇気のいる問題提起だ」と語る。

「積極的に証明したり反証したりする材料を、大山氏も反対する側も欠いている。今後の発掘調査によって新たな史料でも出てこなければ水掛け論が続くだろう」と東野治之・奈良大学教授（文化財史料学）は指摘する。史実と伝説の境界があいまいなまま聖人として伝えられてきた聖徳太子。「何が実像か」をめぐる論争は当分続きそうだ。[12]

このように「渡辺延志」の署名入りで書いている。私が問題提起として大山説を取上げてから十年たつが、大山誠一はその間、「学問的な根拠をあげた反論は皆無」とし、大山説は「学界内外に定着した」と書く。「学界内」はいいとしても、「学界外」でも大山見解が「定着した」と他人が書くならいいが、自ら書くのは、大山説をまっさきに「問題提起」として「学界内外」に知らせようとして、朝日新聞の学芸部にまで働きかけた私にとっては、困惑するばかりである。

天武天皇を無能・凡庸の人物と書く大山見解

大山誠一が聖徳太子に関する自説は「学界内外に定着した」と書く著書（『天孫降臨の夢』）では、天武天皇は無能・凡庸の人物だと力説している。

大山はこの著書で「天武をどう評価するか」という見出しをつけ、壬申の乱と天武天皇の評価について、「研究者の中には、天武を、王権を簒奪した英雄あるいはカリスマとして讃美し、彼の強力なリーダーシップにより国家形成が飛躍的に前進したと考える人が少なくないからである。しかし、まったくの見当違いである」と書き、さらに、挙兵を覚悟した大海人に動員可能な兵はなく、ただ村国《むらくにの》男依《をより》ら三人を募兵のため美濃に派遣したただけであった[13]。

と書いている。しかし壬申紀は次のように述べている。

六月の辛酉《しんいう》の朔《つきたち》にして壬午《じんご》に、村国連男依・和珥《わに》部臣君手・身毛《むげ》君広に詔して曰はく、「今し聞かく、近江朝廷の臣等、朕が為に害《そこな》はむことを謀《はか》るときく。是を以ちて、汝等三人、急《すみやけ》く美濃国に往《まか》りて、安《あ》八磨《はちま》郡の湯沐令《ゆのうながし》多臣品治に告げて、機要《きよう》を宣《の》り示して、先づ当郡の兵を発《おこ》せ」。

「村国男依ら三人」は「安八磨郡の湯沐令多臣品治に告げる」ために派遣されたのであって、「募兵のため」ではない。多臣品治に「告げる」ことはまず第一に「機要」であった。「機要」は「重要な事」で、孔安国の著書『尚書』序に「其ノ宏綱ヲ挙ゲ、其ノ機要ヲ撮ル」とあり、『尚書正義』は「機要」は緊要なことと書く。古訓は「ハカリコトノヌミ」である。第二の「兵を発《おこ》せ」は「挙兵」であって「募兵」ではない。湯沐令の多臣品治によって安八磨郡では戦闘準備はできており、大海人皇子からの挙兵の命令をまっていたのであり、「大海人に動員可能な兵はなく」ではない。動員可能な兵を用意して大海人皇子の命令をまっていたのであり、三人はその挙兵命令を告げるために派遣されたのである。だから三人が多品治に告げたのは、挙兵してどのように戦うかの「機要」で、あわてて「募兵」したのではない。大山の見解はまったく間違っている。

そのことは三人が派遣された目的が、大海人皇子の命令を湯沐令である多品治に伝えていることが示している。湯沐令については養老律令に「中宮湯沐二千戸」とあり、東宮湯沐の規定はないが、『延喜式』春宮坊式に「東宮湯沐二千戸」とある。『令集解』所引の古記は湯沐について「可レ用二調度二耳」とあり、食封と同じとしている。大化以前に后妃や皇子に与えられていた私部・壬生部に代《かわ》って、皇后や皇太子の経済的基盤として湯沐の名で与えたのである。「令」は賦役を課し促す役職の名で、湯沐の置かれた地を管理する官人の長をいう。

直木孝次郎は湯沐令の多品治について、次のように書く。

湯沐令は湯沐の管理に任ずる役人であるが、湯沐邑の直領的性質からいって、一般の官吏とはややことなり、おそらく大海人皇子によって任命され、大海人と個人的な隷属関係をもっていたものであろう。

湯沐邑の性格をこのように見てくると、大海人がここを挙兵の基盤とした理由がよくのみこめる。兵士を徴発するのも、私領的関係がなければ容易なことではないし、湯沐令にしても、近江朝廷によって任命された官吏であるならば、挙兵の秘密計画を打ちあけ、万事を委託するようなことは、非常な危険が伴いやすい[14]（傍点引用者）。

このように書いて湯沐令の多品治は私領的湯沐の管理者とみているが、多品治は単なる管理者でなかったことは、数千の兵を率いて「将軍」として各地を転戦していることからもいえる。「湯沐令」は天武即位前紀（壬申紀）のみに記されているが、中国で「湯沐邑」を設定したのは漢の高祖だから、前川明久は自らを漢の高祖に擬した天武天皇が（天武が漢の高祖に擬していることは前川明久以外にも多くの論者が述べていることは二七七頁～二八〇頁で書く）、高祖にならって「旧壬生部に対する私的呼称」として、「湯沐」の呼称を用いたと書き、漢の高祖が沛の湯沐邑から挙兵した故事にならい、美濃の私領的湯沐邑を乱の拠点にして挙兵しようと、吉野入りの頃から計画していたと書く[15]。このような直木・前川の見解からみても、この湯沐令多品治の存在を無視している大山誠一は、壬申紀をよく読まず、理解せず、発言していることを明示している。

前川明久は沛の湯沐邑には「鉄官」「工官」が置かれ、製鉄・製銅がおこなわれ、武器を製造していたので（『漢書』巻二八・地理志）、『漢書』を読んでいた（『漢書』だけでなく『史記』にも書かれている）天武天皇は「自己の湯沐邑における鉄鍛冶の事実に着目したにちがいない」と書き、安八磨郡の伊福郷で武器を作らせたと書く。[15] 伊福郷は伊福部氏が居住していたからだが、伊福部氏は前述（六七頁）したように大海氏と共に尾張氏系であり、大海人皇子が養育された葛城の忍海の地には、大海氏・伊福部氏が居ることも前述（六八頁）した。大海人皇子が挙兵するように安八磨郡の湯沐令に命じるため、三人を派遣したのは、周到な準備を私領というべき美濃の湯沐邑でおこなっていたからである。大山誠一の読みは間違っている。

吉野から東国に向って出発する時、あわてて美濃の多品治に「募兵」するように使を出したと大山は書く。美濃に司令部を置いた大海人が、美濃へ出発する時に募兵するはずはない。もし大山見解が正しいとすれば、そのような準備不足で、どうして壬申の乱に勝利したかの、大山は詳細な説明をすべきだが、まったく説明をしていない。

そのことをさらに決定づけるのは、前述の文章に続く、大山誠一の次の記事である。

　その後、吉野を脱出するが、伊賀の山中を逃げまどうばかりであった。[16]

壬申紀は次のように書いている。

即ち急行《いそきすす》みて伊賀郡に到り、伊賀の駅家を焚《や》く。伊賀の中山に逮《いた》りて、当国の郡司等、数百の衆《いくさ》を率《ゐ》て帰《よ》りまつる。会明《あけぼの》に、莿萩野《たらの》に至りて、暫《しば》し駕《みゆき》を停《とど》めて進食《みをし》す。

大海人皇子は「伊賀の駅家を焚き」、伊賀の郡司等が数百人の軍衆を率いて大海人皇子に「帰《よ》りまつる（帰順した）」のが、大山によれば「伊賀の山中を逃げまどうばかりであった」というのである。

一般の日本古代史に関心のある人が書いているならば、その主観的主張も許されるが、日本古代史の専門学者である人が、このような理解・誤読を堂々と書いているのには当惑する。一体どういう読み方をしているのだろうか。このような読み方をし、「無能だった大海人皇子」「凡庸な政治家」天武天皇と、強調する見出しを示して、大海人皇子・天武天皇について書いているが、その記述の多くは、壬申紀・天武紀の、曲解・誤解によっているから、認められない。

大山誠一の長屋王『古事記』関与説批判

次にこの著書では『古事記』の成立について述べているが、その見解を示す。

（『古事記』は）強引にアマテラス系の神話を復活させている。しかも、不比等を意味するタカミムスヒの神名を奪い高木神とした。何もかも、不比等にとっては意に染まない仕打ちだったのではないか。ということは、この『古事記』の神話に最終的に関与したのは不比等ではなかったことになる。

では、誰が、何のために、ということになるが、元明朝の不比等の権勢は絶対的だったはずである。その不比等を快く思わず、また、その権勢に動ずることのなかった人物がいたとすれば、もちろん、一人しかいない。長屋王である。

（中略）

『古事記』の最終段階に、長屋王の意向が及び、そのために皇祖としての不比等の立場が無視されたことは事実であろう。考えてみると、史書としての『古事記』が近世まで不当に軽視されてきたことはよく知られているが、その原因の一つに、この天孫降臨神話の記述があったと言えないだろうか(17)。

大山誠一は長屋王の指示で太安万侶が天孫降臨神話を書き改めたと書くが、拙著『新版・古事記成立考』はこの大山の著書の半年前に刊行しているし、その元になった見解は「東アジアの古代文化」の二〇〇五年の春号（一二三号）から二〇〇八年の夏号（一三六号）まで連載している。私見は太安万侶の序文を認めていないが、このような見解を発表するなら、私見を徹底的に批判した上で書いてほしかった。長屋王の指示で太安万侶が天孫降臨神話を書き上げたと主張するなら、長屋王の意向が太安万侶に通じるほど、二人の関係が親密であったことを示す史料を明示してから、主張すべきである。また「『古事記』の最終段階に、長屋王の意向が及び」が、「事実であろう」と書くなら、その「事実」を歴史学者なら史料として示すべきである。

最後に問いたい。「無能だった大海人皇子(18)」「凡庸な政治家(19)」天武天皇と、普通の表記でなく、特に目立つゴシック表記の見出しをつけて書いている(18)。その「無能」「凡庸」とする記述も前述したように一方的・主観的・独断的記述だが、天武天皇即位前紀には次のような記述がある。

生れましより岐嶷《きぎよく》なる姿有り。壮《をとこざかり》に及《いた》りまして雄抜《ゆうばつ》にして神武《しんぶ》あり。

「岐嶷」は「幼くして人に抜きんでているさま」、「雄抜」は「群を抜いて雄々しいさま」をいう。ま

た天智天皇の宮廷を去って吉野宮へ入った時のことを、

或《あるひと》の曰《いは》く、「虎に翼を着けて放てり」

と書く。「無能」で「凡庸」な大海人皇子（天武天皇）が幼くして人に抜きんでた人物で、壮年になると、群を抜いて雄々しい男性とある。さらに初代天皇の漢風諡号の「神武」を天武に用いている。また大山の書く「無能」で「凡庸」の皇子が、天智朝の宮廷出仕をやめたのを、「虎」に「翼をつけた」といい、吉野宮へ入ったのを、翼をつけた虎を「放てり」と言ったと、『日本書紀』は書いている。「無能」で「凡庸」な人物が、なぜこのように書かれているのか、大山誠一の説明を聞きたい。

大山説によれば『日本書紀』は、中大兄（天智天皇）に信頼されていた重臣の藤原鎌足の子の藤原不比等の意向で編纂されたと書く。では問う。天智の下《もと》から吉野へ去っていく「無能」で「凡庸」の皇子（天皇）が、なぜ「虎」であり、吉野入りが虎に「翼をつけた」ことになるのか。さらに聞きたい。このような記事を不比等の孫の藤原仲麻呂が『藤氏家伝』に載る「鎌足伝」で書いていることである。いわゆる長槍騒動の記事である。この記事については第十六章でくわしく書くが、天智天皇の即位を祝う宴になぜ長槍を持って「大皇弟」は行ったのか。そのことも問題だが、さらに問題なのは、祝宴の席で長槍を床に突き刺し天皇を怒らせた「弟」の大海人でなく、怒らせられた天智天皇を、藤原鎌足がなぜいさめているかである。この騒動を事実と見る見解が多いが（私は作文とみていることは後述する）、事実であれ、作文であれ、このような記述を不比等の孫が「鎌足伝」に載せていることは、大山誠一の書く大海人皇子（天武天皇）「無能」「凡庸」説を否定し、「虎」説を肯定している。

大山誠一の『日本書紀』の聖徳太子関係記事に、僧道慈が関与しているという説と、『日本書紀』

への藤原不比等の関与は、私は認める。しかし第六章で書いた新羅使についての外交記事や、秦河勝と太子の関係まで、事実でないとはいえない。秦寺（広隆寺）に入った新羅仏は国宝第一号として現存している。聖徳太子伝説と厩戸皇子が事実おこなった行動、特に外交関係を一緒にして、すべてを作り話にしてしまう発想には、私はついていけない。また、最近の著書（『天孫降臨の夢』）の記述も納得できない。大山見解の決定的問題点は不比等の指示で道慈が最終編纂時に聖徳太子伝説を創作して書き入れたという主張である。とすれば不比等の父や、父を親任した天智天皇の虚像化も、聖徳太子虚像化と共におこなったと見るのは当然ではないか。ところが『日本書紀』の天武天皇像は虚像、天智天皇・藤原鎌足像は実像とし、大化改新・近江令についての『日本書紀』の記述をストレートに認めているのだから、その説明と、私の批判に対する反論をのぞむ。

［付記］「東アジアの古代文化」の最終刊の前号（一三六号）と、その前の一三四・一三五号に、三回にわたって田村圓澄が、「厩戸王（聖徳太子）の実像を追って」を連載している。[20] その論考で田村は私と同じに厩戸王の外交政策を論じ、なぜ親新羅政策をとったのか。仏教史の視点から詳細に論じて、厩戸王の外交政策も認めない大山説を、直接にはふれないが否定している。

〔注〕

(1)大山誠一『聖徳太子と日本人』二〇〇一年　風媒社

(2)大山誠一「聖徳太子信仰の成立」『〈聖徳太子〉の誕生』一三一頁〜一三四頁　所収　一九九九年　吉川弘文館

(3)大山誠一『古代国家と大化改新』四九頁　一九八八年　吉川弘文館

(4)大山誠一(注3)前掲書　二二頁

(5)大山誠一(注3)前掲書　四五頁

(6)大山誠一(注3)前掲書　五一頁〜五二頁

(7)大山誠一(注3)前掲書　一一五頁

(8)大山誠一「『古事記』と『日本書紀』」(注2)前掲書所収　八三頁

(9)森博達『日本書紀の謎を解く——述作者は誰か——』一九九九年　中央公論新社

(10)大山誠一(注1)前掲書　九〇頁〜九一頁

(11)大山誠一『天孫降臨の夢——藤原不比等のプロジェクト——』四頁　二〇〇九年　日本放送出版協会

(12)渡辺延志「聖徳太子は実在しなかった——大胆な学説に賛否両論——」二〇〇〇年二月十四日　朝日新聞夕刊(東京版)

(13)大山誠一「天武をどう評価するか」(注11)前掲書　二〇二頁

(14)直木孝次郎『壬申の乱(増補版)』九六頁〜九七頁　一九九二年　塙書房

(15)前川明久「壬申の乱と湯沐邑」「日本歴史」二三〇号

(16)大山誠一(注11)前掲書　二〇二頁

(17)大山誠一(注11)前掲書　二六四頁〜二六五頁

(18) 大山誠一（注11）前掲書　二〇四頁〜二〇六頁
(19) 大山誠一（注11）前掲書　二〇六頁〜二〇八頁
(20) 田村圓澄「厩戸王（聖徳太子）の実像を追って」「東アジアの古代文化」　一三四号　二〇〇七年、一三五号・一三六号　二〇〇八年　大和書房

第八章

たった四年間の天皇の天智の虚像

四年間を十年間の統治に仕立てた意図と虚像化の真相

天智紀の重出・疎漏記事の多さはなぜか

坂本太郎は「天智紀の史料批判」の冒頭で、「天智紀を一見して気づくことは、この巻に編修上の遺漏欠陥が多く、未定稿ともいいたいような杜撰の所の見えることである」と書き、三年二月条に「皇太子」と書くべき箇所を「天皇」と書いている事について、「編者にいちおうこの紀を通読し、文章に推敲を加える意図があったならば、けっして見遁さないはずのものでなければならぬ」と書き、「この一事で、記事の前後の統一を図り、史筆の整斉を示そうとする用意が編者になかったこと、或いは意志はあったかもしれないが、その実現のできなかったことを認めねばならぬ」と書き、さらに「この紀の史料や稿本にもずいぶん混乱があったようである。天皇即位の年の本文は七年正月とするが、そこに引かれた或本では六年三月とする。重要な天皇即位の年紀がこのように二つに分かれるのは、原史料に両説のあったためであろうが、この一事から原史料の内容の混乱が思いやられる。天皇の病気を本文では十年九月にかけているのに、或本では八月にかけているのも、同様に稿本のよった史料と本文の史料とに相違があったことを示すものであり、史料そのものに混雑があったのである」と書いている。

また重複記事が多いとし、四年二月是月の条に、「授㆓鬼室集斯小錦下㆒」とあるのに、十年正月是月の条に鬼室集斯が「小錦下」を授けられている記事をあげる。また四年八月条に長門国に城を築き、筑紫国にも二城を築いたとあるのに、九年二月条にも、「又築㆓長門城一、筑紫城二㆒」とあることをあげ、さらに七年七月条に「以㆓栗前王㆒、拝㆓筑紫率㆒」とあるのに、十年六月是月条に、「以㆓栗隈王一、為二筑紫帥一」とある記事、八年是歳に「又大唐遣二郭務悰等二千余人一」とあるが、十年十一月条にも、「唐国使人郭務悰等六百人、送使沙宅孫登等一千四百人、総合二千人」と、「八年是歳」条より詳細に書いているが、「八年」が「十年」になっている。このように重複記事の多い事を指摘している。[1]また、三年二月と十年正月の冠位の記事も重出とみるが、この記事については「疑いであって、わたくしは、これを断定しようというのではない」と書いている。[1]しかしその後の研究者の見解では重出で一致している。また八年の「是の冬に高安城を修《つく》りて、畿内の田税を収む。時に斑鳩寺に災《ひつ》けり」とある記事は、九年二月にも「高安城を修り」と載る。また同年四月に「法隆寺に災けり」とあるが、斑鳩寺は法隆寺のことだから、高安城と法隆寺のことが、八年と九年に重複して載っている。伊勢王・鬼室集斯・栗隈王の記事などは、読み返してみれば誰でもわかる誤りである。このような記事が訂正もされず正史に載るのは、詳細は第九章以降で詳述するが、藤原不比等の生存中になんとしても正史を完成したかったため、充分推敲しなかったからである。

坂本太郎はこのような重出記事だけでなく、矛盾した記事、編集の疎漏記事もめだつと書いている。そして代表例として、天智称制八年十月十五日から鎌足は「藤原内大臣」の称を用いるようになったと記しているが、それ以前の八年五月・同年是秋・十月十日条に、「藤原内大臣」と「堂々」と書いている矛盾を指摘している。また本文に入れるべき記事を分注にしている例や、「狭井連檳榔《あぢまさ》」は二カ所で記していながら、同じ天智紀で「狭井連檳榔」を「狭井連名を闕く」と書いている例などをあげ、このような書き方は、「壬申の乱による近江朝の文籍の滅亡」によると書く。[1]しかし「文籍の滅亡」によるものではないだろう。なぜなら序章でも書いたように、天智紀ほど「或本に云はく」として、「或本」つまり文籍を引用して注記している例が多いからである（このことは二六九頁にくわしく書く）。

また坂本太郎は天智紀の重出・矛盾・疎漏記事の多さが示す、ずさんで怠慢な編集態度について、「怠慢を責めるべきものではなく、先人の業績を尊重し、疑わしいものには敢て手をつけないという、後学のゆかしい態度として受取るべきものであろう」と書いている。(1) 正史の『日本書紀』に対しては、東京大学教授という官学の学者で、戦前の教育を受けた碩学としては、このようにしか書けなかったのだろうが、天智紀の混乱記事は、序章でも書いたように、『日本書紀』編纂の最終編纂時（私は第二段階とみる）に、天智天皇の異父兄の天武天皇を、実弟に書き変えるなど、強引な改訂作業を急いでおこなった結果と考えられる（天武を天智の実弟にしたため、序章で書いたが、そのことを裏付けるため、持統天皇の姉弟関係も、兄妹という異伝があり、持統天皇の鸕野沙羅々（讃良）皇女も、母の違う鸕野皇女と沙羅々皇女の姉妹がいると書き、天武天皇の大海人漢皇子を大海人皇子と漢皇子に分けた工作を信用させようとしている）。

坂本太郎が指摘する天智紀の重出記事

坂本太郎が「皇太子」なのに「天皇」とある記事は、天智称制三年二月九日条の次の記事をいう。

天皇、大皇弟に命して、冠位の階名を増し換ふること、又氏上・民部・家部等の事を宣ふ。

ところが十年正月六日条には、次の記事が載る。

東宮太皇弟、奉宣《みことのり》して、或本に云はく、大友皇子宣命すといふ。冠位・法度の事を施行《のりおこな》ひたまふ。

この二つの記事を坂本太郎は「同時重出」の記事とみる。「ただこの場合は多少複雑である」と書いて、次のように書く。長文だから一部を省略して示す。

三年の記事は冠位の改定、氏上への賜物、民部家部の復活の三項を内容とする。そして十年の記事はそのうちの冠位のみにかかるものであるから、重出は氏上の改定や民部家部の復活には関しない。事実氏上の事は続紀大宝二年九月己丑条に、「甲子年定㆓氏上㆒時」とこの年が回顧せられ、民部家部の事は天武紀四年二月己丑の詔に、「甲子年諸氏被㆑給部曲者」と見えているので、この両事に関する天智三年甲子の年はまず動かない。しかしわたくしは冠位のことはそれとは切離して考え得ると思うのである。

冠位の改定が重出と疑われる根拠の第一は、この記事の書出しに「天皇命㆓大皇弟㆒」とあることである。この文が三年にあるべきものでないことは先に述べた通りであるが、これは原史料の文を不用意に移したにすぎず、原史料はそれで不合理のない年紀にこれをおいていたのではないかという疑いがかけられる。具体的には十年であったとすれば、これは何の差支えもないのである。

次に天智三年は白村江の敗戦の直後であり、冠位の改定というような内政に力をつくしたであろう。（中略）冠位の改定は三年よりも少し遅れたと見る方が史実として自然ではあるまいか。

第三に、十年の記「東宮大皇弟奉宣」と書出してあって、発布の形式としては三年紀と全く同じである。（中略）冠位法度と明記しているからには、その冠位を無視することは穏当ではあるまい。とすれば、三年の記事と十年の記事とは重出とし、これを十年にかけるのが合理的になるのではなかろうか[1]。

このように「氏上」は三年、「冠位」は十年とみるが、直木孝次郎は小学館版『日本書紀・3』の頭注で「氏上」は坂本太郎と同じ見解を採るが、「冠位」については大化五年の十九階制から、天智称制三年に二十六階制に改めたのだが、天智紀の「三年二月から十年正月までの間、書紀にみえる冠位の記載には全十八例のうち二十六階制と矛盾するものは一例もなく、十九階制と矛盾するものは四年二条の「小錦下」など九例ある。二十六階制の制定を天智三年とみて誤りあるまい」と書く。

私は直木見解を採るが、問題はなぜ天智称制三年と天智称制十年に重出記事が載るかである。坂本太郎は重出記事として前述の記事以外に四例をあげる。

一は鬼室集斯の叙位の重出である。四年二月是月の条に、次の記事が載る。

　佐平福信の功を以ちて、鬼室集斯に小錦下を授く。其の本の位は達率なり。

ところが十年正月条に、次の記事が載る。

　是の月に、大錦下を以ちて佐平余自信・沙宅紹明法官大輔に授く。小錦下を以ちて鬼室集斯に授く。学職頭。

二は長門・筑紫の築城の記事である。四年八月条に、次の記事が載る。

　達率答体春初を遣して、城を長門国に築《つ》かしむ。達率憶礼福留・達率四比福夫を筑紫国に遣して、大野と椽の二城を築かしむ。

ところが九年二月条には、次の記事が載る。

　長門城一・筑紫城二を築く。

三は栗前王の筑紫帥の任命記事である。七年七月条に、次の記事が載る。

　栗前《くりくま》王を以ちて筑紫率《つくしのかみ》に拝《め》す。

ところが十年六月条には、次の記事が載る。

　是の月、栗隈王を以ちて筑紫帥とす。

四は唐の郭務悰の来朝である。八年是歳条に次の記事が載る。

　大唐、郭務悰等二千余人を遣せり。

この簡略な記事に対して十年十一月十日条には、郭務悰についての詳細な記事が載る（郭務悰については第九章で詳述する）。

以上のほかに前述した三年二月と十年正月の「氏上」と「冠位」についての重出記事がある。このような重出記事が五例も一つの天皇紀の中にあるのは、天智紀だけである。なぜ天智紀にのみ、このように重出記事が多いのか（他にも坂本太郎が指摘するような「記事の矛盾・編集の疎漏」記事が多い）。重出記事の多いことについて坂本太郎も指摘はするが、明解な説明はしていない。

序章で述べたが、天智紀の「或る本に云はく」として載る、天智天皇の二皇女・一皇子についての姉弟関係、生母関係などの異伝記事からみても、以上述べた重出記事も、単なる重出でなく、天智紀は特に最終編纂時に急いで工作した結果が、このような混乱した重出記事になったと考えられる。

天智紀のみに載る「或本に云はく」について

序章で書いたが、異父兄の天武天皇を、弟の天智天皇の「実弟」にした『日本書紀』は、その工作を信用させるため、天智紀に「或本に云はく」という異伝を二例も載せている。この「或本に云はく」と書いて、本文の記事と違う異伝を乗せる記事は天智紀のみに集中している。序章で示した持統天皇の姉妹関係と、持統天皇の「ウノサララ」という皇女名を、母の違う二人の皇女名に分けた二例を含め七例が載る。

1　（七年正月三日）　或本に云はく。六年の歳次丁卯三月に、位《みくらゐ》に即《つ》きたまふ。

2　（七年二月二十三日）　或本に云はく。美濃津子娘といふ。

3　（七年二月二十三日）　或本に云はく。遠智娘、一男二女を生む。其の一を建皇子と曰《もう》し、其の二を大田皇女と曰し、其の三を鸕野皇女と曰すといふ。

4　（七年二月二十三日）　或本に云はく。蘇我山田麻呂大臣が女を茅渟娘と曰《い》ふ。大田皇女と沙羅々皇女を生む。

5　（七年二月二十三日）　或本に云はく。姪娘を名づけて桜井娘と曰ふといふ。

6　（十年正月六日）　或本に云はく。大友皇子宣命す。

7　（十年九月）　或本に云はく。八月に、天皇疾病《みやまひ》したまふといふ。

（他に天智即位前紀に「或本に、此の末に継ぎて云はく」とあり、天智七年十月条に「或本に、得べからじと有り」が載るが、「或本に云はく」とは違う用例だから除外した）。

「或本に云はく」で特に問題になるのは、序章で述べた3と4だが、次に問題になるのは6である。6の「或本に云はく」は「東宮大皇弟　奉宣《みことのり》して」という本文に対する注記である。つまり「或本」によれば「東宮太皇弟」でなく「大友皇子」が「奉宣」したというのである。その「奉宣」について本文は「冠位・法度の事を施行《のりおこな》ひたまふ」とあるが、この称制十年の記事は、前述した称制三年の記事の重複である。

重複記事については前述したが、三年と十年の記事で問題なのは、三年にはまだ「皇太子」なのに「天皇」とある事である。この重複記事は三年のことが十年に重複して載ったのだから、元は三年の記事だから当然「皇太子」であるべきである。それが「天皇」になっているのは、四年間の天皇を十年間の天皇にしたかった最終編者の先走り意識によると考えられる。

「或本に云はく」という注記を入れた最終編纂時に、「大皇弟」という表記も入れたのだが、この大海人皇子の「弟」化が、6の本文は大海人皇子が「冠位・法度の事を施行した」と書く本文に、「大友皇子宣命す」という「或本に云はく」を入れている。「弟」化の発想が「冠位・法度の事」も大海人皇子でなく大友皇子がおこなったとしたのである。つまり大海人漢皇子を、大海人皇子と漢皇子に分解し、天武天皇を「兄」から「弟」に変えたから、「或本」を示して持統天皇の姉弟関係も逆転させ(3)、さらに持統天皇の名を分解して母の違う二人の皇女名にした(4)と、「或本」の(6)は、共通の意図で最終編纂時期に書き加えられた事を示している。

天智天皇の即位を祝う作文記事について

中大兄が即位した翌年の称制八年八月三日条に、次の記事が載る。

天皇、高安嶺に登りまし、議《はか》りて城《き》を修めむと欲《おもほ》すも、仍《なほ》し民の疲れむことを恤《めぐ》みたまひ、止めて作りたまはず。時人、感《かま》けてほめて曰く。「寔《まこと》に乃《すなは》ち仁愛の徳、亦寛《ゆた》かならざむや」と、云々《しかしか》いふ。

この高安城の築城をやめた記事について、坂本太郎は「天皇の仁徳を讃嘆する意味をもったわざとらしい筆致であり、無理にここに挿入したような嫌いがある」と書いて、天皇讃美の創作記事と書く(1)。

即位した称制七年七月条には、日付はないが、次の記事が載る。

浜台《はまのうてな》の下《もと》に、諸魚《もろもろのうを》、水を覆《おほ》ひて至る。又、蝦夷《えみし》に饗《あ》へたまふ。又、舎人等に命《みことのり》して、宴《うたげ》を所々にせしむ。時人の曰はく。「天皇、天命将及るか」といふ。

とある。「天皇将及」について岩波書店版『日本書紀・下』は、「『天命将及』は中国で王朝交代の意」と書く。小学館版『日本書紀・3』も岩波書店版をとって「中国思想で、王朝交代の意。天智朝が終りになること」と書いて、「みいのちをはりなむとするか」と読んでいる。岩波書店版は青木和夫が執筆し井上光貞が監修している。小学館版は直木孝次郎が書いており、この頭注の訓みと解釈には、井上・直木以外に大野晋・西宮一民も関与しているが、これらの学者は天智朝について発表した論考を、全面的に改める必要がある。なぜなら即位の年に人々は、この王朝は終ると言っていたという記事を、天智紀は載せていた事になり、天智の治政四年を十年のごとくにして、天智を讃美する他の天智紀の記事と、決定的に違うからである。

しかしこの解釈は間違いである。第一に、「及」は「をはり」ではない。諸橋轍次の『大漢和辞典』は、「およぶ」「およぼす」「ともに」「ともにする」「弟が兄のあとをつぐ」とはあるが、「をはり」という用例はない。第二に、「天命」を「開別」と書く諡号をもつ天皇の即位年に、「天命」が終ったという記事を載せるはずはないからである。浜台（琵琶湖畔に建てた高殿）に死んだ魚、または魚が集まって来て死んだ、というのなら、「天命の終り」を示すが、この記事は魚までも集まってきたのだから、「天命将及《みいのちまさにおよばん》とす」と読むべきで、祝福記事である。

「蝦夷に饗へたまふ」と書かれているが、蝦夷は捕えられ、生まれ故郷から近江まで連れて来られた捕虜である。「天智朝の終り」を示す凶兆を見て、天皇が捕虜にして連れて来た蝦夷を呼んで饗宴するはずはない。逆である。即位を祝って「蝦夷に饗へたまふ」である。また舎人たちに開かせた宴会も、凶兆を見て天皇が宴会を開くよう命令するはずはない。「宴《うたげ》を所々にせしむ」とあり、一カ所でなく各地でおこなっているのも、即位を祝う宴であることを証している。

岩波書店版・小学館版の訓みと注をした関係者（大野晋・井上光貞・西宮一民・直木孝次郎）のように訓み、解釈したとすると、六年間も即位せず「皇太子」でいた中大兄は、ようやく即位の年に、天智朝は滅びるという凶兆を見ていたことになる。このような記事を「天命開別天皇」という諡号をもつ天皇紀に、正史の編者が載せるはずはない。そのことは、前述した翌年の八年八月三日の天智天皇讃美記事からもいえる。この記事は七年七月とあるが、八年八月と同じに七年七月と数字を重ね、慶事を書いているのであり、『日本書紀』の頭注者たちが書くような凶事の意でなく、慶祝の作文記事である。

たった四年間の在位の天智天皇の業績

天智天皇は四年間の短かい天皇在位で、どのような政策をとったのだろうか。即位年の七年の内政記事はない。八年は「高安城を修《つく》りて、畿内の田税を収む」だけである。九年は正月に誣告《ぶこく》・妖言《ようげん》を禁じており、二月に戸籍を作り、盗賊と浮浪者を取締っている。この年に城を長門に一つ、筑紫に二つ作ったとあるが、後述するが九年の築城記事は四年の築城の重複記事であって、築城はしていない。亡くなった年には、正月に「冠位・法度の事を施行したまふ」とあるが、この記事は三年二月に大海人皇子がおこなった政策の重出記事で、十年正月にはおこなわれていない。十年正月条にも「東宮大皇弟」が「施行」したとある。

問題は九年二月の「戸籍を造り、盗賊と浮浪とを断む」の「戸籍を造り」である。この戸籍は日本最初の全国的な戸籍で「庚午年籍《こうごねんじゃく》」という。「庚午年籍」は永久保存が大宝令で義務づけられているほど重要な氏姓の根本台帳である。この庚午年籍も大海人皇子が主導権を握って作成したのだろう。熊谷公男は「庚午年籍」について、「この画期的な造籍も、公民制の観点からみると、その成立の一歩手前というところであった。それは、この時点では、甲子の宣で定められた民部《かきべ》・家部が存在していて、民部＝部曲《かきべ》が廃止されて公民に編入されるのは天武朝に入ってからであるし、家部の再編と律令的な良賤制の成立は六九〇年（持統四）の庚寅年籍《こういんねんじゃく》をまたなければならなかった。また五十戸制は、『白髪部五十戸』や『山部五十戸』などの名称から考えて、従来の部民制的関係にもとづく編戸である可能性がつよいが、それが地域を基準とした律令的編戸に切り換えられるのは、六八一年（天武十）以降の里制の実施に際してとみられる」と書いているからである。[2] このような熊谷公男の見解からみても、庚午年籍も大海人皇子によるから、天武朝に入って本格的完成がなされ、その結果が「庚寅年籍」となったのである。

天智天皇が亡くなる年の十年正月六日条の「東宮大皇弟」が「冠位・法度の事を施行」とある記事

に、「或本に云はく」と注し、大海人皇子（東宮大皇弟）でなく大友皇子が施行したとある記事については前述したが、この記事については、「法度・冠位の名は、具《つぶさ》に新律令に載せたり」という注記が載る。この「新律令」を近江令とみる論者もいる。その代表者は井上光貞である。井上は『日本の歴史（飛鳥の朝廷）』で九頁にわたって詳論し、(3)「太政官成立過程における唐制と固有法との交渉」でも近江令はあった述べている。(4)しかしこの主張について青木和夫は『国史大辞典・2』の「近江令」の項で、「戦後筆者は律令制形成過程における天武持統朝の意義を重視して、いわゆる『近江令』の完成や施行を『浄御原律』のそれとともに否定し、『浄御原令』を最初の体系的法典と主張した」と書いている。(5)

熊谷公男は「いわゆる『近江令』をめぐっては長い研究史があるが、筆者は、天智朝における何らかの法令の編集事業とその一部の施行はあったが、体系的な法典としての『近江令』の完成、施行はなかったとする、青木和夫氏の『近江令』否定説に賛同する。『近江令』の存在を主張する説にとって、最大の弱点は『書紀』に明確な記述がないということである。国家が編纂した根本法典を、これまた国家が編纂した歴史書が、その完成、施行を明記しないということがありえようか。まして、記念すべきわが国初の令《りよう》であればなおさらである。わが国初の令は、やはり六八一年（天武十）に編纂に着手し、六八九年（持統三）に施行された飛鳥浄御原令であろう」と書いているが、(6)私は熊谷見解に賛成する。理由は本文でなく注記に、「載二於新律令一」とだけ記されているからである。「新律令」について、小学館版『日本書紀・3』の頭注は、「天智朝に制定とされる近江令とする説があるが、近江令は律が伴っていないので疑問。近江令は八世紀に成った書紀や『続紀』などに見えず、九世紀初期に成った『弘仁格式』序に初めてみえるので、近江令の存在自体を疑い、この注は後人が加えたとする説が有力」と書いている。この頭注の執筆は直木孝次郎だが、直木孝次郎は「後人」を『日本書紀』成立以降の人とみている。しかしこの注記は「或本に云はく」と書いて注記した人物によるから、『日本書紀』の最終編纂期の第二期に、天武天皇の「飛鳥浄御原令」に対抗して、たった四年間だけの在位の天智天皇の目ぼしい業績として新しく加えたのであろう。その事は序章で書いた同じ天智紀に載る持統天皇（鸕野沙羅々皇女）の二つの異伝と同じに、「或本に云はく」として載っている事からも云える。

天智の和風諡号「天命開別天皇」は天武の革命思想

天智天皇の在位四年間に天皇自身がおこなった業績はない。称制三年の冠位・法度も、太皇弟に「命じて」とあるが、事実は大海人皇子が自発的にやった事は、天武期の天皇の行政から明らかである。業績がないから単に天智天皇については讃美するだけの記事が載る。その代表が天智称制七年七月条の「天命将及とす」とある記事だが、この記事の「天命」は天智天皇の和風諡号の「天命開別天皇」に拠っているが、この諡号は『日本書紀』の最終編纂期につけられているから、七年七月の天智天皇賞讃記事は正史成立の直前に加えられた事を証している。本位田菊士は「天命開別」という和風諡号が天智天皇につけられた理由として、中大兄が乙巳の変で活躍したからつけられたと書く[7]。西條勉も本位田説を採って、「改新の推進者として中国的な律令体制の土台を築いた中大兄（天智）が、自ら天命思想を奉じてこれを日本の政治的土壌に導入したことは大いに考えられることであり、和風

諡号はそうした事蹟を集約したものと思われるのである」と述べている。(8)

これらの説は孝徳紀に天命思想が最も強く表面化されていることと、天智天皇の和風諡号から、中大兄は天命思想にもとづいて乙巳の変の主役になったとみているが、前述(一三八頁〜一四八頁)したように中大兄は主役ではない。天命思想によって乙巳の変をおこしていたなら、乙巳の変後即位すべきではないか。しかし即位せず叔父の軽皇子が即位し、孝徳天皇となり、孝徳天皇が亡くなった後も、母の宝皇女が六十歳を過ぎて異例の再登場をして皇位につき、中大兄は即位していない。さらに斉明天皇が崩御した後も、六年間即位せず、七年目にようやく即位しているが、たった四年間の天皇で、「天命開別」の諡号にふさわしい天皇とはいえない。そのことについては、本位田菊士・西條勉の両氏の説明はない。たった四年間の天智治政と、それ以前の「皇太子」時代の記事には、重出・矛盾・作文記事が多い。本位田・西條の両氏が力説する中大兄の乙巳の変の活躍も、第七章で書いたように創作記事で、「天命開別天皇」にふさわしい活躍はない。

関晃は天智天皇の和風諡号の「天命開別」は、天命思想の意味を帯びて決められたと書くが、(9)中国の天命思想は、皇帝が天意にかなった政治をするときには、天によって裁可されるが、そうでないときは、王朝の転覆を是認する。早川庄八は「日本における天命思想は、律令国家の思想的支柱としてその内部に体制化されはするが、歴史的には、きわめて特異な時代にのみ顕在化するにすぎない」と書き、その「特異な時代」として天智朝でなく天武朝をあげ、「天武天皇は、壬申の乱において、みずからを漢の高祖に見立てたことから知られるように、大友皇子からの政権簒奪を、易姓革命になぞらえて観念していたらしい。そしてこの天皇が、天命思想をもってみずからの権威・権力を強化するための思想的一支柱としたことは、いくつかの事例によって推測できる」と書いて、「天命開別天皇」の天智天皇より、天武天皇が「天命開別天皇」にふさわしいと書いている。[10]

天武天皇が自らを天命思想にもとづいて新政権を樹立した漢の高祖に擬していることについては、井上通泰[11]・坂本太郎[12]・直木孝次郎[13]・前川明久[14]・西嶋定生[15]らが述べている。石母田正は、天武天皇が自分を漢の高祖に擬しているのは、「天武が自己の個人的経験を、中国古代の易姓革命を媒介として解釈していること、漢書という史書を通して、かれの特殊的一回的経験は、中国の王朝交替の歴史と観念的に結合されていることを示すものである」と書く。[16]石母田正の書く『漢書』では、孔子の天の観念は政治的色彩を持っている。漢帝国の成立は天の命であるとし、『漢書』本伝第三冊は、「天の令、これを命という。命は聖人に非ざれば行わず」と書く。そして聖人つまり天命の遂行者を、現実の王者である漢帝国の建国者の高祖にしている。この天命思想は、皇帝が天意にかなう政治をするときには、天によって裁可されるが、そうでないときは王朝の転覆を是認する。大海人皇子が自らを漢の高祖に擬したのは、天智やその子の大友皇子の政権が、天命思想に依っていないから、天命によってその政権を倒したという認識に立っている。後代、その天命思想によって倒された政権の天皇に、「天命開別天皇」という諡号を贈ったのには、それなりの意図があった。その事は第九章以降で述べるが、「天命開別」の思想は、天智天皇でなく天武天皇がもっていたことを確認しておく必要がある（天武天皇にふさわしい諡号が天智天皇につけられている理由については後述する）。

『日本書紀』の壬申紀には、大友皇子の近江軍と識別するため、大海人皇子の軍は「赤色を以《もっ》て衣の上に着く」とあり、『古事記』序は、天武天皇の功業を述べて、「絳旗《あけはた》（赤旗）兵《つはもの》を輝《かがやか》して、凶徒瓦のごと解《と》けつ」と書く。柿本人麻呂は壬申の乱における高市皇子の戦功を讃《たたえ》て、高市皇子の挽歌（『万葉集』巻二・一九九）で、旗は野火のように風になびいたと詠んでいるから、赤色の軍衣・赤旗が大海人皇子の軍を示している。なぜ赤色をもちいたか。

「赤」は漢の高祖の軍の旗印で、陰陽五行思想の火をあらわしている。天武天皇は天武十五年（六八六）九月九日に崩じている。干支にすると丙戌年戊月丙午《ひのえうま》である。「丙《ひのえ》」は十干で「火の兄《ひのえ》」で火気をいい、十二支で「午」、五行で「火」に配される。方位では「南」だが、南も火である。このように天武天皇の崩御日は丙午だが、九月九日は重陽の節句である。吉野裕子はこの崩御日は天武天皇の「火徳」に合わせて呪術的に決められたと書いている。[17]私も吉野説を採る。

火徳は陰陽五行思想の五徳の一つである。火徳は五行では火、五方では南、五時では夏、五色では赤である。天武・持統の合葬陵は藤原宮の太極（太一）殿の南（火）にあり、天武天皇の縁者の陵（例えば文武天皇陵）も藤原宮の南に位置している。火・南は五色で赤（朱）だが、天武天皇の崩御年を改元し「朱鳥元年」に改元している。「朱」は赤で火である。五神では朱雀が火にあたるから、朱雀の意味で朱鳥という元号をつけたのである。このような「火」の重視は持統天皇がおこなっているが、壬申の乱で赤色を使用しているように、天武天皇自身が自分の王朝を火徳とみていたのを、持統天皇が継承したのである。五行の火徳は十二支の「午」だから、朱鳥元年の改元は七月二十日におこなっているが、この日は「戊午《つちのえうま》」であり、大海人皇子が吉野へ入った日は「壬午《みずのえうま》」、壬申の乱の挙兵の日も「壬午」である。

このような天武・持統の火徳へのこだわりは、火徳王の漢の高祖に大海人皇子を重ねているからである。『漢書』高帝紀に高帝（高祖）が旗幟にみな赤を用いたとあるので、井上通泰は大海人皇子を漢の高祖、大友皇子を項羽に擬している。[11] 坂本太郎は大海人皇子が赤旗を使用したのは、天智天皇が法治主義であったので、秦の始皇帝に擬し、その子の大友皇子を二世皇帝に比し、自らを漢の高祖になぞらえて、乱に処する決意と将来の抱負を示したものとみる。[12] 直木孝次郎も井上通泰の天武＝高祖説を承認し、「朱鳥」の年号などもその例にあげ、天武天皇の死後に臨朝称制し、その後皇位についた持統天皇を、高祖の死後臨朝称制した呂太后に擬し、持統天皇自らがそれを意識して、天武朝末からその後の政局を処理したと推論している。[13] 前川明久は、漢の高祖が出身地沛を湯沐邑としたのと、天武天皇が美濃に湯沐邑をつくった類似性を指摘している。[14]

西嶋定生は天武朝になってあらわれる「賜爵」の表現は、『漢書』に頻出することから、天武朝を漢王朝に擬した裏付けになるとみる。また『日本書紀』の天武四年正月条に載る「大学寮」も、漢代の「太学」を意識したものとみる。さらに「漢王朝において高祖が白蛇を斬ったという斬蛇剣が即位儀礼において伝授される宝器のひとつであったこと」と、わが国の皇位継承のしるしとして、鏡・剣・玉のうち、剣が「草薙剣」といわれていることに注目して、この「草薙剣」は「漢王朝の斬蛇剣に擬した」と書いている。[15]

西嶋定生の書く「白蛇」は蛇に化した白帝子である。白帝子を赤帝子が斬ったと『史記』高祖本紀や封禅書、『漢書』高帝記に記されているが、漢の高祖を「赤帝子」という。藤原京の太極殿の真南に天武陵がつくられたのは、天武天皇を「南方赤帝」の子とみて、「赤帝子」に火徳の王朝の王都を守ってもらうためであった。このような考え方に立っていたから、火徳の赤帝子と戦った大友皇子は、金徳の白帝子に見立てられていたのである。壬申紀は大友皇子の近江軍の相言葉は「金」であったと書くが、「五行相剋」では「火剋金」で「火は金に剋《か》つ」からである。

石母田正は、天武天皇が漢の高祖に自らを擬したことについて前述したが、「天武が自己の個人的経験を、中国古代の易姓革命を媒介として解釈していること、漢書という史書を通して、かれの特殊的一回的経験は、中国の王朝交替の歴史と観念的に結合されていることを示すものである」と述べている。[16] 天武天皇十年の修史事業の詔も、『漢書』を意識してのものだろうが、「易姓革命」という認識をもっていた天武天皇こそ、「天命開別天皇」にふさわしいのに、僅か四年の在位で「天命開別」らしき事業をしていない天皇（「近江令」があった如く書くのも、「天命開別天皇」にふさわしい天皇にするための工作である）に、この諡号をつけた理由は後述するが、天武天皇を天智天皇の「弟」にしたのと同じ意図の工作である。

天智天皇の「天命開別天皇」の和風諡号は、「紀編纂時の最終編纂時期につくられた諡号」と、山田英雄は「古代天皇の諡について」で詳論している。[18] 黛弘道も「慶雲四年（七〇七）十一月十二日以後から、『日本書紀』奏上の養老四年（七二〇）五月二十一日以前の十二年半ばかりの期間に、従来の諡号を改めた」と述べている。[19] 関晃も山田説を採って天智の諡号は『日本書紀』の最終編纂期に贈られたとみて、天智天皇の政権を天命によって樹立されたと規定して、この諡号をつけたと書いている。[20]

このように『日本書紀』の最終編纂期につけられた諡号だが、この時期は異父兄の天武天皇を実弟にした工作を実行した時期であり、したがって天武の兄になった天智に、天武にふさわしい諡号をつけたと推測できる。そのことは天智紀の記述からもいえる。

天智天皇の虚像化と大海人皇子の矮小化

天智紀は中大兄は「皇太子」と書くが、なぜか大海人には「皇太子」という用例はない。前述したように「皇太子」の意味で「東宮」が用いられている。問題は天智称制十年五月五日条の次の記事である。

　天皇、西小殿に御《おは》します。皇太子・群臣、宴《うたげ》に侍《はべ》り、是《ここ》に再び田儛《たまひ》を奏《おこ》す。

この記事の「皇太子」は誰のことをいうのか。岩波書店版の『日本書紀・下』の頭注は、「集解に子は弟の誤とする。大海人皇子」と書き、小学館版の『日本書紀・3』は「『書紀集解』は「按《アンズル》ニ子《コ》ハ弟ノ誤《アヤマリ》」とするが、これまで「大皇弟」の表記なので、ここは『皇太子』でよい」と書く。しかしこの「皇太子」を大友皇子のことと主張する見解もあるが、六カ月後の称制十年十一月二十三日条に、「大友皇子」と三回も書くが「皇太子」とはないから、「大皇弟」の誤記だろう。称制七年と八年の五月五日条には薬猟をおこなっているが、称制十年の十二月三日に天皇は崩御しているから、七カ月前の節句に薬猟をおこなう体調ではなかった。たぶん室内の祝宴であったのだろう。したがって七年・八年の条には、いずれも「大皇弟」とある。

「皇弟」「大皇弟」という表記は、他の天皇の弟にはまったく見当らない。大海人皇子のみに用いている「弟」の強調である。これはなにを意味するのか。いくつかの理由があるが、主な理由として三つあげる。

一つは、『日本書紀』の刊行を指導し、内容に関与した人物（詳細は後述するが藤原不比等）にとって、父の藤原鎌足と親しかった天智天皇を、天武天皇より偉大な人物に仕立てる必要があった。そのためには当時、「虎」として恐れられた人物が、異父兄であることをかくし、中大兄と父母を同じにする「弟」にする必要があったからである。

二つは、「弟」にすれば、長幼の序列からして、兄に従う従順な人物のイメージを人々に植えつけられるからである。そのために天智紀以降は、大海人皇子の具体的行動は正史は載せていない。唯一載せた孝徳紀の記述も、皇太子（中大兄）に従った官僚たちと同じレベルの「弟」としてのみ扱われており、彼らと同じに中大兄に従って難波を去って飛鳥に行き、また中大兄に従って孝徳天皇の見舞いに難波に来たと書くだけである。また天智紀の「大皇弟」も主に天皇の猟に従っているか、天皇の命令で鎌足を見舞っている大海人である。唯一、「冠位・法度」を定めたとあるが、これも天皇の命令であり、しかも「或本に云はく」として、「大皇弟」でなく「大友皇子」がおこなったという注記を入れており、天武称制前紀の「虎」と呼ばれて恐れられていたことや「岐嶷」「雄抜」「神武」と書かれている天武像を消している。

三つは、第十四章・第十五章で詳述するが、藤原不比等やその子らの藤原一族は、不比等の孫の首皇子（聖武天皇）をどうしても皇位につけたかった。そのため文武天皇の「嫡子」を強調し、当時の天武系の皇子・皇孫に対抗して「嫡子継承」の論を主張するためには、天智天皇も皇極・斉明天皇の次男ではまずいので、「嫡子」に仕立てた。その結果、異母兄を「実弟」に変えたのである。

私は最終編纂時に天智紀は大幅に加筆・改変があったと書いたが、詳細は第十一章の「『日本書紀』二段階成立論の根拠」、第十二章の「『日本書紀』二段階成立の具体的事例」で書くが、天武天皇が天武十年（六八一）に国史編纂を計画し、その意志を継いで持統天皇が即位初年から本格的に述作活動に入った編纂事業は、文武朝の終りか元明朝の初めに、持統紀を除いてほぼ完了した。この編纂を私は第一段階というが、この『日本紀』にさらに持統紀が加えられ、全巻にわたって手が加えられた。その時に中臣氏と藤原鎌足と中大兄については加筆・改稿が大幅におこなわれたが、もっとも手が多く加えられたのが天智紀である。このような作業の時期を私は第二段階と書くが、藤原不比等の死の七十日前に完成していることからみても、生前に完成させようと、あわただしく編纂したから、天智紀は本章で書いたような記事の重出・矛盾や編集の疎漏記事が多いのである。

〔注〕

（1）坂本太郎「天智紀の史料批判」『日本古代史の基礎的研究・上』所収　一九六四年　東京大学出版会
（2）熊谷公男『日本の歴史・3（大王から天皇へ）』三一七頁〜三一九頁　二〇〇一年　講談社
（3）井上光貞『日本の歴史・3（飛鳥の朝廷）』四〇九頁〜四一五頁　一九七四年　小学館
（4）井上光貞「太政官成立過程における唐制と固有法との交渉」『日本古代思想史の研究』所収　一九八二年　岩波書店
（5）青木和夫『国史大辞典・2』四八六頁　一九八〇年　吉川弘文館
（6）熊谷公男（注2）前掲書　三二〇頁
（7）本位田菊士「古代日本の君主号と中国の君主号」「史学雑誌」九〇巻一二号
（8）西條勉「天子受命から皇孫降臨」「古事記年報」二六号
（9）関晃「律令国家と天命思想」『神観念の比較文化論的研究』一九八一年　講談社
（10）早川庄八「律令国家の形成」『日本歴史大系・I』所収　一九八四年　山川出版社
（11）井上通泰「天武天皇紀闡幽」「歴史地理」五四巻三号
（12）坂本太郎『日本全史・二』一一四頁　一九六〇年　東京大学出版会
（13）直木孝次郎「持統天皇と呂太后」『日本書紀研究・第一冊』所収　一九六一年　塙書房
（14）前川明久「壬申の乱と湯沐邑」「日本歴史」二三〇号
（15）西嶋定生「草薙剣と斬蛇剣」『江上波夫教授古稀記念論集・歴史篇』一九七七年　山川出版社
（16）石母田正『日本の古代国家』二〇八頁　一九七七年　岩波書店
（17）吉野裕子『日本古代呪術』一三六頁〜一六四頁　一九七四年　大和書房

(18) 山田英雄「古代天皇の諡について」『日本書紀研究・第七冊』所収　一九七三年　塙書房
(19) 黛弘道「日本書紀と藤原不比等」『律令国家成立史の研究』所収　一九八二年　吉川弘文館
(20) 関晃「律令国家と天命思想」『神観念の比較文化論的研究』所収　一九八一年　講談社

第九章

天武が漢皇子である事を示す国際関係

天武天皇の親新羅政策に秘められた出自

天智天皇即位の七年から十年までの国際情勢

『三国史記』（巻第七・新羅本紀第七）の「文武王・下」の文武王八年（六六八）に、原文で次の記事が載る。

又通消息云。国家修理船艘。外託征伐倭国。其実欲打新羅。百姓聞之。驚懼不安。（金思燁訳『三国史記・上』は「（熊津からの）消息によると、国家（唐）が船艦を修理しながら、うわべは倭国を征伐するという口実を使い、実は新羅を討とうとしていたので、百姓たちはそのことを知って驚き不安を感じた」の意）。

総章元年は天智称制七年だが、倭国征伐は唐の出先機関（熊津都督府）からの消息だから信用されたが、この記事は、文武王が唐朝に提出した公文書に載るから、唐の倭国侵攻の報は、新羅王も知る情報であった。この年の九月十二日条の『日本書紀』は、次のように書く。

新羅、沙㖨級飡金東厳等を遣して、進調《みつぎたてまつ》る。

九月二十六日条では次のように書く。

中臣内臣は、沙門法弁・秦筆を使して、新羅の上臣大角干庾信に船一隻を賜ひ、東厳等に付《さづ》く。

さらに九月二十九日条には、

布勢臣耳麻呂を使して、新羅王に御調《みつぎたてまつ》輸る船一隻を賜ひ、東厳等に付く。

とある。なぜ九月に新羅使に託して新羅の十七等官位の最高位の金庾信に、中臣内臣（藤原鎌足）は船一隻を送り、更に新羅王にも船一隻を追加して贈ったのか。『三国史記』の同年の記述と合わせてみると、金東厳は唐が倭国と新羅へ侵攻しようとしていることを伝えるための使者である。したがって唐と倭国が戦う時に同盟せざるを得ない新羅の将軍で、最高指導者の金庾信に船を贈ったが、王に贈らないのは失礼だから、新羅王にも三日後にさらに船一隻を追加したのである。

この記事につづいて、「冬十月、大唐の大将軍英公、高麗を打ち滅す」と書き、さらに七百年続いた高麗の滅亡には、予告があったことを書いているが、高麗の滅亡も、唐が倭国を攻撃するという情報を得た天智朝にとっては、ショックであった。この記事の後に次の記事が載る。

十一月辛巳の朔（一日）、新羅王に絹五十四・綿五百斤・韋《をしかは》一百枚を賜ひ、金東厳等に付く。東厳等に物を賜ふこと各差有り。

乙酉（五日）小山下道守臣麻呂・吉士小鮪を新羅に遣す。是の日に金東厳等罷り帰りぬ。

八年春正月の庚辰朔の戊子（九日）に、蘇我赤兄臣を以ちて筑紫率に拝《め》す。

とあり、新羅の金東厳が帰国した直後、使者を新羅に送り、更に三年後の十年正月五日に左大臣に任命された高官が、筑紫率に任命されている事実も、唐の倭国侵攻に備えてであろう。また八年には、

是の歳に、小錦中河内直鯨等を遣《つかは》して、大唐に使《つかひ》せしむ。

という記事が載り、唐に使者を出しているが、九年九月一日条には、

阿曇連頰垂を新羅に遣す。

とあり、唐と新羅の両方に使者を出す両面外交をとっている。

壬申の乱のおきる前年の六七一年（天智称制十年・文武王十一年）には、『日本書紀』の外交記事でもっとも頻繁な使節の来日記事が載る。この事実からも壬申の乱が当時の国際関係を無視して語れない

が、天智称制十年（六七一）と、壬申の乱の年（天武元年）の国内・国際関係を、日本と朝鮮の文献で示す。

『日本書紀』　六七一年・天智称制十年	『三国史記』（新羅本紀）六七一年・文武王十一年
正月　九日　高麗、上部大相可婁ら調進。 正月　十三日　百済の鎮将、劉仁願、李守真らを遣して上表す。 二月二十三日　百済、台久用善ら調進。 六月　四日　百済の三部の使人請し軍事を宣う。 六月　十五日　百済、羿真子らを遣して調進。 六月　栗隈王を筑紫率とす。新羅使調進。 七月　十一日　唐人李守真らと百済の使人ら帰る。 八月　三日　高麗、上部大相可婁ら帰国。 十月　七日　新羅、沙飡金万物ら調進。 十七日　天皇病重く東宮を召す。東宮出家。 十九日　東宮吉野へ入る。 十一月　十日　唐の郭務悰ら二千人来日の予告。 十二月　三日　天皇崩。 十二月　十七日　新羅の使人、沙飡金万物ら帰国。	正月　新羅、百済に侵入。唐兵、百済救援。 六月　新羅軍唐兵と戦い斬首五千三百、百済の将軍二人、唐の指揮官六人を捕虜。 七月　唐、書を新羅王に寄せ百済侵攻を責める。 九月　唐兵四万平壌に到る。帯方を侵す。 十月　唐の船七十艘を新羅が撃破。百余人を捕う。
六七二年・弘文元年・天武元年	文武王十二年
三月　十八日　天皇の喪を筑紫の郭務悰らに告ぐ。	正月　新羅、百済の古省城を攻める。

五月　十二日　郭務悰らに甲冑弓矢・布・綿を贈る。
　　　三十日　郭務悰ら帰国。
六月二十四日　大海人吉野を発す。壬申の乱勃発。
七月二十六日　大友皇子の頭、不破の営に献ず。
十一月二十四日　新羅の客金押実らを筑紫に饗す。
十二月　十五日　船一隻、新羅の客に賜う。
　　　二十六日　金押実ら帰国。

二月　新羅、百済の加林城を攻める。
七月　唐軍三万、平壌に至る。
八月　白水城附近にて新羅軍、高句麗兵と共に唐軍と戦う。斬首数千。唐軍を追って石門で戦い、新羅軍敗北。

この表によれば、百済の熊津都督府の唐の将軍の名で、唐人の李守真を派遣している（李守真はこの時期に雲南省に配流されているから、唐の著名な将軍の名を使ったのである。李守真は七月十一日に去っているが、天智紀は「唐人」と書いている）。この十年には二月二十三日に百済の台久用善ら、六月四日に百済の三部の使人らが、「軍事」のことで来ている。更に十五日に、百済の羿真子らが来ている。百済という国はなく、唐の領土になっていたから、これらの百済人は唐使の代理である。十月七日には新羅使の金万物が来ている。そして郭務悰ら二千人が来るのである。

天智称制十年（新羅の文武王十一年・六七一年）には、唐と新羅の戦争は激化する。六月に「軍事」のことで百済の「三部の使人ら」や、羿真子らがわが国へ来ているが、『三国史記』によればこの六月に百済の地で新羅軍は唐軍と戦い、「敵の首五千三百級を斬り」、百済の将軍二人と唐の六人の果毅《かき》（唐の官職名、部隊長）を捕虜にしている。十月には新羅は唐の戦艦七十余艘を攻撃し、「郎将の鉗耳《かんじ》大《たい》侯《こう》と士卒百余人を捕虜」にしている（「鉗耳大侯」は唐の兵船郎将）。このように新羅が優勢なので、唐は倭国へ侵攻するどころか、百済人をわが国に派遣して、唐側に味方するよう行動している。

天智称制七年の外交関係の記述は、唐が百済を支配する役所として設置した熊津都督府の情報と、新羅政府から伝えられた倭国侵攻の情報に対応した行動なのは、天智朝の八年・九年には唐と新羅に使者を出して、両面外交をとっていたからである。

唐と唐の支配下の百済の使節は、天智称制十年正月と二月にきて七月までいる。その間は新羅の使者は来ていない。唐と百済の使者が来た天智称制十年正月に、大友皇子が太政大臣になっている。直木孝次郎は大友皇子が太政大臣になった時から、大海人皇子の「政治的地位は、大きな変動をこうむったとみるべきである」と書いている[1]。そのことを示す注目すべき記事が、大友皇子が太政大臣になった正月の記事として載る。

大錦下を以ちて佐平余自信・沙宅紹明法官大輔に授く。小錦下を以ちて鬼室集斯に授く。学職頭。大山下を以ちて、達率谷那晋首兵法に閑へり。木素貴子兵法に閑へり。憶礼福留兵法に閑へり。答㶱春初兵法に閑へり。㶱日比子賛波羅金羅金須薬を解れり。鬼室集信薬を解れり。に授く。小山上を以ちて、達率徳頂上薬を解れり。吉大尚薬を解れり。許率母五経に明かなり。角福牟《ろくふくむ》陰陽に閑へり。に授く。小山下を以ちて余の達率等五十余人に授く。

このように大友皇子が太政大臣になって、まっさきにやったことは、亡命百済人五十余人に官位を授与したことである。このことに注目して対新羅関係について書いた論考を私は知らないが、この事実は無視できない。この記事は、第一に大友皇子をトップとする近江朝が、百済亡命人を重視したこと、第二に国内・国外の情勢から（国内では天智天皇の病死後の皇位相続問題、国外では唐羅戦争）、戦闘準備をする必要があったから、兵法家を重視していたことを示している。

太政大臣の大友皇子を補佐する左大臣は蘇我赤兄、右大臣は中臣金、御史大夫（後の「大納言」）は蘇我果安・巨勢人・紀大人だが、蘇我赤兄・果安の蘇我氏は、蘇我本宗家の滅亡以前から反新羅である。また中臣金の中臣氏の代表人物の鎌子（鎌足）も反新羅であり、巨勢人の巨勢氏も巨勢徳太は孝徳天皇の「白雉」年間に左大臣だが、新羅征討を天皇に進言して拒否されている。このように反新羅の重臣たちと、百済亡命人を友人にしている大友皇子と、親新羅の大海人漢皇子（親新羅であることは第六章で述べた）とが戦ったのが壬申の乱である。この事実を単に国内の皇位争いとのみ見て、当時の国際関係を無視して論じた壬申の乱論には、私は同調できない。

壬申の乱の直前の年の倭・唐・新羅関係

壬申の年の前年の天智称制十年（六七一）は、新羅の文武王十一年にあたる。『三国史記』新羅本紀の文武王十一年の記事によれば、新羅軍は百済に侵入し、熊津の南で唐軍と戦っており、唐軍が反撃すると聞き、甕浦の防備体制をかためている。六月には石城で唐軍と戦い、唐の指揮官ら六人と百済の将軍二人を捕虜にしており、斬首は五千三百と記す。九月には唐の将軍高侃が、兵四万を率いて平壌に入り、帯方を侵攻している。十月には唐軍と海戦があり、唐の漕船七十艘を撃破、士卒百余人を捕えている。このように朝鮮半島では新羅と唐との戦が激化しているのだから、その影響がわが国に及ぶのは当然である。前年の天智称制九年に、わが国では高安城を修理し、長門城一つと筑紫城を二つを築《きず》いているのは、唐羅戦争を意識してであろう。
六七一年にはわが国へ、唐・百済・新羅・高麗の使節が、わずか十カ月の間に集中して来ているのも、唐羅戦争が原因である。百済使者が来ているが、百済国は滅亡しており、唐の使である。高麗使は新羅の傀儡だから（新羅が唐によって滅亡させられた高麗を、新羅の配下に置いて新しくつくった）、新羅側に立っている。

正月十三日に来た李守真は、百済にある唐の都督府長官の命令で来ているが、彼は唐人で七月に帰国している。二月と六月にも百済の使者台久用善らが来ているが、彼らは熊津都督府支配下の百済人である。『三国史記』（新羅本紀）によれば唐の支配下の百済へ新羅軍は侵攻し、唐兵と戦っているから、唐人李守真らや百済の台久用善が来たのは、新羅の侵攻に対する相談のためである。

六月になると百済の使者が四日と十五日に来ている（「三部の使者」とは百済は五部に国が分かれていた。五部のうち三部の使者なのは、二部は新羅の支配下にあったからである）。「軍事《いくさのこと》を宣《のりたま》ふ」とあるから新羅の侵略に対する救援依頼であろう。唐の熊津都督府（旧百済の熊津にあった唐の朝鮮半島の支配機構の中枢が、熊津都督府だが、この都督府は新羅の攻勢で崩壊寸前であった）派遣の唐人李守真も来て居たから、彼も加わって天智政権と話し合ったのである。

天智十年十一月十日条に、次の記事が載る。

対馬国司、使を筑紫大宰府に遣して言《もう》さく。月立ちて二日に、沙門道久・筑紫君薩野馬・韓島勝娑婆・布師首磐、四人、唐より来《きた》りて曰《まを》さく。「唐国の使人郭務悰等六百人、送使沙宅孫登等一千四百人、総《すべ》合て二千人、船四十七隻に乗りて、倶《とも》に比知島に泊《とまり》て、相謂《かた》りて曰《いは》く。『今し、吾輩《われら》が人船数衆《かずおほ》し、忽然《たちまち》に彼《かしこ》に到《いた》らば、恐《おそ》るらくは、彼《か》の防人《さきもり》驚駭《おどろ》きて射戦《いたたか》はむ』といふ。乃《すなは》ち道久等を遣《つかは》して、預《あらかじ》め稍《やうやく》に来朝《まゐけ》る意《こころ》を披陳《ひらきまを》さしむ」とまをす」

この郭務悰に関する記事については、翌年の天武元年三月十八日条は、次のように書く。

内小七位阿曇連稲敷を筑紫に遣《つかは》して、天皇の喪を郭務悰等に告《つ》げしむ。是《ここ》に郭務悰等、咸《ことごと》に喪服を着て、三遍《みたび》挙哀《みね》たてまつり、東に向ひて稽首《をろが》む。

また同月二十一日条には、

郭務悰等、再拝《をろが》みて、書函《ふみはこ》と信物《くにつかひのもの》とを進《たてまつ》る。

とあり、さらに五月十二日条に次の記事が載る。

甲・冑・弓矢を以ちて郭務悰等に賜ふ。是の日に、郭務悰等に賜ふ物は、総合《すべ》て絁一千六百七十三匹・布二千八百五十二端・綿六百六十六斤なり。

そして同月三十日条に次の記事が載る。

郭務悰等、罷《まか》り帰りぬ。

この郭務悰について『白村江』の著者の鈴木治は、壬申の乱で大海人皇子側について謀略工作をしたと書くが[2]、賛同できない。

第一に、『扶桑略記』に天武二年に郭務悰が帰国したと記していることを論拠にしているが、この記事は壬申紀の元年を二年に書き誤った記事で、郭務悰は壬申の乱の三週間前に去っているから、鈴木の主張は認められない。

第二は、郭務悰は唐の使者である。唐が天武朝樹立に協力したなら、唐と天武朝に国交があるべきだが、交流が断絶している事実が、鈴木説を否定している。

第三は、郭務悰を「唐羅連合体の中心人物」と書くが、郭務悰が来た時期は前述（二九一頁〜二九二頁）の表が示すように、唐と新羅は戦争状態にあり、鈴木説は史書の誤読である。

第四は、詳細は後述（三〇一頁）するが持統六年閏五月十五日条に、筑紫大宰率河内王に詔して、「大唐の大使郭務悰が御近江大津宮天皇の為に造れる阿弥陀像を上送れ《たてまつ》」とある。「御近江大津宮天皇」は天智天皇である。天武朝に筑紫に置かれたままの天智天皇への郭務悰からの献上仏が、持統朝になってから都へ送られている事実からも、郭務悰が大海人側とみる鈴木説は成り立たない。

唐の郭務悰ら二千人が来た理由はなにか

私は、壬申の乱を「内乱」というが、実体は朝鮮半島でおきた唐羅戦争の影響を受けた「皇位争い」で、「単なる『内乱』ではない」と、一九七九年刊の著書で次のように書いた。(3)

北山茂夫は『天武朝』で「わが国はまったく局外にたっていた」と書く。星野良作も『研究史・壬申の乱』で現在の壬申の乱に対する正統史観に立って、壬申の乱と新羅・唐との関係について述べた論考は、まったく紹介していない。この著は壬申の乱の研究を体系的に述べた唯一の書である。星野良作は意識的にそのような論考をおとしたのではなく、そのような論考が皆無だからである。

ただ石母田正は『日本の古代国家』の中で、壬申の乱も「東アジアの視点で考えるべきである」といっておられる。

このように私は書いて、使人の唐の郭務悰ら六百人と送使の沙宅孫登ら千四百人について、千四百人は百済の難民とする「池内宏（「百済滅亡後の動乱及び唐・羅・日三国の関係」）、鈴木靖民（「百済救援の役後の日唐関係」）の説」を批判した。理由の一は、『三国史記』によればこの年の十月の新羅と唐の海戦で、唐は負けて船を多数失なっていること。二は、武装した使人・送使だからこそ、防人が射ってくると予測して、あらかじめ使者を出して予告していること。三は、彼らが去る時、甲冑弓矢を贈っているのは、彼らが武装兵だったからで、彼らが難民の送使だったら贈る必要がないことをあげた。さらにつけ加えれば、百済の難民をなぜ「戦火を避けるため」とはいえ、祖国を捨てさせたのか。戦火はいつかは終るから故郷を捨てる必要はないではないか。このような理由から私は難民説は採らず、軍兵説を主張した。理由は大海人皇子の挙兵を阻止するためとみたから、郭務悰らが半年後に去った理由として、私は次のように書いた。

なぜ、郭務悰らは離日したか。

一、吉野へ入った大海人皇子の動きがないことから、安心したこと。
二、近江朝の防備が堅いとみたこと。
三、これが一番重要な離日の理由であろうが、新羅と唐の戦いがいよいよ激しくなり、いつまでも船四十七隻と、唐軍七百人、百済軍千四百人を、筑紫にとどめておくわけにいかなかったためであろう。

このように書いて、私は郭務悰の五月三十日の帰国も、約一ヵ月後の六月二十二日の大海人皇子の挙兵の動機の一つになったと書いた(4)。

この私見について直木孝次郎から批判があった。直木孝次郎は「郭一行が近江朝廷を支持した」という見解は認めるが、「大海人を威圧する目的とした、とする点はどうであろうか」と書く。そして郭務悰は大海人の吉野入りを知らずに来ていると書き、さらに次のように私見を批判する。

本当に大海人威圧が目的なら、大和ないし近江に進駐すべきであろうし、新羅との戦いとの関係では、天智十年六月ごろ、すでに百済地域における唐軍の形勢は悪化しているのだから、それをよそに倭国の朝廷の保全のために二千の大兵を割くということは甚だ考えにくい。

大和氏は、この時点では百済の難民を日本に送る船の余裕はあるまい、などの理由で、池内氏以来の難民輸送説を否定し、二千人全部を軍兵とみておられるが、軍兵であったとしたら、なおさら日本にむけてそれを送る余裕があったとは思われないのである。(5)

この批判について拙著『天武天皇論（二）』に、「壬申の乱と国際関係――直木孝次郎氏の批判に答えて――」と題する反論を書いた。(6)その私見に現在の見解を加えて書く。

第一に、直木批判では私が二千人を軍兵とみているとして批判しているが、私は「郭務悰ら二千人の一行は軍兵と推測されるが、もし軍兵でないとしても、二千人という人数は異例・異常である」と書いて、二千人を軍兵と断定していない。

第二に、直木批判は大海人の吉野入りの後に来ているから、郭務悰は大海人とは無関係と批判するが、後だから無関係とはいえない。吉野入りの情報など当時の国内事情を知った上で来たので後になったに過ぎず、吉野入りの前後関係を理由にしての私説批判は受入れられない。

第三に、「本当に大海人威圧が目的なら、大和ないし近江に進駐すべきであろう」と批判する。確かに筑紫に居るより大和・近江に進駐した方が威圧感が強い事は否定できないが、現実問題として外国兵がスムーズに大和や近江へ「進駐」できたであろうか。私は直木批判そのものが無理難題と思う。

第四に、壬申の乱の直前に近江朝廷側に立って兵を動かすよう要請された筑紫大宰の栗隈王は、近江朝廷の要請をことわっている。井上光貞はこれを唐羅戦争との関係でとらえ、「壬申の乱の帰趨《きすう》にも、国際的な情勢が大きな影響をもっていた」と書いている。(7) このような「国際的な情勢」とかかわる大宰府に、郭務悰一行二千人がいることは、大和や近江まで進駐しなくても威圧になる（もし大和・近江への進駐が軍兵だったら「進軍」で戦争状態になり、あり得ない）。私のいう意味の大海人威圧の目的は、大宰府に居るだけで充分達成できる（栗隈王が近江朝廷の要請をことわったのは、大海人側であったからである。そのことは第一章で述べた〈六〇頁〉。天武政権になると栗隈王は兵政長官に任命されていることが証している〈天武四年三月十六日条〉）。

第五に、直木説では唐人六百人は、日本人捕虜の「監視・護送の人員」で郭務悰の「直属の唐人部隊」と書く。「監視」なのだから素手のはずはない。武装した唐人六百人は多過ぎる。なぜなら白村江の戦いから八年たち、ようやく祖国へ帰れる人々が逃亡するはずない。したがって「護送」の人員が六百人も必要ないから、直木説は無理である。

第六に、私見を裏付ける決定的事例を示す。このことは郭務悰が持参してきた仏像である。郭務悰の献上品の阿弥陀仏は天武朝では筑紫に放置されていた。持統六年五月十五日にようやく都へ「上達《たてまつ》れ」という命令が大宰率に出したと持統紀は書いている。この事実は天武天皇は郭務悰の献上物を無視していた事を示している。もし直木説の書く日本軍の捕虜千四百人を連れて来たとすれば、当然、阿弥陀仏は都へ運ばせたであろう。放置したのは大海人皇子ら親新羅勢力の威圧のために、郭務悰が軍兵を率いて来たからである。大海人皇子は郭務悰が来たのを、親新羅の大海人皇子らへの威圧と見ていたから、郭務悰の献上品を筑紫へ放置して受けとらなかったのである。ところが持統朝になると、都へ運んだのは、藤原不比等らが持統朝で実権を握るようになったからである。その事は第十章以降で詳述するが、不比等は「史《ふひと》」と書き、百済からの渡来人の田辺史に養育されており、新羅からの渡来人とかかわる大海人皇子とは違っている。

以上述べた理由からも、直木批判は受入れられない。

新羅の「使」でなく「客」の金押実と大海人皇子

直木孝次郎が批判する拙著（『古事記と天武天皇の謎』）では、「大海人皇子の吉野入りと金万物」と題して、郭務悰が来る一カ月前に来た新羅使の金万物は、大海人皇子の吉野入り（十月十九日）を見とどけて、十二月十七日に帰国していることと、郭務悰が来たことは、大海人皇子の吉野入り（「虎に翼をつけて放った」こと）に関係があると私は書いたが、直木孝次郎の私説批判では私が取上げている金万物をまったく無視している。私は拙稿（一部を省略）で次のように書いている。

壬申の乱は「内乱」で新羅・唐とはまったく関係がない。これが通説である。星野良作の『研究史・壬申の乱』は壬申の乱の研究を体系的に述べた著書だが、壬申の乱と新羅との関係について述べた論考は、まったく紹介していない。紹介していないのはそういう論考がないからである。北山茂夫も当時の唐と新羅の戦争状態に関して「わが国はまったく局外にたっていた」と書く。

このような視点に立てば壬申紀の唐の郭務悰の記事、新羅の金押実の記事は、壬申の乱と関係ない記事となる。しかし視点を変えて、壬申の乱に唐・羅戦争の影響があった。決して「局外」には立っていなかった、と考える立場からは、郭務悰と金押実は無関係ではなくなってくる。壬申の乱に関係があるからこそ壬申紀に登場しているのである。

問題は金押実だが、この人物についてはいままで誰も問題にしていない。私は金押実は壬申の乱に直接関係があったとみている。金押実は壬申紀に次のように記されている。

十一月二十四日　新羅の客金押実等に筑紫に饗《あへ》たまふ。即日に禄賜ふこと各差有り。

十一月十五日　船一隻、新羅の客に賜ふ。

十二月二十六日　金押実等罷り帰りぬ。

この金押実の記事には、『日本書紀』の他の新羅使の記事にない特殊性がある。天智朝二回、天武朝八回、持統朝五回の新羅使の記事は、名前と位階、来日と帰国が記されているが、金押実にはいつ来たかが記されず、官位も記されていない。そして「客」という異例な書き方である。なぜ「使」ではないのか。金押実が壬申の乱に関係があったとみれば、来日の年月日や官位が記されず、帰国に際して船一隻を贈与され、「使」でなく「客」と書かれる異例ずくめの記載も納得できるが、壬申の乱を皇位継承争いの内乱とみて、新羅や唐の関与は認めない人々にとっては、このような異例をどのように解釈するのであろうか。

船一隻贈与の記事は天智紀の七年九月二十六日条にも載る。その記事には「新羅の使者」の沙喙級飡・金東厳に託し、金庾信と新羅王に各船一隻を贈ったとある（新羅王には二十九日に贈っている)。ところが壬申紀の記事では、「新羅の客」である金押実に直接贈ったと、壬申紀の終りに記しているから、この「客」は壬申の乱の功によると推測できる。

ところで来日の記事がなく帰国だけの記事は金押実の一例だけだが、官位も名前も記さない異例の記事が一つだけある。天智称制十年六月の新羅使の来日である。すべての来日記事には日付まではっきり書かれているが、この記事には日付もなく、名前もなく、公式の来日とは思えない記述である。そのことを裏付けるのは、この年には二度も新羅使が来ており、このような例は他に皆無だからである。一方の新羅使は日付もはっきり十月七日と書かれ、「沙飡金万物等」と使節の官位も名前も明記されている。この公式の新羅使金万物らは壬申の乱の前年の天智称制十年十二月十七日に帰国しているから、官位も名前も記されない新羅使は、「新羅の客金押実」であろう。

天智十年六月条に次の記事が載る。

　是の月に栗隈王を以て筑紫率《つくしのかみ》とす。新羅、使を遣《つかは》して調《みつぎ》進《たてまつ》る。別に水牛一頭・山鶏一隻献《たてまつ》る。

この記事の新羅使は、栗隈王の筑紫率就任を祝っての使者である。水牛や山鶏のことまで書いているのだから、新羅使の名前がわからぬはずはない。それを記さないのは天智朝への公式の使者ではないからである。その使者が金押実と考えられる。栗隈王と金押実の関係を示すのが、壬申紀の次の記事である。

栗隈王と吉備国守当摩公広島は、近江朝側からは大海人側と判断されていた。この二人に使者を送ったとあるが、命令に従わなかったら殺せと命じられている使者なのだから、刺客である。吉備国守はこの刺客に殺されているが、栗隈王は違う。大宰府の軍兵の出兵を使者に言われたが拒否した。その時、王の二人の子、三野王・武家王が、剣を執って王を守ったので、使者は逆に殺されることをおそれて立去っている。まだ、大海人皇子の勝利もさだかではないときに、栗隈王がこれほど時の朝廷の命を断乎として拒否できた背後に、私は金押実らの影をみるのである(8)。

長い引用になったが、以上のような見解を私は書いている。この見解は直木孝次郎の批判では無視されている。私見は壬申の乱後に船一隻を贈られた新羅の「客」の金押実や、新羅の正使の金万物と、同時期に新羅と戦っている唐の郭務悰ら二千人が来たことを、唐羅戦争と壬申の乱に関連させて述べたのである。直木孝次郎の論文は、「近江朝末年における日唐関係の一考察」だから、新羅のことは取上げなかったのだろうが、当時の「日唐関係」は唐羅関係を無視しては語れない。

天武元年から天武五年までの国際関係

壬申の乱がおきる前年までは述べたが、壬申の乱の年の天武元年(六七二)の国際関係はどうだろうか。天武元年は新羅の文武王十二年だが、『三国史記』(新羅本紀)に次の記事が載る。

一月　百済の古省城を攻め、勝つ。

二月　百済の加林城を攻めて、勝たず。

この年の六月に壬申の乱がわが国ではおきているが、『三国史記』は次のように書く。

七月　唐将高侃、兵一万を率い、李謹行、兵三万を率いて、平壌に入り駐屯。

八月　韓始城・馬邑城を攻め勝ち、兵を進めて白水城をかこむ。新羅兵・高句麗兵は共に唐軍と戦い斬首数千級、高侃ら退却。追って石門で戦い、破らる。

このように新羅と唐は壬申の乱の頃、激戦中である。直木孝次郎は唐に八年前捕えられていた千四百人の日本兵と唐人六百人が、船四十七隻に乗って来たと書くが(1)、百済で唐軍は新羅軍と激戦中なのだから、唐人は単なる民間人ではない。激戦中の百済の地に唐の民間人がうろうろしているはずはないから、直木のいう唐人は新羅を占領・統治している軍政下の唐兵六百人とみるべきである。

翌年（天武二年、文武王十三年）の『三国史記』（新羅本紀）は、唐羅戦争について次のように書く。

二月　西兄山城を増築。
七月　金庾信卒す。阿飡大吐が叛《そむ》いて唐に付かんとし、事もれて誅殺。
八月　沙熱山城を増築。
九月　国原城、北兄山城、召文城、耳山城、首若州走壌城、達含郡主岑城、居烈州万興寺山城、歃良州骨争峴城を増築。唐兵、靺鞨契丹の兵と共に北辺を侵す。凡そ九戦、戦って勝ち斬首二千余級。

この年は戦争は激しくなく、城を増築して新羅側は防備を固めているが、天武紀の二年には次の記事が載る。

六月（十五日）　韓阿飡金承元・阿飡金祇山・大舎霜雪ら騰極《ひつぎのこと》を賀す。一吉飡金薩儒・韓奈末金池山ら先皇の喪を弔う。
八月（二十五日）　賀騰極使《ひつぎよろこぶつかい》金承元ら、中客より以上二十七人を京に喚《め》す。

九月（二十八日）　金承元ら難波にて饗す。種々の楽を奏す。

十一月（一日）　金承元ら帰る。

この新羅使以外に高麗使（新羅がたてた安勝の高麗国からの使者）が八月二十日に来て、十一月二十一日に帰国しているが、新羅使の金承元の韓阿飡はわが国の従三位、金祇山らの阿飡は正四位上・下相当で、韓阿飡の位階の正史は特別の上位の使者である。さらに天武四年になると新羅王子が来ている。この時期は唐羅戦争の渦中だから、天武政権と共に唐と戦うことを計画し、新羅王子と上級武官を四人も、わが国へ派遣しているが、天武政権も武人氏族の大伴氏・物部氏を派遣している。

北山茂夫は天武四年二月に天皇が高安城に行幸し、十月に「諸王より以下、初位より以上、人毎に兵を備へよ」と詔し、翌年九月には「王卿を京及び畿内に遣して、人別の兵を校へしむ」と、天武紀に記す記述について、「内乱後の治安維持の観点に立つもの」と書き、壬申の乱を単なる内乱とみて、国際関係はまったく無視した視点に立って書いているが[9]、本章で述べた唐羅戦争と、天武四年の新羅王子や高級武官らの来日からみても、国内事情だけによる詔でないことは明らかである（天武六年の東漢氏への詔も単に国内情況だけで出された詔ではない）。井上光貞も北山茂夫と同じで、前述の天武四年十月、天武五年九月の詔について、「中央集権のより強い浸透に対する伝統的な地方社会秩序の反発が、潜在的にまだわだかまっていて、為政者に不安を感じさせたためであろう。それともまた、強力な律令体制の実施のために、朝廷・畿内の軍事力の強化が痛感されたためであろうか」と述べている[7]。

このような見解が今でも日本古代史学界の主流だが、本書で私は主観でなく、具体的史料で示したように、孝徳朝以降のわが国の歴史は、当時の唐・新羅・百済との関係を無視しては語れないのである。特に天武天皇の異例といってよい親新羅は、大海人皇子の別名が漢皇子であったことを示しているが、この「漢」は新羅系の「漢」である。

東漢氏に天武六年に出した詔勅について

白崎昭一郎は、大海人皇子の別名が漢皇子だと、一九七九年刊行の拙著『古事記と天武天皇の謎』で書いた私見[8]に対し、漢皇子の「漢」は東漢氏にかかわるが、東漢氏に対して出された天武天皇の詔の内容からみて、大海人皇子の別名が漢皇子であることはあり得ないと、私説を批判する。[10]

天武天皇は『日本書紀』によれば天武六年六月に、次のような詔勅を東漢氏に対して出している。

汝等党族、本より七つの不可を犯せり。是を以て、小墾田の御世より、近江の朝に至るまでに、常に汝等を謀《はか》るを以て事《わざ》とす。今朕が世に当《あた》りて、汝等の不可《あや》しき状《さま》を責めて、犯の随《まま》に罪すべし。然《しか》れども頓《ひたぶる》に漢直の氏を絶さまく欲せず。故、大きなる恩を降して原《ゆる》したまふ。今より以後、若し犯す者有らば、必ず赦《ゆる》さざる例《かぎり》に入れむ。

この天武天皇の「詔」を、白崎昭一郎は「激しく叱責する詔」と書くが、「叱責」だけではない。「原《ゆる》したまふ」と書き、今後は「不可を犯すな」と忠告している詔である。白崎昭一郎は「かくも嫌悪感に満ちた詔」を東漢氏に出しているのは、東漢氏が壬申の乱で反大海人とみて、私説（拙著『古事記と天武天皇の謎』に書く私見）で主張する大海人漢皇子説は成り立たないとし、「漢皇子を天武の別名とすれば、天武と漢氏との関係も密接であって然るべきである」と批判する。[10]しかし白崎昭一郎の私説批判は的をはずしている。なぜなら東漢氏は壬申の乱に、大海人皇子側に立って活躍しているからである。

そのことは『日本書紀』の壬申紀が証している。大海人皇子が吉野を出発するときの側近の中には、東漢氏系の書直知徳がおり、大海人皇子が高市皇子に付けた人物に、民直大火、大蔵直広隅、坂上直国麻呂がいる。また、大海人皇子が鈴鹿関司に派遣したのは路直益人だが、いずれも東漢氏系の人々である。これらの側近以外にも、将軍大伴連吹負は飛鳥古京を襲うため、「密《ひそか》に留守司坂上直熊毛と議《はか》りて、一二《ひとりふたり》の漢直等に謂《かた》り」（壬申紀）とあるが、坂上直熊毛も東漢氏系である。これらの人々以外に、壬申の功臣として、坂上直老・倉墻直麻呂・民直小鮪・谷直根麻呂・長尾直真墨・蚊屋忌寸木間・書直成覚など、多くの東漢氏系の人物がいる。

この事実からも白崎昭一郎の私見批判は成り立たないが、逆に壬申の乱に大海人皇子に協力した東漢氏に対し、なぜ天武天皇は前述のような詔勅を出したかが問題になる。坂本太郎は、東漢氏に対する詔勅について、次のように書く。

表面は厳しい態度であるが、内実はこれまでの罪を赦すのであるから、漢直にとっては朗報である。これで推古天皇以来歴代天皇がこの氏に対して抱いた強い警戒心と、ひいてはこの氏の蟠拠した飛鳥に対する感情とが察せられると共に、天武天皇のもとでその緊張の解けたことが知られるのである。七つの不可とは厳密に七件の罪かどうかはわからないが、少なくとも崇峻天皇の弑逆や、蘇我誅滅の際の蘇我への加担などを含んでいるのであろう。そして天武天皇が、それらの罪を赦したのは、壬申の乱における漢直一族の忠勤を評価し、今後の貢献を期待したからであろう。(11)

この坂本太郎の見解は、白崎昭一郎の東（倭）漢氏に対する詔についての見解とは違う。私は坂本見解に近いが、坂本太郎は天武天皇が彼らの「罪を赦したのは、壬申の乱における漢直一族の忠勤を評価し、今後の貢献を期待したからであろう」と書く見解は採らない。なぜなら坂本太郎は壬申の乱の「忠勤」をあげるが、この詔では壬申の乱の功について一言もふれていないからである。なぜ壬申の乱の功についてまったくふれないのか。理由は大海人皇子の舎人や、高市皇子の従者に東漢氏系の人々が居たが、これらの人物は個人として従っていたのであり、東漢氏としての氏族集団の協力は、近江朝廷から寝返って大海人軍に参加した謀略集団と、天武天皇は見ていたからである。

東漢氏の本拠地は大和国の飛鳥の檜隈である。天武称制六年に都を飛鳥から近江に移すときめた時、飛鳥の人々は猛反対したと『日本書紀』は書いているが、たぶんその反対の主導は東漢氏であったろう。したがって大海人皇子は勝利したら近江から飛鳥へ都を戻すと、東漢氏に約束し、集団として大海人皇子側についたのであろう。近江朝廷側の飛鳥古京の守備隊の隊長は東漢氏の坂上熊毛であった。彼は大海人皇子の命令を受けた大伴吹負と密議し、同族を率いて大海人皇子軍に寝返り、飛鳥古京の近江朝廷側の本拠地を攻略し、各地で近江朝廷側の軍と戦っている。このような東漢氏集団だから、天武天皇は壬申の乱に協力した集団としての東漢氏は、忠誠心からでなく、彼ら特有の策謀による協力とみたから、壬申の乱の時の協力について、天武天皇の詔ではまったくふれなかったのである。

漢皇子を養育した忍海・高向漢人は新羅系

白崎昭一郎は漢皇子の別名が大海人皇子とみる私見について、漢皇子の「漢」は東漢氏にかかわるが、東漢氏に前述したような詔を出しているから、私説は成り立たないと批判するが[10]、漢氏は東漢氏だけではない。東漢氏は天武天皇の詔に従ったから、天武十一年五月に、東漢直はいち早く「連」の賜姓を受けており、「連」姓を三十八氏が受けたのは翌年（天武十二年）の九月である。その三十八氏には東漢氏と共に二大渡来氏族といわれる秦氏も「連」になっているが、「川内《かはち》漢直」も入っている。「川内漢」は「西漢」「河内漢」とも書かれているが、このように「東漢」に対して「西漢」氏集団もいるのだから、漢皇子の「漢」は東漢氏のことと断定する白崎見解は認められない。

天武十四年六月に「連」の五十二氏のうち十一氏が「忌寸」になっている。その中には二大渡来氏族の秦氏と東漢氏が、大倭連・葛城連・凡河内連らと共に入っている。ところが東漢氏集団に吸収されてしまう弱小集団の西漢氏も、「忌寸」になっているのが注目される。なぜ西漢氏が大倭連や葛城連などの名族や、秦氏・東漢氏などの巨大渡来氏族と共に、忌寸十一氏に入っているのか。理由は大海人漢皇子の「漢」が西漢氏系の「漢」であったからであろう。

西漢氏が新羅とかかわることは、『日本書紀』推古十八年十月十七日条に、「河内漢直贄をもちて、新羅の共食者《あひたげひと》とす」とあることからもいえる。「共食者」は使者の国と親しい氏族がなる。「新羅の供食者」は新羅使竹世士だが、彼等が都に来た十月九日に「新羅の導者」になったのは秦河勝である。秦氏が新羅系渡来氏族である事は、拙著『秦氏の研究』で詳述したし、第六章でも述べた。このように秦氏が「導者」になっている事からみても、河（川）内漢氏も同じ新羅系だから「共食者」になっているのである。大海人漢皇子を養育した大海氏の配下の忍海漢人も、第一章で書いたが新羅から渡来した氏族である。『日本書紀』（神功皇后紀五年三月条）は、葛城襲津彦が、新羅からつれてきた「漢人」が、「今の桑原・佐糜《さび》・高宮・忍海、凡て四邑《よつのむら》の漢人等の始祖なり」と書く。桑原・佐糜・高宮はいずれも奈良県御所市内にあり、忍海は旧新庄町（平成十六年葛城市に合併）の南半と御所市の一部で、『和名抄』に忍海郡が載る。この『日本書紀』の記述（新羅の渡来人が忍海に居住していること）からも、大海人漢皇子の養育氏族が新羅系であったことは確かである。

三品彰英は『日本書紀朝鮮関係記事考証・上巻』で、桑原・佐糜・高宮・忍海の「この四氏のうちその職掌を認知しうるものの第一は忍海氏である」と書き、『続日本紀』（養老六年三月辛亥条）の雑戸を免ずる記事に載る忍海漢人安得、忍海漢人麻呂らは、「鍛冶金作のいわゆる韓鍛冶を職業としていたことは窺い得る」と書き、「続日本紀大宝元年に凡海宿禰麁鎌を陸奥に遣わして冶金せしめ、大倭国忍海郡人三田首五瀬を対馬に遣して黄金を冶成せしめているのは、上位の同族人の活動である」と書いている。[(12)] 三品彰英は「忍海」と「凡海」を同じに見て、「凡海麁鎌《あらかま》」を忍海漢人の上位の人物とみているが、これは誤読である。『日本書紀』（朱鳥元年九月二十七日条）は天武天皇の殯庭《もがりのにわ》でトップに大海宿禰蒭蒲《あらかま》が「壬生《みぶ》の事」の誄《しのびごと》をしたと書く。この大海蒭蒲と凡海麁鎌は同一人物で大海人皇子を養育したから、「壬生の事」の誄をしているのだが、三品が新羅渡来の工人集団の上位の人物と誤読するように新羅と関係が強い。

大海蒭蒲の居住地は大和国の葛城の忍海郡だが、池田末則は忍海郡の「忍」は「大」「凡」と書くと『奈良県史——地名』で書き、[(13)]『奈良県の地名』（『日本歴史地名大系』・三〇）も同じ見解を書いており、漢皇子の「漢」は冶金工人の長の大（凡・忍）海氏の配下の忍（大・凡）海漢人の「漢」である。この漢人は新羅からの渡来人だが、西（河内）漢人も新羅系であることは前述した。この西漢氏系に属すのが高向漢人である（『新撰姓氏録』逸文によれば、高向漢人の後裔の高向村主・高向史・高向調使は、東漢氏の坂上氏の「坂上系図」に組込まれている）。

『日本書紀』の天武九年九月九日条に、

朝嬬《あさつま》に幸《いでま》す。因《よ》りて大山位より以下の馬を長柄杜《ながらのもり》に看《みそなは》す。乃《すなは》ち馬的射《うまゆみ》させたまふ

とある。朝妻も前述した新羅から来た漢人らの居住地と同じ御所市の地名である。秦氏の始祖が渡来して最初に落着いたのも、『姓氏録』（山城国諸蕃）は「朝津間（朝妻）」と書く。この地から山城国へ秦氏は移住している。『日本書紀』（允恭紀）に新羅の弔使が朝妻（琴引坂）をたずねて来ているが、金井清一は「この記事は朝妻の地に新羅系渡来人が多く居住したから新羅人が訪問した」と書いている。[14]

この朝妻への行幸は、九年九月九日という「九」が重なる特別の日である。この日の騎射は祭事だが軍事訓練である。この騎馬の軍事訓練なら都のある飛鳥でやるべきだろう。そこには騎馬集団の東倭氏がいる。允恭紀によれば、新羅の弔使が喪礼に来朝し、帰りに琴引坂にまで来て、耳成山・畝傍山をみて、「うねめはや、みみはや」と新羅訛りでいったのを、「新羅人、采女に通《たは》けたり」とつげ口したのが、倭飼部《やまとうまかいべ》とある。倭飼部は倭（東）氏に属す。この話は百済系渡来騎馬集団（檜隈）と、新羅系騎馬集団（朝妻）との仲の悪さを、このような伝承として残したのである。この伝承では、朝妻を訪れた新羅の使者は捕えられ尋問を受けているが、この朝妻の地（現在の御所市とその周辺）は、大海人漢皇子にとっては幼少年時代の思い出の深い故郷であったから、この地で天武天皇九年九月九日の日に、祭事と騎射訓練をしたのであろう。

以上述べたように、大海人漢皇子の「漢」は新羅系の「漢人」の「漢」にかかわることからみても、

天武天皇の親新羅はその出自によることも一因と考えられる。

東漢氏に出した詔の時代の国内・国外情況

では、なぜ天武天皇は前述のような詔を東漢氏に出したのか。原因は当時の国際情勢にあった事を、『日本書紀』と『三国史記』から示す。

『日本書紀』	六七五年・天武四年
二月	新羅、王子忠元・大監級飡金比蘇・大監奈末金天沖・弟監大麻朴武摩・弟監大舎金洛水ら進調。
二月二十三日	天皇、高安城に幸す。
三月	新羅、級飡朴勤修、大奈末金美賀、進調。
五月	新羅の王子忠元、難波に到る。
七月　七日	小錦上大伴連国麻呂を大使とし、小錦下三宅吉士入石を副使として新羅に遣す。
八月二十五日	忠元、難波より発船す。
十月　十六日	筑紫より唐人三十口を貢る。遠江

『三国史記』（新羅本紀）	六七五年・文武王十五年
二月	唐の劉仁軌は新羅の七重城を落して、兵を率いて帰国した。唐の高宗は詔書を出し李謹行を安東鎮撫大使に任命し、新羅を占領・支配しようとしたので、新羅王は使者を派遣し、貢物をし謝罪した。皇帝は赦したが、なお新羅は百済の地を奪い取り、高句麗の南部まで新羅の領土とした。
九月	唐軍が泉城を攻撃したが、迎え撃って勝ち、斬首一千四百、兵船四十艘をうちとった。
九月二十九日	唐の李謹行が兵二十万を率いて、買肖城を攻撃した。新羅軍は反撃

日本	新羅
十月　二十日　国に遣して安置《はべ》らす。詔して曰はく、「諸王より以下、初位より以上、人毎に兵を備へよ」	して敗走させ、戦馬三万三百八十匹を得た。兵器類も同じくらい獲得した。
六七六年・天武五年	六七六年・文武王十六年
九月　十日　王卿を京と畿内に遣して、人別の兵を校へしむ。 十月　十日　大乙上物部連麻呂を大使とし、大乙中山背直百足を小使として、新羅に遣す。 十一月　三日　新羅、沙飡金清平を遣して、政を請さしめ、併せて汲飡金好儒・弟監大舎金欽吉等を遣して、進調	七月　唐軍が来襲して道臨城を攻撃し、攻め落とした。県令居尸知が戦死した。 十一月　施得が軍船を率いて唐軍と伎伐浦で戦ったが敗北した。しかし、さらに進んで大小二十二度も戦い、勝利して斬首四千余級を得た。

天武四年二月に新羅の王子忠元が来ているが、三月にも新羅使は来ており、いずれも「進調」とあるが、二月と三月の使節は目的が違っている。二月の使者の筆頭は王子であり、さらに使者の役職が大監と弟監が二人ずつ、計四人来ている。「大監」「弟監」は武官の役職をいう（「大監」は兵部の次官、「弟監」は「大官」に次ぐ役職）。彼らが来た目的は唐羅戦争が再《ふたた》び始まったので、親新羅の天武天皇と相談し助力を得るためだが、そのような使者は天智称制七年九月にも来ているが、天智称制七年の使者は、天武四年に来た級飡の金比蘇や朴勤修と同じ級飡（従五位上・下相当）の金東厳が来ただけであ

る。しかし天武四年には王子が来ており、さらに高級武官四人も来ている。この天智朝と天武朝の違いは、天武天皇と新羅王との間に強い結びつきがあったことを示している。王子や高級武官を派遣した文武王は、高向玄理と共にわが国にきた王子金春秋（太宗武烈王）の子である（一年間ほどわが国に居た間に、金春秋は高向玄理を通じて大海人皇子と会っていたと考えられるから、文武王と天武天皇は親近感がある）。

新羅の王子らが筑紫に来た月に、天皇は高安城に行幸している。この行幸も唐羅戦争で新羅側に加担している天武天皇が、唐のわが国への侵攻を警戒しての行動である。翌三月には、壬申の乱の時に筑紫師として天武側について協力した栗隈王を、兵政官長に任命しているのも、唐羅戦争を意識しての任命である。

五月に新羅王子と高級武官らの一行が帰国すると、七月に大伴国麻呂を大使として新羅へ派遣している。大伴氏は軍事氏族だから大伴国麻呂の派遣も、唐羅戦争に関係している。壬申の乱の時、大海人皇子軍の将軍として活躍した大伴御行は、栗隈王が兵政官長に任命されると、次官の兵政大輔に任命されている。この任命は大伴氏が軍事氏族であったからだが、大伴氏を味方につけたのも壬申の乱に勝利した一因である。この大伴氏が天武政権の最初の新羅大使であることは、発足したばかりの天武政権は、まだ戦時体制下にあったことを示している。理由は、新羅軍は唐軍と戦って、斬首一千四百級と兵船四十艘をうちとり、さらに戦馬一千匹を得ており、また兵二十万を率いて買肖城にこもった安東鎮撫大使の李謹行の唐軍と戦い敗走させ、この年には唐軍と大小の戦いを十八回もおこなっていたからである。

このような唐と新羅の激戦中の天武四年十月条に、「筑紫より唐人三十口を貢《たてまつ》る」とある。直木孝次郎は「新羅の攻撃を受けて百済から放逐された唐兵の一部か」と書いているが、(5)新羅が捕虜にした唐兵を日本に「貢る」という事実からみても、天武朝は新羅と友好関係にあったことは確かだが、新羅関係に対して遣唐使の派遣は天武朝ではまったくない事実からみて、天武政権が親新羅・反唐であった事を示している。

新羅王子の帰国直後の十月には、皇族から下級の役人までに対して、「兵を備へよ」と命じているが、この時期は前述したように新羅軍と唐軍の激戦の最中であるから、天武六年の東漢氏への詔も、唐羅戦争に影響されての詔である。

翌年（日本の天武五年・新羅の文武十六年）になると、七月には唐軍が道臨城を攻撃し、攻め落されて新羅の県令の居戸知は戦死しており、新羅軍は唐軍に攻めこまれている。この時期の天武五年九月に、天武天皇は「京と畿内」に王卿を派遣して、「人別《ひとごと》（ひとりひとり）」の「兵《つはもの》」の訓練をおこなってお り、武器の整備ができているか調査しているのも、唐の侵攻を恐れてのことである。

唐羅戦争は、天武五年中にも二十二回の戦いがあったが、新羅側が「いずれも勝利を得、斬首四千余級を得た」と『三国史記』（「新羅本紀」第七、文武王・下）は書いている。この天武五年は新羅の文武十六年、唐の儀鳳元年だが、唐はこの年の二月に、安東都護府を遼東に移しており（『旧唐書』高宗本紀、儀鳳元年条、『旧唐書地理志』安東都護府の条、『通鑑』巻二〇二）、実質的な朝鮮半島の放棄である。

このように天武四年・五年に天武天皇が勅命した、「人毎に兵を備へよ」や、「人別の兵を校へしむ」は、唐羅戦争の影響がわが国に及ぶことをおそれての詔であり、天武六年の東漢氏への詔も無関係ではない。

北山茂夫は天武天皇の東漢氏への詔を、「内乱後の治安維持の観点に立つもの」と書き(15)、井上光貞は「中央集権のより強い浸透に対する伝統的な地方社会秩序の反発が、潜在的にまだわだかまっていて、為政者に不安を感じさせたためであろう。それともまた、強力な律令体制の実施のために、朝廷・畿内の軍事力の強化が痛感されたためであろう」と書いており(16)、当時の国外事情をまったく考慮していない（北山・井上の両氏は近江遷都や天智紀の高安城に関する記事を、当時の国際事情によると見ているのだから、天武五年の記事を国内事情に限定するのは、論旨が一貫していない）。

天武六年の東漢氏への詔が出る二年前の天武四年十一月三日条に、「人有りて宮の東の岳に登りて、妖言して自ら刎《くびは》ねて死ぬ。是の夜に当りて直《とのゐ》せる者に、悉《ことごと》に爵一級を賜ふ」とあり、天武六年四月十一日条には、「杙田《くひた》史《ふみ》名倉、乗輿《すめらみこと》を指斥《そし》りまつれりといふに坐《よ》りて、伊豆島に流す」とある。

このように天武六年四月にも天皇を誹謗する人物があらわれている。さらにこの記事の二カ月後の六月十四日には、都に大地震が発生している。占星術に長じていた天皇は、天変地異の原因についても見過す人物ではないから、二カ月前の天皇を「謗《そし》る」（悪しざまにいう。非難・誹謗）事件と関連してみて、東漢氏への詔を地震の直後の六月に出したのではないだろうか。更に考えられるのは、天皇を非難した材田史名倉が、東漢氏系の人物ではなかったか、と思われることである（「史」は高向漢人玄理が高向史になっているように、漢人が多い）。反新羅で親唐の東漢氏（唐へ留学した人々が多い氏族である）の人物が天皇を誹謗した時代は、天武六年の唐羅戦争の最中で、「人毎に兵を備へよ」、「人別の兵を校へしむ」という詔勅を出している時代であった。その時に東漢氏系の人物が天皇を非難・誹謗したから、遣唐使を派遣せず唐と国交を絶って、新羅と武官を交流し、「政請」の新羅王子を迎えていた天武天皇は、反新羅武力集団で謀略を好む東漢氏に、謀略をするなという警告の詔を出したのであろう。

高向王の子の漢皇子と高向氏・天武天皇・新羅

漢皇子は用明天皇の孫の高向王の子と斉明紀の冒頭で書くが、高向王は高向臣が養育した王である。高向王と結婚した宝（財）皇女は、漢皇子を生んで間もなく夫が亡くなったので、田村皇子（舒明天皇）と再婚し葛城皇子（中大兄皇子）を生むが、この時代に活躍した人物に高向臣国押がいる。蘇我入鹿が暗殺されると、「是《ここ》に漢直等、眷属《やから》を総《す》べ聚《あつ》め、甲《よろひ》を擐《き》、兵《つはもの》を持ち、大臣《おほおみ》を助けて軍陣《いくさ》を設《ま》けむとす」と『日本書紀』皇極四年六月条は書いている。この記事の「漢直」は東漢直である。この「漢直等」の指揮官は高向臣国押であった。そのことを皇極紀は次のように書く。

> 是《ここ》に、高向臣国押、漢直等に謂《かた》りて曰く、「吾等、君大郎に由《よ》りて戮《ころ》されぬべし。大臣、亦今日明日に立《たちどころ》に其の誅《つみ》せられむことを俟《ま》たむことを決《うつむな》し。然《しか》らば誰が為に空《むな》しく戦ひて、尽《ことごとく》に刑《つみ》せられむか」といふ。言ひ畢《をは》りて剣《たち》を解《と》き弓を投げ、此《これ》を捨てて去る。賊徒、亦随《したが》ひて散り走《に》ぐ。

高向臣国押が「剣を解き弓を投げ」ると、漢人たちも、国押に従って武器を捨てているから、国押が「漢直等」の指揮官であったことは確かである。高向臣は蘇我氏系氏族に入っているから（『古事記』孝元天皇段に、蘇我石河宿禰は蘇我臣・高向臣らの祖とある）、高向臣の本拠地の河内の漢人（高向漢人）

だけでなく、倭（東）の漢人も統率していたのである。高向臣の本来の本貫地は越前国坂井郡高向郷であることは、第一章で書いたが、高向臣が蘇我氏系に入ったのは、河内国の石川地方へ進出した蘇我倉氏と結びついたからである。高向国押は親百済の蘇我本宗家と対立していた親新羅の蘇我倉山田石川麻呂と親しかったから、彼が蘇我本宗家が滅亡した後に樹立された孝徳朝の右大臣になると、高向臣国押もこの新政権の司法・警察権力のトップの刑部尚書になっている。また高向漢人（史）玄理も国博士になっている。この三人は親新羅政策をとったことは第八章で詳述したが、彼らはいずれも河内国を本拠地とし、西（河内）漢人と結びつくから、親新羅政策をとったのである。

高向氏の配下に高向漢人がいたのは、大海氏の配下に大（忍）海漢人が居たのと共通している（これら新羅系の西漢氏系氏族も、後代になると東漢氏系に吸収されている。『姓氏録』逸文に東漢氏の代表氏族の坂上氏の「坂上系図」が載る。東漢氏は七姓があるとして、トップに高向姓の高向村主・高向史・高向調使などをあげる。しかし七姓の東漢氏に後から加わった漢氏として三十氏を加えている。そのトップに高向村主をあげ、大海氏の配下の忍海村主や同じ新羅渡来の高宮村主・佐味村主・桑原村主や、西波多《かはち》村主・西大友村主・長野村主・錦部村主・田村村主・白鳥村主など、西漢氏系漢人も東漢氏系へ吸収されている）。

忍海漢人と高向漢人は、新羅系であることからも結びつくが、第一章でも述べたように、高向臣の父の当麻（麻呂子）皇子を祖とする当麻真人とも結びついている。当麻真人の当麻は大海氏や忍海漢人の忍海と隣接しており、当麻真人と高向氏も密接である。その事も第一章で述べたが、天武天皇の従兄弟とみられる当麻真人国見・知徳は、身内でなければつけない天皇の親衛隊長というべき左右兵衛の長官や、東宮大傅という皇太子の教育係りの長官になっており、天武天皇・持統天皇・文武天皇の殯では、もっとも重要な誄にかかわっている。また第一章で述べたが当麻氏は、大海氏・高向氏とも地縁・血縁がある。

この高向氏は第五章で詳述したが孝徳朝の「大化」年代の親新羅政策の実行期には、刑部尚書に高向臣国押、国博士に高向史（漢人）玄理、東国総領に高向臣（名は不明）がなっている。しかし左右大臣が病死、自害に追いつめられて亡くなり、親百済の新政権（年号は「白雉」になる）に変ると、高向国押は登場せず、高向玄理は留学先の唐へ渡り帰国しなかった。以降、斉明・天智朝と反新羅政策は続き、新羅と唐の連合軍と天智称制二年に百済の白村江で戦い、敗北している。

親新羅政策は『日本書紀』の「大化」年号の五年間であり（「大化」「白雉」年号は『日本書紀』がつけた年号で、事実かどうかは疑わしい）、「白雉」年号に変った後は実権は反新羅勢力が握って（そのことは第六章で書いた）、天武朝になるまで、親新羅政策はおこなわれなかった（天智称制七年に、新羅王や新羅使にそれぞれ船一隻を贈ったのは、新羅と戦っていた唐が、倭国侵攻を計画しているという情報を受けて、唐に対抗するため一時的に新羅と組んだに過ぎない）。この反新羅政策の時期にまったく登場しない高向氏は天武朝になると登場する。

高向国押の子の高向麻呂は『日本書紀』によれば天武十年十二月、小錦下（従五位下相当）を授けられ、天武十三年四月には遣新羅大使に任命され、新羅に一年居て天武十四年五月に、新羅王の献上物を持って帰国している。斉明・天智朝にまったく登場しない高向氏が、天武朝になると登場し、その役目が新羅使で新羅に一年余居た事実は、高向氏と新羅の関係を推測させるし、高向王の子の漢皇子（天武天皇）と、高向臣の関係も推測させる（『続日本紀』大宝三年五月条は、従四位上の高向麻呂は参議として朝政にかかわり、慶雲二年に中納言、和銅元年に従三位で薨じたと書いている)。

以上述べたことからも、天武天皇の親新羅政策は、もちろん天武天皇の主体的外交方針によっているのだが、その出自にもよることを示している。

〔注〕

（1）直木孝次郎『日本の歴史・2』三八五頁〜三八六頁　一九六五年　中央公論社

（2）鈴木治『白村江』六二頁〜六三頁　七七頁　一九七二年　学生社

（3）大和岩雄『古事記と天武天皇の謎』一三七頁〜一三八頁　一九七九年　六興出版

（4）大和岩雄（注3）前掲書　一四八頁〜一四九頁

（5）直木孝次郎「近江朝末年における日唐関係の一考察——唐使郭務悰の渡来を中心に——」『末永先生米寿記念献呈論文集』所収　一九八五年

（6）大和岩雄「壬申の乱と国際関係——直木孝次郎氏の批判に答えて——」『天武天皇論（二）』所収　一九八七年　大和書房

（7）井上光貞『日本の歴史・3』四四五頁　一九七五年　小学館

（8）大和岩雄（注3）前掲書　一四二頁〜一四五頁

（9）北山茂夫『国民の歴史・3』二九三頁　一九六八年　文英堂

（10）白崎昭一郎「天武天皇年齢考」「東アジアの古代文化」二九号　一九八一年　大和書房

（11）坂本太郎「飛鳥雑考」『日本古代史叢考』所収　一九八三年　吉川弘文館

（12）三品彰英『日本書紀朝鮮関係記事考証・上巻』八六頁　一九六二年　吉川弘文館

（13）池田末則『奈良県史——地名』四一〇頁　一九八五年　名著出版

（14）金井清一「倭の琴弾原の白鳥陵について」「国語と国文学」四三巻四号

（15）北山茂夫『天武朝』一六七頁　一九七八年　中央公論社

（16）井上光貞「壬申の乱——とくに地方豪族の動向について——」『日本古代国家の研究』所収　一九六五年

第十章

『日本書紀』藤原不比等関与説をめぐって

『紀』最終成立時の工作記事と『紀』各巻の成立時期の検証

八木充の『日本書紀』藤原不比等関与説

八木充は一九六八年刊の『律令国家成立過程の研究』で、舒明〜天智紀は、「一般的な記事の書き方」が、他の天皇紀と「調和しない」ことをあげ、「記事自体の内在的特性として、中臣鎌足関係記事に異例の筆色と紙面を用いていることである。この一連の記事で鎌足の顕揚に意が注がれているから、（中略）書紀の鎌足記事の大部分は十分吟味したうえでなければ、史実として受けとるわけにはいかないのである。してみると、それをふくむ（B）部分の稿本の撰修に（引用者注、八木充は推古以前を（A）、舒明〜天智を（B）、壬申紀以降を（C）と分類する）、鎌足関係者、なかんずく藤原不比等の手が加わったと推定する余地はすこぶる大きい」と書いて、五つの理由をあげる。[1]

第一の理由として次のように書く。

> 孝徳前紀の「以二大錦冠一授二中臣鎌子連一為二内臣一、増レ封若干戸云々」（大錦冠が大化三年以後の冠位であることはいうまでもない）、白雉五年正月条の「以二紫冠一授二中臣鎌足連一、増レ封若干戸」の両記事と続紀慶雲四年四月壬午条にみえる不比等への封戸勅賜との関係である。慶雲四年の勅で、武内宿禰の功業を追想しそれに不比等を擬定して、結局二〇〇〇戸を賜与したが、藤原氏に対する賜封の確実な史料はこの慶雲四年度以降であり、それ以前にみえる鎌足への封戸の賜与はいずれのばあいも疑わしいのである。書紀のその二つの史料がどちらも「増封若干」といい、増封の形をとること、不明確な戸数で示されることは、両記事が賜封に関して確かな記録によったのではなく、慶雲四年以降に造作されたと解して納得できるのである。しかも二度にわたって同

一筆法の記事を挿入したのは、慶雲四年度の尨大な封戸を基礎にし、それを分断して記載した経過さえ推定されるのである。

このように書いて、第二として次のように書く。

鎌足の神祇伯の辞退（皇極三年正月条）と不比等の太政大臣辞退との関連である。官名は一致しないがそもそも大化前に神祇伯（祭官なら中臣氏系図所引大中臣延喜本系にみえる）が存在したというのが不可解ではないか。家伝に「令レ嗣二家業一、固辞不レ受」といい、したがって、重要なことは官名の異同ではなく、要職を固辞したという類同性であろう。公卿補任・尊卑分脈に、養老二年（尊卑分脈にはさらに慶雲二年）、不比等が太政大臣任命を辞退したとしるすのは、当時の不比等をめぐる政界の推移から、まったく根拠のない伝えとはいえないのではなかろうか。皇極三年の鎌足の神祇伯辞退の記事は、したがって慶雲以降の潤色とみなせば、きわめて理解しやすいのである。[1]

第三の問題として、皇極三年正月条の鎌足の蘇我氏謀殺計画について述べる。

蘇我蝦夷・入鹿の討滅成功の重要な鍵ともなったのは、蘇我石川麻呂の女を中大兄に納れるにあったといって不当ではなく、それに対する鎌足の分担はその交渉にあったごとくしるされている。ところが他方不比等が天皇との外戚関係を形成し、それを強化する必要はまさしく現実的、緊急の課題にほかならなかった。ただ、鎌足は自分の直接的な姻族関係としてではなく、中大兄・石川麻呂間の媒要たるにすぎないが、それは皇妃に関する確実な記録が残り、改作の余地がありえなかったからであろう。しかし鎌足が媒要となるにあたって『謀二大事一者不レ如レ有レ輔、請納二蘇我倉山田麻呂長女一為レ妃而成二婚姻之昵一、然後陳説欲二与計一レ事』といったとあるのは、不比等の長女宮子を文武の夫人に納れた事情とまったく軌を一にするといってよいであろう。[1]

第四として、天智紀で熊津都督府（天智三年十月条）・新羅（七年九月条）の使節の接遇を鎌足が主管した記事を取り上げ、この記事は「続紀和銅二年五月壬午条には、不比等が新羅使に、執政官人が新羅使を引接するのはかつて前例をみないと述べたこと」と重なると書く。したがって「鎌足が天智期に朝鮮使節の応接の当事者となったというのは、和銅初年の不比等の職能を基礎として潤飾された可能性が濃厚なのである」と書く。[1]

第五に、鎌足が最期の病床で葬儀を軽易におこなうよう希望した記事も、「葬事の簡略化はわけても大宝二年一二月の持統の遺詔が一大転機になったとみなされるから、（中略）鎌足の葬事軽易の言もまたその造作の時期を大宝末年以降に擬することができる」と述べている。[1]

『紀』に藤原氏・不比等の関与をみる岸俊男・上田正昭

八木充の著書が刊行される二年前の一九六六年に、岸俊男の『日本古代政治史研究』が刊行されている。この著書に「たまきはる内の朝臣――建内宿禰伝承成立試論――」と題する論考が載る。不比等が封戸五千戸を賜った慶雲四年（七〇七）は、『日本書紀』の編纂中だったから鎌足を「内臣」にして、武内宿禰の「たまきはる内の朝臣」（語義では「内の朝臣」は「内臣」と同じと岸は書く）に重ねたと、岸俊男はこの論考で書く。また『日本書紀』孝徳即位前紀六月庚戌条の記事を検証し、「この記事には疑点が多い。まず大錦冠の冠位は、書紀によれば大化三年に制定された七色十三階の冠の一つで、この時点では推古十一年制定の冠位十二階がなお施行されていたから、大錦冠があるはずはない。（中略）また食封制がすでにこの時整っていたというのも大化改新の経過の一般的通念に反するし、『増二封若干戸一云々』とある『云々』という表現も落着かない。さらに後段の文章は内臣の地位職能を知る上に重要であるが、実はこれは魏志武帝紀の裴松之の注と同文であり、伊尹が中臣鎌子連と書き換えられているに過ぎない」と書く。また天智紀の「中臣内臣」とある記事も、「疑わしいといえばいえないことはない」と書き、八木充のようにはっきり藤原不比等が中臣鎌子（藤原鎌足）について書く『日本書紀』の記事に関与していたとは書かないが、『日本書紀』の最終成立時期に、藤原（中臣）氏が、武内宿禰と中臣鎌子（鎌足）の「内臣の記事には関与しているのでないか」と推測している。[2]

上田正昭は八木充や岸俊男の先行論文が書く、藤原氏または藤原不比等が、『日本書紀』の編纂に関与したのではないかという主張・推論に注目して、一九六八年刊の『大仏開眼』で、次のように書いている。

> 七〇四年（慶雲元）に右大臣に昇進した不比等は、文武朝の信任をえて、慶雲四年四月には、天皇から食封《へひと》五千戸を彼に賜与されるという異例の宣命がだされた。時に不比等は四九歳であった。
>
> 令の定めでは、太政大臣で三千戸、左右大臣で二千戸とされていたから、右大臣である不比等に五千戸というのは、まことに殊遇である。しかもその宣命では、不比等の功績をほめたたえて、「父藤原の大臣（鎌足）の仕へ奉らへる状《さま》」を顕彰し、これを「建内宿禰命の仕へ奉らへることと同じ」と賞讃されている。藤原氏の家伝でも、鎌足と建内宿禰の功業が対比されているが、当

時の宮廷において鎌足と建内宿禰伝承とがすでに対応する形で確認されていたことがわかる。『日本紀』においては、『古事記』よりもはるかに建内宿禰が天皇近侍の内臣であったことが強調されており、また『日本紀』においては、鎌足の功績がことさらに修辞され粉飾されている。『日本紀』における鎌足の評価が、『魏志』武帝紀の文によったものであることは、すでに先学の指摘するところであり、『日本紀』における鎌足像が、不比等との関係で潤色されたのではないかとする見解も、八木充氏によって提出されている。さらに岸俊男氏によって、建内宿禰伝承の成立が鎌足像を通路にしたのではないかとする説もだされている。

『日本紀』における鎌足の叙述は、これを詳細に検討してゆくと、いかにも矛盾を内包しており、鎌足の子孫によって、鎌足像がことさらに飾られたところが多いのである。（中略）藤原氏の墓記上進、ついで不比等の政界進出という状況を反映して、『日本紀』における鎌足像がより強く飾りたてられてゆくのである。その意味では、不比等が歴史上に登場する最初のところに、『日本紀』が史《ふひと》の字をあてているのも興味深い。フヒトの名の由来は、史つまり史書の編纂とのつながりを示すからである。それをうけて、舎人《とねり》親王らの史局による『日本紀』の完成がなされる。(3)

このように上田正昭は書いているが、八年後の一九七六年に刊行した『藤原不比等』でも、次のように書いている。

『日本書紀』の完成には不比等が舎人親王の影の存在として大きな役割をはたした形跡がある。かつて私は「『日本書紀』の完成に彼（不比等）および彼の一族が深いつながりをもっていたこと」を指摘した（『大仏開眼』）。その考えはいまも改める必要はないと思っている。

（中略）

当時の廟堂における実権者不比等が、『日本書紀』の最終的仕上げに無関心であったとは考えがたい。『古事記』とはちがって、中臣氏の関係伝承は、神代巻（巻第一・巻第二）ばかりでなく、巻第三以後にもくりかえし登場する。そしてそこでは神事や卜占ばかりではなく、「大夫」として天皇家の祖先に奉仕したことが述作されている。

慶雲四年四月十五日、藤原不比等に食封を与えたおりの宣命では、（中略）「汝の父藤原の大臣（鎌足）の仕へ奉らへる状」と「建内宿禰の仕へ奉らへること」とが対比されて顕彰されていた。『日本書紀』の建内（武内）宿禰像は『古事記』よりもはるかに強く天皇近侍の内臣として描かれていた。そして不比等の父鎌足の功業が特筆された。こうした述作の背後には不比等とその同族たちの自己主張が反映されているとみなしてよいだろう。(4)

このように上田正昭は書き、藤原不比等らの正史の『日本書紀』への関与を推測している。

藤原不比等関与を『記』『紀』にみる梅原猛・上山春平

梅原猛は一九七二年刊の『隠された十字架』の「はじめに」で、「『記紀』は藤原不比等の手によってつくられたもの」と書き、「『古事記』は不比等が稗田阿礼なる仮名のもとに太安麻呂に手伝わせて、新しい宗教的イデオロギーを興味深い読物にして、元明帝にたてまつった秘書であり、『日本書紀』は、そういうイデオロギーによって、実際の歴史を叙述し、藤原氏に都合のよいイデオロギーをそのまま国家のイデオロギーとして、律令体制を強化しようとした公式の歴史書であるというのが私の考えである」と書く。しかし「『古事記』＝不比等撰修説は、今のところこの説の共同の創造者、上山春平氏以外に味方はないが、『日本書紀』＝不比等撰修説は有力な歴史家の味方がある。上田正昭氏である」と書いて、前述した上田正昭の『大仏開眼』の説を紹介している。(5)

梅原猛が「共同の創造者」と書く上山春平は、梅原猛が『隠された十字架』を出版した一九七二年に、『神々の体系——深層文化の試掘——』を刊行している。その著書で上山春平は次のように述べている。

記紀を天皇家のための歴史と見る考えは、津田左右吉以来、ほぼ古代史研究の主流をなしているように思われるのであるが、私には、天皇家のためというよりはむしろ藤原家のためと見るべきではないかと思われてならない。そして、記紀にそのような方向づけを与えた広義の制作主体として、藤原不比等を想定してみたいと思うのである。

（中略）

思うに、記紀の編纂は、修史にたいする天武の強い関心を元明が継承したという外見をとりながら、実は、元明朝のもとで実権をにぎっていた不比等によって、その仕上げの形を大きく方向づけられたのではないか。(6)

このように上山春平は書いているが、岸俊男(2)・上田正昭(4)・梅原猛(5)・上山春平(6)は、いずれも京都大学卒で、岸・上田・上山の三人は京都大学教授（岸・上田は日本古代史、上山春平は哲学）である。梅原猛はこの著書執筆中は立命館大学教授で専攻は上山と同じに哲学である。上田正昭が取上げている八木充（梅原猛も八木説を紹介している）も山口大学から京都大学大学院（博士課程）で学び、前述の著書刊行時は山口大学教授（日本古代史）である。いずれも東大系は一人も居らず、京大系であることが、無視できない。

梅原猛・上山春平説は、『日本書紀』だけでなく『古事記』も藤原不比等が関与したと主張しているが、第十一章で詳述するが、『記』『紀』は対新羅・百済観では、まったく記述が違う。『記』は親新羅、『紀』は反新羅で、この決定的違いからみても、『記』と『紀』に不比等の関与を主張する梅原・上山説は成り立たない。

田村圓澄・原秀三郎・大山誠一の不比等関与説

田村圓澄は一九七五年刊行の『飛鳥・白鳳仏教論』で、「『日本書紀』と藤原鎌足」について論じている。田村圓澄は『日本書紀』の鎌足に関する記述について、いくつかの不比等との共通点をあげる。(7)

第一は、八木充が『律令国家成立過程の研究』（三一九頁）で、皇極紀三年条の鎌足が神祇伯就任を固辞した記事を、不比等の太政大臣辞退と関連させて論じている見解をヒントにして、「不比等が神祇官人になることを欲せず、律令官人コースに定着しようとして、その先例を鎌足に求めた」と書く。田村は鎌足の神祇伯就任固辞は、不比等の作文とみている。

第二は、『日本書紀』は不比等の君臣関係を鎌足に投影して書かれているという見解を書く。「『日本書紀』は中大兄皇子が鎌足にすべてをまかせ、また鎌足がすべてをとり計っているように叙述している。鎌足の苦労、また智恵や力量も、中大兄皇子との間柄においてのみ意義があることであり、つまり中大兄皇子の鎌足に対する厚い信頼を、印象づけようとしている」と書き、この記述は元明・元正天皇と藤原不比等との君臣関係の反映と書く。

第三は、「皇太子」の中大兄時代だけでなく、天智紀の天皇と藤原鎌足の記述も、皇太子時代と同じに、「『理想的忠臣』像と、それに応える『理想的天皇』像」だと書き、「天智天皇と鎌足との忠誠・信頼の「相互関係の強調」も、「文武・元明・元正の各天皇と不比等の相互関係を示唆している」と書いている。

以上のような指摘に立って、田村圓澄は、「私は『日本書紀』の鎌足の伝記の構想に、その子の不比等が強く関与していたと考えるのである」と書いている。(7)

原秀三郎は一九八〇年に『日本古代国家史研究』を刊行している。この論文集に「孝徳紀の史料批判と難波朝廷の復元——二つの大化年号と孝徳即位をめぐって——」と題する論考で、「『大化改新』という虚構のロマンを結晶させたのは誰れであったろうか。それは恐らく、『日本書紀』編纂時に時の権力の中枢にありながら、己の出自に伝統を持たなかった新興の貴族が、天智と運命をともにした先考の顕彰を期して仕組んだものであろう。その人の名は大織冠中臣鎌足の子、贈太政大臣正一位文忠公藤原不比等であった、と私は憶測している(8)」と書いている。

大山誠一は二〇〇九年刊行の『天孫降臨の夢——藤原不比等のプロジェクト——』で、この著書に「藤原不比等のプロジェクト」というサブタイトルをつけているように、『日本書紀』に不比等が積極的に関与しており、不比等のプロジェクトによって正史は作られたと主張している。「不改常典」についても、「『不改常典』は不比等が創作したもので、中身はなく、天智の名をもち出すことによって元明の即位を正当化しようとしたもの」と書いて、元明天皇の即位も藤原不比等のプロジェクトだとみる。[9] 大山説はタイトルに「天孫降臨の夢」と題しているように、『日本書紀』の天孫降臨神話は不比等によって作られたとみて、不比等は自分をタカミムスビ、元明天皇をアマテラス、文武天皇をオシホミミ、首皇子（聖武天皇）をニニギに設定した神話と書いている。[10] しかし『日本書紀』の神代紀の成立事情は、大山のように単純に不比等に結びつけるわけにはいかない。不比等が『日本書紀』に関与していることは事実だが、大山見解は大山の夢で（「アマテラス」のイメージは持統天皇にはあるが、元明天皇にはない）、私は同調できない。

坂本太郎の藤原不比等『紀』不関与説批判

東京大学の日本古代史の碩学の坂本太郎は、一九八三年刊行の『日本古代史叢考』に、「法隆寺怨霊寺説について（二）」（この文章は一九七三年五月刊の「日本歴史」三〇〇号に掲載している）を載せ、梅原猛が『隠された十字架』で主張する藤原不比等が『古事記』と『日本書紀』を編纂したと主張する見解を批判して、次のように書く。

『古事記』と『日本書紀』とを一しょに考えることは、そもそも無理である。できた由来も違い、性格も違う書物だからである。まず『古事記』から考えよう。『古事記』には有名な序文がある。この序文を偽撰とする人もあるが、その根拠は薄弱である。和銅五年太安万侶が書いたという事実を疑うことはできない。その安万侶が実在の人物であることも確かであるが、そこに書かれた稗田阿礼が藤原不比等の仮名であるということは、余りにもとっぴである。[11]

このように坂本太郎は梅原猛の藤原不比等＝稗田阿礼説を批判している。坂本は「序文を偽撰とする人もあるが、その根拠は薄弱である」と書く。しかし「根拠は薄弱」でないことを、私は一九七五年刊行の『古事記成立考』、二〇〇九年刊行の『新版・古事記成立考』で詳述した。「太安万侶が書いたという事実を疑うことはできない」とは断定できない。だが梅原猛の主張する藤原不比等と稗田阿礼が同一人物説は、坂本太郎と同じに私も認めない（安万侶の孫の多人長が序文を書いたとみている）。

坂本は次に『日本書紀』にも藤原不比等が関与していると主張する梅原説を批判する。理由としてまず『日本書紀』の撰上に、「舎人親王」の名のみが『続日本紀』（養老四年五月癸酉条）に載ることを取上げ、「不比等が正式に関与していたならば、不比等の名ぐらいは出すべきであろうのに、それを記さないのは、正式にはかれは関与しなかったと見るのが妥当であろう」と書く。[11] しかし「正式に関与しなかったにしても、書紀の撰修せられた時代は、不比等の地位が次第に向上し、政権を掌握した時代と一致する。初めてできる国の正史に関心を示し、何らかの形で干渉をすることは、あり得ないことではない」と認めている。認めた上で「私見では、かれは史料を変改したり、撰修者の意見を圧迫したり、自家に都合のよい修史をさせるような暴挙をしたとは思わない」と書いている。[11]

また坂本は不比等は「律令の撰修ほどには、重きを修史におかなかったのではないかとさえ思われる徴証もある」と書いて、「徴証」を二つあげる。一つは不比等の名が「史」（持統三年二月己酉）と「不比等」（持統十年十月庚寅）とある事。また鎌足が皇極紀・孝徳即位前紀に「中臣鎌子」とあるのが、白雉五年に「中臣鎌足」、天智紀に「中臣内臣」「藤原内大臣」とある事について、「こうした違いは、史料の相異や、各巻の編者の書法によるものであろうが、突然の鎌子から鎌足への変改には、何らかの説明の望ましい所ではあるまいか。不比等は父についてのこうした不統一の書法に不満はなかったのであろうか。それは史官の筆にまかせてよしとしたのであろうか。このことからも、かれは書紀にそれほどの関心がなかったのであろうと思われるのである」と書いている。[11] しかし史料の変改、撰修者の意見を圧迫、自家に都合のよい修史の編纂という「暴挙をしたと思わない」というのは、「私見」で、この「私見」を具体的事例で論証しないかぎり説得力はない。また鎌足の名の「不統一」は岸俊男が書くように、[2] 鎌足の出世を名で示す鎌足関係者の意図によるという見解があり、「史」から「不比等」へ変っているのは、初めは「史」と書いていたが、後に「不比等」と改めたから、そのことを表記の違いで示したのであり、そのことをもって不比等が「書紀にそれほどの関心がなかった」とはいえない。いずれにせよ坂本太郎の藤原不比等不関与説には同調できない。

また坂本太郎は、「天皇が鎌足に律令の撰修を命じ、鎌足は時の賢人と相共に旧章を損益して一おうの条例を作ったという大筋はまちがいない事実であろう。いわゆる近江令の撰修である」と書き、「このことは、書紀には天智紀の記事としても、鎌足の事績としても、全く記されていない」から、「不比等が書紀の撰修に与ったという推測の可能性はほとんど絶望的となる」と書くが、[11]「近江令」があったとする主張は、「ほとんど絶望的」なほど支持がないのである。さらに坂本は『大織冠伝』（『藤氏家伝』のこと）に、「鎌足が天智天皇と大海人皇子との間の和解に努め、皇子が吉野から東国に向かうにあたって、鎌足が生存していたならば、この困しみにあうことはなかったろうと述懐した話」を事実とみて、「鎌足が天智天皇だけでなく、天武天皇からも重んぜられたという事実」からも「書紀と不比等との関係を否定する一つの根拠」にするが、第十六章で詳述するが（五一八頁〜五一九頁）坂本太郎の取上げる記事は創作で事実ではない。

山尾幸久の藤原不比等『紀』不関与説批判

山尾幸久は「大化改新――『孝徳紀』の詔の性質をめぐって――」で、「『孝徳紀』の態様に着目して藤原不比等の介入を推測する説があるが、『天智紀』『天武紀・上』が説明できない」と書く[12]。そして例として、天智紀に「天人相関的な予兆記事」を配し、この朝廷に筆誅を加えていることをあげている。
「天人相関的な予兆記事」とは、天智称制七年七月条に載る次の記事である。

　時に、近江国、武《つはもの》を講《なら》ふ。又多に牧《うまき》を置きて馬を放つ。又越国、燃土《もゆるつち》と燃水とを献《たてまつ》る。又浜台《はまのうてな》の下《もと》に、諸《もろもろ》の魚、水を覆ひて至る。又蝦夷《えみし》に饗《あへ》たまふ。又舎人《とねり》等に命《みことのり》して、宴《うたげ》を所々にせしむ。時の人の曰はく、「天皇、天命将及乎」。

「天命将及乎」(原文)を「みいのちをはりなむとするか」と、一般に訓まれているが、このような読み方は、『日本書紀』の最初の考証注釈書の谷川士清(一七〇九~七六年)の『日本書紀通証』(宝暦元年〈一七五一〉脱稿、宝暦十二年)は、訓みを記さないが、河村秀根・益根の『書紀集解』(天明五年〈一七八五〉の序文がある)は、「天命将《ミイノチヲハリナムトスルカ》レ及乎」と訓む。飯田武郷の『日本書紀通釈』(一八九二年)も『書紀集解』と同じに訓むから、この『書紀集解』『日本書紀通釈』の訓み方を、岩波書店版・小学館版の頭注者も採っている。山尾幸久も同じ解釈をして、『日本書紀』の編者は天智朝に「筆誅を加えている」から、中大兄(天智天皇)と組んで行動していた藤原鎌足の子の不比等が、『日本書紀』の編纂に関与しているはずはないと[12]、一刀両断する。しかしこの断定はまったく成り立たない。そのことは第八章(二七一頁~二七二頁)でくわしく述べたが(しかし山尾幸久の見解は取上げてはいない)、本章では山尾見解批判を書く。
私は第八章で「又浜台の下に」以下の文章を記して、「浜台の下に、諸の魚、水を覆ひて至る」も、「蝦夷に饗たまふ」も、「舎人等に命して、宴を所々にせしむ」も、「天命」が「将及乎《をはりなむとするか》」でなく「まさにおよばんとする」事実を示していると書き、そのこと（即位したこと）を祝っての「饗」や「宴」だと書いた。第八章では書かなかったが、田中勝も「天智天皇紀の錯簡と『日本書紀』の紀年法」で、「みいのちをはりなむとするか」と訓むと、前文と「まったく文脈に合わない」から、この前文と「天命将及乎」は天智称制七年の「即位儀礼に関係している」と書き、「天智帝の和風諡号『天命開別』の『天命』を『開』いたのが『将《まさ》に及ばんとする』のであろう」と書いている。[13]
「前文」は第八章で引用した「又浜台の下に」の前に、本章で引用した「時に、近江国……」と書かれている文章で、そのすべてに「又」が冠されている。この「又」の冠された五つの事実を、「時の人」が「天命将及乎」と言ったのである。『書紀集解』の著者や岩波書店版・小学館版の『日本書紀』の頭注者や山尾幸久は、この「又」として書く五つの「前文」を無視して、「天命将及乎」という文字だけをみて解釈しているから、五つの前文とはまったく正反対の、間違った解釈をしているのである。
『日本書紀』は天智称制六年二月条で、皇太子中大兄が群臣たちに「万民のために、石槨《いはき》の役《えだち》（陵墓の造営工事）はおこさぬ」と言ったと書いている。また天智称制八年八月条では、天智天皇を「仁愛の徳の寛《ゆたか》な天皇」と「時の人が感《め》でて歎《ほ》めている」と書いている。ところが即位の年の七年だけ、山尾幸久説のように、天智朝に「筆誅を加えた」記事を載せたという解釈は無理である。この記事も天智天皇の「天命」が「将及乎《をはりなむとするか》」でなく「まさにおよばんとするか」と訓むべきである。坂本太郎も「天智紀の史料批判」で、天智紀には、天智天皇と藤原鎌足の讃美記事が特に顕著に見られることを指摘している(14)。

また山尾幸久は、「鎌足が最も活躍し一族の者が右大臣の要職にあった天智朝、その天智朝を打倒した」記録である『天武紀・上』（壬申紀）は、「舎人の言動に至るまで詳載している」と書き、このように「即位前紀に一巻を配当するなどというのは異例である」から、この事実からも不比等の関与はないと書き、もし不比等が関与していれば、即位前紀（壬申紀）などは「数行にまとめることができる」と断定している(12)。この山尾の文章は「数行」どころか「一行」で断定しており、具体的理由を記さない批判で、後述するが『日本書紀』の各巻の成り立ちを無視しており、不比等関与説を否定する見解としては認め難い。

以上、諸氏の見解を紹介したが、藤原不比等の『古事記』『日本書紀』関与説の梅原猛・上山春平の主張、『日本書紀』不関与説の坂本太郎・山尾幸久の批判は、一方的主張・断定的批判であり、私はどちらの説にも同調できない。

『日本書紀』各巻の述作者と成立時期の相違

前述した山尾幸久の見解は一貫した編修と見る思い込みによる批判だが、『日本書紀』は各巻によって述作者や成立時期は違い、さらに第一段階成立の記事に第二段階で改めたり書き加えたりしているが、各巻の代表的分類を次に記す。

藤井信男（「日本書紀各巻成立の一考察」『大倉山論集』第一輯　一九五二年）
1、巻一〜二。2、巻三。3、巻四〜一三。4、巻一四〜一六。5、巻一七〜一九。6、巻二〇・二一。7、巻二二・二三。8、巻二四〜二七。9、巻二八・二九。10、巻三〇。
太田善麿（『古代日本文学思潮論（Ⅲ）』　一九六二年　桜楓社）
1、巻一〜二。2、巻三〜一三。3、巻一四〜二一。4、巻二二・二三。5、巻二四〜二七。6、巻二八・二九。7、巻三〇。
山田英雄（「日本書紀」『国史大辞典・11』所収　一九九〇年　吉川弘文館）
藤井信男とまったく同じに各巻を一〇分類している。そして巻一と巻九、巻二・三と巻七、巻四・五と巻八に、共通の特徴があると書く。
森博達（『日本書紀の謎を解く』　一九九九年　中央公論新社）
β群　巻一〜一三・二二・二三・二八・二九。α群　巻一四〜二一・二四〜二七の二分類にし、別に巻三〇を加える。
この分類にかかわっている四人の学者は、藤井信男・山田英雄は日本古代史学者、太田善麿は日本上代文学者、森博達は言語学者である。日本古代史学者の横田健一は『日本書紀成立論序説』で『日本書紀』の編纂には多くの人が関与しているが、「編者の時代の文体や用語をもって、記述した」と書き、さらに次のように書く。
『書紀』の編纂が何段階かにわたり、ある時代に一応の原形ができあがったのちに、また編纂し直され、もとの原稿に修正が加えられ、さらに後の時代にまた修正され、書き改められるようなことがあったであろう。

そうした何段階かの修正の最後が、養老四年（七二〇）の撰進の直前であったであろう[15]。

この横田健一の見解に私も賛成するが、前述の藤井・太田・山田・森の見解は、最初の述作者による分類だが、太田善麿は「日本書紀の分註に関する一考察」で、巻二四から巻二七がもっとも分注が多い一群だと書いて注目している[16]。また「日本書紀の編修と分担方式」では、次のように書く。

まず第一に注目しなければならないことは、（中略）もっとも新しい時代を担う天智天皇紀が、編年体史籍としての内容において、つぎの天武天皇紀（巻第二十八・九）以下と、あまりにも顕著な懸隔を示しているという事実である。まず常識的に考えるならば、年代や文化段階からは、天智天皇紀は天武天皇紀と資料的な条件においてかくまで著大な差等が生じるべきではなかったと言えよう。それにもかかわらず、天智天皇紀を見ると、意外にも客観的な資料にもとづくというよりは主観的なもしくは観念的な筆にゆだねられたと見られる記載が多いばかりでなく、実記録的な記載も豊富であるとは言えず[17]……。

このように太田善麿が書いているのは、天智紀は序章や本章で書いたように、『日本書紀』の最終編纂期に本文への加筆や変更記事、さらに「或る本に云はく」として、多くの注記を加えているからである。太田善麿は天智紀だけでなく、前述の傾向は「斉明・孝徳・皇極とさかのぼった各巻と共通する傾向」と書いて、いくつかの実例をあげて、「客観的事実の記事として立てられたものではない」、「少しも具体的な事実に即そうとつとめたあとが認められない」記事があると書く。そしてそのような記事がもっとも多いのは天智天皇紀だと書き、「斉明天皇紀にもきわめて濃厚に存し……」、次に「孝徳天皇紀・皇極天皇紀にも見られる」と書いている。(18) 皇極紀・孝徳紀は中大兄と鎌足（中臣鎌子）の活躍を、もっとも声高に書いている天皇紀なのだから、太田善麿が示す事実は見過すことはできない。

森博達はこの皇極〜天智までの巻は、唐人の薩弘恪が述作者だと書くが、薩弘恪が『日本書紀』に登場するのは持統三年六月十九日条で、「稲を賜ふ」とあるが、森博達は十日後に「諸司に令一部二十二巻を班《わか》ち賜ふ」を、「浄御原令」とみて、浄御原令に関与したことの賞賜が十九日の記事と書いている。(19) 私も同意見である。彼の名は『続日本紀』の文武四年六月十七日条に、「大宝律令」の撰定が完了したことで禄を賜った記事が載るが、禄賜の十九名の七番目に薩弘恪の名が見える。トップは刑部《おさかべ》親王だが、次は藤原不比等が記されており、不比等が実際の責任者であったことは明らかだが、そのメンバーに薩弘恪が入っていることは無視できない。彼が皇極・孝徳・斉明・天智紀の述作者に選ばれたのは、不比等の指示によるのだろう。そのことは皇極〜天智紀の四代の天皇紀に、中大兄と中臣鎌子（藤原鎌足）のことが特に賞讃され、その活動が特筆されていることからもいえる。

さらに問題なのは太田善麿が指摘する天智紀の特異性である。そのことは私も序章・第八章で述べたが、「或本に云はく」として持統天皇の姉弟関係の異伝や、「ウノサララ」という持統天皇の皇女名を、母の違う二人の皇女に分解して示しているのは、天武天皇を「オホアマ」と「アヤ」の二皇子に分解して示しているのと対応する。このような工作を特に天智紀でおこなっているから、太田善麿が指摘するように、特に天智紀に主観的・観念的記述が多いのである。

太田善麿が示す皇極紀〜天智紀の工作記事

太田善麿は『古代日本文学思潮論（Ⅲ）――日本書紀の考察――』で、皇極紀から天智紀までの記述には、「客観的事実として立てられたものではない」記述が多いことをあげている。その例として次の記述を示す。

天智天皇紀五年冬十月条に、

是冬、京都之鼠向㆓近江㆒移、

と見えるのは、孝徳天皇紀大化元年冬十二月条下に、

天皇遷㆓都難波長柄豊碕㆒、老人等相謂之曰、自㆑春至㆑夏鼠向㆓難波㆒、遷都之兆也、

と見え、また同二年条下に、

是歳、越国之鼠、昼夜相連、向㆑東移去、

とあって同三年条下に、

老人等相謂之曰、数年鼠向㆑東行此造㆑柵之兆乎、

と見えるごときと一聯の記載であり、要するに六年三月の近江遷都の前兆として置かれているものであって、客観的事実の記録というよりは、何らかの見解の表明たる性質をもつものであると言える。この種の鼠の動きを遷都の兆として掲げるやり方は、河村秀根の『書紀集解』にも指摘されているように、魏書武帝紀あたりから学んだことに相違ないと思われるものである。

かくして同六年三月、この遷都のことを記して、

是時天下百姓不レ願レ遷レ都、諷諫者多、童謡亦衆、日々夜々失火処多、

としているのが、客観的事実の記事として立てられたものでないことも疑いを容れない。もとより、これを無根のことと断ずるわけにはいかないが、ここに伝えていることがきわめて抽象的であって、少しも具体的な事実に即そうとつとめたあとが認められないこと、すなわち「天下百姓」とか、「日々夜々」とか、また「多」とか「衆」とか、もっぱら形容表現に終始していることから、これが一流の解釈もしくは主張を基底において立てられた記載であることを推すことはできるであろう。

（中略）

この類のことは、まだほかにも指摘できるが、かかる傾向がこの前の巻にあたる斉明天皇紀（巻第二十六）にもきわめて濃厚に存していることは著しい事実であり、また孝徳天皇紀・皇極天皇紀にも見られるところなのであるが、当面の問題としてとくに注目したいのは、繰返すことになるが、天智天皇紀が編年体史籍たる内容において天武天皇紀に比してあまりにも大きな隔差を示しているのが自然とのみはうけとれないという事実なのである。[20]

このように書いて太田善麿は、皇極・孝徳・斉明・天智紀と壬申紀・天武紀との違いについて、「天智天皇紀や、それと関連の深いものであったはずの斉明・孝徳・皇極とさかのぼる各天皇紀の資料たるべきものが、壬申の乱によって大きく失われたという事情があった」ことを、違いの理由にしている。[20] しかしこの見解には賛同できない。できない理由を書く。

第一に、壬申の乱は近江の都の郊外の勢多、粟津岡、三尾が戦場であり、都が焼かれたり、戦場に

なったのではないこと。

第二に、近江の都は壬申の乱の四年前に移ったばかりであり、飛鳥や難波に都のあった皇極・孝徳・斉明朝の資料が、天智朝の資料と共に、壬申の乱で多く失なわれるはずはないこと。

第三に、失なわれたと太田善麿が書く資料は、中大兄（天智天皇）と中臣鎌子（藤原鎌足）の活躍した、皇極・孝徳・斉明・天智朝に限定されていること。

以上の事実からみても、壬申の乱で特に資料がなくなったのではなく、資料はあるが皇極〜天智朝を第一段階で担当した薩弘恪が不比等の意向を受けて述作した事と、さらに前述（四七頁〜四八頁）したように、奈良遷都後の記事であると天智紀が明記する、第二段階での加筆・訂正記事によって、太田が指摘する作文的記述が天智紀に多く見られるのである。

いくつかの「鼠」の例を、太田善麿は作文と書き、河村秀根も『書紀集解』で『魏志』（武帝紀）から学んだと書いていることを紹介しているが、『魏志』の記述は示さない。『魏志』の武帝紀には次のように書かれている。

永凞三年是歳二月衆星北流群鼠浮レ河向レ鄴。（中略）徙二都鄴一是為二東魏一

この文章をヒントにして、鼠が飛鳥（天智紀は「京都」と書く）から近江へ、または難波へ向ったと書き、越国から東へ鼠が向ったと書いたのであり、作文であって事実ではない。

河村秀根・益根の『書紀集解』は、皇極紀巻頭の「天皇順二考古道一而為レ政也」は、『魏志』（少帝紀）の「順二考古道一而行レ之」に依っており、孝徳紀二年二月の甲午詔の「管子曰」として書かれている文章は、『魏志』（文帝紀）の斐松之の注、孝徳紀三年の甲申詔（墓制改革詔）の文は『魏志』（武帝

紀・文帝紀）の記事に依っていると書くが、この見解に太田善麿は賛同し、岩波書店版・小学館版の頭注も採っている。こうした中国文献の文書を、第一段階の述作者の薩弘恪か、第二段階の加筆者が引用して書いたのであろう。

以上述べた事例からみても、皇極紀〜天智紀の四代の記述は、他の『日本書紀』の記述と違った、中国文献の文章をそのまま使った引用記事・作文が多く、史実を忠実に記した史書とはいえない。

皇極・孝徳紀の作文された中臣鎌子関係記事

第六章で蘇我入鹿暗殺の現場には中大兄も中臣鎌子も居なかったし、中大兄と中臣鎌子が南淵請安の学堂で共に学び、入鹿暗殺の謀議をしたという記述も、鎌子の曾孫の藤原仲麻呂執筆の「鎌足伝」（『藤氏家伝』所収）には載っておらず（「鎌足伝」は旻法師の学堂で鎌足は入鹿と共に学んだと書いている）、作文であることを書いた。

第六章では述べなかったが、『日本書紀』の藤原鎌足が中大兄に進言したという、次の記事も問題である。

> 大きなる事を謀《はか》るには、輔《たすけあ》有るには如《し》かず。請《こ》ふ。蘇我倉山田麻呂の長女を納《めしい》れて妃として、婚姻の昵《むつび》を成さむ。然《しか》して後に陳《の》べ説きて、与《とも》に事を計らむと欲《おも》ふ。功を成す路、これより近きは莫《な》し。

この進言を聞いた中大兄は大いに喜んだので、鎌足は蘇我倉山田石川麻呂の長女を中大兄に紹介したが、結婚の前夜、蘇我武蔵が長女を連れ去ったので、妹が身代りになって中大兄と結婚したと、

『日本書紀』は書く（同じ話は「鎌足伝」にも載る）。ところが、蹴鞠が縁で金春秋（武烈王）と金庾信が知り合ったと記す、韓国の文献の『三国史記』『三国遺事』では、蹴鞠の縁で出会った金春秋に、金庾信が姉を紹介しようとしたが、姉がことわったので妹が金春秋と結婚したとあり、『日本書紀』や「鎌足伝」と『三国史記』『三国遺事』の記事は、ぴったり一致するから、多くの論者がこの話は蹴鞠の話と同じに事実ではないと書いているが、中大兄に蘇我倉山田石川麻呂の娘を妻にするよう中臣鎌子がすすめたという記事も、他の記述がすべて実名なのに、姉妹を「長女」「少女」と書いて、実名を記さないことからも、作文であることを示している。

『三国史記』や『三国遺事』などの韓国文献は、『日本書紀』より成立は後代だが、『日本書紀』も韓国文献も中国の文献に載る話を、自国の皇（王）子と忠臣の話にしたのであろう。韓国文献は忠臣の金庾信の姉妹の話にしているのは、中国の原典がそうであったからである。したがって、説話の一貫性からしたら、忠臣鎌足の姉妹の話にしたかったのだろうが、それでは作文であることが見え見えだから、中大兄に妃を出している蘇我倉山田石川麻呂の娘にして、信憑性を高めたのである。この工作では本来の主役の軽皇子を消し、中大兄を主役に仕立てているが、事実は、蘇我倉山田石川麻呂の娘と中大兄の結婚の仲介は、鎌足でなく軽皇子がしたのであろう。

このように皇極紀は、乙巳の変の主役を中大兄にし、主謀者に鎌足を登場させているが、この記述は第一・第二段階の述作者・加筆者の意図というより、バックの不比等や藤原氏の意図を汲んで、言われるままに記したからであろう。特に第一段階の皇極〜天智紀の述作は唐人の薩弘恪である事からも、秘められた意図がうかがえる。

さらに孝徳即位前紀には左の記事が載る。

大錦冠を以て、中臣鎌子連に授けて、内臣とす。封増すこと若干戸と、云々。中臣鎌子連、至《いさ》忠《を》しき誠を懐く。宰臣の勢に拠りて、官司の上に処り。故、進め退け廃《や》め置くこと、計《はかりこと》従《したが》はれ事立つと、云々。

この記事について岸俊男は、「大錦冠」の冠位は大化三年（六四七）の七色十三階の冠位の一つであり、この時点で存在しないこと。増封についても、この頃に食封制があったといい難いこと。また鎌子讃美の文章は、『魏志』武帝紀の裴松之の注と同文だから、大化元年に「内臣」就任は疑わしいと書き、「内臣」は『続日本紀』（養老五年十月条）に載る藤原房前の内臣任命をヒントにして作られたと書いている。[2] この岸説を否定する見解はない。このような鎌足の乙巳の変での活躍や、その後の功績で、内臣・冠位・増封された記事が載る皇極〜天智紀は、八木充[1]が書くように初期の歴史編纂時にはなく、新しく加えられている事も無視できない。さらに「正史」は不比等の死の三カ月前に完成している。この事実も問題である。この事実は藤原不比等の関与を暗示している。

岸俊男の見解は前述したが[2]、青木和夫[21]・門脇禎二[22]も、藤原鎌足の『日本書紀』に載る記述は、不比等による顕彰記事であり、事実であるかは疑わしいと書いている。前述した八木充[1]・上田正昭[3][4]・田村圓澄[7]・原秀三郎[8]・大山誠一[9]・太田善麿[16]らの見解からも、藤原不比等または不比等の血縁者たちの『日本書紀』への関与は否定できない。

〔注〕

（1）八木充「『大化改新詔』の史料的検討」『律令国家成立過程の研究』所収　一九六八年　塙書房

（2）岸俊男「たまきはる内の朝臣――建内宿禰伝承成立試論――」『日本古代政治史研究』所収　一九六六年　塙書房

（3）上田正昭『大仏開眼』八八頁～八九頁　一九六八年　文英堂

（4）上田正昭『藤原不比等』二一四頁～二二二頁　一九七六年　朝日新聞社

（5）梅原猛『隠された十字架』八七頁～九〇頁　一九七二年　新潮社

（6）上山春平『神々の体系――深層文化の試掘――』一一三頁～一一四頁　一九七二年　中央公論社

（7）田村圓澄「『日本書紀』と藤原鎌足」『飛鳥・白鳳仏教論』所収　一九七五年　雄山閣出版

（8）原秀三郎「孝徳紀の史料批判と難波朝廷の復元――二つの大化年号と孝徳即位をめぐって――」『日本古代国家史研究』所収　一九八〇年　東京大学出版会

（9）大山誠一『天孫降臨の夢――藤原不比等のプロジェクト――』二三六頁　二〇〇九年　日本放送出版協会

（10）大山誠一（注9）前掲書　二四〇頁～二五九頁

（11）坂本太郎「法隆寺怨霊寺説について・二」『日本古代史叢考』所収　一九八三年　吉川弘文館

（12）山尾幸久「大化改新――「孝徳紀」の詔の性質をめぐって――」『古代史研究の最前線』所収　一九八六年　雄山閣出版

（13）田中勝「天智天皇紀の錯簡と『日本書紀』の紀年法」「東アジアの古代文化」二三号　一九八〇年　大和書房

（14）坂本太郎「天智紀の史料批判」『日本古代史の基礎的研究・上』所収　一九六四年　東京大学出版会

（15）横田健一『日本書紀成立論序説』二二六頁　一九八四年　塙書房

(16)太田善麿「日本書紀の分註に関する一考察」『古代日本文学思潮論(III)』所収　一九六二年　桜楓社

(17)太田善麿(注16)前掲書「日本書紀の編修と分担方式」二七三頁～二七四頁

(18)太田善麿(注17)前掲書　二七五頁～二七八頁

(19)森博達『日本書紀の謎を解く――述作者は誰か――』二〇九頁～二一〇頁　二二七頁　一九九九年　中央公論新社

(20)太田善麿(注17)前掲書　二七四頁～二七六頁

(21)青木和夫「藤原鎌足」『日本の古代の政治と人物』所収　一九七七年　吉川弘文館

(22)門脇禎二『「大化改新」史論・上巻』二三四頁～二三六頁　一九九一年　思文閣出版

第十一章

『日本書紀』二段階成立論の根拠

『日本書紀』の反新羅記事と百済系史官関与の問題

『日本書紀』の二段階成立を示す「百済史料」の注記

森博達は巻三〇の持統紀を除いた巻二九までは文武朝までに述作されたと、『日本書紀の謎を解く――述作者は誰か――』で書く。[1] この書は毎日出版文化賞を受賞しており、新書判だが専門学術書としても評価されており、私もこの言語学者の見解を評価する。森はサブタイトルに「述作者は誰か」と書き、音韻学者の視点に立って『日本書紀』の文章を検証し、β群とα群に別け、β群の述作者を唐人、α群の述作者を日本人と推論している。森のあげる述作者の史料からみると、巻三〇の持統紀を除く二十九巻は、文武朝末か元明朝初期に述作されている。[2] しかし『日本書紀』の成立は元正朝の養老四年(七二〇)であり、約二〇年後である。つまり二段階の成立過程を経て正史の『日本書紀』は完成している。この完成が藤原不比等の死の三ヵ月前という事実も問題だが、なぜ二段階の成立なのか、その理由を探るのは「『日本書紀』成立論」にとって重要なので、本章はそのことをさまざまな角度から検証する。

岩橋小弥太は、「日本書紀に見える朝鮮史籍」で、「日本書紀に於ける外交記事は殆ど百済関係で占めてゐる。それは勿論百済が我国に特に親昵してゐたからに依るものであるのはいふまでもないが、関係といへば任那の方が更に深いのであり、地理的にいへば、新羅の方が百済よりも我が国に近いのである。(中略)それだのに日本書紀では外交記事といへば特に百済関係のものが多く、又それが非常に詳密であり、更に其の記述が百済を主として、他の三国を客としてゐる」と書き、理由として、百済人によって書かれた史料が、『日本書紀』に用いられたからと書いている。[3]

『日本書紀』には『百済記』『百済本記』『百済新撰』という書名の史料が載る。いずれも注に引用されているが、太田善麿は岩橋小弥太のこの論考を取り上げて、岩橋の取り上げる百済関係の三書の「成立はごく新しいものであり、百済本国所産のものであるよりも日本帰化の百済人によってせられたものである可能性が強いのである。むしろそれらは、日本書紀の編修にかかわって産出されたものであったとさえ言える性質を示している。そういう経過が導き出される実態がそこにあったということ、つまり書紀編修当時において百済系史官が優勢であったという事実がなければ、いかに史料として存在するものが多かったとしても、とうてい現に見るような日本書紀の形態内容は生じ得なかったであろう」と書いている。(4)

木下礼二も「『百済史料』と『日本書紀』素材論」で、「日本をさして『貴国』と呼んでいること」、「日本側の訓借仮名ではないかとおもわれるもの（たとえば「筑紫」「津守」「河内」など）も混在する」ことから、百済から渡来した人が書いた史料と書いているが、(5)坂本太郎はすでに一九六七年刊の岩波書店版『日本書紀・上』の解説で、「百済滅亡後日本に亡命した百済人がその持参した記録を適宜編集して、百済が過去に日本に協力した跡を示そうと、史局に呈出したもの」と推測している。私はこの「史局」は第二段階の不比等の養育氏族の田辺史らが居た「史局」と推測する。

上田正昭は『藤原不比等《ふひと》』で『尊卑文脈』に「公、避く所の事あり。すなはち山科の田辺史大隅らの家に養ふ。それ以て史と名づくなり」とある記事を取上げ、「藤原不比等がはっきりと史上に登場するのは、持統天皇称制三年二月二十六日、判事に任命された時からであった。その氏姓名は『藤原朝臣史』と書かれている。『史』が本来の諱《いみな》であった。そしてその名は、田辺史大隅らの家に養われたことに由来するとみなしてよいだろう」と書く(6)。

佐伯有清は『新撰姓氏録の研究（研究篇）』で、田辺史は百済から来た渡来人で、後に上毛野朝臣になったことを論証している(7)。平安朝初期に書かれた『弘仁私記』序も『諸蕃雑姓記』を引用して「田辺史」は百済から来たと詳細に書いている。上田正昭は「不比等の教養に田辺史らの渡来系氏族の知識が与えたであろう影響は、後年の彼の事績などから推察されもする。実際に不比等と田辺史氏との結びつきはかなり深い」と書いている(8)。『藤氏家伝』の「鎌足伝」には鎌足没後に「百済人、小紫沙吒紹明」が、碑文を記したとあり、藤原鎌足の碑文も百済人が書いている事からも、親百済であったことが推察できる。

『日本書紀』に注記として加えられている百済史料は、藤原不比等の養育氏族の田辺史や沙吒紹明ら百済からの亡命人らによって加えられたのだろうが、これらの注記は第二段階であることは、第一段階では新羅に留学して学んだ山田史御（三）方が起用されていることからもいえる。壬申紀・天武紀を含む述作を山田史御方に担当させたのは持統天皇と推測するが、理由については後述する。

坂本太郎の『紀』の最終編纂時の百済人関与説

天武天皇の国史編纂は計画して五年後に天皇は崩御しているから、資料を集めた段階で中断し、たぶん執筆作業までには入っていなかったのではないだろうか。天武天皇の意志を継いで実行すべき「皇太子」の日並皇子（草壁皇子）も、病床に伏して皇位につけず、父の崩御の三年後に亡くなった。そこで持統天皇が夫の意志を継いで草壁皇子の死後即位し、天武朝に計画した時に集めた史料を元に、森博達が推測するような人物によって、持統・文武朝に述作された。[2]この第一段階に天武紀まで完成した正史は公開されず、元明朝の後半に入ると持統紀が加えられ、述作された正史のすべてに手が加えられたが、特に皇極・孝徳・斉明・天智紀に手が加えられた。天智紀は「天智四年」が「天智十年」に変えられ、内容も大幅に改変されたから、その結果、重出・矛盾・疎漏など混乱した記述が、天智紀に多い。そのことは坂本太郎が「天智紀の史料批判」と題する論考で詳細に述べている。[9]

坂本太郎は天智紀の天智称制三年三月、四年春二月是月、四年三月是月、四年秋八月、五年是冬、八年是歳、十年春正月是月条の「帰化百済人関係記事」に、「佐平福信」「達率答㶱春初」「達率憶礼福留」「達率四比福夫」「佐平鬼室集斯」「佐平余自信」「達率谷那晋首」「達率徳頂上」とあることを示す。「佐平」「達率」は百済の官職の一品と二品で、王族の位階（わが国の正一位・正二位相当）である。坂本太郎は「すでに日本に亡命して時がたっているのであるから、本国の冠位はなくもがなである」と書き、しかし「本国の冠位」を記しているのは、この三年から十年までの百済関係の記事は、「亡命百済人の筆になるものではあるまいかと、想像される」と書く。そして、「十年正月の叙位の記事などは、百済人だけについての詳細な記録であるが、もしこれが叙位一般についての政府の記録ならば、当然それにまさる数の日本人への叙位が記されねばならぬのである。しかるに日本人への叙位は一つも見えていないのであるから、とくに百済人のことのみを記した記録であることは明らかであり、百済人の書いたであろうという推測は十分に成立つのである」とも書いている。[9]

私は第二段階で藤原不比等の養育氏族の田辺史を代表とする百済から渡来した史《ふひと》氏族の関与を推測したが、坂本太郎は百済滅亡後に亡命した百済人の『日本書紀』の関与も推測しているのである。

天智称制四年二月是月条に、次のような記事が載る。

　百済の官位の階級《しな》を勘校《かむが》ふ。仍《よ》りて佐平福信の功を以ちて、鬼室集斯の小錦下を授く。其の本の位は達率なり。

ところが称制十年春正月是月条に、前述した坂本太郎が示す「亡命百済人関係記事」が載るが、その記事にも、

　小錦下を以ちて鬼室集斯に授く。

とある。この二つの記事について、坂本太郎は『日本書紀通釈』は十年の「小錦下」を「小錦上」に改め、新訂増補国史大系本『日本書紀』頭注も、十年の「小錦下」を誤記と書いているのに対し、重出と書く(9)。私も重出とみる。第一段階の薩弘恪が書いたのは称制四年二月条の記事で、称制十年正月の記事は最終成立時に坂本の書く「亡命」の百済人か、前から来ている百済系「史」が追記した、第二段階の記事である。

天智称制四年秋八月条には次の記事が載る。

　達率答㶱春初を遣して、城を長門国に築《つ》かしむ。達率憶礼福留・達率四比福夫を筑紫国に遣して、大野と椽《き》、二城を築かしむ。

ところが称制九年二月条にも似た記事が載る。

　時に天皇、蒲生郡の匱迮野《ひさのの》に幸して、宮地を観《みそな》はす。又、高安城を修《つく》り、穀と塩とを積む。又、長門城一《ひとつ》、筑紫城二《ふたつ》を築く。

この二つの記事のうち称制九年二月の記事は第一段階の記事で、称制四年の『日本書紀』の記事を

読んだ百済亡命史官か、百済から渡来の「史《ふひと》」が、築城の詳細を知っていたから、築城の指導者名と、「筑紫城二」の詳細（大野城と椽城）を書き入れたのだが、第一段階の記事を削除していないのは、藤原不比等の生存中に完成させようとして、あわただしく天智紀に工作したので、天智紀に特にこのような記事が多いのである。

坂本太郎は天智称制六年二月二十七日条の、

皇太子、群臣に謂りて曰《のたま》はく。「我、皇太后天皇の勅したまへる所を奉《うけたまは》りしより、万民を憂へ恤《めぐ》む故に、石槨《いはき》の役を起さしめず。冀《ねが》ふ所は、永代に以ちて鏡誡《あきらかなるいましめ》とせよ」とのたまふ。

とある記事や、称制八年八月三日条の、

天皇、高安峯に登りまし、議《はか》りて城を修めむと欲《おもほ》すも、仍《なほ》し民の疲れむことを恤《めぐ》みたまひ、止めて作りたまはず、時人、感《かま》けて歎《ほ》めて曰く。「寔《まこと》に乃《すなは》ち仁愛の徳、亦《また》寛《ゆた》かならざらむや」と、云々《しかしか》いふ。

とある記事。また同年十月十日条に、鎌足が死にのぞみ、求める所の何もなかったことを讃えて、

時賢《ときのさかしきひと》聞きて歎《ほ》めて曰く。「此の一言《ひとこと》、窃《ひそか》に往哲《むかしのさかしきひと》の善言《よきこと》に比《たぐ》へむ。大樹将軍の賞《たまもの》を辞《いな》びしと、詎《いづれ》か年を同じくして語るべけむぞ」といふ。

とある記述もとりあげ、これらの讃美の文章も、「あとから挿入されたものであろう。そして八年十月の鎌足の讃美の条を考えると、ますますその感を深くする。この時の鎌足の言葉は『大織冠伝』には見えてほぼ同文であるから、史料は同源であることが明白であるが、この鎌足讃美の言葉だけは伝にない。すなわちこの部分は書紀独自の附加なのである。それは書紀編修の過程としては終りの方に

おける、或いは最終編者あたりの附加ではあるまいか」と書いて、「実年代として、奈良遷都の和銅三年以後という執筆年代を示しているのが尊いのである」と書いている[9]が、この坂本太郎の「尊い」は『日本書紀』が文武朝に天武紀まで完了の第一段階が終り、元明・元正朝に持統紀を加え（森博達は和銅七年に紀清人らが持統紀を述作したと書いている[2]）、第二段階の編修がおこなわれた。その時不比等の指導で不比等を養育した田辺史らの百済系渡来氏族の「史」らが参加したことが、この記事で明らかになっているから、「尊いのである」（その代表例が彼らが書いた前述した百済文献）が、この第二段階の『日本書紀』の編纂期に天武と天智の兄弟関係は逆転し、異父兄が実弟に変えられたと私は推測している。

第二段階編纂の神功皇后紀の反新羅記事

一般に『記紀』と書かれて『古事記』と『日本書紀』は同一視されるが、内容の視点は同じではない。もっとも顕著なのは新羅観である。『日本書紀』の反新羅記事の典型は、神功皇后の新羅制服譚にみられる。拙著『新版・古事記成立考』でも述べたが、『古事記』は「神功皇后」という記述もないし、新羅征服譚でもない、『記』（以降は『古事記』は『記』、『日本書紀』は『紀』と書く）は「息長帯《おきながたらし》比売《ひめ》」と書くが、息長帯比売の祖を新羅の王子天之日矛と『記』は書く。祖を新羅王子にする人物が、新羅を征服するはずはない。しかし一般的常識では、神功皇后伝説は『記』『紀』共に新羅征服譚だときめつけているが、この常識には問題がある。

『記』も息長帯比売が新羅へ行った記事を書くが、『記』は『紀』の四分の一弱の記事である。その全文を示す。

軍を整へ船を双《なら》べて度《わた》り幸《い》でます時、海原の魚、大き小さきと問はず、悉《ことごと》に御船を負ひて渡りき。爾《ここ》に順風大く起りて、御船浪の従《まにま》にゆきつ。故、其の御船の波瀾《なみ》、新羅の国に押し騰《あが》りて、既に国半《なかば》に到りき。是に其の国王《こにきし》、畏惶《かしこ》みて奏《もう》言しけらく、「今より以後、天皇の命《みこと》の随《まにま》に、御《み》馬甘《まかひ》と為《し》て、年毎《としごと》に船を双《なら》べ、船腹乾《ほ》さず、柂檝《さおかぢ》乾さず、天地の共与《むた》、無退《とことは》に仕《つか》へ奉《まつ》らむ」とまをしき。故是《かれこれ》を以ちて新羅国は御馬甘と定め、百済国は渡《わたり》の屯家《みやけ》と定めたまひき。爾《ここ》に其の御杖を、新羅の国王の門に衝《つ》き立てて、即ち墨江大神の荒御魂を、国守る神として祭り鎮めて還り渡りたまひき。

この『記』の記述に対して、『紀』は徹底した新羅征服譚である。そのことは新羅王の門に衝き立てたのが、『記』は「杖」だが『紀』は「矛」であることが示している。一般には「杖」も「矛」も同じ意味（占有権を示すために立てた）に解釈されているが、同じではない。倉野憲司も岩波書店版『古事記・祝詞』の注記で、住吉大神を「新羅国を守護する神として祭り、鎮座せしめて、海を渡って日本へお還りになった」と書いているのは（傍点引用者）、『古事記』は「国守り神」（この国は新羅）と明記しているからである。

柳田国男は「杖の成長した話[10]」「勧請の木[11]」で、杖は神木になっているのは、杖が神の依代だったからだと書き、「神自ら杖を御携へなされた例証」を数例示し[10]、また「各地に無数に存在する杖立の伝説、杖を立てたら生育繁茂したと云う話は、此意味に於て神木の根原譚」と書いている[11]。新羅王の門前に杖を立てたのは、新羅王に神（この場合は住吉神）の守護・加護を祈って立てたのである。なぜなら『古事記』は息長帯比売（神功皇后）は新羅王子天之日矛の子孫と書いているからである。そのことを私は『新版・古事記成立考』で詳述したが、三品彰英[12]・本位田菊士[13]・倉塚曄子[14]・阪下圭八[15]も、『古事記』の息長帯比売と応神天皇の記事は母子神伝承とみている。

しかし『日本書紀』は違う。徹底した新羅征服譚・新羅蔑視譚である。そのことは『日本書紀』の記述を読めば明らかだが、西郷信綱はこの『日本書紀』の記述を「補考――いわゆる新羅征討譚について」と題して、「この征討譚の語りくちがひどくむくつけく、おぞましいものとなっているのは否むべくもない。書紀の本文においてとくにそれはいちじるしい」と書き、さらに『書紀』の文章を引用して、「何とも空虚で、あさましいことばの行列、つまり相手を言辞の上で卑しめることによって己れの優越を保とうとする魂胆の見えすいた文章」と書き、「本文を書き写してみると、そのことが嫌というほど指さきから伝わってくる」と書く[16]。

巻九の神功皇后紀は天皇でないのに特別に一巻になっており、多くの記事が新羅征討譚と百済友好譚である。長文の第一次進攻譚につづいて、第二次（神功皇后摂政四十九年）、第三次（摂政六十二年）の新羅進攻記事を載せ、一方百済との友好譚を四十六年・四十七年・四十九年・五十年・五十一年・五十二年と続けて書き、さらに、

五十五年　百済の肖古王薨《みまか》る。
五十六年　百済の王子貴須、立ちて王と為る。
六十二年　新羅朝《まゐでこ》ず。即年《そのとし》に襲津彦を遣して新羅を撃たしむ。
六十四年　百済国の貴須王薨る。王子枕流王、立ちて王と為る。

六十五年　百済の枕流王薨る。王子阿花、年少《いとけな》し。叔父辰斯、奪ひて立ちて王と為る。

という記事が載るが、これら記事と六十二年に「百済記に云はく」として長文の注記が載る以外の記事は載っていない。百済の国のことのみを書いた記事で「日本」と冠した正史とは無関係の記事である。この事実からみても神功皇后紀は百済系史官によって第二段階に加えられた一巻と考えられる。百済三書のうち、初めて『百済記』が載るのも神功皇后紀だから、第二段階に関係した百済系史官がまず工作したのは、仲哀紀を二つに分けて神功皇后紀を編纂したのであろう。次にそのことを証する事実を示す。

第一段階には神功皇后紀はなかった理由

百済史料はすべて注記として載るが、まず『百済記』が神功皇后紀（二例）、応神紀・雄略紀（各一例）に載る。次に『百済新撰』が雄略紀（二例）・武烈紀（一例）に載り、『百済本記』が継体紀（四例）・欽明紀（九例）に載る。計二〇例だが、『百済記』―『百済新撰』―『百済本記』と、時代順に掲載順序が決まっていることからも、これらの史料を採用した人物は、意図して百済史料を配置している。

さらに問題なのは、坂本太郎が「一たんきめた継体天皇崩御の年を『百済本記』の記事で改定するほど、書紀の編者はこれに信頼をおいていた」と、岩波書店版『日本書紀・上』の解説で書いているが、補注を書いている土田直鎮は、「書紀は百済本記により継体天皇は二十五年辛亥の年の崩とするが、次の安閑天皇は甲寅の年即位と明記していて、その間に二年間の空位期間がある。（中略）又、古事記は継体天皇の崩御を丁未の年のこととしており、一方、書紀も二十八年甲寅崩御という一説を挙げていて、諸説が一定していない」と書いている。このように文献の記述が一定していないのに、坂本太郎の指摘するように『百済本紀』の「二十五年歳辛亥」を採って本文に明記している。この事実はわが国の史料ではなく、百済渡来の末裔の「史《ふひと》」か、または百済亡命史官の作成したとみられる百済系史料を重視していることを明示している。この『百済本紀』の記事を本文に入れた記事も、百済史料の『百済記』を初めて載せて反新羅・親百済を露骨に示している神功皇后紀も、第二段階の記事だが、神功皇后紀も第二段階に新しく加えられたと考えられる。なぜかというと、第一段階でこのような記事が書かれることはありえないことは、この巻は山田御方が述作者だが彼は新羅で学んだ留学者だからである。

　山田御方は壬申紀・天武紀の述作者だが、さらに神代紀から第一三巻（允恭・安康紀）まで担当されたのは誰か。森博達の分類によれば、百済史料の注記二〇例のうち、神功皇后紀と応神紀の四例は山田御方、雄略・武烈・継体・欽明の一六例は続守言の述作による注記とみている。[2] 山田御方は新羅に留学した「史《ふひと》」であり、続守言は唐人の音博士である。第一段階では百済関係史官も、百済滅亡による亡命史官も、まったく関与していない。特に山田史は田辺史と違って渡来帰化人ではない。このような人物を壬申紀・天武紀と第一巻（神代紀）から第一三巻（允恭・安康紀）までをまかせたのは、持統天皇であろう。この各巻のうちでもっとも重要なのは、夫の天武天皇と共に戦って政権を勝ち取った壬申の乱と、乱後樹立した新政権の治政を記す巻だからである。しかし問題なのはこの巻の述作者である。唐人の音博士でもなく、百済から渡来または亡命した史官でもなく、新羅で学んだ僧を還俗させて史官として任命している。このことが問題である。なぜ新羅留学生を持統天皇は選んだかである。理由は百済系史官に養育され、父も親百済であった藤原不比等とは違って、天武天皇と同じ新羅観をもっていたからであろう（持統天皇が不比等を信頼し、天武朝では用いなかった不比等を重視したのは、不比等が大津皇子事件で活躍し持統天皇に忠誠心を示したことと、彼の卓抜した才能を認めたからであり、新羅観については違う）。

持統天皇は天智天皇の皇女だが父を憎んでいた。理由は持統天皇の母（蘇我倉山田石川麻呂の娘の遠智娘〈別名造媛〉）は持統の父の中大兄によって、罪もないのに両親と兄弟姉妹が自害に追いこまれた。その事を知った母はなげき悲しみ亡くなった。そのような母の死を五歳から七、八歳の頃に見ていたからである。母を死に追いこんだのは父と思っていたから、当然親百済・反新羅の父に好意をもっていなかった。大海人皇子の吉野入りに彼女のみが同行し、共に壬申の乱の戦いに夫と共に行動している。また即位後も多い時には一年間に五回も吉野入りし、亡くなる前年にも挙兵した六月に吉野へ行き、亡くなる年には、夫と共に壬申の乱の時行動した伊賀・伊勢・尾張・美濃を、すでに五十八歳になっているのに（当時では高齢である）、十月十日に出発し、四十五日間もかけた旅行をしている。そして壬申の乱の時の尾張や美濃の功臣たちに、賜姓や位階を与えている。旅を終えて一カ月後の大宝二年（七〇二）十二月十三日に、持統太上天皇は病床につき、十日後の二十二日に崩御している。このような行動からみても、父の天智天皇が託した大友皇子の政権を、夫と共に倒したことに鸕野讃良皇女は強い思い出をもっており、自分の人生の最大重要時にしているから、第九章で書いた天武天皇（大海人漢皇子）と持統天皇（鸕野讃良皇女）の対百済・新羅観は、同じであったと推測できる（鸕野讃良皇女という名も養育氏族が新羅渡来氏族であったことは、終章の五九七頁〜五九八頁に書く）。

このような持統天皇であったから、天武天皇が国史編纂を計画した時、語り部たちが伝えてきた「フルコトカタリ」をまとめた物語集の編纂を計画した。それが天武朝の『古事記』編纂であることは、拙著『新版・古事記成立考』で詳述したが、改めて持統朝で正史の編纂を計画したとき、壬申紀・天武紀という現代史を加えることにした。この二巻こそ持統天皇がもっとも後代に残したかった正史であった。この述作に新羅留学の山田史御方を任命していることからも、「神功皇后紀」は『日本書紀』編纂の第一段階にはなかったであろう。

山田史御方は巻一三まで編纂しているが、巻九の神功皇后紀はなく（息長帯比売の記事は仲哀紀に入っていた）、仲哀天皇の皇后で新羅王子の天日槍（天之日杵）の後裔であることが明記されていただけであろう。したがって「神」の「功」という新羅征討の勇者をあらわす皇后名は百済系史官の創作で、今私たちが見る神功皇后紀は、第二段階に百済から渡来した氏族の史官か、または新羅に滅ぼされて亡命した百済の史官らによって、新しくつけられた巻であろう。そのことは神功皇后紀を『古事記』と比較して検討すれば明らかである。

『記』の住吉大神を『紀』はなぜ明記しないのか

第一段階の仲哀天皇の皇后の記事が、『古事記』に載る息長帯比売の記事と似ていたとしたら、百済系史官の田辺史に養育され、田辺史らを二人も不比等主導の大宝律令編纂に参加させている藤原不比等にとっては好ましくない。まして第二段階の編纂に参加した百済系史官や百済亡命史官にとっては、応神天皇の母が新羅王の血の引くことは認めたくなかったであろう。したがって神功皇后紀一巻を新しく作って、仲哀天皇の皇后をまったく違う人物、新羅征服の功績をたてた「神功」と称する皇后に変身させたのであろう。しかし持統天皇は皇后の時に後宮編纂の『古事記』に関与し、第一段階の『日本書紀』にも天皇として関与しているから、第一段階の『紀』は『記』と同じであったであろう（そのことは『新版・古事記成立考』の第十四章、「原『古事記』成立時期と息長氏」で詳述した）。

次に『古事記』の息長帯比売の記事と神功皇后紀の記事を比較検討する。『古事記』は息長帯比売は神がかりして「神の命《みこと》（御言）」を述べたと書く。その「ミコト」を、

　西の方に国有り。金銀を本《はじめ》として、目の炎耀く種々の珍しき宝、多《さは》に其の国に在り。吾《われ》今その国を帰《よ》せ賜はむ。

と『古事記』は書く。そしてこの「ミコト」を述べた神を、

　底筒男《そこつつのを》、中筒男《なかつつのを》、上筒男《かみつつのを》の三柱の大神ぞ。

と書き、「帰せ賜はむ」国は「西の方」の国と書いて「新羅」とは書いていない。この文章に続いて息長帯比売の渡海記事が載るが、この記事では、

　新羅国は御馬甘《みまかひ》と定め、百済国は渡《わたり》の屯家《みやけ》と定めたまひき。

とあり、新羅と百済が書かれているのは、神功皇后紀が金銀の豊富な「財国《たからのくに》を獲《え》つ」の「財国」を新羅のみに限定しているのと違う。本来の伝承は『古事記』であったことは、神功皇后紀も結びに「高麗・百済の二国の王」は、「勝つまじきことを知りて」朝貢すると誓ったので、三韓に「内官家《うちみやけ》を定む」と書いていることからもいえる。

『記』『紀』の違いは、息長帯比売は新羅王の血を引く皇后と『記』は明記しているから、「ミヤケ」(天皇または朝廷の直轄領)は百済国にして、新羅国は宮廷の料馬を飼育する役職(部曲)の「御馬飼」にし、新羅には「ミヤケ」という領地は求めなかったと書いている事実である。新羅王は「無退《とことは》に仕《つか》へ奉らむ」と言ったのも、馬を養育し献上することが「無退《とことは》に仕へ奉らむ」であったからである。新羅は馬の養育のみだが、ところが百済は自国の土地を天皇の直轄領(屯倉)とし、自国領を献上している。このように『記』と『紀』ではその書き方は新羅と百済に対して正反対であるから、新羅王の門に立てたのは『記』は「杖」だが、『紀』は「矛」になっている。杖と書く『古事記』は、この杖は住吉大神の形代(荒魂)と書いているのは、息長帯比売に韓国行きをすすめたのは、住吉三神だと明記しているからだが、『日本書紀』の神功皇后摂政前紀はそのように書いていない。

既《すで》にして神の誨《をし》ふること有りて曰《のたま》はく、「和魂《にぎみたま》は王身《みついで》に服《したが》ひて寿命《みいのち》を守らむ。荒御魂《あらみたま》は先鋒《さき》として師船《みいくさのふね》を導《みちび》かむ」とのたまふ。

と「神」としてのみ書いている。この「神」について岩波書店版・小学館版の『日本書紀』頭注は、いずれも住吉大神のことと書く。しかし『紀』の神功皇后紀には「住吉」という表記はまったくない。住吉大神を消しているのに、住吉大神と推測しているのは、次に続く記事に、「即ち、神の教を得て拝礼《をろが》みたまひ、因《よ》りて依網吾彦男垂見《よさみのあびこをたるみ》を以《も》ちて祭の神主としたまふ」とあるからである。岩波書店版は補注、小学館版は頭注で、「男垂見」は『住吉大社神代記』に「大垂見・小垂見」とある人名と関係があるとみて、「神」を「住吉神」と書いている。しかし頭注者(井上光貞・直木孝次郎)らはなぜ『日本書紀』は住吉大神と書かず「神」とのみ書いているのか、その理由を書いていない。理由は住吉大神は新羅系渡来人が祭祀していたからである。第二段階期に新しく「神功皇后紀」を書き加えた百済系史官は、「神功」という新羅征討の「功」に「神」を冠した皇后名を新しく作った巻に、新羅系渡来人の祀る住吉三神を記すのを嫌ったのである。そのことを次に書く。

住吉大神は新羅系渡来氏族が祭祀していた

住吉大社の神宮寺は神仏分離で明治初期に廃寺になる前は「新羅寺」と言った。今井啓一は『帰化人と社寺』所収の「高麗寺・新羅寺・鶏足寺」で、次のように書いている。

住吉大社にも明治維新の神仏分離までは神宮寺があって神社の祭祀に与《あずか》ったのであって、神宮寺の旧号を新羅寺といった。寺領三百六十石。本尊薬師仏をまつる。(中略)「勘文」によれば、「本尊は三韓より伝来の尊像にして、彼国新羅寺仏頂に納むる所也。然るに我朝に渡りついて本尊とす。古来、秘仏にして聊《いささ》かも蓋を発《あば》く無し。元是新羅寺の仏像故に新羅寺と号す」とある。[17]

『日本書紀』の神功皇后紀が住吉大神の名を記さず、ただ「神」とのみ記すのは住吉大神が新羅と深くかかわる神であったからである。そのことは住吉大神を祀る摂津国の渡来氏族が示している。『姓氏録』の摂津国諸蕃の「新羅」に、「三宅《みやけ》連。新羅国王の子、天日桙命の後なり」とある。天日桙(天日矛)命を『古事記』は息長帯比売の祖と書いている。息長帯比売と同じ氏族が難波に居るが、「三宅」は「屯倉《みやけ》」で難波屯倉は西成郡讃楊郷(大阪市南区高津町付近)にあった。天平宝字四年(七六〇)十一月十八日の日付のある「摂津国安宿王家地倉売買券」には、「西成郡擬少領少初位三宅忌寸広種」とある(三宅連が三宅忌寸になったのである)。「西成郡擬大領従八位上吉志船人」という名もある。

「吉志」は『姓氏録』（摂津国皇別）に「難波吉志同祖。大彦命之後也」とあるが、難波忌寸の前身は「難波吉士（師）」である（安康紀に難波吉師日香蚊、敏達紀に難波吉士木蓮子が載る）。吉士は新羅の官位十七等のなかの十四位で、新羅系氏族が皇別の阿部氏に入ったのである（そのことについては、一八七頁〜一八八頁に書いた）。三宅連（後に「忌寸」）もその前は三宅吉士であった（『日本書紀』の天武十二年十月条に三宅吉士が三宅連になったとある）。

また『姓氏録』（摂津国蕃別）に秦忌寸・秦人が載る。太田亮（『日本国資料叢書・摂津』）、吉田晶（「地域史からみた古代難波」『難波宮と古代国家』所収）は、この秦氏を西成郡人と書いている。『古事記』（仁徳紀）に「秦人を役《えだ》ちて」、「難波の堀江を掘りて海に通はし、又小椅《をばし》江を掘り、又墨江の津を定めたり」とある。私は拙著『秦氏の研究』で秦氏が新羅系渡来氏族であることを詳述したが、この秦氏の難波での活動を『日本書紀』はまったく無視しているのに対し、『古事記』のみが書いている事実と、息長帯比売の記事が『日本書紀』では「神功皇后紀」という一巻を特につくって、新羅征討譚を書いている事実は、無視できない。『古事記』は前述したように住吉大神の託宣で息長帯比売は新羅に行っている。なぜ住吉大神の託宣で新羅へ行ったのか。そのことを検証する。

住吉大社の神宮寺が「新羅寺」と呼ばれていたのは、この神社の祭祀と財政支援に三宅吉士・難波吉士・秦氏らがかかわっていたからだが、『住吉大社神代記』によれば、大社の旧地は「猪加志理《ゐかしり》の神」の地と書く。「猪加志理の神」とは『延喜式』の「神名帳」に西成郡の「大社」として載る坐摩《いかすり》神社のことである（現在は大阪市東区渡辺町にあるのは、豊臣秀吉の大坂城の築城のとき、現在地に移されたのである）。住吉大社は西成郡の擬大領・少領の新羅から渡来した氏族の難波吉士・三宅連らが祀っていた神社だから、住吉大社の神宮寺は新羅寺と呼ばれたのである。

『住吉大社神代記』は仁徳天皇の皇女が神がかりして、「『吾は住吉大神の御魂ぞ』と『為婆天利《ゐばてり》神、亦猪加志利之《ゐかしりの》神と号《もう》す』と、託《かみかか》り給《たま》ひき」と書く。この坐摩神社の西成郡の旧地は、現在は「御旅所」（大阪市東区石町二丁目三四番地）になっているが「神功皇后の鎮座石」といわれている巨石がある。この地は天平勝宝二年（七五〇）四月十二日の日付のある「東大寺諸国庄文書」に載る「新羅江庄」のあった所である。豊臣秀吉の大坂城築城のときこの地から現在地に、神社と氏子の人々が移ったが、旧地の地名をとって明治時代まで渡辺村と言っていた。氏神は白木（新羅）神社である（明治四十年に政府の神社合併政策で坐摩神社に合祀されたが、現在は分離し坐摩神社の夏祭の翌日に祭がおこなわれている）。

西成郡の隣の東成郡には『延喜式』神名帳の「名神大社」の比売許曽神社があるが、『古事記』（応神記）に、新羅の阿具沼のほとりで昼寝をしていた女に、「日の耀虹《かがやきにじ》の如く、その陰上《ほと》を指し」、女は妊娠して赤玉を生んだとある。この赤玉は女になって新羅の王子天之日矛の妻になるが、ある日「吾が祖の国に行かむ」と言って小船に乗って難波に来た。「これ難波の比売碁曾《ひめこそ》の社《やしろ》に坐《いま》す阿加流比売《あかるひめ》神と謂《い》ふ」と『古事記』は注し、天之日矛はこの妻を追って日本へ来たと本文で書く。式内社に赤《あか》留《る》比売《ひめ》命神社が載るが、『延喜式』神名帳では住吉郡に属し、現在は住吉大社の末社で六月三十日の住吉大社の例祭には、斎女《いつきめ》がこの神社に桔梗《ききょう》の造花を捧げる慣例がある。『住吉大社神代記』によれば、赤留比売神は住吉大社の御子神になっている。新羅王子天之日矛の妻であったアカルヒメは難波に来て神として祀られ、比売許曽神社・赤留比売神社になっているが、いずれも住吉大社とかかわり、坐摩神社の本来の所在地は住吉大社の旧地であり、新羅江庄の地である（そのことは拙著『神社と古代王権祭祀』所収の「坐摩神社」で詳述した)。したがってアカルヒメの夫で新羅王子の天之日矛の末裔の息長帯比売が、住吉大神の命《みことのり》によって新羅に行ったのは、神功皇后紀が書くような新羅征服ではない。そのことは住吉大神の形代の杖を、新羅の国守りのために新羅王の門前に立てて帰国したことからもいえるし、住吉大社の神宮寺が新羅寺であることが証している。住吉大神を新羅系氏族が祭祀していた事実から見ても、『古事記』の息長帯比売が本来の伝承であり、『日本書紀』の第一段階に新羅留学の山田史御方が書いた仲哀紀には、『古事記』と似た伝承が載っていたのを、第二段階に百済系史官が関与することで、神功皇后紀一巻が新しく述作され、住吉大神はただ「神」としてのみ書かれて消され、本来の伝承とは逆の新羅征討譚になり、息長帯比売は「神功」という名が新しく冠され、まったく性格の違った人物に変身したのである。住吉大神は新羅系氏族が祭祀していたので、明治初年まで住吉大社の神宮寺は「新羅寺」であった事を確認することは、正史と称する『日本書紀』の記述が反新羅史観で書かれている事を証している。

新羅関係記事に見える『記』の親新羅、『紀』の反新羅

「神功皇后紀」は元明・元正朝の『日本書紀』編纂の第二段階で、百済系史官と百済からの亡命史官らによって述作された巻と考えられるが、他の巻にも百済系史官によって、新羅関係記事は改悪されるか削除されていることを、『記』『紀』の新羅関係記事を検証し、その代表例を示す。

○垂仁天皇

『紀』は天皇が任那王に贈るため任那人に持たせた赤絹百匹を、新羅人が奪ったのが、二国の仲を悪

くさせたと書くが、このような記事は『記』にはない。

○仲哀天皇・神功皇后

神功皇后の新羅関係記事は前述したが、『紀』は新羅蔑視観に満ちた征討物語だが、『記』はそのように書かない。結びの記述も『紀』は征服の証《あかし》として、新羅王宮の門に矛を立てるが、『記』は杖を立て住吉神を新羅の国の「国守りの神」として「祭り鎮」めている。

○応神天皇

『紀』には新羅の調船が武庫の港で失火し船を多く焼いたので、新羅人を責めたら、新羅王は恐れ驚いて木工技術者を献じたとあるが、『記』にはそのような記事はない。また『紀』には「高麗人、百済人、任那人、新羅人、並に来《まうけ》朝《まゐりきた》り。時に武内宿禰に命じて、諸々の韓人等を領《ひき》ゐて池を作らしむ。因《よ》りて池を名《なづ》けて韓人池と号《い》ふ」とある記事を、『記』は「新羅人参渡り来つ。是を以ちて建内宿禰命引き率て、堤池に役《えだ》ちて、百済池を作りき」と書き、『記』では新羅人が百済池を作ったという、まったく理屈に合わない記事になっている。これは原典は『紀』のような記述で、「韓人池」または「百済池」であったのを、「諸々の韓人」を「新羅人」に変え、「高麗人、百済人、任那人」を削り、「韓人池」も削ろうとした。しかし「百済池」を削り忘れたので、新羅人が百済池を作ったという奇妙な記事になったのだろう。なお『紀』では「高麗人、百済人、任那人、新羅人」と書く。新羅人をとってつけたように最後に書いているのは、『記』の新羅人のみにした記事と正反対の書き方である。なお応神記には、新羅王子の天之日矛伝承や天之日矛関係説話（秋山之下氷壮夫・春山之霞壮夫の話）が豊富に載るが、『紀』は垂仁紀に載るだけである。しかも天日槍の曾孫の清彦が、日槍の持参した宝物を天皇が見たいと言ったので神宝を献上したが、神宝の刀をかくそうとしてばれたという話である。

○仁徳天皇

『紀』は新羅が朝貢しないので、上毛野君を新羅征討に派遣し、「数百人を殺し、即ち四の邑《むら》の人民《たみ》を虜《とら》へて帰りぬ」と書くが、『記』にはそのような記事はない。また『紀』は茨田《まむた》堤築造物語として、茨田連衫子《ころもこ》と武蔵人強頸《こはくび》の話を詳細に載せ、付記として「新羅人朝貢《みつぎたてまつ》る。則ち是《こ》の役《えだち》に労《つか》ふ」と書く。朝貢して来た新羅人を使役したことだけを書くが、『記』は「秦人を役《えだ》ちて茨田堤及茨田三宅を作り、又丸邇《わに》池、依網《よさみ》池を作り、又難波の堀江を掘りて海を通はし、又小椅《をばしのえ》江を掘り、又墨《すみのえ》江の津を定めたまひき」と書く。「秦人」は拙著『秦氏の研究』で詳述したが、新羅・加羅系渡来人である。この秦氏がすべての土木事業をおこなったと書くのは、『記』のみである。

○允恭天皇

『記』は『紀』が新羅を悪く書いたり蔑視して書く記事を、前述したように載せていない。逆に『紀』が載せない新羅に好意的な記事を、前述したように載せている。その典型ともいうべき記事が、允恭天皇のときの新羅からの医《くすし》派遣記事である。『紀』は「三年春正月、使を遣して良き医《くすし》を新羅に求む。秋八月に医、新羅より至《もう》でたり。即ち天皇の病を治めしむ」と書くのに対し、『記』は天皇即位のとき「新羅の国主、御調八十一艘を貢進《たてまつ》りき。爾《ここ》に御調《みつぎ》の大使、名は金波《こむは》鎮漢紀《ちむかむき》武《む》と云ふ。此の人深く薬方を知れり。故、帝皇の御病を治め差《い》やしき」と書く。『紀』は日本側から医を求めたと書くが、『記』は医《くすし》の名まで記し新羅側から即位の祝として医を派遣したと書き、主体を『紀』は我が国に置くのに対し、『記』は新羅に置いている。この『記』『紀』の違いからみても『記』の視点がわかる。また『紀』は天皇崩御の時に来た新羅の弔使が、大和国葛城の琴引坂で新羅なまりで云った言葉が、「采女に通じた」と誤解され捕えられ、誤解とわかって釈放されたが、その後新羅はそのことを恨んで貢上品を減らしたと書く。このような新羅に都合の悪い記事は『記』はまったく載せていない。

第二段階に述作された持統紀に載る反新羅記事

『続日本紀』和銅七年（七一四）二月十日条に、従六位上紀清人と正八位下三宅藤麻呂に「詔して国史を選しめ給ふ」とある。北村文治は「紀朝臣清人等の撰国史について」で、紀清人らの仕事は、令制に図書寮の職掌として規定されている国史の修撰の実施を示すもので、『日本書紀』の編纂を図書寮でおこなったとみている[18]。森博達はこの国史修撰を持統紀の述作と推測する[2]が、私は森の推論を採る。この持統紀の元年九月二十三日条に、次の記事が載る。

　新羅、王子金霜林・級飡金薩慕と級飡金仁述・大舎蘇陽信等を遣して、国政を奏請《まを》し、且調賦《またみつぎ》を献る。……筑紫大宰、便《すなは》ち天皇の崩《かむあが》りますことを霜林等に告ぐ。

この記事は問題である。なぜなら九カ月前の元年正月十九日条に、

　直広肆田中朝臣法麻呂と追大弐守君苅田等とをして、新羅に使して、天皇の喪を赴《つ》げしむ。

とあるから、正月に派遣した使者によって、天武天皇の死を知った新羅が、弔使を派遣したのである。天智天皇の崩御の時の弔使が一吉飡（従四位相当）なのに、天武天皇の時には新羅の皇子が来ているのは、天武天皇が親新羅だったからである。しかし持統紀は「弔使」と書いていない。九カ月前に田

中法麻呂が天武天皇の死を伝えているから弔使が来たのに、「弔使」と書かないのには理由がある。それは次のような記事（持統三年四月二十日条）を載せているからである。

　新羅、級飡金道那等を遣して、瀛真人天皇の喪を弔ひ奉る。

天武天皇が亡くなって三年後に弔使が来たと書いたから、元年九月二十三日条の新羅王子金霜林を弔使と書かず、「国政を奏請し」とし、「筑紫大宰、便《すなは》ち天皇を崩《かむあが》りますことを霜林等に告ぐ」と、作文したのである。作文であることは、元年正月十九日条の田中法麻呂が新羅へ天皇の喪を告げたとある記事と矛盾することが証している。元年正月に新羅へ派遣して天皇の死を告げているのに、そのことを知らずに新羅王子が国政報告に来たので、大宰府で天皇の死を知らせたという。そんなことがあるはずはない。新羅からの天智天皇の弔使は、間に壬申の乱があったにもかかわらず、死後一年九カ月後に来ている、それなのに天武天皇の喪を告げて三年後の弔使などあり得ない。

三年後に来た「弔使」に土師根麻呂は、「二年（傍点は引用者）に、田中朝臣法麻呂等を遣して、大行天皇の喪を相告げしめき」と言っている。持統称制元年正月十九日に新羅に天皇の喪を告げに行った田中法麻呂が「二年」に行ったと書いてあるから、岩波書店版の『日本書紀・下』の頭注者（青木和夫）は、「田中臣法麻呂らの出発は遅れ、二年に新羅へ通告したのだろう」と書く。小学館版の『日本書紀・3』の頭注者（直木孝次郎）も青木見解をとって、このように解せば「矛盾はない」と書いているが、「二年」に出発なら「元年」出発を載せなければよいではないか。「二年」は月・日を記さず、土師根麻呂の発言として記されているだけである事からも、土師根麻呂の発言は作文である。作文を最終編纂時に載せた時、原文の元年正月十九日の記事を消すのを見過したのである。

持統三年五月二十二日条はさらに次のように書いている。

二年に、田中朝臣法麻呂等を遣して、大行天皇の喪を相告《つ》げしめき。時に新羅の言《まう》ししく、「新羅の奉　勅人《みことのりうけたまはるひと》は、元来蘇《もとよりそ》判位《はんゐ》を用ちてす。今し復爾《またしか》せむ」とまうしき。是《これ》に由《よ》りて、法麻呂等、赴告《つ》ぐる詔を奉宣《のたま》ふことを得ざりき。若し前の事を言はば、在昔《むかし》、難波宮治天下天皇の崩《かむあが》りましし時に巨勢稲持等を遣して、喪を告げし日に、翳飡《えいさん》金春秋、奉　勅《みことのりうけたまは》りき。而《しか》るを蘇《そ》判《はん》を用ちて奉勅ると言《まう》すは、即ち前の事に違へり。又、近江宮治天下天皇の崩《かむあが》りましし時に、一吉飡《いつきさん》金薩儒等を遣して弔《とぶら》ひ奉《まつ》らしめき。而るを今し級飡《きふさん》を以ちて弔ひ奉るは、亦《また》前の事に違へり。又、新羅、元来奏《もとよりまう》して云《まう》さく、「我が国は、日本の遠つ皇祖の代より、舳《へ》を並べ檝《かぢ》を干さず奉仕《つかへまつ》れる国なり」とまうす。而《しか》るを今し一艘のみなること、亦故典《ふるきのり》に乖《たが》へり。

この記事では、孝徳天皇（難波宮治天下天皇）の喪を新羅に派遣して告げた時、翳飡《えいさん》（正二位相当）の金春秋が会ったのに、持統二年に田中法麻呂が天武天皇の喪を知らせに行った時には、蘇判（従二位相当）が会うと言ったので、「前の事と違へり」と法麻呂は言って、天皇が崩じた事を告げなかったが、今回来た使者も、天智天皇の弔使は一吉飡（従四位相当）なのに、汲飡（従五位相当）で、「前の事と違へり」と言って、抗議している。しかし新羅の王子の金春秋は、高向玄理と共にわが国に来て一年ほど居たが、新羅王になっている人物だから、一年間の滞在中には孝徳天皇に会っているだろう。したがって孝徳天皇の事を告げに来た使者に金春秋が会ったのは特例である。蘇判も皇族のみがなる官位で、わが国でいえば従二位相当の皇族が会っているのだから礼を失してはいない。

また今回の使者の派遣についても、天智天皇（近江宮治天下天皇）の時は一吉飡（従四位相当）だったのに、今回の弔使は級湌（従五位相当）であることに抗議しているが、これは難癖を書いた創作である。なぜなら、新羅側は持統元年に派遣した王子一行を弔使とみているから、三年派遣の使者は通常の遺使である。しかし『日本書紀』は元年の王子の派遣を弔使と書かず、強引に三年に来た使者を弔使にして、この抗議文を作文しているからである。その事は天智天皇の弔使は、間に壬申の乱があったにもかかわらず、死後一年九カ月後に来ているのに、天武天皇の弔使は天皇の死後三年目に来ている。その事を抗議せず、天智天皇の弔使の位階にくらべて、位階が低い事のみを抗議している。三年目に弔使を派遣している無礼こそ、まっさきに責めるべきなのに、そのことにまったくふれていないのは、この記事が事実でなく、『日本書紀』の最終編纂期の作文であることを明示している。通常の使節として新羅側は派遣したから、一艘の船で来ているのだが、一艘の船で来たといいがかりをつけているのも、この記事が百済系史官また百済滅亡時に亡命した史官らの作文だからである。そのことはこの文章に続く次の記事からもわかる。

　又奏《またまう》して云《まう》さく。「日本の遠つ皇祖《みおや》の代《みよ》より、清白《あきらけ》き心を以て仕へ奉《まつ》れり」とまうす。而《しか》るを竭心《まめこころつく》し本職を宣《の》べ掲《かか》ぐることを惟《おも》はず、而も清白《あきらけ》きことを傷《やぶ》りて、詐《いつは》りて幸《まめ》き媚《こ》ぶることを求む。是《こ》の故に、調賦《みつき》と別《こと》に献れるとを、並に封《ゆひかた》めて還《かへしつかは》す。然《しか》れども我が国家《みかど》の遠つ皇祖《みおや》の代《みよ》より、広く汝等を慈《いつくし》みたまひし徳、絶ゆるべからず。故、弥《いよいよつと》勤め弥謹《つつし》みて、戦々兢々《おぢかしこま》りて、其の職任を修《おさ》めて、法度に遵《したが》ひ奉らむ者をば、天朝《みかど》、復広く慈《いつくし》みたまはまくのみ、汝、道那等、この勅したまふ所を奉りて、汝が王に奉宣《のりたてまつ》れ」とのたまふ。

この文章の全文は『日本書紀・下』（岩波書店）、『日本書紀・3』（小学館）の頭注は、『後漢書』（順帝紀・光武帝紀）に拠った文章と書く。西郷信綱は『日本書紀』の神功皇后紀の新羅征討記事に中国文献の記事を引用し、新羅を蔑視し服属を強要している記事に対して、「相手の言辞・行動を卑しめることによって己れの優を保とうとする魂胆の見えすいた文章」と書いているが[16]、この持統紀の文章も似た考え方で書かれている。小学館版の『日本書紀』の頭注者の直木孝次郎は、「矛盾に満ちている新羅の応待を指摘し、情理を尽して論す文章」と書いているが、西郷信綱が『紀』の新羅征討譚の記事について書いている見解が[16]、この記事にもいえる正しい理解である。

このような記事が載る持統紀を、森博達は紀清人らが述作したと書くが[2]、このような激しい反新羅記事は、神功皇后紀と同じ百済系史官や新羅に国を滅亡させられた百済からの亡命者または子孫の史官らによって、第二段階といっても和銅七年の紀清人らの持統紀編纂以降、不比等の死の直前に、あわただしく書き加えられた記事であろう。その事は天武天皇の死を知らせるために元年に使者を派遣したと書いた紀清人らの和銅七年の記事を消さずに、「二年」に派遣したと発言させていることが証している（元年九月に来た新羅王子らの弔使を「国政奉政」と書く記事や、三年正月に田中法麻呂の新羅からの帰国記事は、いずれも最終編纂時に改めた記事である）。

加藤謙吉も、「『日本書紀』と渡来人」で、「八世紀の『書紀』編纂事業は、藤原不比等の主導もしくは影響の下に、藤原氏と私的に結び付く渡来人の少なからぬ参加」によって編纂されたと書いているが、その「渡来人」の多くを百済系渡来人とみて、不比等の側近としてつかえていたとみている[19]。

上田正昭は今から四十年以前に刊行した『日本古代国家論究』（一九六八年）の「記紀神話論の再検討」で、『日本書紀』の成立した「養老四年に近い段階でも作為がなされている」例として、「欽明天皇十三年十月条の聖明王の上表文・詔文などが、唐の義浄が長安三年（七〇三）に新訳した『金光明最勝王経』の文によって構成されていることによってもたしかめることができる」と書いて、井上薫が『日本古代の政治と宗教』(20)（Ⅲの二）で、この経は「養老二年の道慈の帰国のおりにもたされた」という記述を引用している。つまり養老二年（七一八）に帰国した遣唐使がもたらした経文を、養老四年五月奏上の『日本書紀』に、百済の聖明王の上表文として記しているのである。文章は「金光明最勝王経」に拠っているが、この上表文の末尾に次の記事が載る。

是《これ》に由《よ》りて、百済王臣明《しんめい》、謹《つつし》みて陪臣怒唎斯致契《ばいしんぬりしちけい》を遣して、帝国《みかど》に伝へ奉りて、畿内《くぬち》に流通せしめむ。（以下略）。

「百済王臣明」の「明」は聖明王のことで、「臣」は欽明天皇の「臣」の意で、欽明朝を「帝国」と書いている。この欽明十三年（五五二）十月の仏像・経論の献上は有名な仏教伝来の記事だが、六世紀代の百済が、百済王を倭王の「臣」と書き、倭国を「帝国」と書くはずはない。この文の前文が『日本書紀』成立の二年前の養老二年（七一八）に伝来の経文の引用である事からも、第二段階の最終編纂時の作文であることは明らかである。新羅を極端に蔑視し、百済の臣従を極端に強調する記事は、百済が滅亡して亡命した百済人の子や孫が、我が国で生きていくため、藤原不比等らの命令で参加した第二段階の国史編纂に工作した事例と、私は推測している。

『日本書紀』が四十年もかかって成立した理由は、第一段階の正史（神功皇后紀と持統紀が含まれていない）を世に出すことをためらったことと、「史《ふひと》」という名をもつ人物が、新興成上り氏族として新しい姓「藤原」を名乗ったが、歴史上の有力氏族ではなかったから、自分及び自分の氏族にとって有利な国史を作りたかった。したがってほぼ完成した国史を世に出すことをやめて、その国史に手を加えた。つまり二段階の編纂過程を経て成立したのである。それは藤原不比等の孫の首皇子を皇位につけるためにも必要なことであった。そのためには、わが国の現代・近代のことをよく知らない外国人を用いるのが好都合と思ったから、第二段階では百済渡来系または百済滅亡後の亡命者やその子らの史官を中心に、述作・改変・書き加え、さらに注記の挿入などをしたのであろう。その第二次編修作業は、藤原不比等の亡くなる養老四年（七二〇）八月の直前までおこなわれたから、養老二年に帰国した道慈がもたらした「金光明最勝王経」が引用されている。また大山誠一が「聖徳太子」に関する記事の多くは、道慈による創作とする見解を、自著の多くで書いているように、『日本書紀』の完成二年前に帰国した人物が関与している事実からみても、その成立事情が推察できる。このように不比等の死の直前まで編纂がおこなわれた事情が、序章で書いたような『続日本紀』が付記的扱いで、短文の『日本紀』完成記事を載せている原因であろう。私家版的正史であったことが『日本紀』の「続」と題する正史が、詳細にその成立事情を記さず、付記的扱いで短く記している理由と考えられる。

〔注〕
（1）森博達『日本書紀の謎を解く――述作者は誰か――』一九九九年　中央公論新社
（2）森博達（注1）前掲書「第四章　第五節　各巻の述作者と編修の順序」
（3）岩橋小弥太「日本書紀に見える朝鮮史籍」『上代史籍の研究』所収　一九五六年　吉川弘文館
（4）太田善麿「日本書紀の構想と分担編修」『古代日本文学思潮論（III）』所収　一九六二年　桜楓社
（5）木下礼二「『百済史料』と『日本書紀』素材論」『日本書紀と古代朝鮮』所収　一九九三年　塙書房
（6）上田正昭『藤原不比等』三六頁　一九七六年　朝日新聞社
（7）佐伯有清『新撰姓氏録の研究（研究篇）』五〇四頁　一九六三年　吉川弘文館
（8）上田正昭（注6）前掲書　三八頁～三九頁
（9）坂本太郎「天智紀の史料批判」『日本古代史の基礎的研究・上』所収　一九六四年　東京大学出版会
（10）柳田国男「杖の成長した話」『柳田国男集・第一一巻』所収　一九六九年　筑摩書房
（11）柳田国男「勧請の木」『柳田国男集・第二六巻』所収　一九七〇年　筑摩書房
（12）三品彰英「古代宗儀の歴史的パースペクティヴ――天之日矛の後裔たち――」『三品彰英論文集・第四巻』所収　一九七二年　平凡社
（13）本位田菊士「応神天皇の誕生と神功皇后伝説の形成」「ヒストリア」四七号　一九六七年
（14）倉塚曄子「胎中天皇の神話」「文学」五〇巻二・三・四号　一九八二年
（15）阪下圭八「神功皇后伝説の形成」「文学」三七巻四号。「神功皇后の物語」「歴史と人物」一九七二年　十一月号
（16）西郷信綱「補考――いわゆる新羅征討譚について」『古事記注釈・第三巻』所収　一九八八年　平凡社
（17）今井啓一「高麗寺・新羅寺・鶏足寺」『帰化人と社寺』所収　一九六九年　綜芸舎

(18) 北村文治「紀朝臣清人等の撰国史について」「史学雑誌」五五巻四号
(19) 加藤謙吉「『日本書紀』と渡来人」『聖徳太子の真実』所収　二〇〇三年　平凡社
(20) 上田正昭「記紀神話論の再検討」『日本古代国家論究』所収　一九六八年　塙書房

第十二章

『日本書紀』二段階成立の具体的事例

なぜ二段階成立なのか、その理由を具体例で示す

大津皇子事件に関与した藤原不比等の意図

天武天皇は朱鳥元年（六八六）九月九日に崩じている。その死の十五日後（九月二十四日条）に『日本書紀』は、「大津皇子、皇太子を謀反《かたぶ》けむ」と書き、持統称制十月二日条に「皇子大津の謀反《かたぶ》けむこと発覚《あらは》れぬ」と書く。そして翌日（三日条）に次のように書いている。

皇子大津を訳語田《をさた》の舎《いへ》に賜死《みまからし》む。時に年二十四なり。妃皇女山辺、被髪《かみをみだ》し徒跣《すあし》にして、奔赴《はしりゆ》きて殉《ともにみまか》る。見る人皆歔欷《すすりな》く。

大津皇子の謀反について直木孝次郎は、「天武十二年の大津皇子の朝政参与以来、大津をおとしいれるための陰謀が鸕野皇后を中心として仕組まれる可能性」を書いて、「大津の謀反というものにどれだけ現実性があったか疑わしい」理由として、関係者として捕えられた三十余人に対する軽い処罰と、あまりにも早い皇子の処刑をあげる(1)。北山茂夫も「のこされた史実をしらべても、大津には、謀叛の形跡がほとんどみとめられない。大津と親しい間柄にあった河島皇子が、皇太后のたくみな誘導にあって、大津にとって不利な証言をしたようである」と書いている(2)。

吉田義孝はこの両氏の見解に反論し、「大津皇子論——天武朝の政争とクーデターに関連して——」で、大津皇子の謀反はあり、具体的には草壁皇子暗殺を、九月二十四日の殯の場で実行するはずだったが、密告で実行できなかったと書く(3)。密告を知った持統がすぐ大津皇子を逮捕しなかったのは、「謀略にたけた一流の政治家である持統は、微妙な宮廷関係への影響を配慮して、いとも簡単に実行できることを延引し、もちろん企図そのものの公表をもさし控えた」からと書く。そして「大津を問題の焦点をぼかしたかたちで間髪をいれずにほうむり去ることによって」、不平派の皇子や大官への無言の威圧を加え、一方、連座者の処分を寛大にして、「隠然たる一大勢力をなしていた大津支持派への懐柔の方策を打ちだした」と書いて、直木見解を批判している。(3)

私は吉田説は採らない。直木説を採るが、私は「謀略にたけた一流の政治家である持統」なら、「密告」ですでに「謀反」を知っていたはずだから、逆に決行させて逮捕という方法をとったと思う。そうすれば、その場で大津皇子を誅殺しても誰からも文句はでないし、「微妙な宮廷関係への影響」も、また「配慮」も必要なかったはずだ。しかしそうした行動をとっていないのだから、吉田義孝の述べる草壁皇子暗殺を大津皇子が計画していたという事実はなく、「密告」も大津皇子を消そうとした謀略の一つと、私は推測している。(4)

大津皇子の「謀反」事件についての代表的見解を述べたが、ほとんどの見解は皇位継承者として草壁皇子のライバルの大津皇子（大津皇子の母は持統天皇の実姉の大田皇女で、その子だから、母が生きていれば草壁皇子より皇位継承の権利は兄の大津皇子にあった）を抹殺しようとした「事件」とし、首謀者は草壁皇子の母の持統天皇とみている。私もその見解には反対しないが、大津皇子事件には天武朝に不遇であった藤原不比等も関与していたと推測している。

上山春平も「大津の処刑を持統の謀殺と見る史家は少なくないのですが、その計画が誰が協力者として実行されたのか、という点についての突っこんだ考察はほとんど見当らない」と書き、藤原不比等と見ることで、「はじめて解けてくる問題も少なくない」と書く。理由として、持統にとって不比等は、「何よりも、父の鎌足が、持統の父天智の寵臣であり、持統と不比等のあいだに親密な信頼関係の成立しやすい条件がととのっている」ことと、「不比等の近親たちは大友皇子の側であったから、不比等は壬申の功臣たちや彼らとなじみの深い天武の皇子たちにたいして一種の違和感をもっていた」から、それらの「天武の皇子たちに皇位が行くことは、自分の政治生命にとってマイナスの効果を生じる」と思い、「持統の秘密の協力者として、この実力者の寵臣になることは、壬申の功臣たちをおしのけて政界の優位に立つ唯一の血路」とみて、大津事件に協力したと書く(5)。

藤原不比等が『日本書紀』に登場するのは、大津皇子が自死した朱鳥元年（六八六）から三年後の持統三年（六八九）で、不比等は判事に任命されている。そのとき判事に任命された九名のなかに、大津皇子の事件に連坐した中臣意美麻呂《おみまろ》と巨勢多益須《こせたやす》がいる。二人は判事になった四年後（持統七年）には、「二人そろって十五階上位の直広肆（従五位相当）に昇進しており、不比等が右大臣（正二位）に任命された和銅元年（七〇八）には意美麻呂は神祇伯（正四位下）、巨勢多益須は大宰大弐（従四位上）に任命されている」と上山春平は書き、「意美麻呂たちは不比等の意を体して、大津皇子に謀反をそそのかし、多少の言質をとらえたところで、謀反の事実を誰かに密告させるといったワナを仕掛けたのではないか」と推論している(6)。

さらに大津事件に連座した壱岐博徳も判事になっているが、上山春平は博徳の活動を史料で検証し、「博徳は斉明朝から天智朝にかけて、外交面で花々しく活躍するのですが、天武朝のもとでは全く忘れられた存在」だと書き、ところが「奇妙なことに、大津皇子の事件に連坐した後に、カムバックして活動を開始」していることに注目している。特に大宝律令の編纂メンバーに選ばれていることを重視し、「律令編纂メンバーのリスト」には、「不比等が刑部親王に次いで二番目に挙げられ、博徳は、不比等から二つおいて、五番目に挙げられて」いることをあげ、博徳が「史《ふひと》」から「連《むらじ》」になったので、大宝律令に関与した「彼をふくめて帰化系と思われるメンバーが半数近くいるなかで、彼は筆頭の地位」と書く。そして帰化系のメンバーの中に「田辺史《たなべのふひと》」の姓を名のるものが二名」いるが、「不比等の名は、田辺史大隅《おおすみ》の家に育ったのに因んでつけられた」のだから、半数近くいる「帰化系」は「不比等と親交のあった人たち」とみて、博徳は「鎌足の時から藤原家とゆかりの深い帰化系の知識人」で、「天武朝のもとで不遇をかこっていた博徳を、意美麻呂らとともに、大津事件の仕掛け役に使い、その褒賞として、事件のほとぼりのさめたころ」から、不比等は「大宝律令編纂の事実上の責任者としての大役」を与えたと上山春平は書いている(7)。姓《かばね》が「史《ふひと》」だからといって帰化系ときめるわけにはいかないが、博徳は唐で学んだ学者だから、年齢からみても不比等がその学識を認めていたと考えられる。「帰化系」という推測以外は、私は上山説に賛同する。

大津事件に藤原不比等が関与しているとみる上山説には、梅原猛も賛同しているが(8)、上山は博徳が「天武朝のもとで不遇をかこっていた」理由については書いていない。理由は壬申の乱で大海人軍と戦った人物に「近江の将壱伎史韓国」が居るが、「松尾社家系図」は壱岐(伊吉)史韓国の叔父を博徳と書く。『善隣国宝記』に載る『海外国記』は唐の郭務悰らが来た時、博徳は接待役を務めたとある。天智紀は天智称制六年十一月十三日条で、伊吉連博徳が唐使司馬法聡の送使になったと書いている。このように天智朝で活躍しているのに天武朝の活動記録がないのは、藤原不比等と同じに反天武であったからである。彼らが大津事件に関与したのは、天武天皇が亡くなった後の新政権で、復権をめざしたからである。

大津皇子事件に潜む新羅との関係と不比等

天武天皇は壬申の乱のとき、大分君恵尺に近江に行って大津皇子を連れてくるように命じている。皇子は伊勢の迹太川のほとりで父と再会しているが、そのとき大津皇子に従っていた者は、次の九人である。

大分君恵尺、難波吉士三綱、駒田勝忍人、山辺君安麻呂、小墾田猪手、泥部眡枳、大分君稚臣、根連金身、漆部友背。

大分君恵尺は迎えに行ったのだから側近ではない。とすると難波吉士三綱が側近のトップである。皇子はこの時十歳だから、側近は単に従者でなく養育者だが、難波吉士の「吉士」は新羅の官位十七等のうちの十四位である。この官位を姓にしているのだから、新羅系渡来氏族である。次の駒田勝忍人の「勝《すぐり》」は、韓国語の「村」が新羅官位の「舎知」の意だとする説があるが、雄略紀の十五年条には、秦氏の祖（秦酒公）が率いたのが「百八十種の勝」だと書いている。私は拙著『秦氏の研究』で、秦氏は新羅系氏族であり、「勝」の多くも新羅系である事を論証した。(9) このように十歳の大津皇子を養育しているのは、新羅系渡来氏族である。

大津皇子の「謀反」は三十余人の逮捕者のほとんどが許されているのに、二人だけ許されず流罪になっている。一人は「新羅沙門行心」である。彼は「飛驒国の伽藍《てら》に徙《うつ》せ」と持統称制前紀は書く。行心と共に流罪に処せられたのは、「帳内《とねり》礪杵道作《ときのみちつくり》」である（令制では大舎人は中務省の官人だが、「帳内」は親王・内親王の従者で私的な性格をもつ）。彼は伊豆国へ流されたが、美濃国土岐《とき》郡の国造系豪族の子弟とみられている（岩波書店版『日本書紀・下』頭注）。美濃国の「トキ」は、新羅の迎日の意味の「都祁野」の「トキ」である。「トキ」は「都祁」と書かれているから、「ツケ（ゲ）」とも読まれる。大和の都祁（闘鶏）国、摂津の菟餓（都下）は、いずれも韓国語の迎日の「トキ」「トカ」「ツケ」の漢字表記であり、新羅系氏族の多いことについては、「アマテラスの原像――難波の闘鶏野について――」[10]や「大和の鶏林《しらき》 闘鶏《つげ》の国」[11]などの拙稿で書いた。『和名抄』の武蔵国比企郡都家《つけ》郷は、「都介」「豆計」と書く異本もあるが、いずれも「ツケ」である。このツゲ郡は都幾《とき》川（この川は都幾《つき》川ともいうから、「トキ」が「ツキ」「ツケ」に転じたのである）の南側にあり、この地も吉士《きし》氏など新羅系氏族の土地であることは、金井塚良一が述べている[12]。美濃の土岐郡にも土岐川が流れており、土岐郡に入る多治見市には今も新羅神社がある。土岐川を挟んで南北に広がる東濃西部一帯は良質の陶土に恵まれ、七世紀中頃から土岐郡内では須恵器の生産が始まったが、須恵器は渡来人によるから、新羅系の陶人たちによっている。たぶん礪杵道作も新羅系渡来人の末裔であろう（「トキ」の語源は韓国語）。

このように大津皇子の事件で流罪になった、もっとも大津皇子の身近かに仕えていた人物は、新羅人と新羅系氏族であり、壬申の乱の時十歳であった大津皇子の後見人の難波吉士三綱・駒田勝忍人も、新羅系氏族である。難波吉士は『日本書紀』に頻繁に登場するが（主に新羅使、任那使、または新羅関係か唐への留学生）、大津皇子の死以降なぜか消えているのも、難波吉士も大津皇子と親近だったからであろう。この事実からみても、大津皇子の事件を単なる皇位争いによるとみる通説には賛成できない。原因は大津皇子と草壁皇子の皇位継承問題であったとしても、当事の国際関係、具体的には対新羅の問題が関連していると考えられる。

藤原不比等が『日本書紀』に明記されているのは持統三年(六八九)二月二十六日条に、竹田王以下九名が「判事」に任命されたとある記事である。その記事に「直広肆藤原朝臣史《ふひと》」とある。「直広肆」は令制の「従五位下」であり、「判事」は裁判をつかさどる職掌である。不比等はこの時三十一歳であった。当時の三十一歳は現在の四十歳直前か四十歳過ぎの年齢である。この年まで鎌足の子でありながら名前が登場しないのは、天武朝で不遇だったからである。

上田正昭も「なぜ不比等が三十一歳まで記録に名をとどめていないのか。その疑問はとけていない」と書き、「疑問」を解く鍵として二つのことを書く。

その第一は、壬申の大乱で、大海人皇子側に、鎌足の同族が参加したたしかな様子はみうけられないことだ。近江朝廷の「右大臣」であった中臣連金は、「重罪八人」の「極刑」にあわせて、浅井の田根で斬殺され、その子も配流されている。中臣氏の壬申の乱における去就は、むしろ大友皇子支持派のほうにいちじるしい。

そして第二に、近江朝廷側を支援した近江の別将に田辺小隅がいる。彼は田中臣足麻呂の軍を撃破した勇将であったが、多臣品治の精兵に追撃されて敗走した。この田辺小隅と田辺大隅が同一の人物であったかどうかは断言できない。けれど、彼が少なくとも田辺史大隈の同族であったことはまちがいないだろう(13)。

この二例を上田正昭はあげて、天武朝時代は単に二十代で若かったという、「年齢だけの問題」ではなく、藤原・中臣氏と養育氏族の帰化系氏族の田辺氏が、反天武であったことが天武紀では登場せず、「持統女帝の朝廷のころより急速に頭角を現わ」した理由だと述べている。頭角をあらわした具体的理由については述べていない。私は上山春平が指摘する持統称制元年の大津皇子事件への不比等の関与を具体的理由とみるが、上山春平は書かないがこの関与には、天武天皇の治政を継承する親新羅の大津皇子を消すことが、自らの政治生命を生かすことになると見て、積極的に関与したのであろう。[5]

持統六年五月十五日条に次の記事が載る。

筑紫大宰率河内王等に詔して曰はく。（中略）「大唐の大使郭務悰が御近江大津宮天皇の為に造れる阿弥陀像を上送れ」とのたまふ。

郭務悰については第十一章で述べたが、郭務悰は壬申の乱の直前に帰国している。なぜ、天武朝では郭務悰が献上した阿弥陀像を都へ運ばず、筑紫へ置き放しにしておき、持統朝になって都へ送れと命じているのか。理由は天武朝の反唐・親新羅の政策が、唐人の郭務悰らと、唐に加担している百済人の沙宅孫登らが持ってきた献上仏（阿弥陀像）を、筑紫に放置したままにしたからである。しかし持統朝になって政策が変ったから、都へ運べという命令が出たのであり、この事実からも天武朝の反唐・親新羅政策が変更した事がわかる（勿論新羅との国交を断ったのではない。国交は続けるが天武朝のような親密な関係ではなかったのである）。変更させた背後に私は藤原不比等の存在を見る（不比等は本来は「史」と書く。この名は百済系渡来氏族の田辺史に養育されたからだが、田辺史は二人も大宝律令の編纂に参加しており、唐に留学した伊吉博徳も「史」として大宝律令に関与している）。

黒作懸佩刀の伝承からうかがえる二段階伝受

天平勝宝八年（七五六）の「東大寺献物帳」に、次のような記事が載る。

黒作懸佩刀

右、日並皇子常所佩持、賜太政大臣。大行天皇即位之時、便献、大行天皇。崩時亦賜太臣。太臣薨日、更献、後太上天皇。

黒作懸佩刀は日並皇子（草壁皇子）が常に佩持していた刀だが、その刀は太政大臣（藤原不比等）に下賜され、大行天皇（文武天皇）の時に不比等は天皇に献じ、天皇が亡くなった時また不比等（「太臣」は「太政大臣」の略）に下賜されたが、不比等が亡くなると、その刀は太上天皇（聖武天皇）に献上されたという記述である。

草壁皇子→不比等→文武天皇→不比等→聖武天皇

という移動は、次のよう皇位継承を示している。

草壁皇子→文武天皇（軽皇子）→聖武天皇（首皇子）

上田正昭は『藤原不比等』で「草壁皇太子→軽皇太子→首皇太子という直系男子の皇位継承にかんする『後事』を不比等に託しての黒作懸佩刀の伝世であったと思われる。（中略）草壁皇太子の薨日にさきだつこと約二ヵ月、持統称制三年二月二十六日には、さきにのべたように不比等は判事に任用され、時に三十一歳の壮齢である。草壁皇太子愛用の佩刀を賜与されるほどの信任を、そのころすでに、この藤原氏の後継者はかちえていたことになる」と書いている。[14] このような見解は上山春平も

『埋もれた巨像』で、「草壁の佩刀が、不比等を介して、草壁の嫡系である文武と聖武に伝えられたという、あの正倉院文書の証言は、是が非でも草壁の嫡系に皇位を継がせようとした持統の念願の実現に、不比等が、深く、密かに協力した姿を、鮮明に映し出している」と書いている。[15] 直木孝次郎も「東大寺献物帳」の記事をストレートに認めており、[16] 土橋寛も『持統天皇と藤原不比等』で、「賜太政大臣」の「賜」を持統天皇と見て（この時不比等は「太政大臣」ではない）、持統天皇の意志で不比等に下賜したと述べている。[17]

このような見解に対し金井清一は、草壁皇子の刀は元は天武天皇が所持した刀とみて、天武の名が記されていないことを問題にしている。[18] 吉井巖は最初の不比等への下賜は、「文武天皇への刀の捧呈以下の事実をもとに、これを草壁皇子にまで遡らせて、より一層重味を伝承に加えた、というのが事実ではないでしょうか」と書き、[19] 佐藤宗諄は「東大寺献物帳」の由緒書そのものを疑っている。[20] 私は吉井・佐藤説には同調しないが、「東大寺献物帖」の記述もストレートには信用していない。なぜなら「日並皇子常所佩持」と「東大寺献物帳」は書くが、「日並」の「日」は天武天皇であり、「日並皇子」は「日」の天武天皇の皇太子としての「日並」だから、その佩刀も、「日」としての天武天皇の佩刀であり、金井清一が推測するように、この佩刀は、

天武天皇→草壁皇子→文武天皇（軽皇子）

という継承である。そのことは「軽皇子の安騎の野に宿りましし時、柿本朝臣人麻呂の作る歌」（巻一・四五）が示している。この柿本人麻呂の長歌に、

やすみしし　わご大王《おほきみ》　高照らす　日の御子《みこ》……

とある。したがってこの「日の御子」は軽皇子であり、

日（天武天皇）→日並皇子（草壁皇子）→日の御子（軽皇子）

という系譜として人麻呂は詠んでいるから、「日並皇子常所佩刀」は「日」の天武天皇の佩刀を皇太子（日並皇子）が受けて、その佩刀を軽皇子に受け継がせようとしている持統天皇の意図に、藤原不比等が協力したことを示した伝承である。上田正昭は黒作懸佩刀に関連して、「藤原宮の宮名は（中略）藤原氏とのつながりで命名された」と書き[14]、土橋寛も藤原京・藤井ヶ原は、「不比等の本貫地の河内の『藤原』『藤井ヶ原』の名を移したもの」と書いて[21]、黒作懸佩刀について論じており、持統天皇の意志は、「日」の天武天皇の佩刀を「日並皇子」から「日の御子」に伝える、つまり皇位の兄弟継承を主張する風潮の中で、嫡子継承を貫徹する協力者として不比等を選んだのである。柿本人麻呂が軽皇子を詠んだ安騎野の長歌と短歌の連作が、そのことを示している。

その嫡子継承を示す黒作懸佩刀を、不比等は持統太上天皇の死後、自分の孫の首皇子に皇位を継《つ》がせるために利用した。そのためには兄弟継承を主張する天武系の皇子・皇孫を排除する必要があったから、天武を消して単に日並皇子の佩刀にしたのである。私は『日本書紀』の編纂も持統天皇の意図は黒作懸佩刀と同じに天武天皇の意志を生かすことであったとみる。しかし持統太上天皇の死後、不比等の孫の首皇子に皇位を継承させようと意図して、『日本書紀』の編纂は第二段階に入って天武天皇の意志は消された。

文武の妃・夫人から推測できる『紀』の二段階編修

黒作懸佩刀は持統天皇が藤原不比等に託した時は、持統天皇の孫で草壁皇子の子の軽皇子を皇位につけるためのシンボルであった。皇位継承のシンボルの鏡・剣・玉の三種の神器と似た意味をもっていた。軽皇子が即位するとこの刀は目的を達した。しかし不比等はこの刀を自分の孫（首皇子）を皇位につけるために再利用した。持統の意志を自らの意志達成に変えたのである。つまり黒作懸佩刀が持統と不比等によって二段階に利用されたように、正史の『日本書紀』も黒作懸佩刀と同じに二段階に利用されたのである。

持統天皇の国史編纂は天武天皇の正史編纂の意志を生かすためにおこなわれた。特に夫と共に戦った壬申の乱を正史にとどめておくことと、天武天皇の治政を後代の人々に知らしめようとする意図によっている。この壬申紀と天智紀を森博達は新羅に留学した山田史御方が述作したと推測している。[22]私が森説を採るのは、鸕野讃良皇女（持統天皇）が新羅系渡来氏族に養育され、母は親新羅の右大臣蘇我倉山田石川麻呂の娘だったことが一因と考えるからである。母方の祖父は父の中大兄によって自殺させられ、その時母方の祖父と妻子は共に自殺している。持統の母は父母兄妹が夫（中大兄）の指示で死に追いやられたことを知って、なげき悲しみ亡くなっている。その母がなげき悲しみ死んだ姿を、五歳から八歳の頃持統は見ているから、父の天智に好意はもっていない。その持統が天智天皇に信頼されていた藤原鎌足の子の不比等を信頼したのは、その才能を認めたからである。また軽皇子を皇位につけるためには、弓削皇子が兄弟継承を主張して軽皇子の皇位継承に反対したように、天武の皇子たちの兄弟継承に対抗する必要があった。そのために天智の功臣の子の藤原不比等は利用価値があると思ったからである。

軽皇子が皇位につくと持統は太上天皇になり、十五歳の文武天皇の妃と夫人を選ぶが、皇女を一人も入れていないのも、皇位争いを避けようとしたからである。ところで三人の妃と夫人のうち、どの娘が生んだ皇子を彼女は文武天皇の後を継ぐ天皇と考えていたか。当然自分の母方の出自の石川氏の娘であろう。蘇我氏が石川氏に姓を変えたのも、持統の父の蘇我倉山田石川麻呂の「石川」を用いているから、持統天皇が主導したからであろう。

『続日本紀』文武元年（六九七）八月二十日条に次の記事が載る。

　藤原朝臣宮子娘を夫人とし、紀朝臣竈門《かまどの》娘《いらつめ》・石川朝臣刀子《とね》娘を妃とす。

大宝・養老令の「後宮職員令」は、「妃」は四品《しほん》以上（「品」は親王の官位）、「夫人」は三位（「位」は諸王・諸臣の官位）である。「夫人」より「妃」が上位なのに下位に書かれているのは、『続日本紀』の述作者が藤原氏に気を遣ったからである。石川朝臣刀子娘を末尾に書いているが、石川氏出自の持統太上天皇は、刀子娘の生んだ皇子を文武天皇の次の天皇にするつもりであったろう。

持統が石川・紀・藤原の娘のみを文武天皇の後宮に入れ、皇族の娘を一人も入れていないので、不比等の孫に皇位をつがせるため、持統と不比等が組んで皇后になる皇女を選ばせなかったとみる説がある。しかしこのような説が成り立たないのは、もし不比等の娘の子を皇位につけようと思っていたら、嫡子継承のためにもまず宮子娘を入内させ、皇子が生まれてから石川・紀氏の娘を入内させたであろう。三人を同時に入内させた事実からみても、持統天皇は自分の出自の石川氏の血を受けた文武天皇の皇子に皇位を継がせようと考えており、不比等の娘が生む皇子の即位は考えていなかったからである。もし石川氏の娘が皇子を生まなかった時には、名門の紀氏の娘の生んだ皇子を考えていたであろう。当時の宮廷では誰が見ても石川・紀氏は古くからの名族で、藤原氏は新興の成上りの二流か三流の氏族であったから、不比等の娘の入内は不比等という人物を高く評価し、持統の出自の石川氏の妃を重視してくれるだろうと思っての入内である。しかしその願いは見事にはずれた。

持統太上天皇は大宝二年(七〇二)十二月十二日に、五十八歳で崩じている。天武天皇の檜隈大内陵に追葬されたのは、持統の遺言であったろう。持統の死から十一年後の和銅六年(七一三)十一月五日条に、

石川・紀二嬪の号を貶め、嬪と称すること得ざらしむ。

とある。この記事について梅原猛は、石川・紀氏の娘は藤原不比等の娘より格が上で、そのことが文武元年の「妃」と「夫人」の記事にあらわれており、和銅六年の記事に見られるように、その後「妃」が「嬪」に逆転し、さらに「嬪」の呼称さえ奪われたと書いている(8)。「嬪」の呼称が奪われたのは、宮廷からの追放を意味する。この事実は持統太上天皇の意志を、天皇の死後十年後に不比等が裏切ったことを示している。この裏切りで天武天皇の意志を継いで持統天皇が計画した国史の公表も、実行されなくなったのである。

『日本書紀』は持統紀・神功皇后紀を除いて、文武朝の終りか元明朝初期には述作は完了していた。しかし公表されず、第二段階の編纂に拠って持統紀・神功皇后紀が新しく加えられ、全巻にわたって藤原・中臣氏関係と百済関係記事が入り、改変事業がおこなわれた。特に中大兄と藤原鎌足(中臣鎌

子）のかかわる皇極・孝徳・斉明・天智紀に手が加えられたが、天智紀は最終編纂時に特に大幅に改作された。この改作作業の過程で異父兄の大海人漢皇子を中大兄の実弟の大海人皇子と、異父兄の漢皇子に分解する工作がおこなわれた。このような工作の結果、成立した『日本紀』だから、詳細は前述したが（二二三頁〜二二五頁）、『続日本紀』は『日本紀』の「続」と書いていながら、何日に『日本紀』が完成したのか、その日を明記していないのは、藤原不比等の死の直前に不本意だが世に出す必要があり、そのため単に『日本紀』が成立したという、付記的記事を載せたからである。

和銅六年の文武天皇の妃と皇子の追放と不比等

文武天皇の妃の石川氏・紀氏の女性が、嬪に落され追放されたことは、『続日本紀』の和銅六年（七一三）十一月五日条に載る。この二嬪の宮廷追放について角田文衛は、「後世の歴史に徴してみると、その主なるものは、㈠近親者の謀反、㈡密通、㈢魘魅《えんみ》呪詛の類である」と書き、二人追放の理由は「密通または呪詛」があると書く。密通は不比等は天武天皇の夫人の五百重娘と密通し、四男の麻呂を生ませているが、「彼も五百重娘も何等処分を蒙るところがなかった」から、「内聞にしようとすれば済ませるような事柄」であったと書く。したがって、もし「密通」なら、政敵による「陰謀・策動に因っている」と推測している。また呪詛も、奈良時代では政敵が仕立てた密告者によって罪せられていることをあげ、特に「石川刀子娘に関しては、確かに政敵に狙われる可能性があった」と書く[23]。

可能性とは、石川刀子娘と文武天皇との間には、広成・広世の二人の皇子が居たことをあげる。そして角田文衛は、「いま和銅五、六年頃の政界に想いをいたしてみると、その頃の宮廷人の最大の関心事は、平城遷都が一段落ついた後を承けて、元明天皇がどの皇子を皇太子に立てられるかにあったのである。当然のことながら、有力な宮廷人の間では、これら三皇子をめぐって激烈な暗躍が続けられていたに相違ない」と書く。そして当時の太政官の構成を示し（当時不比等は右大臣正二位）、次のように書く。

まず疑いがないのは、個々人についてみれば、執政のうちでの第一の実力者は不比等であったということである。しかし不比等の勢力はまだ圧倒的なものではなく、彼は事に触れては藤原氏の進出を欣ばない旧豪族たちの抵抗を感じていたであろう。もし旧豪族の有力者の幾人かが不比等を牽制するために広成皇子（引用者注、石川刀子娘が生んだ文武天皇の皇子）の立太子を策謀したとすれば、たとい夫人の腹に宿った皇子であったとしても、首皇子の立太子は絶望視される状態におかれたであろう。不比等が後宮の実力者の内命婦・県犬養宿禰三千代と協力して娘の宮子を入内させたのは、彼女の生んだ皇子を皇位につけて天皇の外戚となり、藤原氏の揺ぎない地盤を作り上げるためであった。もしここで広成皇子が皇嗣に定められるならば、永年に亙る彼の努力は水泡に帰するばかりでなく、右大臣という彼の地位それ自体が浮き上ったものとなるであろう。

和銅五年頃、立太子問題をめぐる情勢は、恐らく以上のような深刻なものであったと推測される。不比等は早く美努王の室であった三千代と姦通し、王より彼女を奪って自分の継室としていたが、不比等と三千代という世にも権勢欲の強力な二人の男女は、その頃、密議を凝らして広成皇子を失脚させる陰謀を企んでいたに相違ないのである[23]。

このように書いて特に三千代の策謀にふれ、藤原不比等の目的は「広成・広世二皇子の皇籍剥奪」

であったとし、そのためには、「刀子娘から嬪の称号を奪うだけで十分であった」と書いている。[23] この角田文衛の論考は多くの学者が賛同し、岩波書店版『続日本紀・1』も前述の石川刀子娘に関する記事の補注で、特に角田文衛の「首皇子の立太子」を紹介しているが、私も角田見解を採る。持統天皇は前述したように石川刀子娘の皇子を次の天皇と考えていたのを、この意図をふみにじって石川母子を追放し、不比等の孫を皇位につけようとした。そのためには理由づけが必要であったから、正史の『日本書紀』を利用した。その結果が第二段階の編修になったのである。

壬申紀の第一段階の「天皇」を「大皇弟」に第二段階で改変

天智称制十年十月十七日条に次の記事が載る。

　天皇、疾病《みやまひ》弥留《おも》し。勅して東宮《まうけのみや》を喚《め》し、臥内に引入れ、詔して曰はく。「朕、病《やまひ》甚《おも》し。後事を以《も》ちて汝に属《つ》く」と、云々《しかしか》のたまふ。是《ここ》に、再拝《をろが》みたてまつりたまひて、疾《やまひ》を称《まを》して固辞《いな》びまをし、受けずして曰《まを》したまはく。（後略）

ところが天武即位前紀（壬申紀）は次のように書く。

　四年（引用者注、天智紀は「十年」と書く）の冬十月の庚辰に、天皇、臥病《みやまひ》したまひて、痛みたまふこと甚し。是に、蘇我臣安麻侶を遣して、東宮を召して大殿に引入れまつる。時に安摩侶、素《もと》より東宮の好《よみ》したまふ所なり。密《ひそか》に東宮を顧《かへり》みたてまつりて曰《もう》さく。「有意《こころしら》ひて言《のたま》へ」とまをす。東宮、茲《ここ》に、陰謀《かくせるはかりごと》有らむことを疑ひて慎《つつし》みたまふ。天皇、東宮に勅して、鴻業《あまつひつぎのこと》を授けむとのたまふ。乃ち辞譲《いな》びて曰《まをしたま》はく。「臣が不幸《さきはひな》き、元より多《さは》の病《やまひ》有り。何《いかに》ぞ能く社稷を保たむ。願はくは、陛下《きみ》、天下を挙《あ》げて皇后《きさき》に附《よ》せたまはむことを」

この天智紀と壬申紀（天武即位前紀）はいくつかの記事の違いがある。その代表例は天智紀が天智の治政を「十年」とするのに、壬申紀は「四年」と書くことである。「四年」が事実なのに、「十年」と天智紀が書くのは、第二段階の編纂時に「四年」を延長して「十年」にしたからである。また天皇の病状が悪化したので、大海人皇子を病床へ呼んだことでは一致しているが、病床へ天智天皇が大海人皇子を呼んだ理由や行動については違う。その違いを示す。

一、天皇が大海人皇子を呼んだ意図。

天智紀　「病《やまひおも》 甚し」が理由。

壬申紀　病床に呼んだ意図は「陰謀」。

二、天皇の発言。

天智紀　天皇は「後《のちのこと》 事」を託した。

壬申紀　「鴻《あまつひつぎのこと》　業を授《さず》けむ」といった。

三、大海人皇子が発言する前にとった行動。

天智紀　「再拝《をろが》みたてまつりたまひて」

壬申紀　なし。

四、大海人皇子の発言の一。

天智紀　病気と称して固辞した。

壬申紀　天智紀と同じ。

五、大海人皇子の発言の二。

天智紀　「洪業《ひつぎ》を奉《あ》げて大后《おほきさき》に付属《さづ》けまつり、大友王をして諸政《もろもろのまつりごと》を奉宣《のりたま》はしめむことを」

壬申紀　「天下《あめのした》を挙《あ》げて皇后《きさき》に附《よ》せたまはむことを。仍《よ》りて、大友皇子を立てて、儲君《まうけのきみ》としたまへ」

以上五例を検証する。

一では天智紀と壬申紀では大きな違いがある。天智紀は「天命開別天皇―大皇弟」という視点でのみ書いているから、天武は天智に従う柔順な弟でしかない。したがって重病の「兄」に呼ばれて駆けつけた「弟」として書かれているが、壬申紀は天皇からの呼び出しを「陰謀」と書いている。この事実はほとんど見過されているが、「陰謀」と書いている事に私はまず注目したい。

二の天智紀の天皇の発言は一と連動しているから、単に「後事」を「弟」に託したと天智紀は書くのみだが、「陰謀」と書く壬申紀の述作者は、大海人を天智の「弟」と見ていないから、天智は大海人に皇位を譲る。つまり「鴻業を授けむ」と言ったと書いている。

したがって三の大海人が発言する前にとった行動について、天智紀は、「弟」だから当然兄に対して弟は「再拝《おろが》みたてまつり」と書くが、壬申紀の筆者は大海人を天智の異父兄とみているから、当然「再拝」したとは書いていない。しかし天智紀と壬申紀は視点は違っても、大海人が答えた発言は同じだったから、どちらも病気と称して固辞し、皇后（大后）を「中天皇」にして、大友皇子に諸政を実務させるべきだと言ったと書いている。

四と五は天智紀も壬申紀も同じ書き方をしているが、一から三までの記述は明らかに違っている。

壬申紀は天皇が呼んだのを「陰謀」と書くから、天智紀が天皇に「再拝」したと書くのに、壬申紀は書かない。理由は、壬申紀の筆者には大海人皇子が天智の「弟」だという意識がなかったからである。壬申紀は大海人皇子について「天皇」「東宮」「大皇弟」「皇弟」の四つの書き方をしている。もっとも多いのが「天皇」の二十三例、次が「東宮」の七例で合計三十例だが、この書き方以外に五例だけ「弟」表記がある。四例が「大皇弟」、一例が「皇大弟」だが、「大皇弟」は次のような記述のところに書かれている。

一、「近江朝、大皇弟の東国に入りたまふと聞き」

二、大友皇子が佐伯連男と樟使主磐手に、

「謂《かた》りて曰《のたまは》く。『其れ、筑紫大宰栗隈王と吉備国守当摩公広島と二人、元より大皇弟に隷《つ》きまつること有り。疑はくは反《そむ》くこと有らむか。若《も》し服《まつろ》はぬ色有らば殺せ』とのたまふ」

三、高市皇子が近江朝側の書直薬・忍坂直大麻呂を捕えて尋問すると、答えて「吉野に居《ま》します大皇弟」に対抗するため、東国の軍兵を起すようにと遣わされたと、韋那公磐鍬の一族の者が言ったとある。

以上の三例は、近江朝廷側の人物の発言のみを、「天皇」でなく「大皇弟」と書いている。他の一例は次の記述である。

是の時に当《あた》りて、大伴連馬来田、弟吹負、並に時の否《よくもあらぬ》を見て、病《やまひ》を称して倭の家に退《まか》りぬ。然《しか》して其の登嗣位《あまつひつぎしら》さむは、必ず吉野に居《ま》します大皇弟ならむといふことを知れり。是《これ》を以ちて、馬来田、先づ天皇に従ふ。

この記事は「大皇弟」と「天皇」が混乱して記入されているが、他の三例はすべて近江朝・大友皇子など近江朝側の人物の発言のみに、「大皇弟」の表記がある。この「大皇弟」は第一次編修時の「天皇」を改めたことは、大伴連馬来田は吉野に居る「天皇に従ふ」と書いており、「吉野に居《ま》します天皇」と書かなければ、「天皇に従ふ」に合わない。その「吉野に居します大皇弟」に改めたのである。したがって他の三例の「大皇弟」も元は「天皇」であったろう。「天皇」を第二段階で「大皇弟」に改めたのである。そのことは天武元年五月条に吉野に居る大海人皇子に朴井連雄君が発言したことを、「天皇に奏《まを》して曰《まを》さく」と書いていることからもいえる。

「大皇弟」でなく「皇大弟」と書く例が一例ある。

　或いは人有りて奏して曰さく、「近江京より倭京に至るまでに、処処に候《うかみ》を置けり。亦菟道の守橋者《はしもり》に命《おほ》せて、皇大弟の宮の舎人の、私糧運ぶ事を遮へしむ」とまうす。天皇、悪《にく》みて、因りて問ひ察《あきら》めしめて、事の已《すで》に実《まこと》なるを知りたまひぬ。

「候《うかみ》」は「斥候《せっこう》」のことだが、この事実（大海人の舎人の私用の食糧を運ぶのさえ阻止している事実）を知って大海人は「何《いか》ぞ黙《もだ》して身を亡《ほろぼ》さむや」と言って挙兵を決意したと書いている。この記事は大海人の発言を「天皇」、他人の発言を「皇大弟」と書く。岩波書店版『日本書紀・下』の頭注は「北野本・内閣文庫本等の写本による字面。本書の底本（兼右本）には大皇弟とある」と書くから、この記事も近江の人の発言だから「大皇弟」と書いたのが「皇太弟」に変ったのであろう（『日本後紀』大同元年〈八〇六〉五月十九日条に「詔。弾正尹某嵯峨定㆓賜皇太弟㆒」が「皇太弟」の初見。前日に平城天皇が即位しているから、即位とともに立太子をおこない、弟の神野親王〈弾正尹某〉、後の嵯峨天皇を「皇太弟」にしたという記事が初見だから、『日本書紀』成立後の表記）。

以上のべた事例からも第一段階の壬申紀のほんの一部分を、第二段階で「大皇弟」にしているのに、天智紀は第二段階で大幅に改め、すべて「大皇弟」に改めたのである。

第二段階で大幅に改変された天智紀

坂本太郎は「天智紀の史料批判」で、天智紀には追記されている例が多くある事を示す(25)。

高安城関係記事は天智称制六年十一月条（是の月に、倭国の高安城、讃吉国山田郡の屋嶋城、対馬国の金田城を築く）、八年冬条（高安城を修《つく》りて、畿内の田税を収む）、九年二月条（高安城を修り、穀と塩とを積む）があるが、八年八月条の次の記事、

天皇、高安嶺に登りまし、議《はか》りて城《き》を修《をさ》めむと欲《おもほ》すも、仍《なほ》し民の疲《つか》れむことを恤《めぐ》みたまひ、止《や》めて作りたまはず。時人、感《かま》けて歎《ほ》めて曰《いは》く。「寔《まこと》に乃ち仁愛の徳、亦寛《ゆた》かならざらむや」と、云云《しかしか》いふ。

を示し、この記事は「出所が別であり、あとから挿入されたものであろう。そして八年十月の鎌足の讃美の条を加えるとますますその感を深くする」と書くが、八年十月条とは次の記事である。

天皇、藤原内大臣の家に幸《いでま》して、親《みづか》ら所患《やまひ》を問ひたまふ。而《しか》して憂《うれ》へ悴《かじ》けたること極めて甚《はなはだ》し。乃ち詔《のたま》して曰はく。「天道輔《てんどうほ》仁《じん》、何《なに》ぞ乃《すなは》ち虚説《きよせつ》ならむ。積善余《せきぜんよ》慶《けい》、猶《なほ》し是徴《これちよう》無からむや。若《も》し須《もち》ゐむ所有《あ》らば、便《すなは》ち以《き》聞《こ》ゆべし」とのたまふ。対《こた》へて曰《まを》さく。「臣、既に不敏《をさな》し。復《また》何をか言《まを》さむ。但し其の葬《はぶりのわざ》事は、軽易《おろそか》なるを用ゐむ。生きては軍国《おほやけ》に務無《つとめな》し。死《みまか》りては何ぞ敢へて

重ねて難《なやま》さむ」と云々《しかしか》まをす。時賢《ときのさかしきひと》聞きて歎《ほ》めて曰《いは》く、「此の一言、窃《ひそか》に往哲《むかしのさかしきひと》の善言《よきこと》に比《たぐ》へむ。大樹将軍の賞《たまもの》を辞《いな》びしと、詎《いづれ》か年を同じくして語るべけむや」といふ。

この記事について坂本太郎は「この時の鎌足の言葉は大織冠伝にも見えてほぼ同文であるから、史料は同源であることは明白であるが、この鎌足讃美の言葉だけは伝にない。すなわちこの部分は書紀独自の附加なのである。それはおそらく書紀編修の過程としては終りの方における、或いは最終編者あたりの附加ではあるまいか」と書いているが[25]（傍点引用者）、この異常に天智紀に多い百済関係記事は、百済系史官が関与した第二段階の付加である。

坂本は「時賢《ときのさかしきひと》聞きて歎《ほ》めて曰《いは》く」は「鎌足伝（大織冠伝）に載らない」と書くが、「鎌足伝」は鎌足の曾孫の仲麻呂が書いているから、仲麻呂は『書紀』の鎌足讃美記事に敢えて載せなかったのであろう。「鎌足伝」だから天智称制八年八月条の天智天皇が高安嶺に登った記事は載せないが、この記事にも天皇について「時人、感《かま》けて歎《ほ》めて曰《いは》く」と書いた記事を載せている。このように天智紀は天智天皇と藤原鎌足を称讃する記事を最終編纂時に載せていることを、坂本太郎も明記している[25]。しかしなぜ天智紀に特に載り、しかも天智天皇と藤原鎌足に限定して載せているのか、その理由については述べていない。

理由は書いていないが、坂本太郎は特に天智紀の系譜記事は他の天皇紀の系譜記事と違うとして、二つの例をあげている。一つは「持統、元明の二帝についてそれぞれ二カ所の都をあげるほどの丁寧な記載をしていることが珍しく、しかも実年代として奈良遷都の和銅三年以後という執筆年代を示していることが尊いのである」と書く。二つは孝徳紀・天智紀は、「両紀とも皇后以外の宮人は妃または夫人と称しているのに、天智紀のみは嬪と称している」ことをあげる。そして、「天智紀の系譜関係の記事は他の巻の同様の記事とも離れているし、紀中の他の記事とも離れて書かれたものであろうと、わたしは考えるのである」と書く。[25]

他にない例としてあげる執筆年代が、和銅三年（七一〇）の奈良遷都以降であることを天智紀が明示しているのは、序章でも書いたが、持統天皇の姉弟と母の系譜関係の異伝を「或本に云はく」として、二つも例示しているので、この異伝は奈良遷都後に記したことを、『日本書紀』の読者に知らしめるためであった。理由は持統天皇にも一つは姉弟関係の逆転、二つは鸕野沙羅々（讃良）皇女には母の違う鸕野皇女と沙羅々皇女が居ると示して、天智と天武の兄弟関係を逆転し、大海人漢皇子を父の違う二人の皇子に変えた第二段階の『日本書紀』の記事を、信用させようとしたのである。

また、天智紀のみが「嬪」と称しているのも問題である。この「嬪」は蘇我倉山田石川麻呂の娘の遠智娘と姪娘、阿倍倉梯麻呂の橘娘、蘇我赤兄の娘の常陸娘である。しかし蘇我倉山田石川麻呂の娘の乳媛と阿倍倉梯麻呂の娘の小足媛は孝徳紀は「妃」と書くが、天武紀は天智天皇の娘の大田皇女・大江皇女・新田部皇女は「妃」、藤原鎌足の娘の氷上娘・五百重娘、蘇我赤兄の娘の太蕤娘は「夫人」と書く。大宝律令（七〇一年の大宝元年に制定され翌年に施行）では皇女は「妃」、三位以上が「夫人」だから天武紀は大宝律令にしたがっている。しかし孝徳紀の皇族でもない左・右大臣の娘の「妃」は、大宝律令以前の記述である。森博達は孝徳紀は持統朝に薩弘恪が担当したと書く。薩弘恪は大宝律令にも関与しているが、大宝律令に関与する以前に『書紀』の編纂にかかわっていたから、律令以前に書かれた記事では、「夫人」は「妃」になっているのである。そのことは『続日本紀』の文武元年

（六七九）八月条に、「藤原朝臣宮子娘を夫人とし、紀朝臣竈門娘・石川朝臣刀根娘を妃とす」とある記事が示している。文武天皇に嫁したのは大宝律令施行以前であり、この「妃」は孝徳紀の「妃」と合う。原史料は「妃」の二人が先に書かれていたのを、『続日本紀』の編者は藤原氏に気を遣って先に宮子娘を書いたのである。

皇極紀・孝徳紀・斉明紀・天智紀を第一段階の薩弘恪の執筆とすると、天智紀の「嬪」は当然「妃」でなければならない。律令に従っても天武紀の蘇我赤兄の娘が「夫人」なのだから、当然天智紀の赤兄の娘が「嬪」なのはおかしい。森博達によれば文武朝に山田史御方が天武紀を書いているから[22]、大宝律令に従って書いている。その律令の規定まで無視し、さらに遠智娘は持統天皇の母、姪娘は元明天皇の母という事実も無視して、「嬪」と書くのは、和銅六年（七一三）十一月条の「石川・紀二嬪の号を貶《おとし》め、嬪と称することを得ざらしむ」に拠っている。文武天皇の「妃」（文武元年条）の石川刀子娘を「嬪」とし、さらに石川刀子娘の皇子二人も母と共に追放したから（三九七頁〜四〇一頁参照）、天智紀では石川麻呂の娘だけでなく、阿倍倉梯麻呂や蘇我赤兄の娘まで「嬪」と書いたのである。このような書き方の異常は、不比等の孫（首皇子）を皇位につけようとする強い野望によっているが（そのために石川刀子娘と彼女が生んだ文武天皇の皇子を追放し、臣籍に落している）、これらの記事は第二段階の工作である。

第一段階の『日本書紀』の編纂に不比等も協力はしたが、持統天皇の主導でおこなわれた。しかし、第二段階では藤原不比等の主導で、藤原氏に都合のよいように編纂された。その工作が集中したのが天智紀であり、天智紀で強調したのが大海人皇子の「大皇弟」と、藤原鎌足と天智天皇の誇大な称讃記事（代表例が前述の八年八月と十月の記事）であった。

天智紀の主観的・観念的記事

坂本太郎は「天智紀の史料批判」で、天智紀には記事の重出（鬼室集斯の叙位、長門・筑紫の築城、栗前王の任筑紫帥、冠位の施行、郭務悰の来朝）、記事の矛盾・編修の疎漏（高安城修築、藤原内大臣、唐使劉徳高の来朝、狭井連檳榔の名）が多いことを指摘している。この事実について坂本は「記紀の文章は原史料の筆者の文のほかに、何人かの編者の時をへだてて次々に加えていった文章がまじている」が、天智紀に特に重出・矛盾・疎漏が目立つのは、「記事の取捨整理をすることは少なく、自分の見出した事実をただ付加《つけくわ》えてゆくという方向」でまとめたからだと書き、「前後を勘案して史法を整えることをしない怠慢を責めるべきものではない」と書く。(25) しかし誰が見ても、天智紀の重出・矛盾・疎漏記事は、井上光貞・黛弘道・青木和夫らの師の東京大学教授で日本古代史の碩学の見解とは思えない。このような見解を書くのは『日本書紀』への主観的な思い入れの強さによっている。

太田善麿も『古代日本文学思潮論（Ⅲ）——日本書紀の考察——』の「第六章　日本書紀の編修と分担方式」で、第一巻・第二巻の神代紀を除いて、

（伊）巻第三——巻十三（神武天皇紀——安康天皇紀）
（呂）巻第十四——巻二十一（雄略天皇紀——崇峻天皇紀）
（イ）巻二十二・三（推古天皇紀・舒明天皇紀）
（ロ）巻二十四——巻二十七（皇極天皇紀——天智天皇紀）

と分類して、次のように書く（傍点引用者）。

かかる区分は、どうして生じたのであったろうか。それについて、まず注目しなければならないことは、（ロ）に属し、もっとも新しい時代を担う天智天皇紀が、編年体史籍としての内容において、つぎの天武天皇紀（巻第二十八・九）以下と、あまりにも顕著な懸隔を示しているという事実である。まず常識的に考えるならば、年代や文化段階からは、天智天皇紀は天武天皇紀と資料的な条件においてかくまで著大な差等が生じるべきではなかったと言えよう。それにもかかわらず、天智天皇紀を見ると、意外にも客観的な資料にもとづくというよりは主観的なもしくは観念的な筆にゆだねられたと見られる記載が多いばかりでなく、実記録的な記載も豊富であるとは言えず、（後略）(26)

この太田善麿の見解は『日本書紀』の内容分類では森博達の分類と一致しているし、前述した坂本太郎が指摘する天智紀の記述からもいえる。問題は天智紀が他の巻と大きく違うことの指摘である。客観的でなく主観的・観念的記述が多いという事実は、天智紀に第二段階において、「実記録的記載」でなく意図した見解（天智天皇の功績をたたえる主観的見解）を強引に入れたことを示している。

第二段階編纂に関与した百済亡命者の子孫たち

さらに問題にしたいのは百済関係記事の多さである。坂本太郎は天智紀の「帰化百済人関係」記事の多さを問題にして、次の七例を原文で示す。

一、三年三月　以㆓百済王善光王等㆒居㆓于難波㆒

二、四年春二月是月、勘二校百済国官位階級一、仍以二佐平福信之功一、授二鬼室集斯小錦下一、其本位達率復

以二百済百姓男女四百余人一居二于近江国神前郡一、

三、四年三月是月、給二神前郡百済人田一、

四、四年秋八月、遣二下達率答㶱春初一築中城於長門国上、遣二下達率憶礼福留、達率四比福夫於筑紫

国一築中大野及椽二城上、

五、五年是冬、以二百済男女二千余人一居二于東国一、凡不レ択二緇素一、起二癸亥年一至二于三歳一、並賜二

官食一、

六、八年是歳　又以二佐平余自信、佐平鬼室集斯等男女七百余人一遷二居近江国蒲生郡一、

七、十年春正月是月、以二大錦下一授二佐平余自信、沙宅紹明一法官大輔以二小錦下一授二鬼室集斯一学職頭以二

大山下一、授二達率谷那晋首閑二兵法一、木素貴子閑二兵法一、憶礼福留閑二兵法一、答㶱春初閑二兵法一、㶱日比子賛波

羅金羅金須解レ薬　鬼室集信一解レ薬、以二小山上一、授二達率徳頂上解レ薬、吉大尚解レ薬、許率母明二五経一、角福

牟一閑二於陰陽一　以二小山下一、授二余達率等五十余人一、

以上の記事を示して、坂本太郎は次のように書く。

これらの記事は佐平余自信とか達率憶礼福留とか、百済の冠位をつけて現われるのが特色であるが、すでに日本に亡命して時がたっているのであるから、本国の冠位はなくもがなである。これを、かの二年九月甲戌の条などの亡命百済人の筆になると思われる記事の人名の書き方に比べると、全く様子は同じである。そこでこれらも亡命百済人の筆になるものではあるまいかと、想像される。彼等は百済復興義軍の経過をも記述したが、つづいて日本亡命後の動静も記録したの

であり、それらの記録がまとまって書紀の編者の手に入ったのであろう。(25)

坂本太郎は百済からの亡命人の記録が『書紀』の編者の手に入って天智紀に載ったと推測するが、かくも多くの亡命百済人の記述を、十年春正月条のように詳細に載せるのは異常である。百済滅亡後わが国に亡命して五、六年たっているから、亡命百済人の子か孫の時代が、第二段階の最終編纂時期である。亡命百済人の子孫の史官が天智紀に関与していたから、これだけの亡命百済人の記事が天智紀に載ったのであろう。彼らなら天智天皇の時代を同時代の日本人の知識人や官僚人ほど知らないから、彼らを『日本書紀』編纂の第二段階に参加させれば、大胆に改変・挿入工作ができるから、不比等らの意向に従い、都合のよい記事を入れる事ができる。したがって彼らを不比等らが利用したのである。その結果が坂本太郎も指摘するように重出記事・記事の矛盾・編修の疎漏が多く、詳細な百済亡命者の関係記事が特に天智紀に多く載っている理由であろう。さらに坂本が問題にする百済の冠位を載せる「なくもがな」の記事も、日本人の史官ならわが国の最初の国史に載せるはずはない。それが載っている事実は、薩弘恪の第一段階の『日本書紀』に、第二段階の最終編纂期になって、百済からの亡命者の子孫（この時代は亡命者の子か孫の時代）が、編纂者の一員として書き入れた記事であることを示している。そのことは第十一章でも書いたが（三五六頁）、わが国の国史にとってまったく関係のない百済亡命者の記事が、七例も載っている事実が証している。

前述した神功皇后紀や『日本書紀』各巻に見られる反新羅・親百済記事からも、百済系史官や百済滅亡時に亡命した百済人の子孫が、第二段階で関与した事は明らかである。第二段階で神功皇后紀と持統紀が加えられたと私は推測するが（第十一章で述べたが、この二つの巻のうち神功皇后紀は徹底した反新羅記事に満ちており、百済系史官の手になることは百済史料の最初の引用記事やその内容からも窺えるが、持統紀は和銅七年の紀清人の撰述の後、さらに百済系史官が反新羅記事に仕立てている事が窺える）、百済系史官や百済からの亡命者の子を『日本書紀』編纂に用いたのは、彼ら（特に亡命者の子孫）が当時にとっての近代史（天智・天武・持統朝）をよく知らなかったから、藤原不比等らの指示で都合よく事実を変えて載せることに最適任者だったからである。

以上、さまざまな角度から『日本書紀』の二段階成立の具体的事例を示したが、二段階成立の最大の変更は天智と天武の兄弟関係の逆転である。逆転を記したため天智の年齢は載せても、天武の年齢を正史の『日本書紀』に載せられなくなってしまったのである。『日本書紀』で年齢不明の天皇は崇峻天皇と天武天皇だけである。崇峻天皇は蘇我馬子に暗殺された不遇の天皇である（用明天皇と共に二人で一巻に収められている）。ところが天武天皇は特別に『日本書紀』で二巻もとっており、他に例のない天皇である。しかし崇峻天皇と同じに年齢の明記はない。これはどういうことか。年齢が書けない理由があったのだろう。第一段階の天武紀にあった年齢を、たぶん第二段階で天武と天智の兄弟関係を逆転したので、その時、削ったのであろう。

〔注〕

（1）直木孝次郎「草壁皇子と大津皇子」『持統天皇』所収　一九六〇年　吉川弘文館
（2）北山茂夫「持統天皇論」『日本古代政治史の研究』所収　一九五九年　岩波書店
（3）吉田義孝「大津皇子論――天武朝の政争とクーデターに関連して――」「文学」一九七二年九月号
（4）大和岩雄「大津皇子『謀反』事件の背景」『日本古代王権試論』所収　一九八一年　名著出版
（5）上山春平『埋もれた巨像』二一六頁～二一七頁　一九七七年　岩波書店
（6）上山春平（注5）前掲書　二一八頁～二一九頁
（7）上山春平（注5）前掲書　二二〇頁～二二二頁
（8）梅原猛『隠された十字架』八七頁～九〇頁　一九七二年　新潮社
（9）大和岩雄「秦氏は、いつ、どこから来たか」『秦氏の研究』所収　一九九二年　大和書房
（10）大和岩雄「アマテラスの原像――難波の闘鶏野について――」「日本のなかの朝鮮文化」二三号
（11）大和岩雄「大和の鶏林　闘鶏の国」「日本のなかの朝鮮文化」三七号
（12）金井塚良一「鉄剣銘文と北武蔵の古代氏族」「東アジアの古代文化」一九号　大和書房
（13）上田正昭『藤原不比等』三八頁～三九頁　一九七六年　朝日新聞社
（14）上田正昭（注13）前掲書　七九頁～八四頁
（15）上山春平（注5）前掲書　二九頁
（16）直木孝次郎「聖武天皇に至るまでの黒作懸佩刀と不比等」『古代日本の人間像・Ⅲ』所収　一九八五年　学生社
（17）土橋寛『持統天皇と藤原不比等』一二〇頁　一九九四年　中央公論社
（18）金井清一「持統天皇の藤原即位説疑問」『五味智英先生追悼上代文学論叢』所収　一九八四年　笠間書院

(19) 吉井巌「黒作懸佩刀の伝承」（注16）前掲書所収

(20) 佐藤宗諄「元明天皇論」「古代文化」三〇巻一号　一九七八年

(21) 土橋寛「『藤原宮』の宮号の由来」（注17）前掲書所収

(22) 森博達『日本書紀の謎を解く――述作者は誰か――』二一六頁〜二一八頁　一九九九年　中央公論新社

(23) 角田文衛「首皇子の立太子」『律令国家の展開』所収（『角田文衛著作集・3』）一九八五年　法蔵館

(24) 坂本太郎「天智紀の史料批判」『日本古代史の基礎的研究・上』所収　一九六三年　東京大学出版会

(25) 太田善麿「日本書紀の編修と分担方式」『古代日本文学思潮論（Ⅲ）――日本書紀の考察――』所収　一九六二年　桜楓社

第十三章

『日本書紀』の「日本」国号と『古事記』

「日本」国号の成立時期と『古事記』に『日本』表記がない理由

『日本書紀』の「日本」国号の始用時期はいつか（一）

『日本紀』『日本書紀』と題されている「日本」は、わが国の国号だが、いつからこの国号を用いたのか。

まず推古朝起源説を述べる。鎌倉末期成立の卜部兼方著『釈日本紀』（現存する最古の『日本書紀』注釈書）が引用する『公望私記』（承平六年〈九三六〉に矢田部公望が朝廷でおこなった『日本書紀』講読の記録）は、「日本」国号について、『日本書紀』の推古十五年の小野妹子派遣の国書に載る「日出処天子」や「東天皇」の「日出処」「東」を「日本」の意と解している。したがって新井白石は『古史通《こしつう》或問《わくもん》』で、この記事を「日本」国号の起源とみている、江戸時代の儒者村瀬栲亭・津阪東陽も新井説に同調している。明治二十五年（一八九二）に当時の帝国大学（東京大学）教授の星野恒は「日本国号考」で新井白石説をヒントにして、国書の「日出処」「東」では国号にならないから、改めて推古朝に「日本」の文字を撰定して国号にしたと書く。飯島忠夫も『日本上古史論』で星野説に賛同しているが、対外的には天智称制九年（六七〇）から文武二年（六九八）の間に公式に始用されたと、「日本の国号に就いて」で述べている。[1] 梅原猛も「新論・日本国家の成立」で、推古朝から国内で用いられ、国外に対しては天武朝からとみている。[2] これらの説について岩橋小弥太は「推古天皇の御世に日本という名があったならば、恐らく日出処天子とか東天皇などとはいわれなかったのではなかろうか」と書いている。[3]「日出処」や「東」が「日本」と同じ意味だとしても、推古朝に「日本」国号があったとはいえない。

本居宣長は「国号考」で卜部兼方や新井白石の推古朝を認めず、大化元年（六四五）七月十日条の高麗使への詔の「明神御宇日本天皇」、大化二年二月十五日条の蘇我右大臣への詔「明神御宇日本倭根子天皇」を例にあげて、大化元年成立と書く。飯田武郷は『日本書紀通釈』の総論で「日本」国号にふれ、本居説に賛同している。坂本太郎は岩波書店版『日本書紀・上』の頭注、森克己は『遣唐使』[4]、高橋富雄は『辺境——もう一つの日本史』で大化年間と書く。[5] 木村正辞は「日本国号考」[6]、内田銀蔵は「日本号の起源」[7]で、百済人が「日本」と称していたのを大化以後に公式に国号として採用したと書き、橋本増吉は「『日本』の国号に就いて」[8]、岩井大慧は「日本国号の再検討」[9]で、国内始用は大化改新後と書いている。しかしこれらの論者が本居宣長と同じように論拠とする「明神御宇日本天皇」に問題がある。「御宇」は宇内（天地四方の内・天下）を御《ぎょ》するの意であるが、「御レ宇」の用例は大宝元年（七〇一）制定の大宝令で初めて使われており、「明神」も石母田正は『日本の古代国家』で、「御宇」に「明神」がついたのは養老律令からだから、『日本書紀』の編者は養老公式令の「明神御宇日本天皇」を見て、この文章を大化元年の記事に入れたと書いている。[10] したがって「大化」年間成立説は成り立たない。

岩橋小弥太は『日本の国号』で『日本書紀』の斉明五年（六五九）条の伊吉連博徳書に載る、唐の皇帝が「日本国天皇」と言ったという記事を取り上げて、斉明朝改号説を主張する。[3] しかし喜田貞吉は明治三十三年に日本国号に関して書いた論文で、伊吉博徳が「倭国」を「日本国」に改めた表記が斉明紀に載るから、斉明朝に国号が「日本」になったのではないかと書いている。[11] 理由の第一は、『新唐書』には咸亨元年（六七〇、天智称制九年）以後から「日本国」と称したと書かれているから、それより前に唐の皇帝が「日本国天皇」というはずはないことをあげる。第二に「同書の他の部分には二カ所も倭のみありて、日本の字なし。若し博徳にして皇弟の言さへ飜訳する程ならば、他の所にでも必ず日本と記すべき筈なればなり」と書き、「博徳書の日本の二字は、日本紀の撰書、もしくは後人の改刪《かいざん》にして、原書には倭国天皇とありしならん」と書いている。この喜田見解からみても、岩橋小弥太の伊吉連博徳書から斉明天皇の時代に国号が「日本」になったとみる見解には、賛同できない。

北畠親房は『神皇正統記』で「唐書に高宗咸亨年中に倭国の使、始めて改めて日本と号す」と書いている。理由は『新唐書』の「日本伝」に「咸亨元年、使を遣わし高麗を平らげたるを賀す。後やや夏音を習い、倭の名を悪《にく》み、更《あらた》めて日本と号す」とあるからである。咸亨元年（六七〇）はわが国の天智称制九年である。石母田正は『日本古代国家論・一』[12]、江上波夫は『倭から日本へ』[13]、岡田英弘は「邪馬台国と倭国」[14]、市村其三郎は『天皇制国家の謎』[15]で、『新唐書』を根拠にして、六七〇年に倭国を日本国に改号したと主張している。山尾幸久は『冊府元亀』外臣部の咸亨元年（六七〇）三月条の「倭国王」の記事を引用して、「天智二年（六六三）の白村江での敗戦を契機とし、法治体制または天皇制・公民制の実現を目指した政治動向が強力に進められ、天智が即位する七年（六六八）頃には、日本天皇の称号はすでに成立していたと考える」と、「古代天皇制の成立」で書いている[16]。

『新唐書』の「日本伝」には「咸亨元年……後やや」とあるから、岩橋小弥太は「後やや夏音、すなわちシナ語を学んで、倭の名の不雅なることを知って、それを悪《にく》んで日本と号したというのであるから、新唐書による限りでは咸亨起源説は成立しない」と『日本の国号』で批判している[3]。三品彰英も

「後やや夏音」の「後」は「それ以後のことに属し、年次的には咸亨元年にかかるのではない」と「日本国号考」で書いて、六七〇年（天智称制九年）の成立説には賛同していない[17]。

咸亨元年（六七〇）の「後」がいつかだが、遣唐使の派遣は文武天皇の大宝二年（七〇二）の粟田真人までないから、六七〇年～七〇二年の間とみる説がある。上田正昭は六七〇年の遣唐使の使者の「後」とみれば、遣唐使の派遣は文武天皇の大宝二年（七〇二）までないので、七〇二年の遣唐使粟田真人の時になるから、上限六七〇年、下限七〇二年の間とみているが、咸亨元年（六七〇）の使者は天智称制八年（六九九）派遣の河内鯨である。上田は粟田真人でなく河内鯨が「日本」に改号したと唐に伝えたと述べている[18]。田村圓澄も七世紀後半に「日本」国号と「天皇」号はセットで用いられたとみて、上田正昭と同じに百済と共に唐・新羅の連合軍と戦って破れた白村江の戦い以降の天智朝に「日本」と称したと述べ、『日本世記』を書いた高句麗僧道顕が「はじめて考えていたのではないだろうか」と推論している[19]。吉田孝は『日本の誕生』で「『日本』の国号が正式に定められたのは、史料的に確認されるかぎりでは、六七四年から七〇一年の間である。制度的には、おそらくは、飛鳥浄御原令（六八九年執行）で『日本』が国号とされていたのではないだろうか」と書いている[20]。

村尾次郎は「国号『日本』の成立の由来」で、「国号『日本』は唐との国交の開始と共に、対外用国号として用いられた」とみて、文武朝の大宝年間（七〇一～七〇三）と述べている[21]。三品彰英は「日本国号考」で持統朝の後半か文武朝の初頭を推定しており[17]、西嶋定生は文武天皇の大宝二年（七〇二）の粟田真人の遣唐使派遣を日本国号成立時期とみる。理由として「中国側の記録を見ても、七世紀における遣唐使はすべて倭国使と表現されているのであるが、大宝律令後の七〇二年に派遣された第六次遣唐使からは、すべて日本国使と表現されているのであり（『冊府元亀』外臣部参照）、ここに新国号制定のことが想定されうるのである」と、「七世紀の東アジアと日本」で書いている。[22] 神野志隆光も『「日本」とは何か――国号の意味と歴史――』で、「日本」国号は「大宝令」で定められ、粟田真人が大宝元年（七〇一）に遣唐使の代表として任命され、翌年に唐朝に伝えたと述べている。[23]

　以上が「日本」国号について私が知る限りの諸見解である。

『日本書紀』の「日本」国号の始用時期はいつか（二）

「日本」国号はいつから始用かの説について述べたが、以上の説以外に、国内と国外では始用時期が異なると主張する説がある。本居宣長は「国号考」で国内と韓国は孝徳朝、中国は文武朝と書く。飯島忠夫[1]・梅原猛[2]は国内では推古朝だが国外は天智朝～文武朝（飯島）、天武朝（梅原）説である。昭和六年に発表した橋本増吉の「『日本』の国号に就いて」は、国内は孝徳朝、国外は飯島忠夫と同じに天智称制九年（六七〇）から文武二年（六九八）の間とみている。[8] 岩井大慧も昭和十五年発表の「日本国号の再検討」で、中国に対して「日本」と称したのは、「咸亨元年（六七〇）以後、長安三年（七〇三）以前でなくてはならない[9]」と、橋本と同じ見解を述べている。

　この「国内と国外では始用時期が異なるとみる説」以外に、「日本国号韓国起源説」がある。伴信友は『中外経緯伝』で「日本」という国号を朝鮮がつけたと主張し、理由として『日本書紀』の神功皇后四十六年三月条の「聞三東方有二日本貴国一」と百済王が言った例をあげる。『日本書紀』が引用する『百済本記』に「日本」とあるから、幕末から明治にかけての学者菅政友は『漢籍倭人考』で、飯田武郷は『日本書紀通釈』で、「日本」は朝鮮でわが国を称した号と書いている。明治以降でも木村政辞は「日本国号考[6]」、内田銀蔵は「日本号の起源[7]」で朝鮮起源説に賛同している。しかし日本国号朝鮮起源説については橋本増吉が「『日本』の国号に就いて」で、三つの理由で否定している[8]。一つは、韓国文献では六九八年（孝昭王七年・文武天皇二年）三月に「日本国使、至る」とある以前は「倭」であり、中国文献でも六七〇年（咸亨元年・天智称制九年）から七〇三年（長安三年・大宝三年）の間に日本国号を認めているからである。二つは、『百済本記』の成立は「文武天皇二年より以後か、或はそれより多く溯るものではあるまいと考へられるのであり、少くとも咸亨元年即ち天智天皇九年を溯ることは、まつたく不可能」だからである。三つは、『百済本記』は百済滅亡後「わが国に来住せし百済人の手」による書である。以上三つの理由から朝鮮起源説を否定している[8]。その後、三品彰英が「日本国号考」で「日本」は「最初、百済聖明王が敬称的に用いた名辞」と書いているので[17]、井上秀雄は『古代朝鮮』で『百済本記』の原文の「倭」を大和朝廷に迎合して「日本」にしたので、その国号を大和朝廷が国号にしたと書いている[24]。しかし後述するが、『日本書紀』の百済関係史書の信用性に疑問があるので、私は三品・井上説は採らない。

以上、「日本」国号の始用時期について私が知る範囲内の諸説を紹介したが、整理すると次のように分類できる（カッコをつけた人は国内と国外で始用時期が違うとみている論者）

推古朝説　矢田部公望、卜部兼方、新井白石、村瀬栲亭、津坂東陽、星野恒・（飯島忠夫）・（梅原猛）

孝徳朝説　本居宣長・飯田武郷・坂本太郎・森克己・高橋富雄・木村正辞・内田銀蔵・（橋本増

吉）・（岩井大慧）
斉明朝説　岩橋小弥太
天智朝説　北畠親房・石母田正・江上波夫・岡田英弘・市村其三郎・山尾幸久
七世紀後半説　上田正昭・田村圓澄・吉田孝
八世紀初頭説　村尾次郎・三品彰英・西嶋定生・神野志隆光

このような始用時期の見解以外に、国内・国外で始用時期が違うと主張する説がある。

国内は推古朝・国外は天武朝　梅原猛
国内は推古朝・国外は天智朝〜文武朝　橋本増吉
国内は孝徳朝・国外は天智朝〜文武朝　岩井大慧

本居宣長は国内と韓国が孝徳朝・中国が文武朝と書いている（文武朝説は文武二年の遣唐使の発言）。

この国内・国号では相違すると書く説以外に、韓国起源説がある。その論者は次の人々である。

日本国号韓国命名説　伴信友・飯田武郷・内田銀蔵・三品彰英・井上秀雄

以上が「日本」国号についての諸説だが、国内・国外で始用時期が違うという説や朝鮮命名説は、いわゆる韓国文書の記述によっている。上田正昭は『三国史記』（『新羅本紀』文武王十年〈六七〇〉十二月条）に、「倭国更めて日本と号す。自ら言う。日出づる所に近し。以て名となす」とある記事をあげて、「おそらくは『三国史記』にいうように、六七〇年のころに正式に日本という名が外国に対して用いられたと考えられる」と書いている[18]。しかし『三国史記』の記事は『新唐書』の倭国から日本に国号を改めた咸亨元年の「後」を見落したか、意識的に無視したため、咸亨元年（六七〇）を文武王十年（六七〇）にしたものであって、わが国から派遣の遣新羅使が文武王十年に国号改名を伝えたので、『三国史記』の「新羅本紀」に書かれた史料である。

この史料性に問題のある『三国史記』の文書を『東国通鑑』（一四八四年に韓国の李朝の成宗王の命令で『三国史記』などの朝鮮史料や中国史料を参照してまとめた史書）はそのまま引用している。本居宣長は『国号考』で「東国通鑑といふ書に、新羅の文武王十年のところに、倭国更《メテ》号《ス》二日本《ト》一自《ヲ》言《フ》下近《シ》二日《ノ》所《ニ》一レ出《ル》以《テ》為《スト》上レ名《ト》といへるは、唐の咸亨元年にあたりて、年も文も同じければ、かの唐書をとりて書《カキ》たる物にて、論たらず」と批判しているが、この批判はそのまま『三国史記』文武王十年の記事にあてはまる。

『新唐書』（一〇六〇年撰進）より百年ほど前に成立した『唐会要』（九六一年頃成立）の「倭国伝」は、

咸亨元年三月、使を遣はし高麗を平らげたるを賀す。爾後継ぎて来たり朝貢す。則天の時、自ら言う。其の国日出づる所に近し。故に日本国と号す（傍点引用者）。

とある。「日本」国号は六七〇年（咸亨元年）より「爾後」なのである。さらに注目すべきは『唐会要』は「日本国伝」でなく「倭国伝」とあり、『冊府元亀』（宋の王欽若の著書。一〇一三年成立）は咸亨元年三月の使者について、「倭国王、使を遣はして高麗を平らしを賀す」と書く（傍点引用者）とあり、咸亨元年（六七〇）は倭国王である。天智称制十年（六七一）十一月に来た唐の郭務悰が進上した書函《ふみはこ》の題に、

大唐皇帝敬問二倭王一書（傍点引用者）

とあることからいえる（文明二年〈一四七〇〉成立の外交文書を収録した『善隣国宝記』に載る、元永元年

〈一一一八〉四月二十七日の「菅原在良勘文」の記述)。したがって「咸亨元年爾後」の「爾後」は、天智天皇の死後で、天武・持統朝をいう。

拙著『「日本」国はいつできたか——日本国号の誕生——』は、一九八五年に六興出版から刊行し、「改訂版」を一九九六年に大和書房で刊行したが、この拙著で私は日本国号について「七世紀後半成立説をとる。但し、天智朝でなく天武・持統朝とみる」と書いたが、正式に唐朝が認めたのは、大宝二年(七〇二)六月に出発して三年(七〇三)に則天武后に粟田真人らが謁見した時である。

新・旧『唐書』の「日本」国号についての諸見解

『旧唐書』は「倭国は古《いにしえ》の倭奴国なり……世々中国と通ず」と書き、次に「日本国は倭国の別種なり。其の国は日辺に在る故をもって、日本をもって名となす。あるいはいう。倭国は自ら其の名の雅《みやび》やかならざるを悪《にく》み、改めて日本となす。あるいはいう。日本もと小国、倭国の地を併《あわ》す。その人で入朝する者多く、自ら矜大で、実を以《もっ》て対《こた》えず。故に中国これを疑う」とある。「日本」は、

一、倭国とは別の国。

二、倭国が国号を悪《にく》み改名した。

三、小国の日本が倭国を併合して、倭国が「日本国」になった。

という三つの説をあげている。『新唐書』は「倭国」は消え「日本伝」で、「日本は古の倭奴なり」と書き、「咸亨《かんこう》元年、使を遣わし高麗を平らげたるを賀す。後やや夏音《かおん》を習い、倭の名を悪《にく》み、更《あらた》めて日本と号す。使者自らいうには、『国、日出《いず》る所に近く、もって名をなす』。あるいはいう。日本すな

わち小国、倭の併せる所となす。故に其の号を冒す。使者情をもってせず。故にこれを疑う」と書く。
『新唐書』は、次の二説をあげている。

一、中国語を知って倭の名を悪《にく》み、日の出る所に近いから「日本」に改めた。

二、倭が小国日本を併合して「日本」という国号にした。

『旧唐書』は後晋（五代晋）の劉昫（八八七～九四六）らの撰で、後晋の出帝の開運二年（九四五）に完成している。石原道博によれば「史料は素朴で、原文を忠実に紹介しているのが特色」だという。[25] この『旧唐書』を改修して宋の欧陽修（一〇〇七～一〇七二）らが編纂し、仁宗の嘉祐五年（一〇六〇）に完成したのが『新唐書』である。『旧唐書』以前の中国の史書は、「倭伝」（『後漢書』『北史』）、「倭人伝」（『魏志』『晋書』）、「倭国伝」（『宋書』『南斉書』『梁書』『南史』）、「倭国伝」（『隋書』）であり、『旧唐書』が「倭国伝」と「日本国伝」を載せる。そして『新唐書』で「倭国」は消え、以後「日本伝」になる（『宋書』『元史』『新元史』『明史稿』『明史』）。

従来の日本国号論者は旧新『唐書』が、倭と日本は別々の国で、どちらかが一方を併合したため国号が変ったと記していることを無視して論じているが、一部の論者がその事を取上げている。その論考について述べる。

江戸中期の土佐儒学者戸部良熙は『国号考』で、『新唐書』の「日本すなわち小国、倭に併《あわ》せる所となす。故にその号を冒《おか》す」とある小国の日本を、同門の国学者谷川士清が『倭訓栞』の「ひのもと」の条で「俗諺に奥州日本の称」と書いているので、奥州を「日本」と言ったと書く。

高橋富雄は井原西鶴が『一目玉鉾』で奥州を「日の本」と書き、豊臣秀吉の書状に「関東・日の本」とあり、室町末期の『羽賀寺縁起』にも「奥州十三湊日之本将軍安倍康季」とあることなどをあげ、『唐書』の小国日本を「日本国《ひのもとのくに》」と解し、伊勢・美濃から東の国を「大化改新」の頃に倭国が併合したと解す[26]。高橋説に立てば埼玉古墳群の稲荷山古墳出土の銘文のある剣は、「日本《ひのもと》王朝」の剣だが、『シンポジウム・古代東国と大和政権』で論じている考古学者（大塚初重・甘粕健・金井塚良一・今井堯）、歴史学者（原島礼二・菊地康明）の見解からみても、高橋説は無理である。

高橋富雄は『シンポジウム・アイヌと古代日本』で、江上波夫に前述の見解を述べている。すると江上波夫は『旧唐書』の「日本もと小国なり。倭国の地を併すなり」について、任那日本府の「日本」は加羅・対馬・壱岐・筑紫を含めた韓倭連合の国名で、後代に都が「日本府」として残ったとし、この「日本」の人々が瀬戸内海を通って畿内に居を定めて、倭国王になったのが、「日本もと小国、倭国の地を併すなり」だと江上はいう。その後、前の日本国を称して三転したと、このシンポジウムで語っている[27]（江上説は一九四八年発表の「日本民族＝文化の起源と日本国家の形成」「民族学研究」一三巻三号掲載や、『騎馬民族国家』一九六七年などの論文・著書で詳述している）。

江上波夫は任那日本府の「日本」を「ヒノモト」と訓むが[27]、末松保和は『任那興亡史』で「日本《ヤマト》府《ミコトモチ》」と訓む。理由は『仮名日本紀』が任那日本府を「任那之倭宰」と書くからである[28]（『仮名日本紀』は平安時代に『日本書紀』の講義の記録『私記』に引用されているが、この書について卜部兼方は『釈日本紀』で『日本書紀』より古い書と書き、友田吉之助も同意見を『日本書紀成立の研究』で述べている）。「任那日本府」は筑紫に居る「大宰《おほみこともち》」の役所を筑紫大宰府といったのと同じで、任那の「倭宰《やまとみこともち》」の「倭」を『日本書紀』の最終編者が「日本」に変えたのである（そのことについては後述する）。したがって江上説は無理である。

谷川健一は『白鳥伝説』で『旧唐書』の「旧《もと》小国」の「日本」を「ヒノモト」と訓む。理由は神武天皇が九州から東遷して上陸した河内国の「日下」(現在の大阪府東大阪市日下町)を、『日本書紀』(神武即位前紀)が「坂下」を「瑳伽梅苔《さかもと》」と訓み、唐の玄宗は「日本」を「日下」と詩に書いており、「本」は「下」だからである。この地でナガスネヒコと戦った神武天皇軍は苦戦するが、理由は日に向って戦ったからだとわかったと、『記』『紀』が書いているので、この地を含む地域が「ヒノモト(日本・日下)」で、九州から来た神武軍を倭国の軍とみて、『旧唐書』の「日本旧《もと》小国」は「日下《ひのもと》」とある近畿の地とみる。(29)

谷川健一は書いていないが、この「日下」を「日本」と解す説は古くからある。江戸時代の京都の儒学者村瀬栲亭は『芸苑日渉』で「日下」と「日本」は「下と本と国語相通ず。日下すなはち日本」と書く。飯島忠夫は『日本上古史論』(一九四七年)で、「『下』も『本』も共にモトと訓ぜられることから考へても、日本と日下の間に思想上の連絡は成立つ」と書き、「『爾雅《じが》』の日下に因《ちな》んで日本にした」と書いている(30)(『爾雅』は紀元前二世紀に前漢の儒者らが昔から伝承された古典用語を解説した書)。この「日下」については後述するが、飯島は「旧」と「新」の『唐書』の「倭」と「日本」に関する記事について、「日本はもと小国であつたといふのは、帝都所在の本州の大和で、もと饒速日命の居た地を指したものであらう。これは日本の使の或る者が国名を問はれたのに対して、『日本はもと小国であつたが、倭国に併合されたので、倭国は日本といふ国名を取つて自国のものとした』と答へたことを記したのである。これは日本といふ国名の起源としては誤つて居るが、ただ倭国が日本を併せたと

いふことは、九州にあつた倭国が本州の大和に移つたことを示してゐるのではあるまいか」と書いている。(30)

飯島忠夫は「饒速日命の居た地」を日下＝日本と見て、「九州にあつた倭国」か「本州の大和」(饒速日命の居た日下＝日本)を征服したのが、『唐書』の「倭国が日本を併せた」であると書くのは、物部氏の祖の饒速日命の「小国」の日下＝日本を、九州の倭国王神武が東征したのが『旧唐書』の記事と書く谷川健一説と重なる(しかし谷川は先行論文の飯島説は読んでおらず、独自の視点で書いている)。飯島説は卑弥呼の後に立った壱与による九州から大和への邪馬台国の東遷と重ね、谷川説は九州から大和へ進出した神武東征に重ねるが、これらの三、四世紀の史実・伝承を、後世の日本国号の改号にあてはめるのは、想像であっても事実の証明・解明にはならない。

吉田孝・神野志隆光の「日本」国号論と私見

吉田孝は一九九七年に岩波新書で『日本の誕生』を刊行し、私にこの著書を贈呈してくださった。理由は第六章「『日本』の国号の成立」で拙著『「日本」国はいつできたか――日本国号の誕生――』を引用しているからである。吉田孝は日本国号について次のように書く。

七〇一年の大宝律令では「日本」という国号を用いており(『令集解』公式令1条古記)、大宝の遣唐使が「日本」の国号を称したことは諸史料にみえる。したがって「日本」の国号が正式に定められたのは、史料的に確認されるかぎりでは、六七四年から七〇一年の間である。制度的には、おそらくは、飛鳥浄御原令(六八九年施行)で「日本」が国号とされていたのではないだろうか。(20)

吉田孝のこの見解は、一九八八年に小学館が刊行した『大系日本の歴史・3（古代国家の歩み）』を執筆した吉田孝が、冒頭の「日本とは何か」でも、「中国に対して正式に用いたのは大宝二年であったが、七世紀後半ころから使われ始めた可能性がある」と書き、天武十年（六八一）の帝紀・旧辞の編纂開始の時期とみているからである。(31) この吉田孝の見解は後述するが私見と同じである。

神野志隆光は二〇〇五年に講談社現代新書で、『「日本」とは何か——国号の意味と歴史——』を刊行した。この著書では「『日本』を定めることは、大宝令の公式令においてなされたと認められる」と書いている（大宝元年〈七〇一〉制定、大宝二年から実施）。神野志は大宝令では、「御宇日本天皇詔旨」「御宇天皇詔旨」「御大八洲天皇詔旨」の三例があるが、「御宇」と「御大八洲」は等価だから、「『日本』は、『大八洲』と同じ次元で並ぶような国の呼び方ではない」とし、対外的呼び方と書く。したがって遣唐使粟田真人が大宝二年に唐朝に伝えたのが初めだとみるのである。(32)

このように吉田孝と神野志隆光の「日本」国号の成立時期の見解は違うが、「日本」国号を王朝名とみることについて、神野志は「吉田孝が『日本の誕生』で言うように、『日本』は王朝の名であったと見るべきであろう。『日本書紀』という書名を考えてみれば、中国の正史である『漢書』『後漢書』『晋書』などにならうのだが、中国のそれが王朝の名を冠するのを知らないはずはない。そうした名づけ方にも王朝名としての『日本』がうかがわれる」と書いている。(23)

吉田孝の見解は私見と同じだと書いたが、私見は吉田は書かないが、新・旧『唐書』の記述を根拠にしている。神野志は新・旧『唐書』の書く「日本」国号の使者の発言を粟田真人の発言とみているが、新・旧『唐書』の「日本」国号についての諸見解は前述した。この諸見解の多くも神野志隆光と同じ見解が多いが、私は粟田真人の発言とは思っていない。

『日本書紀』の天武十三年（六八四）十二月六日条と、持統四年（六九〇）九月二十三日条に、遣唐使派遣中絶以前に入唐していた留学生や、白村江の戦いで唐の捕虜になった人たちが、新羅の官僚が送使になって新羅経由で帰国したとある。二十年余唐に居て帰国できなかった彼らが、なぜこの時期に帰国できたのだろうか。理由は百済や倭国と白村江で戦った唐の高宗の死である。高宗は弘道元年（六八三）十二月に亡くなり、翌年、中宗が即位しているが、その即位年の帰国である。また持統四年は、則天武后が皇帝に即位した年である。中宗や武后の即位に慶賀使として入唐した新羅使に伴われてわが国の使者も入唐して、留学生や捕虜の帰国交渉をした結果であろう。持統四年の使者が新しい国号「日本」について伝えたが、その説明が不充分で唐朝は認めなかったと私は推測している。

滝川政次郎は「七世紀の東亜の政局と日本書紀」で、「持統朝に至って唐国における日本人俘虜が陸続として本国に帰還していることは、この朝において日唐両国の講和が成立したことを推測せしめる。何となれば、俘虜の交換は、常に講和が成立した際に第一に実行されるものであるからである。日唐の講和に関する史料は、中国にも日本にも、また朝鮮にも遺されていない。従ってそれが、何時如何なる条件によって行われたかは不明であが、私は、持統朝における日本人俘虜帰還の事実より推して、それが天武朝の末もしくは持統朝の初めに行われたと思考している」と書いている(33)。

梅原猛は、はじめてか、あるいは久しぶりに中国へ「朝貢」する時は、中国と通交のある他国の使者に伴われていく場合が多いと書いている(34)。『旧唐書』が「日本」国号を知らせた人を「日本国人」と書いて「使者」と書かないのは、新羅使に伴なわれてきた「日本国人」であって、正式な遣唐使ではなかったからであろう。『新唐書』は「使者」と書くが正式の使者でないので、いつ来たかを明記していない。他の使者は入朝年を明記しているのに、「日本」国号を報告した記事には入朝年を明記していない事実からも、新羅の使者につれられて唐へ行った非公式の使者の発言だから、余計に信用しなかったのであろう。

しかし非公式の使者であったことだけが理由ではない。使者の説明にも問題があった。使者が「矜大《きようだい》」で「実を以《もつ》て対《こた》えず」という記事は、一般に尊大な態度で事実を語らなかったと解されているが、そうではなく、事実を語っても相手に通じなかったのが「矜大」で「実を以《もつ》て対《こた》えず」と受け取られたのである。なぜなら中国では国号改号は王朝交替を意味するから、使者のいう壬申の乱による王朝の交替による「倭」から「日本」への国号改称を、「易姓革命」と理解した。しかしわが国の王朝交替は中国の「易姓革命」とは違うので、使者がくわしく説明すればするほど国号改号の理由が理解できなかったのである。

『旧唐書』は「旧小国《もと》」で「日辺」にある「日本」が倭国を併合したと書くが、この「日本」が「旧小国」なのは、壬申の乱のとき大海人皇子を支援した東国（伊勢・尾張・美濃・尾張・信濃・甲斐が壬申の乱に登場する大海人皇子側に出兵した国々）の軍が、倭国の近江朝廷軍を破った事実と私は推測する。この東国（日本《ひのもと》）軍と倭国軍が各地で戦い、倭国王の都の周辺でも戦い、倭国王（弘文天皇）は殺され敗北したから、「日本は旧小国、倭国の地を併す」と書かれたのであろう。また「日辺」にあると書くのも、大海人皇子軍の軍兵が東国の兵達であったからであろう。

万世一系の皇統観によれば倭国王を殺して新王朝を樹立しても、中国の易姓革命による新王朝ではなく、いままでの倭国王の血統をうけついだ政権だから、「其の国は日辺に在る故をもって、日本をもって名をなす。あるいはいう。倭国は自ら其の名の雅《みやび》やかならざるを悪《にく》み、改めて日本をなす」と書き、革命軍でないとも書いている。このような話は新羅使に同行した使者だけでなく、「入朝する者多く」と書き、当時唐に居た倭人たちからも聞いている。しかし彼らも同じような説明をするので、王朝交替によって国号を改号する中国側の常識では理解できず、彼らの発言内容はいずれも「矜大で、実を以《もっ》て対《こた》えず」と受取られたのであろう。

中国側のわが国に対する認識のあいまいさは、唐朝が正式に日本国と認めた後でも、公式な記録に「日本国使」を「倭国使」と書いており、十六世紀になっても一般には「倭人」と書かれていることからもいえる。そのことは唐・宋の時代の地図にも、倭国と日本国の二つの国が東海上に記されていることが証している（詳細は拙著『日本国はいつできたか』で書いた）。

以上述べたように新旧の『唐書』の記述からみても、天武朝末から持統朝前半に唐へ、新国号の「日本」を伝えているが、唐朝は使者の発言を信用せず認めなかった。認めたのは粟田真人らの正式の遣唐使の発言からである。

国号「日本」の唐皇帝の理解と天武天皇の理解

大宝元年（七〇一）正月、粟田真人は遣唐執節使（押使）に任命されている。彼は天武十年（六八一）に小錦下（従五位下相当）に昇進し、持統三年（六八九）に筑紫大宰として隼人・布・毛皮などを天皇に献上し、文武初年（六九七）から開始された「大宝律令」の編纂に関与し、文武四年（七〇〇）六月に「大宝律令」に関与した刑部《おさかべ》親王ら十九人と共に、禄を賜っている。トップの刑部親王の次に直広壱（正四位上相当）の藤原不比等、次に直大弐（従四位上相当）の粟田真人が載る。大宝元年正月二十三日の遣唐執節使の任官の時には、『続日本紀』は「民部尚書直大弐」と書く（民部尚書は民部卿のことだが、唐の官職の「尚書」を記している）。遣唐使節の一行は筑紫から出発しようとしたが、風浪が高く渡海をあきらめ、翌年六月に唐へ出発している。この遣唐使の派遣は天智八年（六六九）以降はなく、三十三年目の派遣である。三十年余の中絶の前の遣唐使派遣は八回あるが八回のうち一回以外は、すべて新羅経由の北路を通っているのに（白雉四年〈六五三〉の派遣は大使吉士長丹らは北路、大使高田根麻呂は南島路）、粟田真人らは南島路をとっている。新羅経由でなく直接唐に向っていることは、「倭」から「日本」に国号を変えた意図と通じる。新羅使に従って行った持統四年の使者は正式の使者でなく、使者もすぐれた人物でなかったから、唐では「日本」国号を認めなかったから、「大宝」という年号を定めた年に、新羅を介さず独自に三十年余中絶した遣唐使を派遣した時には、特に粟田真人のような人物をおくったのである。

粟田真人について『旧唐書』は「真人、好んで経史を読み、文を属《つづ》ることを解し、容姿は温雅」と書いており、則天武后は彼を麟徳殿に招いて宴し、司膳卿を授けている。このような扱い方からみても、「日本」国を唐朝が正式に認めたのは当然である。武后が粟田真人に会った長安三年（七〇三年・大宝三年）が、唐が正式の「日本」国号を認めた年であった。

唐の玄宗の御製詩「送日本使」（『全唐詩逸』）には、

日下非殊俗（日下、俗を殊にするに非《あら》ず）

天中嘉会朝（天中、朝に会するを嘉《よみ》す）

とある（この詩は遣唐使藤原清河に玄宗皇帝が贈った詩）。「日本」を「日下」と書いている。しかも玄宗は天平五年（七三三）の遣唐使に対しては勅書に「日本国王主明楽美御《すめらみこ》徳《と》」（『文苑英華』）と書いている。したがって公式文書では「日本」だが、唐の人たちの一般的理解は「日下」である。

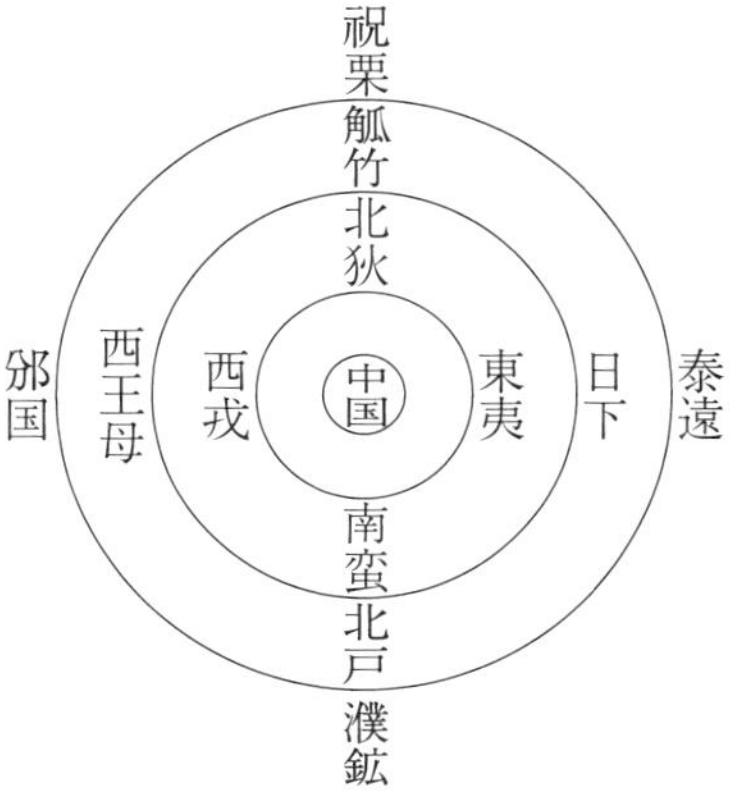

図1　中国の四方極遠観

中国の「日下」については、前述した『爾雅』（巻六）釈地の野の部に「四方極遠の国」の「四極」が載る。図示すると上のようになる。倭国は「東夷」の「九夷」の一つと見られていたが、玄宗はさらに東の「四荒」の「日下」と書いており、「日本」という国号の理解は東の極地だが、天武天皇が王朝名、更に国号にした「日本」は違う。

『隋書』の「東夷伝」は、大業三年（六〇七年、推古十五年）に倭国王が隋帝に出した国書」に、倭を「日出処」、隋を「日没処」とあったので、隋帝が怒ったとある。栗原朋信は「日本から隋へ贈った国書」で、「日出処」の日本を優位に、「日没処」の隋を次位に見立てたから怒ったと書いている。[35]この栗原見解に対して井上光貞[36]・上田正昭[37]は単に「東西の方位観を示す用語」に過ぎないと批判しているが、なぜ怒ったかについての明解な説明をしていない。

『古事記』は天孫は日向の高千穂岳に降臨し、「甚吉《いとよ》き地」の「朝日の直《ただ》刺す国、夕日の日照《ひて》る国」

をきめようとしたとあり、『皇太神宮儀式帳』にも伊勢国は「朝日の来向う国、夕日の来向う国」、『祝詞式』の竜田風神条には「朝日の日向う処、夕日の日隠《かく》る処」、山城国の「朝日の直刺《たださ》す地、夕日の日照る地、天さかる向津日山」とある。これらの朝日夕日の讃《たた》え言を松前健は「単なる文飾でなく一種の太陽祭儀に用いられる呪言」と書いている(38)が、「国」「処」だけでなく天皇の「宮」についても言っている。『古事記』は「纒向《まきむく》の　日代《ひしろ》の宮は　朝日の日照る宮　夕日の日隠《かげ》る宮」と三重の采女がうたう歌謡を載せている。この宮は景行天皇の宮だが、「朝日の日照る宮　夕日の日隠る宮」は天皇即位の大嘗祭の寿歌とみる見解がある。また『万葉集』（巻一三・三二三四）の長歌に「うち日さす大宮仕《つか》へ　朝日なす　まぐはしも　夕日なす　うらぐはしも」とある。「うち日さす」は「大宮」の枕詞でこの「大宮」は伊勢行幸の持統天皇の行宮をいうが、この「大宮」を「纒向の　日代の宮」と同じに讃美しているのであり、単に井上光貞(36)・上田正昭(37)の書くような「東西の方位観を示す」単純な「用語」ではない。

　隋帝に対してもわが国の朝日・夕日の讃言《たたえごと》の意味で書いたのだが、その意識には隋帝もわが国の王も平等の立場に立っての表現であった。しかし朝貢国と見なしている隋帝は無礼と思ったが、それだけでなく、この日の昇る地と日の没する地の比較表現に、平等観どころか隋帝への蔑視観をみて怒ったのだろう。しかしそのような意図は倭国王にはなかったから、そのこと（栗原朋信説のような倭王が隋帝より優位を主張したという見解）では井上光貞・上田正昭見解を私は採る。

　隋帝は唐帝と同じに東の涯の極遠の「四荒」の地にいる「東夷」の王を倭王と見ていたから、無礼な表現と見ていたが、唐の玄宗も同じ見解であったろう。しかし推古朝の隋帝に出した「倭《やまと》」の王の

「日出処・日没処」の国書の意図と、天武天皇が唐帝に国号表記を「日本《やまと》」に変えた事を知らせた意図は違う。天武天皇の政権は皇位継承によらず、前政権を倒して樹立した政権で、新王朝である。隋から唐に変ったような王朝の交替だから王朝名を変えたのである。そのことは「日本が倭国を併合した」と『旧唐書』が書いていることからも推測できる。ただ中国のようにまったく前王朝とは血縁がない新政権ではなく、兄弟関係の王が即位していることから、唐朝では同じ王朝内の継承争いと見て、中国のような新王朝と見なさなかった。したがって新羅使に同行した「日本」の使者の発言を信用しなかったのである。しかし天武天皇は新王朝を樹立したという自負をもっていたから（後述するが天武は自らを漢の高祖に擬していた。四九四頁〜四九五頁参照）、「倭《やまと》」から「日本《やまと》」に変えたのである。したがって「倭」を国号とすれば「日本」も国号だが、王朝名でもある（その事は吉田孝『日本の誕生』[39]、神野志隆光の『「日本」とは何か』[40]でも述べている）。王朝の交替は天武朝だから、「日本」国号は天武十年以降（国史編纂事業開始の頃）にきめられたのであろう。

『古事記』の和銅五年成立を否定する「日本」表記

問題はこの新国号「日本」を冠している「紀」が、「日本」をどのように記しているかである。このことを論じる前に書いておかなければならないのは、『古事記』は「日本」表記がまったくないことである。もし和銅五年（七一二）に『古事記』が成立しているとしたら、『古事記』の序文・本文に「日本」の表記があってもよいではないか。『古事記』は推古朝で終っているから、推古朝以後に「日本」国号は成立しているから載らなかったという見解もあるが、前述したように『古事記』は和銅五年成立だから、「日本」国号成立後である。しかし「日本」表記はまったくない。したがって幕末の学者椿仲輔は「日本国号論」で、和銅五年（七一二）に成立した『古事記』には「日本」の二字が見えないから、「日本」の号は和銅六年（七一三）五月に畿内七道諸国の郡郷の名に好字をつけたとき、「倭」を「日本」にしたと書く。明治三十二年に川住鏗三郎が書いた「日本国号の管見」では、「日本」の文字は『古事記』に見えず『日本書紀』に初めて見えるから、『古事記』成立の和銅五年から『日本書紀』成立の養老四年（七二〇）の間に制定されたと述べており、喜田貞吉は川住説に賛成しているが、[11]これらの説は中国文献をまったく無視しているから、私は「日本」国号成立に関する諸見解では取り上げなかった。しかしこのような見解があるように、もし和銅五年に『古事記』が成立していたとしたら、まったく「日本」国号表記がないことは問題である。よって前述のような見解も出るのである。

神野志隆光は前述の著書で、「『日本』があらわれない『古事記』」という見出しをつけて論じている。神野志は「『日本書紀』における『日本』は、外部との関係において自分たちの価値をあらわすものであった。外部の朝鮮から、『日本』という価値を負うものとして呼びあらわされ、『西蕃』（朝鮮）――『貴国』（日本）という世界関係を成り立たせるのである」と書き、『古事記』にはそのような視点がなく、「外部―自分たちとは別な価値をもって外にあるもの――をもたないというべきであろう」と書く。そして具体例として「『古事記』にあらわれるのは新羅と百済である。しかし、それは外部にあるのではない。『古事記』における新羅・百済は、新羅国は馬飼い、百済国は海の向こうの屯家《みやけ》と定め、墨江大神を新羅国の守りの神とする（このことは『日本書紀』にはない）ことによって、大八島国の延長上にそのまま包摂され、天皇の『天下』の一部となるものなのである」と書き、息長帯比売が祖を新羅王子の天之日矛にしている『古事記』の系譜を示し、「『古事記』にとって新羅は外部ではない」から、『古事記』には「外部としての朝鮮から価値を確認する『日本』がないのだ」と書く(41)。

私も神野志見解を基本的に認めるが、問題は『古事記』序の元明天皇が、「和銅四年九月十八日を以《も》ちて、臣安万侶に詔《みことの》りして、稗田阿礼の誦《よ》む所の勅語の旧辞を撰録して献上せしむといへれば、謹《つつし》みて詔旨《おほみこと》の随《まにま》に、子細《しさい》に採り摭《ひろ》ひ」、和銅五年正月二十八日に献上したと書く序文が問題になる。もしこの序文が正しいとすれば、なぜ唐に「日本」国号に改号した事を知らせて十年後に、まったく内向的な「フルコトブミ」の撰録を元明天皇は命じているのか。この序文が記すところによれば、天武朝に『古事記』はほとんど成立していたとある。私は天武十年の国史編纂事業開始前に、「フルコトブミ」として、天武朝の後宮で「フルコト」の「カタリ」が「フミ」としてまとめられたとみるから(この「フルコト」の「コト」は本居宣長が『古事記伝』で力説しているように、「コト」は「事」でなく「言」である)、国号を「日本」に変える以前であり、成立時期からみても「日本」表記とは無縁である。

『古事記』の「ヤマト」表記と「倭」「大和」「日本」

さらに問題なのは和銅五年という時期である。森博達は「『続日本紀』によれば、和銅七年(七一四)二月九日に、従六位上紀朝臣清人と正八位下三宅《みやけ》臣藤麻呂《ふじまろ》に対して国史撰述の詔勅が下りた。当時書紀編修時には二つの仕事が残されていた。一つは巻三〇『持統紀』の選述であり、もう一つは基本的な述作が修了していた諸巻に潤色・加筆する作業だ。巻三〇の撰述は紀清人が担当したと推測される。紀清人は奉勅の翌年、宝亀元年（七一五）正月十日に従五位下に昇叙し、同年七月十日と養老元年（七一七）七月二十三日に穀《もみ》百斛《こく》を賜っている。『優学士也［学士を優《めぐ》まむとなり］』という理由である」と書いている(42)。私は森見解を基本的に認めるが、この時期に、「旧辞の誤り忤《たが》へるを惜しみ、先紀の謬《あやま》り錯《まじ》れるを正さむ」として、「フルコトブミ」を編纂する理由がないからである。詳細は拙著（『古事記成立考』『新版・古事記成立考』）で書いたが（「太安万侶の『記』関与を否定する紀清人の国史編纂」という見出しで述べている。二五六頁〜二五九頁）、紀清人らは和銅七年（七一四）二月に開始し、翌年の霊亀元年（七一五）七月に、「学士」であることを「優《めぐ》まれ」、「穀百斛《こく》」を賜っている。しかし太安万侶に対しては、『続日本紀』は太安万侶が『古事記』を編纂したことについて記さないから、『古事記』は秘密文書だから記さないのだと、説明する学者もいる。しかし秘密文書説は『古事記』序の、元明天皇による勅命によると書いている、あの麗々しい序文が否定している。『記』の序文の記事からすれば、「日本」表記が載らないこと自体が和銅五年成立を否定している。紀清人は撰録の時に従六位上、太安万侶は正五位上で六階級も上位である。もし安万侶が『古事記』を撰録したとすれば、なぜ上位の「学士」の記事はまったく欠落し、下位の「学士」の記事のみ繰返し載せているのか。紀清人は持統紀の編纂一巻のみで天平十三年（七四一）七月に、従五位上で「治部大輔兼文章博士」になっているのだから、『古事記』編纂の太安万侶も「従四位上民部卿兼文章博士」になってよいはずだが、なっていない事実も、彼が『古事記』を編纂していないことを示している（これはほんの一例で、私は多くの事例を示して太安万侶は関与していないことを旧版・新版の『古事記成立考』で書いた)。

「日本《やまと》」の明記がまったくないことも、そのことを示しているが、『古事記』の「ヤマト」表記を示す。

夜麻登　須勢理毘売の歌（神代記）　伊須気余理比売の歌（神武記）　倭建命の歌（景行記）　石之日売命の歌（仁徳記）　雄略天皇の大后の歌（雄略記）

夜麻登能久邇（爾）　建内宿禰命の歌（仁徳記）

夜麻登敝　黒日売の歌（仁徳記）

意富夜麻登玖邇阿礼比売命（孝霊記）

「夜麻登」はすべて歌謡だが、国名でなく地名である。

倭　「吾《われ》をば倭の青垣の東の山の上に伊都岐《いつき》奉《まつ》れ」（神代記）

「倭の市師池」（垂仁記）

「息長帯日売命、倭に還り上《のぼ》ります時」（仲哀記）

「倭に幸《い》でまさしめき」「倭に逃ぐるなり」「倭に上り幸《い》でます時」「倭に到りて詔りたまひしく」（履中記）

「倭に上る日」（顕宗記）

倭国　「出雲より倭国に上《のぼ》り坐《ま》さむとして」（神代記）

「この倭国に　吾を除《のぞ》きて亦王《きみ》は無きを」（雄略記）

この「ヤマト」も地名であって国名ではなく、しかも現在の奈良県の一部であった。雄略天皇が

「倭国」の「王」と言っている「倭国」も「日本国」の意でなく、「出雲より倭国に上り」の「倭国」で、広義にみても現在の奈良県とその周辺である。

本居宣長は「国号考」で「ヤマト」は「畿内なる大和一国の名」と書き、「夜麻登《ヤマト》といふ名の意は、万葉考の一つの考へに、此国は四方みな山門《ヤマト》より出入れば、山門国《ヤマトノ》と名を負《オヘ》るなりと有て、そのよし委《クハ》しくしるされたり。此説ぞ宜《よろ》しかるべき」と書いている（『万葉考』は賀茂真淵の著書。宝暦十年〈一七六〇〉成立）。

吉田東伍の『大日本地名辞書』によれば、「ヤマト」は薩摩・肥後・肥前・筑後・筑前・因幡・淡路・河内・大和・山城・近江・信濃・越後・相模・下野・岩代にある。山門・山都・山途・山戸・山人・大和・和戸と書く。奈良県だけでも「ヤマト」関係の小字は約二〇カ所あり、三分の二は吉野・宇陀・山辺の三郡に集中しており、「ヤマモト」は約一六〇カ所あるが、九割は吉野・宇陀であることからみても、「山」の「門《と》」といえる。この「ト」は止《と》・処《と》・戸《と》・本《もと》・麓《ふもと》の「ト」であろう。『隋書』の「倭国伝」は「邪靡堆《やまと》に都す」と書いおり、本来は「ヤマト」は現在の大和国の山辺をいう。私は『「日本」国はいつできたか』で本来の『ヤマト』は三輪山と香具山・畝傍山・耳成山を結ぶ範囲内の呼称であったが、さらに限定すると、三輪山西南麓の『シキ』と、シキに隣接する『トミ』、さらに南麓の長谷の入口の『アサクラ』と推論すると書いたが[43]、この小地域の地名が次第に拡大し、「倭」と書かれ、さらに「日本」と書かれて国号になったのである。『古事記』表記の「倭《やまと》」はすべて現在の大和国の意の「ヤマト」で、「日本《やまと》」表記がまったくないのは、神野志隆光が書く[41]、『古事記』は和銅五年（七一二）成立ではあるが、「フルコトブミ」だから記さなかったのではなく、『古事記』

の成立が「日本」号成立以前（天武十年以前）であったことを示している。

『日本書紀』の「日本」表記から見えてくるもの

『古事記』の「倭《やまと》」表記を検証したので、『日本書紀』の「日本《やまと》」表記も検証する。「ヤマト」と訓ませながらも、『日本書紀』はなぜ「日本」と書くのか。しかし『日本書紀』もすべて「日本」と書いているのではない。「倭」と書く例があるので、まず「倭」の例を示す。

『魏志』（「倭人伝」）引用の「倭」

倭の女王（神功皇后三十九年・六十六年条の注）

倭国（神功皇后四十年条の注）

倭王（神功皇后四十三年条の注）

百済三書引用の「倭」「大倭」

大倭（神功皇后六十二年条引用の『百済記』。雄略天皇五年七月条引用の『百済新撰』）

倭（武烈天皇四年条引用の『百済新撰』。継体天皇七年六月条引用の『百済本紀』）

『伊吉連博徳書』引用の「倭」「大倭」

汝等倭の客（斉明天皇五年七月条の注の唐皇帝の言葉）

大倭の天の報い（斉明天皇七年五月条の注）

唐皇帝の国書引用の「倭」

皇弟　倭皇を問ふ（推古天皇十六年八月条）

以上は、いずれも他文献からの引用だが、引用文献にあった「倭」「大倭」「倭皇」をそのまま引用したのである。

しかし『百済本紀』と『伊吉連博徳書』の引用の注記には、次のようにある。

『百済本紀』

日本より来たる（継体天皇三年二月条）

日本の天皇及び太子・皇子ともに崩薨りましぬといへり（継体天皇二十五年十二月条）

日本より還る（欽明天皇五年十月条）

日本使人阿比多（欽明天皇十一年二月条）

『伊吉連博徳書』

日本国の天皇（斉明天皇五年七月条の唐皇帝の言葉）

この注記の「日本」は本文の「倭」を改めたことは明らかだが、『日本書紀』の「日本」表記がもっとも多いのは韓国関係の記事で三十七例を分類して示す。まず日本と百済の関係。

日本と百済

日本に往きて天皇に事《つか》へまつれ（雄略天皇五年四月条。百済蓋鹵王の発言）

日本の諸将（雄略天皇九年五月条。百済王の情報記事）

近くは百済に連《まじは》り、遠くは日本を隔《へだ》る（継体天皇六年十二月条。穂積押山の百済王への奏言）

百済、日本の斯那奴阿比多《しなのあひた》を遣して来朝（継体天皇十年九月条。シナノアヒタは倭系百済人）

日本の天皇（欽明天皇二年四月条。百済の聖明王の発言）

日本に朝《つかへまつ》らむ（欽明天皇二年七月条。百済の聖明王の言葉）
津守連日本より来たる（欽明天皇五年二月条。百済の聖明王の言葉）
使を日本へ発遣《たて》る（欽明天皇五年二月条。百済の聖明王の言葉）
日本の執事（欽明天皇五年三月条。百済の奏文）
日本の吉備臣（欽明天皇五年十一月条。百済へ向かった任那日本府の使者）
日本へ朝《もう》でしむ（欽明天皇五年十一月条。百済の聖明王の詔書）
百済に在る日本の主人《みつかひ》（欽明天皇十一年四月条。シナノアヒタのこと）
日本の天皇（推古天皇三十二年四月条。百済の僧観勒の言葉）

日本と新羅

日本国に貢《みつぎ》す（神功皇后摂政前紀十月三日条。新羅の朝貢）
日本国に降りぬ（神功皇后摂政前紀十月三日条。新羅の降服）
日本国にまします神の御子（神功皇后摂政前紀、仲哀天皇九年十二月〈一に伝はく〉条。新羅王の言葉）
怨を日本になせり（継体天皇二十三年三月条。新羅と結んだ加羅の行動）
百済と任那と頻に日本に詣《もうで》る。……日本の軍兵の未《いま》だ発《おこ》らざる間に……日本の路を絶たむ（欽明天皇十四年八月条。新羅と百済の謀議）
日本の天皇（欽明天皇十五年十二月条。新羅の将軍の言葉）
日本に備ふ（欽明天皇二十二年条。新羅が城を築いた意図）
日本の将、我が尻をくらへ（欽明天皇二十三年七月条。新羅の闘将の言葉）

日本の遠つ皇祖《みおや》より（持統天皇三年五月条。新羅の奏上）

この新羅関係記事は神功皇后新羅征討譚の「貢す」「降りぬ」を除けば、多くが「日本」対する敵対記事で、百済関係記事の「日本」とはっきり違う。

日本と加羅

日本に備《そな》ふ（継体天皇八年三月条。加羅の伴跛の行動）

怨《うらみ》を日本になせり（継体天皇二十三年三月条。新羅と結んだ加羅の行動）

加羅は新羅と同じに「日本」に対しての敵対記事がある。

日本と高麗

高麗王、日本国に教ふ（応神天皇二十八年九月条。高麗王の表）

百済国は日本国の官家《みやけ》（雄略天皇二十年条。高麗王の言葉）

日本国の天皇（推古天皇十三年四月条。高麗の大興王が黄金三百両貢上の記事）

日本国に聖人有り……日本国に生《あ》れませり（推古天皇二十九年二月条。聖徳太子の死に高麗の僧慧慈が言った言葉）

日本の高麗を救う軍将（天智即位前紀。百済に居た高麗救援軍の事）

高麗破れて日本につかえむか（天智称制元年四月条。道顕の占い）

高麗は新羅のような敵対関係でもなく、百済のような従属的関係でもない。

日本と任那（加羅）

吾が児汝は、百済に跨《こ》え拠《よ》りて、日本にな通ひそ。吾は、任那に拠り有《たも》ちて、亦日本に通はじ

（雄略天皇七年条。任那国司田狭の言葉）

日本人と任那人とのしきりに児生む（継体天皇二十四年九月条。任那使の天皇への奏言）

日本の臣と任那の執事《つかさ》（欽明天皇五年二月条。欽明天皇の詔）

任那は任那日本府のあった所だから、前述の国々と違った記事が載る。

以上の記事以外に、天智紀には百済の白村江で、わが国と百済の連合軍が唐・新羅連合軍と戦い、破れているが、その関係記事が載る

日本の船師の初づ至る者と大唐の船師と合ひ戦ふ。日本不利《ま》けて退《しりぞ》く（天智称制二年八月。白村江の戦い）

日本の諸将……日本の伍《つら》乱《みだ》る（天智称制二年八月。白村江の戦い）

日本の船師……日本に向ふ（天智称制二年九月。白村江の戦い）

また、「日本」表記の韓国関係記事として、もっとも古い時代の記事が次の記事である。

日本国に聖皇有《ま》すと聞き（垂仁天皇二年条、都怒我阿羅斯等の帰化。垂仁天皇三年三月の天日槍の帰化）

以上が『日本書紀』の韓国関係記事のすべてだが、「日本」表記の大部分は韓国関係であり、「日本」は対外用表記として主に使用されている。しかし「倭」表記もある。「倭」表記の例を六分類して示す。

一、全国の総称の意味の「日本」

日本の王《おほきみ》とあらむと欲ふ（武烈即位前紀。平群真鳥の言葉）

日本に光《て》り宅《ま》しませ（武烈即位前紀。大伴金村の言葉）

日本やはらぎ（継体天皇七年十二月条。天皇の言葉）

我が日本国の誉田天皇の世（孝徳天皇白雉元年二月条。天皇の詔）

二、詔旨の「日本」

明神御宇日本天皇（孝徳天皇元年七月条。高麗使・百済使への詔）

明神御宇日本倭根子天皇（孝徳天皇二年二月条。国民への詔）

三、天皇（皇子）の名としての「日本」

神日本磐余彦天皇（神武天皇諡号）

大日本彦耜友天皇（懿徳天皇諡号）

日本足彦国押人天皇（孝安天皇諡号）

大日本根子彦太瓊天皇（孝霊天皇諡号）

大日本根子彦国牽天皇（孝元天皇諡号）

日本武尊（景行天皇二十七年十月条）

四、命名記事に載る「日本」

日本は浦安《うらやす》国、細戈《くはしほこ》の千足《ちだ》る国……（神武天皇三十一年四月条。伊奘諾尊の名づけた国名）

虚空《そら》見《み》つ日本の国（神武天皇三十一年四月条。饒速日命の名づけた国名）

五、畿内の「ヤマト」の意味の「日本」

吾は日本国の三諸山に住まむと欲《おも》ふ（神代上。大三輪の神の出現）

六、「大日本」の例

大日本日本、此をば邪麻騰《やまと》と云ふ。下皆此へ放へ。（神代上。大八洲国の八つの島のうち本州島の名）

大日本の人（継体天皇二十四年九月条の注）

大日本国の救将（天智天皇二年八月条。百済救援の将についての百済側の発言）

以上、『日本書紀』のすべての「日本」表記を示した。「日本《やまと》」と表記して今の奈良県の「ヤマト」をいうのは「日本国の三輪山」だけである。この山のみを「倭」でなく「日本」と書くのは（『日本書紀』の「倭」は今の奈良県をいう。例えば「倭の香《かぐ》山」と書く〈崇神紀十年九月条〉）、全国を代表する山として、やはり国名の意味もこめて「日本」と表記したとみれば、「ヤマト」を「倭」でなく「日本」という文字表現にした意図を知る必要がある。

『日本書紀』が伊奘諾尊・饒速日命が名づけた「国名」とする「ヤマト」を、「倭」でなく「日本」と表記し、特に韓国関係記事に「日本」を用いている事からみても、対外用である。とすれば「日本紀」と「日本」を冠したのも、外国に日本の歴史を示すためのわが国最初の国史だからである。「倭」をすべて現在の奈良県またはその周辺を含めた地域に限定して書いている『古事記』とは、その内容も執筆の意図も決定的に違う。したがって一般的に二書を「フルコトブミ」とみて、『記・紀』というのは正しくない。

以上、「日本」について論じてきたのは、「倭」を「日本」に改めたのは天武天皇であり、「日本」は外国向けに国号の「ヤマト」は変わらないが、表記を改めたのである。改めたのは天武政権が新王朝で中国の漢王朝と同じ革命政権であることを示したかったからである。したがって国史の編纂も計画した。その天武天皇の意志を継いで持統天皇が『日本紀』編纂を開始し、持統太上天皇の文武朝には持統紀を除く編纂はほぼ終っていたが、さらに元明朝に入って再編修された。したがって私は文武朝の終りから元明期初年に第一段階の編纂が終り、以降の編纂を第二段階とみるのである。この時期に初期の意図は大幅に変更され、「日本」国号を創始した天武天皇は天智天皇の異父兄なのに実弟とされ、「日本」国号も初期の意図が変更された。したがって序章で書いたように『日本紀』の完成は、『続日本紀』に他の記事の付記として書かれているに過ぎないのである。

〔注〕

（1）飯島忠夫『日本上古史論』六二頁　一九四七年　中文館書店
（2）梅原猛「新論・日本国家の成立」毎日新聞（東京）一九八三年七月一五日・一六日夕刊
（3）岩橋小弥太『日本の国号』一九三頁〜一九四頁　一九七〇年　吉川弘文館
（4）森克己『遣唐使』一九五五年　至文堂
（5）高橋富雄『辺境——もう一つの日本史』一九七七年　小学館
（6）木村正辞「日本国号考」「東洋学会雑誌」九号　一八九〇年
（7）内田銀蔵「日本号の起源」「史学雑誌」一一巻一号　一九〇〇年
（8）橋本増吉「『日本』の国号に就いて」「歴史教育」五巻一一号・一二号　一九三一年
（9）岩井大慧「日本国号の再検討」「歴史教育」一五巻三号　一九〇〇年
（10）石母田正『日本の古代国家』四〇頁　一九七一年　岩波書店
（11）喜田貞吉「『日本』号に関する諸家の説に賛成す」「史学雑誌」一一巻二号　一九一八年
（12）石母田正『日本古代国家論・一』三五〇頁　一九七三年　岩波書店
（13）江上波夫『倭から日本へ』三四頁　一九七三年　小学館
（14）岡田英弘「邪馬台国と倭国」「東アジアの古代文化」一六号　一九七八年　大和書房
（15）市村其三郎『天皇制国家の謎』九四頁　一九七八年　立風書房
（16）山尾幸久「古代天皇制の成立」『天皇制と民衆』所収　一九七六年　講談社
（17）三品彰英「日本国号考」「聖徳太子研究・3」所収　一九六七年
（18）上田正昭『日本の歴史・2（大王の世紀）』一七八頁〜一八一頁　一九七三年　文英堂

(19)田村圓澄「アマテラスと天皇制」『大王から天皇へ』一九七四年　吉川弘文館
(20)吉田孝『日本の誕生』一一九頁　一九九七年　岩波書店
(21)村尾次郎「国号『日本』の成立の由来」『出雲神道の研究』所収　一九七〇年　雄山閣
(22)西嶋定生「七世紀の東アジアと日本」『東アジアにおける日本古代史講座・5（隋唐帝国の出現と日本）』一九八一年　学生社
(23)神野志隆光『「日本」とは何か――国号の意味と歴史――』一〇頁～一八頁　二〇〇五年　講談社
(24)井上秀雄『古代朝鮮』一一三頁　一九七二年　NHK出版
(25)石原道博「旧唐書倭国日本伝」『訳註中国正史日本伝』所収　一九七五年　国書刊行会
(26)高橋富雄（注5）前掲書　一六七頁～一八四頁
(27)江上波夫『シンポジウム・アイヌと古代日本』三九一頁～三九九頁　一九八二年　小学館
(28)末松保和『任那興亡史』二五九頁　一九四九年　東洋文庫
(29)谷川健一「ひのもと考」『白鳥伝説』所収　一九八六年　集英社
(30)飯島忠夫（注1）前掲書　六三頁
(31)吉田孝『大系日本の歴史・3（古代国家の歩み）』一三頁　一九八八年　小学館
(32)神野志隆光（注23）前掲書　一九頁～二六頁
(33)滝川政次郎「七世紀の東亜の政局と日本書紀」『日本書紀研究・6』所収　一九七二年　塙書房
(34)梅原猛『聖徳太子研究Ⅱ・憲法十七条』一二九頁　一九八一年　小学館
(35)栗原朋信「日本から隋へ贈った国書」「日本歴史」一九六五年三月号
(36)井上光貞『日本の歴史・3（飛鳥の朝廷）』二四八頁～二四九頁　一九七二年　中央公論社
(37)上田正昭『聖徳太子』四〇頁　一九七八年　講談社

（38）松前健『日本神話の新研究』三九頁　一九六九年　桜楓社
（39）吉田孝（注20）前掲書　一九八頁～二〇〇頁
（40）神野志隆光（注23）前掲書　二六頁～二七頁
（41）神野志隆光「『日本』があらわれない『古事記』」（注23）前掲書所収
（42）森博達『日本書紀の謎を解く――述作者は誰か――』二一九頁　一九九九年　中央公論新社
（43）大和岩雄「国号の『ヤマト』について」『「日本」国はいつできたか――日本国号の誕生――』所収　一九九六年　大和書房

第十四章

古代の皇位継承と持統・文武・元明朝

「大海人」と「漢」の二皇子に分けられた理由の検証

古代の皇位は嫡子継承より兄弟継承が主流

天武天皇が意図した国史編纂について、八木充は父子間継承に反対して壬申の乱に勝利し、兄弟間継承を樹立したので、その正当性を示すために計画したと書き、父子間継承と兄弟間継承を次のように示す(1)。

仲哀―応神、応神―仁徳、仁徳―履中、允恭―安康、雄略―清寧、仁賢―武烈、継体―欽明（または安閑）

この父子間では（仲哀以前は歴史的事実と認めないから除外している）、「皇位が父の代から子の代に移行するさい、一方の当事者が誅亡されて即位が実現するのが共通する特徴」と書き、一方、「後継者の決定と即位が順調にすすんだのは同母兄弟間の場合」だと書き、

履中―反正、允恭―顕宗―仁賢、安閑―宣化

の例を示す。八木充はこのような皇位継承からみて、天武天皇の企画した正史は、父子継承は争乱の原因になるから、皇位継承は兄弟継承が正しいと主張していると書き、天武天皇が企画した正史は推古紀で終っていたが、舒明以降を新しく藤原不比等主導で加えたのが、現在私たちが見る『日本書紀』だと結論している(1)。この八木見解は私の二段階成立説の先駆である。

皇位継承が主に兄弟継承である事を、上山春平作図の「皇位継承の二つの型」の図で示す(2)（上山作図は父子相承をタテ、兄弟相承をヨコにしているが、本図では兄弟をタテ、父子をヨコにした）。

仲哀天皇以前（父子継承型）　◯天皇　○皇子

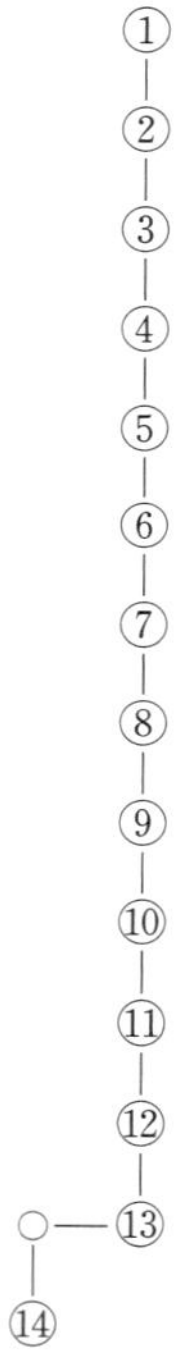

応神天皇以後（兄弟継承型）

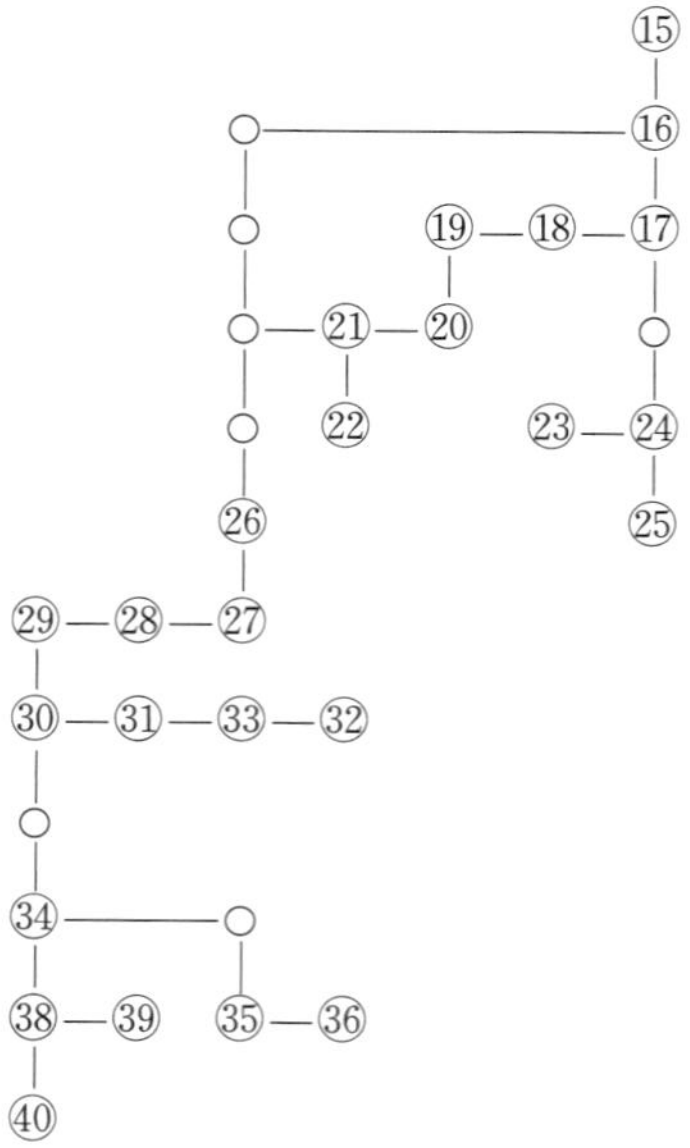

1、神武。2、綏靖。3、安寧。4、懿徳。5、孝昭。6、孝安。7、孝霊。8、孝元。

9、開化。10、崇神。11、垂仁。12、景行。13、成務。14、仲哀。15、応神。16、仁徳。

17、履中。18、反正。19、允恭。20、安康。21、雄略。22、清寧。23、顕宗。24、仁賢。

25、武烈。26、継体。27、安閑。28、宣化。29、欽明。30、敏達。31、用明。32、崇峻。

33、推古。34、舒明。35、皇極。36、孝徳。37、斉明。38、天智。39、天武。40、持統。

35の皇極と37の斉明は同一人物だから、37は載らない。

父子継承の仲哀天皇以前は伝承上の天皇だから、事実とは認め難い。応神以降は主に兄弟相承であり、この兄弟継承が歴史的事実である。この歴史的事実は天武天皇が皇后と共に、八年五月五日に吉野宮へ行幸し、翌日、皇后と草壁皇子・大津皇子・高市皇子・河島皇子・忍壁皇子・芝基皇子に、「私は今日、お前たちと共にこの宮廷で盟約を結び、千年の後まで事の起らないようにしたい」といい、皇子たちは同意し、草壁皇子が進み出て、誓いの言葉を述べ、他の皇子も進み出て誓った。天皇は衣の襟を開いて六人の皇子を抱き、「もしこの盟約に背けば我が身は亡びるだろう」と言ったとある。この盟約には天智天皇の皇子の河島皇子と芝基皇子が入っている。なぜ天智の皇子を自分の皇子と共に誓わせたのか。理由は兄弟継承を正当とみたから、母を同じくする天智の子も、天武の子と同じに、皇位継承の権利が同等にあると認めていたからであろう。

17（履中）─18（反正）─19（允恭）、20（安康）─21（雄略）、27（安閑）─28（宣化）─29（欽明）、30（敏達）─31（用明）は、兄弟継承であり、35（皇極）─36（孝徳）は姉弟継承である。しかし24（仁賢）─23（顕宗）は弟が先で、33（推古）─32（崇峻）も弟が先である。38（天智）─39（天武）は『日本書紀』では兄が先になっているが、事実は弟から兄へである。この逆転にもそれぞれ理由があるが、天智はこの伝統をとらず子に皇位を譲ったのである。勿論父子継承もあるが、履中─反正─允恭は三人の兄弟、敏達─用明─崇峻─推古は四人の兄（姉）弟が継承している。この事実からみても、天武と天智の兄弟の皇子たちには、皇位継承において同等の権利があったから、天武の異父弟の天智の皇子たちも吉野宮へ呼んだのである。

以上述べた事実からみても、当時は兄弟継承が正当な皇位継承であったから、天武天皇が計画した第一段階の皇位継承は、次の三つの目的があったと考えられる。

第一は、皇位は父子（嫡子）継承でなく兄弟継承が歴史上主流であることを示し、壬申の乱に勝利して皇位についたことを正当化すること。

第二は、父子継承の場合は争乱がおきる例を示したかったこと。例、仲哀と応神。応神と仁徳。仁徳と履中。允恭と安康。雄略と清寧。仁賢と武烈。

第三は、同母の兄弟間ではスムーズに皇位が継承されていること。例、履中と反正と允恭。顕宗と仁賢。安閑と宣化。

この歴史上の事実を示し、天智天皇が兄弟でなく父子間での皇位継承をおこなったから、やむを得ず戦って皇位についたことを明らかにしようとしたのである。

長・弓削皇子の兄弟を人麻呂らが「大君は神」と詠む理由

当時は兄弟継承が主流の考え方であったから、草壁皇子が皇位継承者としてきまっていても、姉の大田皇女の子の大津皇子は血筋としても草壁皇子と同格で、草壁皇子は病弱なのに、大津皇子は文武両道にすぐれて、健康で人望があった。したがってライバルの大津皇子を消したが、草壁皇子は持統三年（六八九）四月、二十八歳で病死する。母は他の皇子を継承者にせず、孫の軽皇子が成人して即位するまで中継ぎの天皇として皇位につき、高市皇子を太政大臣にして治政をまかせた。高市皇子は天武天皇の皇子の中で、一番年長であったが、母の出自がよくないので皇位継承の権利が薄かったから、持統天皇は軽皇子に皇位を継承させるための有力な協力者とみていた。しかし高市皇子も持統十年（六九六）七月に亡くなった。そのため軽皇子を皇太子にするための会議を召集した。その会議について『懐風藻《かいふうそう》』（天平勝宝三年〈七五一〉に成立した漢詩集）は、「群臣各私好《ぐんしんおのがじししこう》を挟《はさ》みて、衆議《しゅうぎ》紛紜《ふんうん》なり」と書く。その時葛野王（父は天智天皇の皇子の大友皇子、母は天武天皇の皇女の十市皇女）が、「我が国の法では、神代より子孫相承けて皇位を継いできた。もし兄弟が相続すれば乱がおきるであろう。天意は推測できないが、人間関係からすれば、天皇の後継者は自然にきまっている。とやかくいうべきではない」と発言した。しかし実際の皇位継承は前述したように兄弟継承だったから、そのことを天武天皇の皇子の弓削皇子が発言しようとした。しかし葛野王が大声をあげて叱りつけ、弓削皇子の発言を抑えたので、会議は葛野王のいうとおりになった。この葛野王の行動を持統天皇はほめて、正四位を授け式部卿に任じたと『懐風藻』は書いている。

葛野王が主張した嫡子継承は、大宝律令、養老律令の継嗣令で強調されている。大宝律令は持統天皇（文武朝では持統太上天皇）の命令を受けて藤原不比等主導で作られているが、目的の一つは嫡子継承を法令化することであった。なぜなら当時は弓削皇子の兄弟継承の主張が受入れられる時代であったからである。そのことを『万葉集』の柿本人麻呂と置始東人の歌が示している。

長・弓削の兄弟の母は天智天皇の皇女の大江皇女で、出自では草壁皇子と同格であった。『万葉集』（巻三）に「長皇子、猟路の池に遊《いでま》す時に、柿本朝臣人麻呂が作る歌」と題して、長歌（一首）と反歌（二首）が載るが、反歌（二四一）は、

大君は　神にしませば　真木の立つ　荒山中に　海を成すかも

とあるが、この「大君」は長皇子である。この歌以外に「大君は　神にしませば」は、巻二（二〇五）、巻三（二三五）、巻一九（四二六〇・四二六一）にあるが、巻一九の二つの歌は天武天皇である。巻三も柿本人麻呂の歌だが注記に「或本には『忍壁皇子に献る』といふ」とある。しかし伊藤博はこの歌は人麻呂が「こんな歌を詠んだのです」といって忍壁皇子に見せたのであって、「大君」は持統天皇であって忍壁皇子ではないと書いている(3)。忍壁皇子の母は宍人臣大麻呂の娘で、皇女ではないから、「大君は神」と人麻呂は詠まないであろう。

巻二（二〇五）は「弓削皇子の薨ずる時に、置始東人の作る歌」（二〇四）の反歌で、

大君は　神にしませば　天雲の　五百重《いほへ》の下に　隠《かく》りたまひぬ

とある。天武・持統天皇以外に長・弓削皇子が「大君は神」と詠まれているのは父が天武天皇、母は天智天皇の皇女であったからである。このように天武天皇だけでなく、長・弓削の兄弟が「大君は神にしませば」と、柿本人麻呂らにうたわれている事実からも、当時、長・弓削の皇子が、皇位継承者として草壁皇子に近い位置に居たことがわかる。さらに重要なことは、長男の長皇子だけでなく二男の弓削皇子も「大君は　神にしませば」とうたわれている事実である。この事実からも兄弟継承が嫡（長）子継承より強く主張されていたことがわかる。

天皇の皇子（といっても母が貴種であること）に皇位継承の平等の権利があった。特に母が天皇または皇子の娘であった場合は更にその資格は強かった。長・弓削の母も皇女であったことが、天皇の孫より子の長・弓削皇子が皇位継承権を主張する根拠は強かったのである。このような考え方が皇位継

承について当時、強くあったことを確認しておく必要がある。

舒明紀の「宗」（王宗・天宗）表記は『養老律令』に依る

藤原不比等は文武朝に「大宝律令」を作っているが、死の直前に「養老律令」を新しく作ろうとした。生前には完成していないが、『弘仁格式』序や『本朝法案文書目録』などは、「養老律令」は養老二年成立と書く。しかし坂本太郎は疑問をもっている。[4] 野村忠夫・利光三津夫[5]は坂本説を受けて養老三年説を採らず、不比等の死で、一時頓挫したが、養老五年六月から六年二月頃までに編纂が終了したと推論している。この「養老律令」について坂本太郎は、不比等がこの事業を主宰して、自家の権勢を張ろうとした、「主として私的な理由」と書くが、[4] 利光三津夫[6]・早川庄八[7]・黛弘道[8]も坂本見解を採っている。

井上光貞は利光三津夫が「『養老律令』は元明太上天皇と藤原不比等とが、文武の皇子であり、藤原氏所出である首皇子（後の聖武）のもとに新律令を公布せしめようとして編纂したのであると述べていることは、律令制定の長い経過からみると、首肯されるところである。不比等は大宝律令編纂では刑部親王のもとにあったが、こんどは自己の主宰のもとに編纂をすすめ、首皇子即位のあかつきに公布されることを期待したであろう。そしてそこに、養老律令にもまた、これまでの律令編纂との連続面をうかがうことができよう」と書いている。[9]

井上光貞は「養老律令」に藤原氏の私的意図を認めるが、公的意図もあったと書いている。[9] 上田正昭は『藤原不比等』で、「不比等が政界の立役者であり権謀術数の人であったことは否定できない」

と書き、「養老律令」はその「不比等のいわば私的なこころみ」として作られた「律令」と書いている。[10] 黛弘道は「養老律令」だけでなく『日本書紀』の編纂にも「藤原氏の立場を強化するため深く関与した」と書いている。[8] 私は上田・黛見解を採る。

このような私的な「養老律令」が、「大宝律令」の継嗣令継嗣条及び喪葬令墓条の「氏上」を「氏宗」に改められていることに私は注目している。漢字の「宗」は、「始祖の嫡長子」あるいは「正嫡」の意味である（諸橋轍次『大漢和辞典』）。この『養老律令』で強く主張している「宗」が、なぜか皇極紀の中臣鎌子（藤原鎌足）と中大兄関係記事にのみ見られる。鎌子が中大兄と初めて会った法興寺の槻樹の下での打毬の記事（この記事が事実でない事は通説である）には、次のように「王宗」とあり、「宗」が用いられている（皇極三年正月）。

中臣鎌子連、為人《ひととなり》忠正《ちゆうせい》にして、匡済《きやうさい》の心有り。（中略）歴試《つたひこころ》みて王宗の中に接《まじは》り、功名を立つべき哲主《さかしききみ》を求む。

中臣鎌子は「哲主」を求めて打毬をしていた「王宗」（皇族の嫡子をいう。ここでは中大兄のこと）に会ったとあるが、蘇我入鹿暗殺の記事には（この暗殺事件の中大兄と鎌足の参加は作文である事は一四〇頁〜一四六頁で詳述した）、入鹿を斬った中大兄に母の皇極天皇が、「なぜ、このようなことをするのか」問うと、中大兄は、

鞍作、天宗を尽《ことごと》に滅《ほろぼ》して、日位《ひつぎのくらゐ》を傾けむとす。

と答えている（「鞍作」は入鹿のこと）。この「王宗」「天宗」は岩波書店版・小学館版の『日本書紀』の頭注は、共に「キミタチ」と訓み、「王宗」については、「王家の人々」「王家の一族」と書き、「天

宗」については『書紀集解』の「天子ノ宗室」「山背王等ヲ指ス」を共に採って、「王宗」と「天宗」を同じ意味にとっている。理由は『藤氏家伝』の「鎌足伝」に、皇極紀とほぼ同じ記事が書かれ、その記事では「天宗」が「王宗」と書かれているからである。しかし鎌足の「王宗」と中大兄の「天宗」とはやや意味が違う。河村秀根の『書紀集解』の解釈を、岩波書店版も小学館版も採っているが、「宗」を「人々」「一族」と書いている。この記事は河村秀根見解をそのまま記したのであって原義と違う。

白川静は『字通』で「宗」の原義は「尊祖の廟」と『説文』にあるとし、「尊崇すべきものを宗という」と書く。また「古訓」として『名義抄』『字鏡集』は「宗」について、タフトシ・タフトブ・アガム・イノルとあると白川は書いている。「養老律令」は「氏上」を「氏宗」に改めているが、「氏宗」の「宗」を前述の頭注者たちのように「人々」「一族」と解釈することはできない。「氏上」「氏宗」は氏族の長《おさ》をいうから、『字通』は「宗子」「宗主」を「嫡長子」と書き、「宗氏」は「よつぎ」、「宗主」は「学芸の主流」と書く。したがって「宗師」は「師表として尊ばれる人」。「宗匠」は「棟梁、中心たる人」。「宗廟」は「祖宗の廟」の意と書いている。このような意味の「宗」に「大宝律令」の「氏上」を改め、「氏宗」と「養老律令」で書いているのはなぜか。

「養老律令」が藤原不比等の私的意図によるという見解は、意図の強弱については見解が異なるが、前述したように坂本太郎[4]・井上光貞[9]・上田正昭[11]・利光三津夫[6]・早川庄八[7]・黛弘道[8]らが述べている。ということは「氏上」を「氏宗」に改めたのは不比等の意図と考えられるから、当然「王宗」「氏宗」も不比等の意図であろう。そのことを明らかに示しているのは、中臣鎌子（藤原鎌足）と中大兄の発言のみに用いていることからもいえる。この事実（「王宗」「天宗」が用いられている事実）で明らかになるのは、中臣鎌子と中大兄の出会いや、蘇我入鹿暗殺事件に中大兄や中臣鎌子が登場する記事は、養老年間の藤原不比等の死の直前の三年間に書かれたことを示している。

天武でなく天智に結びつけた嫡子継承と軽皇子

元明天皇の即位の宣命を『続日本紀』は次のように書く。この記述は『日本書紀』の「王宗」「天宗」、「大宝律令」の「氏宗」とかかわるから、原文を示す。

日並所知皇太子之嫡子、今御宇豆留天皇尓授賜而、並坐而此天下乎治賜比諧賜岐。是者関母威岐近江大津宮御宇大倭根子天皇乃、与天地共長与日月共遠不改常典止立賜比敷賜覇留法乎（○印は引用者による）。

「嫡子」は「嫡長子」をいう「宗子」のことだが、「日並所知皇太子」は草壁皇子だから、この嫡（宗）子は、文武天皇である。草壁皇子を「日並所知皇太子」と書くが、「皇太子」は天武天皇の「皇太子」の意であり、「日並」の「日」は天武天皇で、その「日」に「並ぶ」のが皇太子草壁皇子で、その「嫡子」が軽皇子（文武天皇）である。

『万葉集』に「軽皇子の安騎野に宿りましし時、柿本朝臣人麿の作る歌」と題詞のある長歌と短歌四首のうちの一首（巻一・四九）は、

日《ひ》雙斯《なみし》　皇子命乃《みこのみことの》　馬副而《うまなめて》　御獦立師斯《みかりたたしし》　時者来向《ときはきむかふ》

とある。工藤力男は草壁皇子を「日雙」というのは、柿本人麻呂からはじまったと書く。(12)神野志隆光

は工藤説を支持し、「『日があいならぶ』というのは、天武をよびこむことであった。（中略）皇太子であった草壁を、天武とならぶところまで上昇させるのが、『日並（雙）』に外ならない」と書いている。[13]

『万葉集』は「日雙斯」と書くが、『続日本紀』には「日並所知皇子命」とあり、「斯」が「知」になっている。工藤力男[12]・神野志隆光[13]は「斯」と「知」は違うと書く。「知」は「八《や》隅《すみ》知《し》之《し》」「天下所知《あめのしたしらしめ》食《して》」に「知」が使われているように、統治の意に用いられているが、「斯」は「御《み》獦立師《かりたたし》斯《し》」の「斯《し》」で、「過去をよびおこす」意味があり、天武（日）と並ぶ皇子（日並）の草壁を、正統な皇位継承者の軽皇子をとおして呼び起したので、「日雙」に「斯」をつけて人麻呂はうたったと解している。私もこの見解に賛成である。人麻呂は「斯」をつけているが、『万葉集』の草壁皇子の歌（巻二・一一〇）、人麻呂の挽歌（巻二・一六九）の題詞は、「斯」をとって「日並皇子尊」とある。この書き方は人麻呂のように軽皇子をとおしてでなく、直接に草壁皇子を示すからである。

柿本人麻呂が草壁皇子をいう「日並皇子」に「斯」をつけたのは、草壁皇子を過去の人として、持統天皇が皇位につけようとしている現在の軽皇子の雄姿を詠んだからである。伊藤博はこの歌について「『古』（父）の行為および心情と『今』（子）の行為および心情がここで重なる。（中略）追慕の達成は、軽皇子がすべてにおいて父草壁になりかわったことを意味する。その草壁は単なる皇子ではない。歌そのものがいうように。『日並皇子の命』、つまり日（天皇）に並ぶ皇子なのである」と書く。そして「日」は天皇をいうが、人麻呂の「日」は天武天皇だとし、この軽皇子を詠んだ一連の歌（巻一・四五〜四九）の四五番の冒頭の、

やすみしし我が大王《おほきみ》　高照らす日の御子

の「高照らす日の御子」という用語は、「『万葉集』では、天武・持統両帝と天武系の皇子に限って用いる」と、伊藤博は書いている[14]。

柿本人麻呂が『万葉集』に登場するのは、持統朝に入ってからである。藤原不比等も持統朝から登場するが、持統朝では天武天皇を人麻呂は天降りした日の御子とみており、不比等が元明朝以降に天武以上に重視する天智の影は薄い。

持統天皇は母方の祖父（蘇我倉山田石川麻呂）を殺した父（中大兄）をうらんでいた（持統の母造媛は父や兄妹が殺され、また自害した事を知って「傷心に因りて死せり」と孝徳紀は書いているが、持統はその時五歳だが母の悲惨な死は知っていたか、または後から聞いていただろう。したがって母を死に追いやった父天智に好意をもっていなかったと推測できる）。したがって文武天皇が即位すると母方の出自の石川氏（蘇我氏は天武朝から石川氏を名乗る）の石川刀子娘が、『古事記』によれば同じ武内宿禰を祖とする紀氏の紀竈門娘と共に、文武天皇の「妃」として入内させている。「夫人」に不比等の娘の宮子もいるが、前述（三九七頁〜三九八頁）したが、持統太上天皇は正妃として、自分と同じ出自の石川刀子娘を考えていた。しかし元明天皇が即位すると、元明天皇の母も蘇我倉山田石川麻呂の娘の姪娘（持統天皇の母の造媛の異母妹）の娘だが、和銅六年（七一三）に石川・紀氏を後宮から追放し、石川刀子娘が生んだ二人の皇子も臣下に落している（元明天皇は斉明七年〈六六一〉生まれだから、祖父の死の十二年後である。したがって、持統天皇のように石川氏への思い入れはない）。このような行動をとるきっかけは、元明天皇の即位（慶雲四年〈七〇七〉の詔に載る天智天皇が宣布したと創作した「不改常典」である（「不改常典」については後述する）。

「日並所知皇太子之嫡子」は、「日」（天武天皇）に「並ぶ」皇子（草壁皇子）の「嫡子」の意で、天武天皇に結びつくのに、この「嫡子」がかかわる「不改常典」は「近江大津宮御宇大倭根子天皇」（天智天皇）によるとある。なぜ「不改常典」の発布者が天武でなく天智なのか。そのことについても後述するが、文武天皇の嫡長子（宗子）の首皇子（不比等の孫）を皇位につかせるためには、当時ライバルの天武天皇の皇子や孫が対抗して、天智天皇を持ち出す必要があったからである。その意図は「養老律令」で「大宝律令」の「氏上」を「氏宗」に改めた事に見られるが、この「宗」が皇極紀の鎌足の発言に「王宗」とあり、中大兄の発言に「天宗」とあることからみても、皇極紀で大活躍する中大兄と藤原鎌足の記事は「養老律令」の編修段階に書かれたか、大幅な改稿・加筆がおこなわれた事を示している。孝徳紀の蘇我入鹿暗殺の現場には、中大兄と鎌足も参加しておらず、創作記事であることは前述（一四〇頁～一四六頁）したが、このように中大兄と鎌足の活躍記事で、「宗」が強調されていることから見ても、二人の活躍記事は嫡子継承の主張とかかわっているが、嫡子継承をおこなったのは天智天皇で、その嫡子継承に反対して大海人皇子は、兵を挙げて勝利し、新政権を樹立したのである。したがって私家版の「養老律令」を「大宝律令」の後に作った不比等は、文武朝の終りか元明朝の初めに出来上っていた『日本書紀』に、私が第二段階と書く編修作業をおこなって、律令の「養老版」というべき工作をおこなったと考えられる。「養老律令」は不比等の死後もつづけられたが、『日本書紀』が不比等の死の三カ月前に成立したのは、どうしても不比等に見せて、不比等の生存中に世に出す必要があったからである。理由は不比等の孫を皇位につけるためのバックアップには、嫡子継承を強く主張する国史を世に示す必要があったからである。

「不改常典」はなぜ天武でなく天智の発布か

早川庄八は不改常典の理解は天武系と天智系の天皇によって違うと書き、天武系の天皇は不改常典を「直系の皇位継承法」と観念し、利用していたと書いている[7]が、「直系の皇位継承法」とは嫡子継承だが、天武系の天皇の系譜を示す。

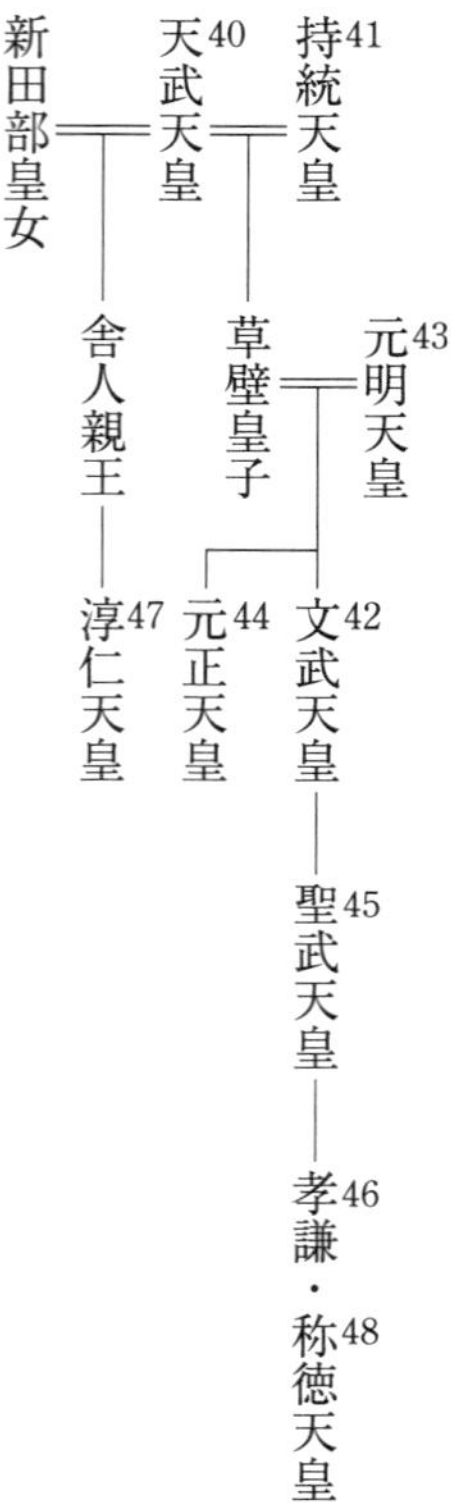

この系譜のうち持統・元明は天智天皇の皇女だから天智系だが、天智系は左の系譜になる。

数字は歴代天皇の即位順である（大友皇子は「弘文天皇として公式に認められているから、この系譜では天皇として入れた）。

文武天皇以降の元明天皇・元正天皇・孝謙（称徳）天皇は女帝で、淳仁天皇は男だが嫡子ではない。天智系の光仁天皇も淳仁と同じである。正統な嫡子継承は、

文武天皇―聖武天皇

光仁天皇―桓武天皇―平城天皇

である。女帝の元明・元正は文武から聖武の嫡子継承の中継である。孝謙は聖武の子だが、嫡子は基本的には男子をいう。しかしこの皇女は二十一歳で女性でありながら先例のない「立太子」をし、三十二歳で聖武の後に皇位についている。変形の嫡子継承といっていい。

早川は天武系と書くが天智の定めた嫡子継承の法を守って即位したと宣命して天皇になっているのが問題である。理由の一は天智は大友皇子に嫡子継承だが、天智から天武は兄弟継承であること。二は初めて「不改常典」を示す元明天皇が天智の皇女であること。三は不比等の父の鎌足が天智の重臣であったこと。四はこのことがもっとも重要だが、当時は天智と天武の皇統は圧倒的に天武の皇子・孫が多かったから、彼らの皇位継承権の主張を封じるためには、天武でなく天智が発布した「不改常典」にする必要があったからである。この「不改常典」の発布は文武朝にほぼ完成していた正史を世に出すことをストップさせた。そして「不改常典」に合うように天智天皇を天武天皇以上に巨大化することと、不比等の孫の首皇子を「嫡子」として皇位継承をさせるために、父の鎌足を偉大化し藤原氏を格上げする必要があった。そのために正史の再編修をおこなったのである。天智天皇を天武天皇

以上に巨大化するために、第一段階の正史では天智の治政は「四年」であったのを、第二段階で「十年」に変えたが、最大の改変は異父兄の天武を実弟に変えたことである。嫡子継承の「不改常典」を天智の発布にしたのだから、天智を天武の兄にすることが、より嫡子継承の主張に説得力をもたせることになるからである。

天智天皇に異父兄が居たことは事実であった。そのことは否定できないから正史に書く必要があった。消せなかったのは母が歴史上例のない二度も皇位についた女帝の子であったことである。二度目の即位の斉明紀に異父兄の漢皇子の存在が記されているが、まったく活動しない人物である。天智・天武の二人の偉大な天皇の兄であるのに、なぜかこの異父兄はまったく活動記事が載らない。その事自体がこの人物が作られた人物であることを示している。

文武天皇も聖武天皇も天武系である。問題なのは母の出自である。持統天皇は文武天皇の妃に皇族の出自の女性を一人も選ばなかった。理由は天武天皇の妃には天智天皇の皇女が四人も妃になっており、皇女の子が多くおり、前述した母が天智天皇の皇女の弓削皇子のような発言があったからである。当時は彼らは「大君は　神にしませば」とうたわれていたから、持統は文武の即位にあたって三人の娘を選んだが、皇位争いの原因になる皇子の娘は選ばず、前述（三九七頁〜三九八頁）したように皇統に結びつかない氏族から選んだが、石川氏は持統天皇の母方の氏族であったから、持統太上天皇は、この妃の生んだ皇子を文武天皇の皇太子と考えていた。ところがこの妃の生んだ二人の皇子ともども、持統太上天皇の死後、宮廷から追放されてしまった（三九八頁参照）。

このような工作をおこなったのは、首皇子の母方の祖父の藤原不比等以外にはいない。このような行動をとった以上、藤原氏の存在を歴史上偉大であったことを示す必要があった。しかし鎌足像を巨大化しただけでは、あまりにも露骨な自家主張と見られるから、天智天皇の巨大化をはかった。そのための中大兄の異常に長期間の皇太子や、天智紀に偉大な天皇である事を示す作文記事を、最終編纂時に載せた。逆に異父兄の大海人漢皇子は分解して、天武天皇になった大海人皇子を、「皇弟」「大皇弟」と「弟」であることを強調した歴史書を作ったのである。

天智の異父兄の天武を「実兄」に変えた時期

元明天皇は霊亀元年（七一五）九月に娘の氷高内親王に譲位し、氷高内親王は元正天皇となる。黛弘道は元正天皇の即位について、「元明天皇や不比等は首皇子の即位をさきに延ばし、その間、天皇家と藤原氏の共同執政＝輔政体制をさらにかためることを得策と考えたのであろう。亡父文武天皇が十五歳で即位したことを考えれば、首皇子が元明天皇のあとをうけてただちに即位しても不当ではなかったが、藤原氏所生の皇子の即位を実現するには、なおいくばくかの不安が元明天皇や不比等にはあった」と書いて、その「不安」のために元正天皇を即位させたとみている(8)。

上田正昭は元明から元正への譲位について、次のように書く。

即位（引用者注、元正の即位）の時、首皇太子は十五歳になっていた。文武天皇が十五歳で即位した先例がある。それなのに元明女帝はなぜ首皇太子に譲位しないで、その姉の氷高皇女に皇位を譲ったのか。（中略）

穂積親王なきあと、一カ月あまりたっての譲位であった。当時の皇親のなかには、舎人親王や

新田部親王らがある。そして故太政大臣高市皇子の子で英邁の長屋王がいた。（中略）

皇親の動向にも注意がはらわれていた。知太政官事をおかないことにたいする皇親勢力の反発もある。先手をとって不比等は元正天皇擁立を画策し、わが外孫首皇太子の将来への布石としたのであろう。それは、首皇太子拝朝にちなむ和銅八年一月十日の叙位で、とくに氷高皇女を「一品」という皇親最高の位にすすめた事情にも明らかである。

首皇子を皇太子にするための苦心の演出がなされていたことは、これよりさき和銅六年十一月五日、石川・紀の二人の嬪に、嬪を称することを禁じた例にもみいだされる。（中略）

石川氏や紀氏ら旧氏族の機先を制して、首皇子の立太子を実現させた不比等は、その皇太子の前途をより安定させるために、あえて氷高皇女の擁立をはかったのであろう。不比等の演出は見事に功を奏した。

このように上田正昭は書いている。[15]

岩波書店版『続日本紀・1』の補注（早川庄八の執筆）も、「元明天皇の譲位は、前年の首皇子の元服・立太子、この年の天武系の長・穂積両親王のあいつぐ死などを契機としたものと考えられるが、首皇子はこの年十五歳であり、文武天皇の十五歳即位からみて必ずしも若年とはいえない。恐らく元明天皇や藤原不比等らは、藤原氏を母とする首皇子の即位に対する皇族の反対を考慮し、首皇子の即位をのばして元正天皇に皇位を中継ぎさせたと思われる。この翌年、不比等の娘安宿媛（光明子）が皇太子首皇子の妃に立てられ、首皇子と藤原氏との関係は一層進化されることになる」と書いている。

元正天皇が即位する前年の和銅七年（七一四）二月九日条に、「従六位上紀朝臣清人、正八位下三宅臣藤麻呂に詔して、国史を撰しめたまふ」とある。この「国史」について北村文治は、令制に図書寮の職掌として規定されている国史の修撰の実施を示すもので、『日本書紀』の編纂を図書寮においておこなったと推論している。[16] 岩橋小弥太は図書寮における国史の修撰であるが、『日本書紀』の編纂とは関係ないとみて、実録編纂の準備としての日々の記録の整備に当ったと述べている。[17] 森博達は紀清人の「国史」編纂は「巻三〇『持統紀』の撰述」と書いている。[18] 私は北村文治の『日本書紀』編纂説を具体的に示す森説を採る。紀清人は翌年の霊亀元年正月に従五位下に昇り、同年七月十日に「穀百斛」を賜っているから、紀清人の国史編纂は一年ほどの作業である。この短期間の関与からみても持統紀一巻のみの関与であろう。

その事は森博達が文武朝に山田史御方が述作したと推論する[19]壬申紀・天武紀は、天智の治政を「四年」と記しているのに、天智紀・持統紀は「十年」と記していることが証している（第八章「たった四年間の天皇の天智の虚像」で、四年間のみの天皇在位の理由について書いた）。『日本書紀』成立の六年前の和銅七年（七一四）に持統紀は書かれているから、天智の治政を「四年」と書く壬申紀と違って、斉明天皇の死の翌年からを天智元年として、治政を「十年」の如くに書いた（持統四年正月に、草壁皇子が前年に亡くなっているから正式に即位したが、天武天皇の死の翌年からを持統元年にしたから、この持統紀の書き方を天智紀にも適用したのである）。したがって天智紀の「十年」は持統朝の後半から文武期の前半にかけて薩弘恪が述作した天智紀の「四年」を、和銅七年以後に「十年」に改めたのである。大海人漢皇子が大海人皇子と漢皇子に分けられ、大海人皇子が天智天皇の「実弟」に変えられたのもこの時期であろう。

和銅七年の翌年に元正天皇が即位しているが、早川庄八は元正天皇が即位した理由について、「天武系の長・穂積両親王のあいつぐ死」をあげている。[7] 天武天皇の皇子（親王）は十人居たが（皇女は七人）、元正天皇即位の時には舎人皇子と新田部皇子のみであった（皇女は紀皇女・泊瀬部皇女・託基皇女が居た）。舎人皇子は『日本書紀』の関係者として、この親王のみの名が、『日本書紀』の完成を書く『続日本紀』（養老四年五月十日条）に載る。舎人親王は壬申の乱の勝利後、天武天皇の妃になった天智天皇を父とする新田部皇女の子である。もう一人の新田部皇子は藤原不比等の異母妹の五百重娘が、天武天皇の夫人となって生んだ子である。いずれも天武の皇子といっても天智天皇・藤原鎌足を祖父とする皇子である（新田部皇子の母の五百重娘は不比等と密通し、不比等の第四子の麻呂を生んでいる）。このように天武の十人の皇子のうち、生存していた二皇子は不比等側だから、和銅七年に二人は共に封二百戸を加えられ、封戸の租を全給され、『日本書紀』成立の前年の養老三年十月十七日には、舎人・新田部の二親王に皇太子首皇子を補佐するよう命じた詔が出されている。この事実からみても、長・弓削皇子のような兄弟継承を主張する天武天皇の皇子とは違い、不比等側の皇子である。不比等にとってこのましくない天武の皇子たちが亡くなった以後の元正の五年間（元正天皇が即位した年〈七一五〉から、『日本書紀』完成の年〈七二〇〉の五年間）に、あわただしく改変・追記がおこなわれ、天智の異父兄は「実弟」になったのであろう。

天武天皇が「大海人」と「漢」の二皇子に分けられた理由

持統天皇は文武天皇を皇位につけるため、嫡子継承を主張したが、前述したように兄弟継承を主張する反対意見が出た。したがって皇位継承の強い主張の依り所とする貴種、天皇・皇子の娘たちを文武天皇の妃として入れなかった。たぶん持統の出自の石川氏の刀子娘が生んだ子を「皇太子」にするつもりでいたろう。石川刀子娘は二人の皇子を生んでいるが、不比等の陰謀で持統太上天皇・文武天皇の死後、宮廷から二人を皇子と共に追放された。不比等の孫は、文武天皇の長男であっても母は名門の石川氏・紀氏の妃と違って、成り上りの新興氏族である。とすればこの長男を嫡男とし皇位継承の正当性を主張するためには、当時、多く居た天武天皇の皇子・皇孫、また古くからの有力貴族・名門貴族に対して、国史で藤原氏の血筋の皇子を皇位につけるためのバックアップ記事を載せる必要があった。そのため文武朝の終りか元明朝の初めにほぼ完了していた『日本紀』に、その目的のための改作・創作・加筆記事や、注記をつける作業がおこなわれたのである。

その第二段階でおこなわれた工作記事のなかで、中大兄や藤原鎌足の活躍を強調したが、特に中大兄（天智天皇）の偉大化を工作したのは、第一に彼が大海人への兄弟継承でなく、嫡子継承をおこなったからであり、第二に不比等の父の鎌足を重用したからである。したがって嫡子継承の主張のためにも、藤原氏の活動を世に知らせるためにも、第一段階の編纂のまま世に出すことをせず、計画・実行から三十年もかかって世に出したのである。そのような意図による国史だから、天武と天智の兄弟関係が工作され、兄が弟になったから、『日本書紀』に天武天皇の年齢が載らないのである。

天武天皇の年齢は示さないが、まったく活動記録のない同父・同母兄弟の天智と天武の異父兄（漢皇子）は記している。なぜ名だけの漢皇子の存在を斉明紀は記したのか。理由は当時、天智天皇には異父兄が居たと信じられていたから、異父兄を消すわけにはいかなかったからである。だがその記事だけでは天武を天智の実弟と書く『日本書紀』の記述を信じない人が出ることを心配して、天智紀に不比等の死の養老四年の前半に、急拠「或本に云はく」として、天武を天智の兄と思っている人達に、持統天皇（鸕野讃良皇女）にも姉を妹という伝承がある事を示して信用させようとした。また鸕野讃良皇女を分解し、異母姉妹の鸕野皇女と沙羅々（讃良）皇女という二人の皇女が居たという異伝を示し、大海人漢皇子と思っている人々に、大海人皇子と漢皇子に分解した『日本書紀』の記事を信用させようとしているのである。このように序章で書いた天智紀の二つの異伝記事からも、異父兄を実弟に工作したことがわかる。

大海人漢皇子という中大兄（葛城皇子・天智天皇）の異父兄を、大海人皇子と漢皇子に分解して示し、大海人皇子を天智天皇の実弟の天武天皇にし、異父兄の漢皇子は名だけでまったく活動しない皇子として『日本書紀』が記しているのは、嫡子継承を皇位継承の正当な継承であると主張するためには、天武を天智の弟にする必要があったからである。

〔注〕

（1）八木充『律令国家成立過程の研究』三一一頁～三一三頁　一九六八年　塙書房
（2）上山春平『埋もれた巨像』二〇一頁　一九七七年　岩波書店
（3）伊藤博「人麻呂における幻視」『古代和歌史研究――万葉集の表現と方法・下』所収　一九七六年　塙書房
（4）坂本太郎『養老律令の施行について』『日本古代史の基礎的研究・下』所収　一九六四年　東京大学出版会
（5）野村忠夫『律令政治の諸様相』一六四頁～一六八頁　一九七八年　塙書房
（6）利光三津夫「養老律令の編纂とその政治的背景」『律令制とその周辺・続』所収　一九八八年　慶応通信
（7）早川庄八『日本の歴史・4』二四三頁～二四四頁　一九七一年　小学館
（8）黛弘道「藤原不比等」『人物日本の歴史・1』所収　一九七四年　小学館
（9）井上光貞「日本律令の成立とその注釈書」『律令』所収　一九七六年　岩波書店
（10）上田正昭『藤原不比等』一八一頁～一九一頁　一九七六年　朝日新聞社
（11）上田正昭（注10）前掲書　一八一頁・一九一頁
（12）工藤力男「日雙斯皇子命」「金沢大学国語・国文」五号　一九七五年
（13）神野志隆光「日雙斯皇子命をめぐって」『論集上代文学・第十冊』所収　一九八一年　笠間書院
（14）伊藤博『萬葉集釈注・1』一五一頁～一五二頁　一九九五年　集英社
（15）上田正昭（注10）前掲書　一八三頁～一八六頁
（16）北村文治「紀朝臣清人等の撰国史について」「史学雑誌」五五巻四号
（17）岩橋小弥太『上代史籍の研究』一一八頁～一一九頁　一九五六年　吉川弘文館
（18）森博達『日本書紀の謎を解く――述作者は誰か――』二一九頁　一九九九年　中央公論新社

(19) 森博達(注18)前掲書 二一六頁〜二一八頁

第十五章

「大海人」と「漢」の二皇子になぜ分けたか

「大海人」と「漢」の二皇子に分けられた時期の検証

藤原氏の前身の卜部としての中臣氏の実像

『日本書紀』の第二段階の編修意図によって、わが国で初めての正史は三十年間もの長時間をかけた結果成立したが、その成立に至る隠された意図をさぐるためには、藤原氏の前身の卜部としての中臣氏を検証する必要がある。『続日本紀』文武二年（六九八）八月十九日の詔に、

　藤原朝臣賜はりし姓は、その子不比等をして承《う》けしむべし。但《ただ》し意美麻呂《おみまろ》らは、神事《かみわざ》に供《つかへまつ》れるに縁《よ》りて、旧《もと》の姓に復《かへ》すべし。

とある。意美麻呂については「神事」にかかわるから「旧《もと》の姓に復《かへ》すべし」と詔にあるが、「旧の姓」とは「中臣《なかとみ》」である。なぜ「臣《オミ》」を「臣《トミ》」と訓むのか。理由は「中臣《なかつおみ》」氏がいたからだが、そのことについて私はすでに論じているが[1]、私見以外にこのことを論じた見解は見当らない。中臣氏は元は卜部であることは、延喜六年（九〇六）六月、大中臣氏が朝廷に提出した『新撰氏族本系帳』に、欽明朝（五四〇〜五七一）のとき、中臣常陸が始めて中臣連姓を賜わったとある。したがって『尊卑分脈』は「中臣常陸」について、「始而賜中臣連姓本者卜部也」とあり、欽明朝に「始《はじめて》」、「中臣連《なかとみ》」という姓を「賜《たまわる》」とあるのだから、欽明朝以前は「中臣連」でなく「本者《もとは》卜部也」と書いている。「大中臣系図」には「始賜中臣連姓。本者卜部也。中臣者主神事宗源也」とあるが、「神事宗源」にかかわるのではなく、中臣氏は卜占にかかわる部民である。

　中臣氏に関する論考で、「ナカトミ」という名義については、本居宣長の『古事記伝』[2]、太田亮の『日本古代史新研究』[3]、（同じ太田亮の『姓氏家系大辞典・第三巻』[4]）、折口信夫『折口信夫全集・ノート

編・第二巻』[5]、笹谷良造「中臣・斉部の職分」[6]、前之園亮一「『中臣』の名義と『中臣連』姓の成立」[7]
「中臣氏について」[8]がある。

また中臣氏の出自や藤原鎌足の出身地については、太田亮の『日本古代史新研究』[3]や前之園亮一の『中臣』の名義と『中臣連』姓の成立」[7]で論じられているが、他に横田健一「中臣氏と卜部」[9]、前川明久「中臣氏の歴史地理的考察」[10]、岩井隆次「中臣氏の本質について」[11]、羽床正明「卜部と中臣氏についての一試論」[12]、志田諄一「中臣（藤原）氏の氏神をめぐって」[13]、中村英重「中臣氏の出自の形成」[14]などがある。

折口信夫は「日本文学の発生」で、「中天皇《ナカツスメラミコト》」は「神と神の御子なる主上との間に立つて、語をば持つ御方」、「中臣《ナカツオミ》」は「神なる人、主上と人間との間に立つて同じ為事《しごと》をする」人と書き、「此中臣も意味広く、一氏族だけの職でなかつたのが、後に藤原氏を分出した中臣《ナカトミ》一族だけを考へる様になつたらしい」と書いている[15]。「中臣の語義」では「中臣は中つ臣だ。すると中皇命《なかつすめらみこと》――神と天子の間に立たれる尊いお方――と同じ意味で、天子とその他の宮廷の人たちとの間に立つてゐる臣だ」と述べている[16]。しかし折口信夫のいう「藤原氏を分出した中臣一族」は「中臣《ナカトミ》」といい「中臣《ナカツオミ》」とはいわない。理由は卜占をもって「ナカツオミ」を補佐する部民だからである。

柳田国男は「立山中語《なかかたり》考」と題する論考で、「立山に登る剛力のことを中語と書いてチウゴと謂ひ、時にはナカカタルとも謂ふ。（中略）中語は字の如く神と人との中に在つて語る者」[17]と書いている。この「神と人との中に在つて語る」氏族は、本来は『古事記』に関与していたオホ（多・太）氏、ワニ氏（春日氏・柿本氏・小野氏）であることは、拙著『新版・古事記成立考』所収の「原『古事記』と中臣《なかつおみ》のオホ氏・ワニ氏」で詳述した。(1)この「中臣《なかつおみ》」の下で卜占に従事していた部民がナカトミ氏だから、オホ氏・ワニ氏の姓《かばね》は「臣」だが、ナカトミ氏は「連」なのである。オホ氏の始祖の神武天皇の皇子神八井耳命について、『記』『紀』は共に第二代天皇になるはずだが、皇位を弟に譲って神まつりの「マツリゴト」に専念したとある。この始祖伝承は「中臣《なかつおみ》」である事を示しており、後代の『中天皇《なかつすめらみこと》』と同性格である。

上田正昭は「祭官の成立——中臣と日祀と日置と——」で、『日本書紀』の中臣氏関係記事を十七例示し、欽明十三年十月条の中臣連鎌子が物部尾輿と共に崇仏に反対する奏言をした以前の九例は事実ではなく、後代に加えられたと論証している。神代紀には二例載るが(「中臣連の遠祖」天児屋命が天の岩戸の前で神事を執行する記事と、天孫降臨の時「中臣の上祖」天児屋命が配侍する記事)、上田正昭は「後の宮廷儀礼にもとづく所伝の投影」と書き、三例目の神武紀の「中臣氏の遠祖」の「侍臣天種子命」の「侍臣」も「令制において見出される」用語と書く。四例目の垂仁紀と七例目の仲哀紀に載る「五大夫」の一人の「中臣連の遠祖大鹿島」に祭祀を命じた記事や、「四大夫」の一人の「中臣烏賊津連」に宮中守護を命じた記事の「大夫」も、「『紀』の編纂過程の潤色」と書く。五例目の垂仁紀の「中臣連の祖探湯主」が卜占にたずさわった記事と、八例目の神功皇后紀の「中臣烏賊津使主」が審神者になった記事についても、神代紀の第二の一書で天児屋命が卜事をおこなった記事と対応し、「やはり後の潤色というほかはない。人名としてみえる探湯主などは、盟神探湯の探湯との関連において名づけられたものであって、実在性は乏しい」と書く。さらに景行紀の六例目の「直入の中臣神」が「うけひまつる」記事と、允恭紀の九例目の「舎人中臣烏賊津使主」が天皇の命で弟姫を迎えた記事も、

「潤色の度の強い」記事と書き、結論として允恭紀までの九例の中臣氏関係の所伝は、「後の潤色または投影にもとづいており」、「中臣氏の位置は、天皇近親の下僚であって、まだ中央における祭官としての立場は確立していない」と述べている(18)。

十例から十七例は欽明紀から舒明紀までの記事だが、十例から十三例の欽明朝から用明朝までに登場する中臣連鎌子と勝海について、上田正昭は「実在性については速断できない」が、十四例の推古紀の中臣宮地連麻呂が隋使の常客になった記事からみて、信用できると書いている。十五例は推古紀の中臣宮地連が堅塩媛の改葬で誄をした記事、十六例は推古紀の中臣連国が征新羅軍の将軍になった記事、十七例は舒明紀の中臣連彌気が田村皇子の即位に賛成した記事である(18)。

『日本書紀』の中臣氏関係記事の十七例すべてについて詳細に検証した上田正昭の記事からみても、卜占に従事する氏族をなんとかして祭官・中臣《なかつおみ》に仕立てようとして、事実にさまざまな脚色をして『日本書紀』に書き入れている。この工作は主に第二段階の編纂であったろう。

天智紀は天智称制八年(六六九)十月に鎌足が臨終の床で「藤原」の姓を賜ったと書くが、天武紀の十三年(六八四)の八色の姓制定記事には、中臣連が「朝臣」の賜姓を受けたとあって、藤原氏の記事はない。持統五年(六九一)八月に祖先の墓記を十八氏に提出させている。この提出は第一段階の正史編纂のためと考えられるが、その中に「藤原」も入っている。前述した『続日本紀』の文武二年(六九八)八月条によれば、藤原朝臣を藤原鎌足の子以外も名乗っていたのを、不比等とその子以外は旧姓の「中臣」に戻している。このことは藤原氏が本来の神事《まつりごと》からはなれて、新しく政事《まつりごと》に専念する氏族になった事を示している。この分離の実現の結実が藤原不比等の孫(首皇子)を皇位につける事であった。そのために『日本書紀』を最大限に利用したから、『日本書紀』の成立は不比等の死の七十日前になっているのである。

『日本書紀』が成立した年に不比等が亡くなったが、四年後の神亀元年（七二四）に、首皇子が即位して聖武天皇になっている。しかし五年後の天平元年（七二九）には長屋王の事件があり、それから三十年後に『藤氏家伝』（成立は天平宝字四年〈七六〇〉前後）を不比等の孫の藤原仲麻呂が編纂し、「鎌足伝」を入れて鎌足の偉大さをさらに示さねばならなかったように、まだ藤原氏の地位は安定していなかった（「鎌足伝」については次章で詳述する）。このような事実からみても、不比等が持統朝から始まった『日本書紀』編纂に無関心でいるはずはないだろう。

『日本書紀』の藤原鎌足の巨（虚）像化と藤原不比等

不比等の『日本書紀』関与について、不比等が関与していると主張する説として、八木充・岸俊男・上田正昭・梅原猛・上山春平・田村圓澄・原秀三郎の説を第八章で書いたが、黛弘道も全面的関与ではないが不比等の関与を否定しないし、大山誠一も「不改常典」を不比等の作文と主張し、『日本書紀』にも不比等の関与を認めている。

黛弘道は『日本書紀』の成立の「僅か七十日後に不比等が没している」のは、「書紀編纂にあたっての心労が死の原因」と書いている[19]。

上田正昭も「当時の廟堂における実権者不比等が、『日本書紀』の最終的仕上げに無関心であったとは考えがたい。『古事記』とはちがって、中臣氏の関係伝承は、神代巻（巻第一・巻第二）ばかりでなく、巻第三以後にもくりかえし登場する。そしてそこでは神事や卜占ばかりでなく、『大夫』として天皇家の祖先に奉仕したことが述作されている。慶雲四年四月十五日、藤原不比等に食封を与えたおりの宣命では、『汝の父藤原の大臣（鎌足）の仕へ奉らへる状』と『建内宿禰の仕へ奉らへること』とが対比されて顕彰されていた。『日本書紀』の建内（武内）宿禰像は『古事記』よりもはるかに強く天皇近侍の内臣として描かれていた。そして不比等の父鎌足の功業が特筆された。こうした述作の背後には不比等とその同族たちの自己主張が反映されているとみなしてよいだろう」と書いている[20]（上田正昭の『大仏開眼』で書く不比等『日本書紀』関与説は、第十章で詳述した）。

田村圓澄は「『日本書紀』の鎌足の構想に、不比等が深く関与していた」と書き、鎌足が神祇伯を固辞した皇極三年条の記事は、不比等が神祇官人になることを欲せず、律令官人コースを求めた願望の反映として書かれとみており、中大兄と鎌足の出会いの記事は、「中大兄皇子が鎌足を求めたのではなく、鎌足が中大兄皇子を求めたことである。つまり鎌足は、『臣』として『天皇』を補佐するが、『臣』は能動的・主導的であり、『天皇』は受動的・随従的であることが暗示されている」と書き、「元明・元正などの各天皇と、藤原不比等との君臣関係」の反映と書いている。そして代表例が法興寺の打毬の記事だとし、蘇我大臣家滅亡に関する一連の記事も、「『日本書紀』は中大兄皇子が鎌足にすべてをまかし、また鎌足がすべてをとりはかっているように叙述している」ことに注目している[21]。

さらに母の皇極天皇が中大兄に譲位しようとしたが、中大兄が鎌足と相談して辞退した記事について田村圓澄は、皇位継承の際、不比等及びその嫡流が、常に相談を受ける立場にあることを示していると書き、「藤原氏の特権が先例であることを示すために、『日本書紀』は編纂された」と推論する。

したがって鎌足の「内臣」も修飾記事とし、天智と鎌足の関係を理想的天皇と理想的忠臣のセットとみて、元明と不比等の「共同執政＝輔政体制」から、天智と鎌足の「共同執政＝輔政体制」が虚構され、「天皇家・藤原氏の共同執政＝輔政体制」という規範が作られたとみる。不比等にとって、「天智と鎌足を巨像化することによって、元明・元正朝における自己の立場を合理化し、不比等死後の武智麻呂・房前らと天皇家の関係の規範を作ろうとした」と、田村圓澄は述べている[21]。『日本書紀』に書かれている鎌足の人物像について、青木和夫は「この一年ほどの間、筆者はおりにふれて藤原鎌足という人物の事績を調べてきたが、調べれば調べるほどに、その人物の像は模糊としてしまった。ただ偉かった人という以外に、評価の言葉がなさそうなのである」と書いており[22]、門脇禎二も『「大化改新」論』で孝徳紀ではたった二回しか記されておらず、「孝徳紀の白雉五年に紫冠を授けられたという記事はひじょうに唐突で、『鎌足』の名の初出でもあるが、後世に追記したものかと考えられる」と書いて、理由を注記で次のように書く。

「改新」のクーデターの直後に成立したとされる新政権において、中臣鎌子は内臣に任ぜられたというのだが、その内臣という官職自身も、むしろ続日本紀養老五年十月戊戌条にみえる藤原房前の内臣任命とのかかわりが指摘されている。（中略）鎌足が死に際して天智天皇の見舞をうけて死後の葬儀を軽易にするようにたのんだということをもって、「時賢聞而歎曰、此之一言、竊比二於往哲之善言一矣、大樹将軍之辞レ賞、詎可二同レ年而語一哉」とされたような人物評は、むしろ書紀編纂の過程で後世に付与されたものといえよう。その意味で、続日本紀慶雲四年四月庚辰条の、「汝父藤原大臣、仕奉《へる》状《をば》建内宿禰命《の》仕奉《へる》事《と》同事《ぞ》」との勅にみられる鎌足への評価と不比等の功績とに対して食封五千戸を与えられたのを、不比等が三千戸辞退したという有名な記事、などとの関連が注意されるのである。このようなことも加えてみれば、日本書紀における鎌足像は、たしかにいわれるように、魏志などにちなんで殷の湯王に仕えた伊尹のような名臣宰相を意識して後世に描き出された可能性が強い[23]。

このように門脇禎二は述べて、中大兄と鎌子が初めて会ったという打毬の話も造作記事であると書いているが、この中大兄と鎌子の出会いの記事が事実でないことは通説である。鎌子の「内臣」の記事も事実でないことを、岸俊男は「たまきはる内の朝臣」で詳述し、「結語」として次のように書いている。

建内宿禰伝承の発展には時期的にみてどうしても鎌足の存在を無視できないと思うのであるが、しかもその鎌足は内臣という地位にあったと伝えられている。また一方書紀編者が建内宿禰を「たまきはる内の朝臣」に比定していたことに間違いない。かくて建内宿禰も「たまきはる内の朝臣」も、内臣であった鎌足を介することによって、(中略)その原義において内廷に近侍する臣、すなわち内臣《うちつおみ》と解する方が適切でないかと考えられてくる。(中略)鎌足が中臣氏であり、神祇祭祀の家柄の出身であることは、建内宿禰伝承に神祇関係のものがかなりみられ、または宿禰に男覡的属性の付加されていることとも符合するし、建内宿禰伝承の中に中臣氏の関係するやにみえるものの存することもこの際想起されてくる[24]。

このように岸俊男は書いて、さらに次のように書く。

蘇我氏と建内宿禰を結びつける従来の説には、推古女帝―皇太子聖徳太子―蘇我馬子大臣の関係を、神功皇后―太子―建内宿禰の関係に比定しようとする考えがあったようであるが（津田左右吉『日本古典の研究〈下〉』。直木孝次郎「神功皇后伝説の成立」）、それは七世紀後半の斉明（皇極）女帝―皇太子中大兄皇子―中臣鎌子の関係と置き換えることもできる。(24)

私は岸俊男の見解を採るが、岸は建内宿禰と中臣鎌子を重ねて『日本書紀』に載せたのを、「天武十年の帝紀および上古諸事の記定に際し、その筆録をつかさどった一人に中臣連大嶋がいることも忘れられない」と書いているが、中臣大嶋は天武十年（六八一）の記事だが、「内臣」は岸俊男や門脇禎二が書くように、養老五年（七二一）の記事である。この前年の養老四年五月に『日本書紀』が成立し、三カ月後に不比等が亡くなっているから、建内宿禰の「内臣」記事は中臣大嶋でなく藤原不比等にかかわると見るべきであろう。

以上述べたように鎌足（鎌子）の巨（虚）像化には、不比等の関与は否定できない。この鎌足は天武天皇とは無関係である（第十六章で、天智天皇の即位の宴で大海人皇子が長槍を床に突き射したので、天皇が怒って刀を抜いて斬ろうとしたのを鎌足が止めたので、大海人皇子が鎌足に恩義を感じ、今まで関係なかった鎌足と親しくなったという記事が『藤氏家伝』の「鎌足伝」に載る事を書くが、この記事は創作であることも詳述する）。しかし「鎌足伝」で不比等の孫の仲麻呂が天武天皇と鎌足の間に親交があったという記事を創作しているのは、天武天皇と結びつけなければならない理由があったからである。理由は天武天皇を、天智紀は単なる「皇大弟」として矮小化したのは、天武の実像がたった四年間の在位の天智天皇とは比較にならない人物であったからである。そのことはこれまでも書いてきたが（壬申紀が大海人皇子を「虎」と書いている事もその一例である）、大海人漢皇子を大海人皇子と漢皇子に分割し、大海人皇子を天智天皇の「実弟」にしたことにかかわるので、「虎」としての天武像を次に書く。

天武天皇は自分を漢の高祖に比定していた

中国では前王朝を倒して樹立した新王朝は新しい国号を名乗る。秦を滅ぼし天下を統一した劉邦は国号を漢と称したが、天武天皇は自分を漢の高祖に擬している。壬申紀は大海人皇子の軍は「赤色を以《もっ》て衣の上に着く」とあり、『古事記』序は天武天皇の功業を述べて「絳旗《あけはた》（赤旗）兵《つはもの》を耀《かがや》かして、凶徒瓦のごとく解《と》けつ」とあり、『万葉集』は柿本人麻呂が壬申の乱における高市皇子の戦功を讃めて、挽歌で旗は野火のように風になびいたと詠んでおり、赤色の軍衣・赤旗が天武軍を示している。ところが漢の高祖は赤帝の子であると自負し、『漢書』（高帝紀）に旗幟はすべて赤を用いたとあるから、井上通泰[25]も坂本太郎[26]も、大海人皇子が赤旗を使用したのは自らを漢の高祖に擬したからと書く。

直木孝次郎は井上・坂本説に賛同し、「朱鳥」の年号の「朱」を例にあげ、持統天皇は夫の天武天皇が自《みずか》らを漢の高祖に擬していたから、漢の高祖の皇后で高祖の死後臨朝称制した呂太后に自分を擬定していたことを論証しており[27]、前川明久は高祖が出身地沛を湯沐邑にしたのと、大海人皇子が美濃に湯沐邑を置いた類似性を指摘している[28]。西嶋定生は「賜爵」の表現が天武朝になってあらわれるが、この表現は『漢書』に頻出する記事だから、天武朝を漢王朝に擬定しようとしたことを、記録の上で裏付けていると書き、『日本書紀』の天武四年正月条に載る「大学寮」も漢代の「太学」を意識していると書く。また皇位継承のしるしの鏡・剣・玉のうち、剣が「草薙剣」であったことについて、「その意義づけは天武朝を漢王朝に擬定するという志向にもとづいて行なわれた」と書き、「漢王朝に

おいて高祖が白蛇を斬ったという斬蛇剣が即位儀礼において伝授される宝器のひとつであったこと」をあげる。(29)

天武天皇が自身を漢の高祖に擬していたとしたら、新王朝の国号を「倭」から「日本」にしたのは当然天武であって、孫の文武ではない。石母田正は天武天皇が漢の高祖に自らを擬していることについて、「天武が自己の個人的経験を、中国古代の易姓革命を媒介として解釈していること、漢書という史書を通して、かれの特殊的一回的経験は、中国の王朝交替の歴史と観念的に結合されていることを示すものである」と述べているが(30)、天武十年の修史事業の詔が、『漢書』を意識していることは、「倭」から「日本」に国号を変えたのも、「隋」から「唐」に国号を変えた易姓革命・王朝交替を意識しての行動であった。このような人物だから柿本人麻呂は天武天皇について高市皇子の殯宮でうたった『万葉集』に載る挽歌（二巻・一九九）で、次のように詠んでいる。

　やすみしし　我が大君《おほきみ》の　聞《き》こしめす　背面《そとも》の国の　真木《まき》立つ　不破《ふは》山越えて　高麗剣《こまつるぎ》　和射見《わざみ》
が原の　行宮《かりみや》に　天降《あも》りいまして　天《あま》の下《した》　治《をさ》めたまひ

和射見が原（岐阜県関ケ原一帯の地）の行宮に「天降り」したとうたっている「和射見が原の行宮」は壬申の乱の時の大海人皇子の行宮である。日本神話で「天降り」したのは瓊々杵《ににぎ》尊だから、伊藤博は「ニニギノミコトに天武を重ねた表現ではなくて、天武天皇にニニギノミコトのイメージを重ねた表現と見るべきで、そこに白鳳宮廷歌人人麻呂らしい神話がある」と書いている(31)。

また人麻呂は「日並皇子尊の殯宮の時に、柿本朝臣人麻呂の作る歌」（巻二・一六七）では、次のように詠んでいる。

天照らす　日女《ひるめ》の命《みこと》　天をば　知らしめすと　葦原《あしはら》の　瑞穂《みずほ》の国を　天地《あめつち》の　寄り合ひの極み　知らしめす　神の命と　天雲の　八重かき別けて　神下し　いませまつりし　高照らす　日の御子は　明日香《あすか》の　清御《きよみ》の宮《みや》に　神ながら　太敷《ふとし》きまして……

この歌では「和射見が原の行宮」が「明日香の清御の宮」になっているが、天武天皇は同時代の柿本人麻呂から、天孫降臨のニニギと同じに見られ、歌われている。神野志隆光は「天武天皇を日女の神の直接の子の神とし、以後を天皇《すめろき》と見るこの歌の意識（神話体系）では草壁皇子が人皇第一代なのである」と書いている。(32) まず確認しておかなくてはならないのは、天武・持統天皇と同時代の柿本人麻呂が、天武天皇を天降りしたニニギと同じにみていた事実である。天武天皇は自らを漢の高祖に比定しており、天武と同時代の人麻呂も、前述したように天武天皇を歌い上げている事実を確認しておく必要がある。

天武天皇と国号「日本」と人麻呂の「日並」の歌

神野志隆光は「高照らす日の皇子《みこ》」が「日並」の表現は人麻呂の創始とみているが、(32) 岡田精司は「ヒルメ」（日神に奉仕する日女・日妻）の神が天照大神という日神になった時期を天武朝と結論している。(33) 大海人皇子は壬申の乱の時伊勢へ入ると、伊勢神宮を望拝しており、四十九年間も伊勢神宮の斎王派遣は中絶していたが、天武二年に天武天皇の皇女（大来皇女）が斎王となり「日神の祀り」は復活している。大来皇女の斎王の派遣以降、天武四年に十市皇女・阿閉皇女、朱鳥元年に多紀皇女・山背姫王・石川夫人が遣わされており、持統六年には持統天皇が伊勢神宮へ行幸している。このような伊勢の日神祭祀と天照日女之命の皇祖神化は、「日本」国誕生と深くかかわっている。『日本』国号がまず外国に対して使われたのは、当時の外国（中国・韓国）に対して東に位置するからだが、そのことは『隋書』に載る倭国王が隋帝に「日出処」から「日没処」へ出した国書からもいえる。しかし「日本」国号表記の根拠はそれだけではない。柿本人麻呂は高市皇子の殯宮で詠んだ挽歌（二巻・一九九）で次ように詠んでいる。

天降りいまして　天の下　治《おさ》めたまひ　食国《をすくに》を　定めたまふと　鶏《とり》が鳴く　東《あづま》の国の　御軍士《みいくさ》を　召したまひて　ちはやぶる　人を和《やは》せと　まつ《つ》ろはぬ　国を治めと　皇子《みこ》ながら……

「鶏が鳴く　東の国の　御軍士」とあり、日の出を告げる東国の軍士（壬申の乱の時には美濃・尾張・信濃・甲斐の兵が主力である）によって戦いに勝利している。前述した『旧唐書』の「小国日本が倭国を併合した」という記述の「小国」は「東国」をいうが、この地が「日の本」である。しかしこの「日の本」としての「日本」国号は、唐皇帝が「日本」＝「日下」と見る発想とは違う。唐皇帝は東の涯の辺土としてしか見ていないが、天武天皇は日の御子の統治する国としての「日本」であった。

藤原京が造営されたのは持統五年だが、天武十三年に「京師を巡行し宮室の地を定む」と『日本書紀』は書くから、その頃に造営計画は決定していたと岸俊男は指摘している(34)。大極殿院の大溝から天武天皇末年の年紀を記す木簡が出土していることからも、その可能性は高い。図2が示すように、藤原京の大極殿を基点に冬至の朝日は香具山山頂から昇り、夕日は畝傍山山頂に落ちる（実際の朝日は香具山の背後の御破裂山、夕日は畝傍山の背後の水越峠付近であるが、この位置に大極殿を配置したのは、香具山・畝傍山を意識していたのであろう）。そのことは孝徳朝の前期難波宮跡の大極殿跡からは、冬至の朝

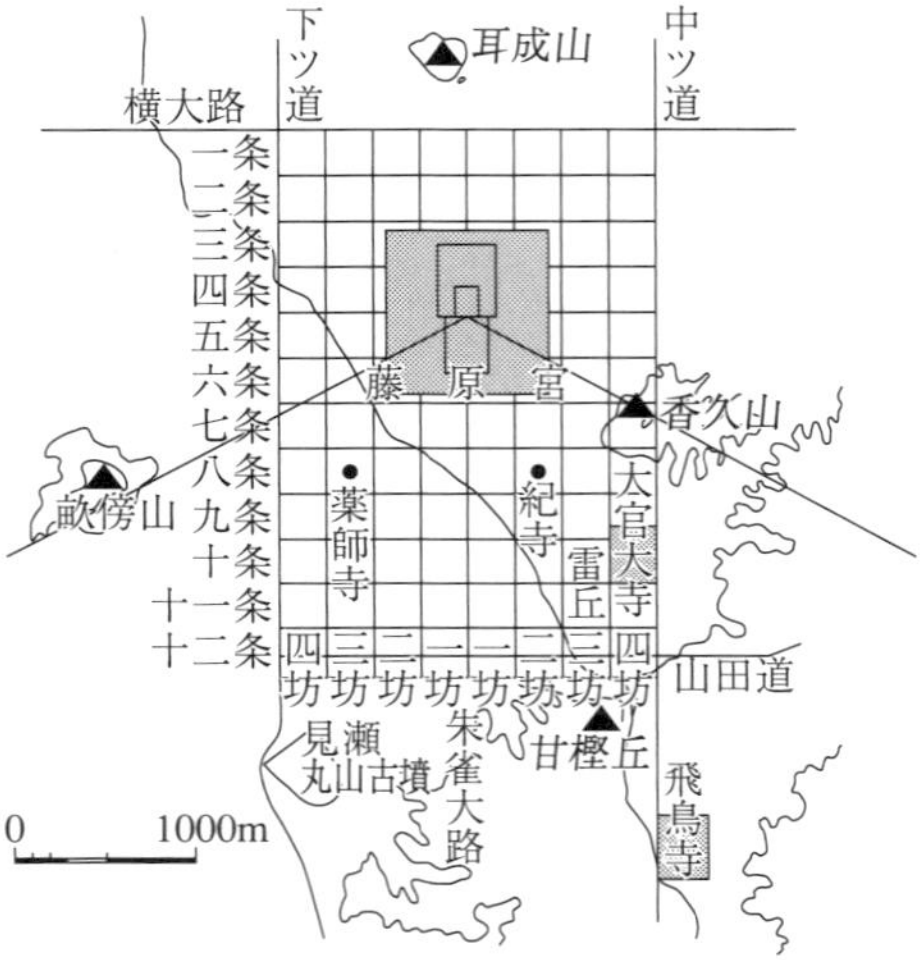

図２　藤原京大極殿と香久山、畝傍山山頂との関係

日が高安山山頂から昇るのを拝することができることからいえる。その山頂の真下に式内大社の天照大神高座神社（岩戸神社）がある。この神社について岡田精司は『延喜式』神名帳ではこの神社以外に「天照大神」を冠する神社はないことから、「大王家の古い太陽神祭場があって、その旧址が神社の形で聖地として保存されたもの」とみているが、[35]私は難波宮からの冬至の朝日方位によるものと推測する（詳細は拙著『神社と古代王権祭祀』所収「天照大神高座神社」で詳述した）。

　前期難波宮跡については大化三年（六四七）に、次の記事が載る。

　是歳、小郡を壊ちて宮営《つく》る。天皇、小郡宮に処して、礼法を定めたまふ。其の制に曰く。「凡《およ》そ位《くらゐ》有《たも》てる者は、要ず寅の時に南門の外に、左右に羅列りて日の初めて出づるを候《うかが》ひて、庭に就きて再拝《をが》みて及《すなは》ち庁に侍《はべ》れ。若し晩《おそ》く参《まさ》む者は入りて侍ること得ざれ。午の時に到るに臨《のぞ》みて、鐘を聴きて罷《まか》れ。

大化三年の記事は「是歳」とあって何月かが不明だが、延長五年（九二七）成立の『延喜式』（陰陽寮）によれば、「日出」に出勤し「日入」に退出している。「諸門の開閉に鼓を撃つ」とあるが、寅の時に南門の外で日の出を拝するのは立夏から立秋までで、午の時の閉門は立冬から立春までである。大化三年（六四七）から始まった官僚の出退勤時刻は二八〇年後も変っていない。特に夏至について、

起㆓芒種十三日㆒至㆓夏至㆒十五日　日出寅四刻六分　日入戌一刻二分

と書いている。開門の直後に日の出を拝せるのは夏至の前後である。橋本万平は『延喜式』の記事などからわが国では定時法（一昼夜を等分した時刻）が採用されていたと書くが、(36)『延喜式』の「時」も基本は「大化」年代と同じで、現在のような定時法と同じ意味では解釈はできない。

『礼記』王制に「天、謂㆑日也」とあり、「天」と「日」は同じに見られているが、本来「天」は太極・太一・北極といわれ、動かぬ北極星に具象化されていた。ところが「日」は動くから「天、謂㆑日也」の「日」は冬至をいう。冬至が「暦元」といわれているのは、冬至の日は移動する日の極限で動かないからである。しかしわが国では「日」は動くものと見ていたから、前述したように一日は朝日から夕日となり、一年は夏至から冬至と動く太陽であった。したがって中国のタテに対しヨコの重視である。この動く日・ヨコ重視が朝日・夕日信仰になって、前述の日の出と共に官僚たちは仕事を始めた。天武天皇はこの日の出信仰に誇りをもって、新王朝の王朝名＝国号を「倭《やまと》」表記から「日《やま》本《と》」に変えたのである。このように「日本」国号は天智天皇でなく天武天皇によっているが、「日本」国号にこめられた思いは、天武十年の『日本紀』編纂意図にこめられたいた。この天武の思いを妻の持統は実現しようとして国史編纂は実行された。

『万葉集』に「軽皇子　安騎野に宿ります時に柿本朝臣人麻呂が作る歌」と題して次の歌が載る（巻

一・四九)。

日《ひ》並皇子命《なみしのみこのみこと》の　馬並めて　み狩立たしし　時は来向ふ

この日並皇子命は草壁皇子の子の軽皇子だが、「柿本人麻呂の安騎野の歌をめぐって」と題する拙稿で、安騎野で詠まれた長歌（一首）と短歌（四首）について、山本健吉[37]・上野理[38]・阪下圭八[39]・桜井満[40]の説を示し、特に阪下圭八がこの歌がうたわれたのは冬至の日とし、軽皇子の成人式祭儀が「冬至の日を期して行われたにちがいない」と論じているので[39]、私は冬至の日におこなわれる沖縄の琉球王朝の聖地久高島のイザイホーの祭儀と、冬至の頃におこなわれる大嘗祭の祭儀とを重ねて、魂替えの儀礼と書いた。そして結びに日並皇子命の歌について、柿本人麻呂が「草壁皇子と軽皇子を重ねてうたっているのは、安騎野の冬至の日の一夜の儀式が、日の神と一体化している天武天皇の霊威を身につける魂替の儀礼」と私は結論した。

柿本人麻呂は天武天皇を天降りした「日」とし、草壁皇子とその子の軽皇子を「日並」と書いている。この事実は重要である。伊藤博は安騎野で人麻呂が詠んだ長歌（巻一・四五）のトップに、

やすみしし　我が大君　高照らす　日の御子

とある「やすみしし　我が大君」について、「この句が皇子をさす場合、天武天皇の子と孫に限られる」と書き、「高照らす　日の御子」についても、「『万葉集』では天武・持統両帝と天武系の皇子に限って用いる。その場合「やすみしし我が大君」と複合することが多い（一一例中八例）」と書いている[41]。この事実からも「日本」国号の命名者は天武である。このような天皇だから「日本」を冠した国史を計画したが、この国史は、天武十年（六八一）から養老四年（七二〇）まで、約四十年もの長期

間かかって藤原不比等の死の七十日前に、ようやく成立しているのはどういうことか。私が二段階成立という二段階目に、大きく初期の意図が変えられた。その端緒を示すのが「不改常典」である。

天武を無視し、天智による「不改常典」の登場

元明天皇の即位（慶雲四年〈七〇七〉）の宣命に、次の記述がある。

天地《あめつち》と共に長く遠く改《かは》るましじき常《つね》の典《のり》と立て賜へる食国《をすくに》の法《のり》も、傾く事無く動く事無く渡り去《ゆ》かむとなる念《おもほ》し行さくと詔《の》りたまふ命《おほみこと》を衆《もろもろ》聞きたまへと宣《の》る。

この宣命の「天地と共に長く改るましじき常の典」がいわゆる「不改常典」である。「不改常典」はこの詔以後『続日本紀』に四例、『日本後紀』『続日本後紀』『文徳実録』に各一例、『三代実録』に二例載る。早川庄八は「天智の初め定めた『法』についての覚え書き」で、『続日本紀』に載る天武系天皇は「直系の皇位継承法」と「観念し」、「利用していた」と書き、桓武天皇即位以後の天智系の天皇は、直系（嫡子）継承法と見ず天智天皇が天命で定めた法を継承して即位したと解釈していたと書く[42]。つまり天武系と天智系では「不改常典」の理解が違うと書いている。

「不改常典」は天智天皇が制定したという記述について、岩波書店版『続日本紀・1』の補注は、元明天皇の父が天智天皇であるから（元明天皇の夫は日並皇子の草壁皇子）、「天智に仮託した」とみる見解が多いと書き、代表例として直木孝次郎（「天智天皇と皇位継承法」「人文研究」六―九）、林陸朗（「天平の廟堂と官人構成の変化」「歴史学研究」二二八）、武田佐知子（「不改常典について」「日本歴史」三〇九）の論考名を記している。しかし同じ見解は私が知る限りでも、他に上田正昭[43]・上山春平[44]・倉住靖彦[45]・佐藤

宗諄[46]・野村忠夫[47]・荒木敏夫[48]・大山誠一[49]がいる。

前述の『続日本紀』の補注は田村圓澄の説を「天皇家と藤原氏の共同執政ないし輔政体制の擁護を双方が密約した秘密事項をいうとする説」(「不改常典について」『飛鳥仏教史研究』)として紹介しているが、黛弘道は田村説を採って、「天智天皇の定め賜える『不改常典』なるものも、不比等の入れ智恵で、元明の父天智に仮託して唱え出された可能性があり、その内容は、嫡系皇位継承の原則と藤原氏による天皇補佐、つまり天皇と藤原氏との共同執政、の二つから成るものではなかったかと思われる。いずれにせよ元明即位にあたってはじめて『不改常典』なるものが強調された背景には、不比等の存在が認められるべきだろう」と書いている[19]。

上田正昭も、「元明女帝がその即位にあたって、ことさらに天智帝の『改るまじき常の典』を強調したのは、その即位の二ヵ月前に、天智天皇にたいする藤原鎌足の功業をたたえて、これを文武帝にたいする藤原不比等の補政と対比した状況に対応するものがあったと考えられる。しかも元明女帝が次期の皇位継承者として期待したのは、ほかならぬ藤原不比等の娘宮子の腹なる首皇子であった。奈良時代において、『改るまじき常の典』を主張した天皇がことごとく藤原氏にゆかりのある天皇であったことも偶然ではなかろう」と書き、「不改常典」を天智の制定とするのは、不比等が天智に仮託したとみる[50]。

大山誠一も「『不改常典』に関する研究は文字通り汗牛充棟《かんぎゅうじゅうとう》の状況であるが、わかっていることは、これ以前にその存在はまったく確認できないことと、今日まで内容がまったく伝わっていないことである。ということは『不改常典』はこのとき不比等が創作したもので、中身はなく、天智の名を

もち出すことによって元明の即位を正当化しようとしたものだったとしか言いようがない」と書いている。(49)

このように内容がまったく伝わらず、元明天皇の宣命の記事のみに簡単に記されている「不改常典」が、以後、歴代天皇の即位の宣命に必ず記されている事実から見ても、不比等の創作・工作意図の影響力の大きさ・強さがわかる。「不改常典」を元明天皇の即位の宣命に入れた意図は、当然、『日本書紀』の第二段階の編纂意図でもある。

「大海人」と「漢」の二人の皇子に分けられた時期

『日本書紀』の最終編纂時期に贈られた天智・天武・持統・文武・聖武の和風諡号を示す。

天智天皇　天命開別天皇
天武天皇　天渟中原瀛真人天皇
持統天皇　高天原広野姫天皇
文武天皇　天之真宗豊祖父天皇
聖武天皇　天璽国押開豊桜彦天皇

この和風諡号の天智から文武までについて、山田英雄は「古代天皇の諡号について」で詳細な検証をおこなって、「紀編纂時の最終編纂時期につけられた」と書いている。(51)

天武天皇と持統天皇は夫婦だから、「天渟中原」と「高天原」で「原」で結びついている。一方、天智と文武と聖武を、次のように結びつけている。

天命開別→天之真宗→天璽国押開

天智の「天命開別」が聖武の「天璽国押開」に結びつき、間に文武の「天之真宗」が入る。柿本人麻呂が日（天武）—日並（草壁皇子）—日並（文武）と歌い上げ、天武—文武—聖武は父系で天武系なのに、文武—聖武は『日本書紀』最終編纂時の和風諡号では、天武でなく天智に結びつけている。これは「不改常典」を天武でなく天智が発布したと書く元明天皇の宣命の発想と同じである。しかも文武の諡号には「真宗」とある。この「真宗」の「宗」は、前述したが皇極紀は中臣鎌子（藤原鎌足）が「王宗」、中大兄が「天宗」と発言したと書いている。特に二人がこのように発言したのは、「宗」は不比等が関与した「養老律令」で「氏上」を「氏宗」に変えているように、藤原不比等が「宗」にこだわっていたからである（「宗」の語義については前述〈四六七頁〉した）。

皇統からすれば天智系の最初の天皇は光仁天皇だが、和風諡号は「天宗《あまひつぎ》高紹《たかつぐ》天皇」である。「天宗」と天智系の天皇の和風諡号に用いていることからも、この「宗」を不比等や不比等の子らが特に強調しているのは、二流、三流の卜占を専業とする「連」系の中臣氏から成上った藤原氏を母系とする首皇子（聖武天皇）を、天武系皇子の中で皇位につけるには、嫡子（宗）であることを強調する必要があったからである（そのことは拙著『新版・古事記成立考』の第十二章「原『古事記』と仲臣《なかつおみ》のオホ氏とワニ氏」で詳述した。卜部の中臣連は「ナカトミ」といい「ナカツオミ」とは読まない。神まつりは「ナカツ臣」のオホ臣・ワニ臣〈春日氏・柿本氏〉らがおこない、卜部連・中臣連はこの臣氏族の下で祭事に奉仕していた氏族であった。オホ氏の始祖の神武天皇の皇子神八井耳命は、皇位を弟に譲って神まつりに専念したと、『記』『紀』は書いている）。したがって嫡子継承の天智が発布したという「不改常典」を作り、前述した天命開別

→天之真宗→天璽国押開という天智から聖武に結びつく諡号を作製したのである。

山田英雄は『日本書紀』の和風諡号は『日本書紀』の最終編纂時期につけられたと、詳細な検証の結果述べていることは前述したが、同じ見解を坂本太郎[52]・黛弘道[19]・関晃[53]も述べており、異論はない（関晃は「律令国家と天命思想」と題する論文でそのことを述べているが、天智天皇の和風諡号の「天命開別天皇」の「天命」については、第十六章の藤原仲麻呂の「鎌足伝」に関係して、『日本書紀』の成立時前後の天命思想について述べる）。

ところが『日本書紀』の舒明十三年（六四一）十月十八日条は、次のように書いている。

東宮開別皇子、年十六にして誄《しのびこと》たてまつりたまふ。

この「開別皇子」は天智天皇の和風諡号の「天命開別天皇」の「開別」によっているから、第二段階の最初編纂時の養老初年（七一七〜七二〇）に書き入れられた記事と推測できる。「東宮」は皇太子中大兄の意であることは、次の「開別皇子」が示している。「開別」は天智天皇の和風諡号の「天命開別天皇」の「開別」だからである。したがって舒明十三年には中大兄は皇太子であったことになるが、孝徳即位前紀（六四五）六月十四日条（この年の七月二日から「大化」年号）に次の記事が載る。

中大兄を以ちて皇太子とす。

通説はこの時に中大兄は皇太子になったとみる。ところが皇極元年（六四二）十一月十六日条にも「皇太子・大臣、各自新嘗す」とある。この「皇太子」を「皇子」とする写本もあるが、この「東宮」「皇太子」は、最終編纂時に書き加えられたのであろう。

このように中大兄皇子（開別皇子）の皇太子（東宮）の期間は一定していない。第一段階に二十三年間という皇太子の期間が書かれ、第二段階で延長され三十年近く皇太子であった事になっている。この事実から見えてくるのは、第二段階における天智天皇の露骨な巨像化工作である。そのことは坂本太郎の「天智紀の史料批判」[52]と題する論文が暗示している（坂本太郎は天智の巨像化工作によるとは書いていないが、天智紀の記事にはそのような意図が明らかに見られることは、序章と第八章で書いた）。

注目したいのはこの舒明紀の記事では、皇極～斉明紀で「皇太子」として書かれている「中大兄」でなく、第二段階の最終編纂時に作られた天智天皇の和風諡号を用いて「開別皇子」と書いていることである。この事実は、

第一、天智紀で示す「天命開別天皇―大皇弟」という関係を強調したかったこと。

第二、孝徳紀から天智称制六年まで二十三年間「皇太子」であったのを、「間別皇子」に「東宮」を冠することで、さらに、二十三年間以上の長期間の皇太子であったことを示し、巨像化を強調したこと。

第三、「中大兄」でなく「開別皇子」と書くことで、天智の巨像化のさらなる強調である。

「東宮開別皇子」という表現は、

東宮開別皇子―東宮大皇弟

と対応するが、この関係は前述した、

天命開別天皇―大皇弟・皇弟

とも対応する。前述したが天武天皇は「日」でその皇子・皇孫を、柿本人麻呂は「日並」と歌っている。また前述した『万葉集』で、

やすみしし　我が大君　高照らす　日の御子

と歌うのは、伊藤博が書くように[41]天武の皇子・皇孫（文武天皇・軽皇子）に限られている。この「日」に対して、天智の「天命」の「天」の違いが問題だが、天武の「天」は「日」とイコールである。

天武の「天渟中原瀛真人」の「天」については岩波書店版・小学館版『日本書紀』の頭注者が書くように、単なる尊称で「天命開別」の「天」とは違う。以下の文章も天智の諡号と違って「渟中原」は沼中の原の意だが、天武を詠んだ歌に、

大君は神にし坐《ま》せば赤駒の腹這《はらば》ふ田居を京師《みやこ》となしつ　（『万葉集』一九巻・四二六〇）

大君は神にし坐《ま》せば水鳥のすだく水沼を皇都《みやこ》となしつ　（『万葉集』一九巻・四二六一）

とある。土橋寛は「斎藤茂吉の報告にもあるように、至る所で湧水となって地表に溢れ出し、放置しておくと沼になってしまうような地勢である」と書いているが[54]、その事を前述の歌が示している。したがって「渟中原」なのであり、この「天」は天皇の都だから「天」を冠したのであって、「天命開別」の「天」とは基本的に違う。天武天皇が敢えて沼地・湿地を都にしたのは二つの聖山（香具山・耳梨山）をとおして冬至と夏至の日の出を遥拝できる聖地だったからである（四九七頁の図2でそのことを示した）。したがって柿本人麻呂は天武天皇を「日」として歌ったのであり、天武も新王朝の王朝名・国号を「日本」としたのである。この天武の和風諡号は、単に都のあった地名に「天」をつけたのに過ぎないが、天智の和風諡号の「天」は重い意味のある「天」として「天命開別」とつけられている。しかもこの諡号を文武・聖武の諡号に結びつけているのは（聖武にまで結びつけたのは不比等の死後、『日本書紀』成立後であるが、不比等の意図・遺志を継承して聖武の和風諡号はつけられている）、当時の天

武系の皇孫たち（代表は長屋王）を意識したからである。このような意識が、一方では異父兄の天武を天智の「実弟」に変える工作になったのである。しかし当時は異父兄と思っている人達がいたから、序章で書いたように、持統天皇の「ウノサララ」を「ウノ」と「サララ」の二皇女に分解して示す異伝を載せ、大海人漢皇子を「オホアマ」と「アヤ」に分けて、「オホアマ」を天武天皇にした記述を、信用させようとしたのである。

〔注〕

(1) 大和岩雄「原『古事記』と仲臣のオホ氏とワニ氏」『新版・古事記成立考』所収　二〇〇九年　大和書房

(2) 本居宣長『本居宣長全集・第十巻』一七九頁　一九六八年　筑摩書房

(3) 太田亮『日本古代史新研究』第四篇第六章　一九二八年　磯部甲陽堂

(4) 太田亮『姓氏家系大辞典・第三巻』四二〇四頁〜四二一五頁　一九六三年　角川書店

(5) 折口信夫『折口信夫全集・ノート編・第二巻』四一六頁〜四四〇頁　一九七〇年　中央公論社

(6) 笹谷良造「中臣・斉部の職分」「神道史研究」一一巻四号　一九六三年

(7) 前之園亮一「『中臣』の名義と『中臣連』姓の成立」「古代文化」二七巻二号　一九七五年

(8) 前之園亮一「中臣氏について」「東アジアの古代文化」三六号　一九八三年　大和書房

(9) 横田健一「中臣氏と卜部」『日本古代神話と氏族伝承』所収　一九八三年　塙書房

(10) 前川明久「中臣氏の歴史地理的考察」『古代氏族と王権の研究』所収　一九八六年　法政大学出版局

(11) 岩井隆次「中臣氏の本質について」「古代文化」三四巻二号　一九八二年

(12) 羽床正明「卜部と中臣氏についての一試論」「東アジアの古代文化」四一号　一九八四年　大和書房

(13) 志田諄一「中臣(藤原)氏の氏神をめぐって」「東アジアの古代文化」九五号　一九九八年　大和書房

(14) 中村英重「中臣氏の出自と形成」『古代氏族と宗教祭祀』所収　二〇〇四年　吉川弘文館

(15) 折口信夫「日本文学の発生」『折口信夫全集・第七巻』所収　一九六六年　中央公論社

(16) 折口信夫「中臣の語義」(注5)前掲書所収　四一六頁〜四二七頁

(17) 柳田国男「立山中語考」『柳田国男集・第九巻』所収　一九六五年　筑摩書房

(18) 上田正昭「祭官の成立――中臣と日祀と日置と――」『日本古代国家論究』所収　一九六八年　塙書房

(19) 黛弘道「『日本書紀』と藤原不比等」『律令国家成立史の研究』所収　一九八二年　吉川弘文館
(20) 上田正昭『藤原不比等』二二一頁～二二二頁　一九七六年　朝日新聞社
(21) 田村圓澄『飛鳥・白鳳仏教論』二七一頁　一九七五年　雄山閣出版
(22) 青木和夫「藤原鎌足」『日本古代の政治と人物』所収　一九七七年　吉川弘文館
(23) 門脇禎二『「大化改新」論』二二八頁～二二九頁　一九六九年　徳間書店
(24) 岸俊男「たまきはる内の朝臣――建内宿禰伝承成立試論――」『日本古代政治史研究』所収　一九六六年　塙書房
(25) 井上通泰「天武天皇紀闡幽」「歴史地理」五四巻三号
(26) 坂本太郎『日本全史・2』一一四頁　一九六〇年　東京大学出版会
(27) 直木孝次郎「持統天皇と呂太后」『日本書紀研究・第一冊』所収　一九六四年　塙書房
(28) 前川明久「壬申の乱と湯沐令」「日本歴史」二三〇号
(29) 西嶋定生「草薙剣と斬蛇剣」『江上波夫教授古稀記念論集・歴史篇』所収　一九七七年　山川出版社
(30) 石母田正『日本の古代国家』二〇八頁　一九七七年　岩波書店
(31) 伊藤博「人麻呂における幻視」『万葉集の表現と方法』所収　一九七六年　塙書房
(32) 神野志隆光「日雙斯皇子命をめぐって」『論集上代文学』第十一冊　一九八一年　笠間書房
(33) 岡田精司「伊勢神宮の成立と古代王権」『古代祭祀の史的研究』所収　一九九二年　塙書房
(34) 岸俊男「日本における『京』の成立」『東アジア世界における日本古代史講座・6』所収　一九八二年　学生社
(35) 岡田精司『古代王権の祭祀と神話』三六四頁　一九七〇年　塙書房
(36) 橋本万平「定時法と不定時法」『日本の時刻制度』所収　一九八三年　塙書房
(37) 山本健吉『柿本人麻呂』一六五頁　一九六二年　新潮社

(38) 上野理「安騎野遊猟歌」『古代の文学・2　柿本人麻呂』所収　一九七六年　早稲田大学出版会
(39) 阪下圭八「柿本人麻呂――阿騎野の歌について――」「日本文学」二六巻四号
(40) 桜井満「人麻呂の発想」『万葉の発想』所収　一九七七年　桜楓社
(41) 伊藤博『万葉集釈注・1』一五二頁　一九九五年　集英社
(42) 早川庄八「天智の初め定めた『法』についての覚え書き」『名古屋大学文学部研究論集』史学三四　一九八六年
(43) 上田正昭『女帝』一六〇頁～一六四頁　一九七一年　講談社
(44) 上山春平『神々の体系』一四八頁～一六六頁　一九七二年　中央公論社
(45) 倉住靖彦「いわゆる不改常典について」『九州歴史資料館研究論集』一号　一九七五年
(46) 佐藤宗諄「元明天皇論」「古代文化」二〇巻一号　一九七八年
(47) 野村忠夫「平城京の経営」『日本歴史大系・1』所収　一九八四年　山川出版社
(48) 荒木敏夫『日本古代の皇太子』二〇七頁～二〇八頁　一九八五年　吉川弘文館
(49) 大山誠一『天孫降臨の夢』二三八頁　二〇〇九年　日本放送出版協会
(50) 上田正昭『藤原不比等』一八一頁・一九一頁　一九七六年　朝日新聞社
(51) 山田英雄「古代天皇の諡について」『日本書紀研究・第七冊』所収　一九七一年　塙書房
(52) 坂本太郎「天智紀の史料批判」『日本古代史の基礎的研究・上』所収　一九六三年　東京大学出版会
(53) 関晃「律令国家と天命思想」『神観念の比較文化論的研究』所収　一九八一年　講談社
(54) 土橋寛『持統天皇と藤原不比等』四六頁　一九九四年　中央公論社

第十六章

大海人皇子の長槍騒動と「鎌足伝」

『藤氏家伝』の「鎌足伝」から見えてくる『日本書紀』の成立

大海人が天智の前で槍を抜いた「鎌足伝」の記事

『藤氏家伝』の「鎌足伝」に、次のような記述が載る（原文は「漢文」）。

帝、群臣を召して浜楼に置酒《ちしゅ》したまふ。酒酣《たけなは》にして歓《よろこび》を極む。是《ここ》に、大皇弟長き槍を以《もち》て、敷板を刺し貫きたまふ。帝、驚き大きに怒りて、執害《そこな》はむとしたまふ。大臣、固く諫《いさ》め、帝即ち止めたまふ。大皇弟、初め大臣の所遇の高きことを忌みたるを、これより以後、殊《こと》に親《むつ》ぶることを重みしたまふ。後に壬申の乱に値《あ》ひて、芳野《よしの》より東土《あづまのくに》に向ふときに、歎《なげ》きて曰《い》ひたまはく。「たとひ、大臣生存《い》きてあらば、吾《われ》、豈《あに》此の困《くるしみ》に至らむや」といひたまふ。人の思ふ所は、略《ほぼ》此の類《たぐひ》なり。

この「鎌足伝」の記事については、この記事のような事実があったか、見解は二つに分かれている。

横田健一は（横田は「鎌足伝」を「大織冠伝」と書く）この長槍騒動について、天智天皇が即位した天智称制七月正月の即位式後の浜楼の祝宴のこととし、「この話は鎌足の功を誇ろうとするにおいがあるが、この宴のことは天智紀七年正月七日条と一致するものと考えられ、その事件は実際にあったと考え得る」と書く(1)。天智紀七年正月七日条には、

群臣《まへつきみたち》に内裏《おほうち》に宴《とよのあかり》したまふ。

とある。「鎌足伝」の前述の記述は、「七年正月に天皇、位《みくらゐ》に即《つ》きたまふ。是《こ》れ天命開別天皇」とある記事に続いて書かれているから、横田は「一致する」とみている。

直木孝次郎は、この記述は「鎌足の功績を宣伝するために誇張された部分や作り話があるだろう」

が、「この話はまったく根のないことではあるまい。天智天皇即位のころから天智と大海人との間にすきまが生じ、不快な感情がわだかまりはじめたことは事実であろう。わたしはその主要な原因は、皇位継承の問題にあると考える」と書く。そして中大兄が即位するまでの六年間、大海人皇子は後代の「太政大臣に相当する地位」に居たとみている。ところが中大兄が即位したことで、その地位を大友皇子に与えようとしていると疑って、前述の行動をおこしたと推測し、長槍騒動は事実と書く(2)。

黛弘道は、大海人皇子は天智称制七年正月に、中大兄が即位すると「東宮」になったと書き、「大海人はいち早く皇太子にたてられはしたものの、兄天皇の愛情を期待することもできず、将来の保証すら望めそうもなかった。そんなある日、大海人の欲求不満がふとした機会に爆発した」のが、長槍騒動だと書く(3)。

以上の日本古代史専攻の学者達は、いずれも兄の愛情が実弟の大海人皇子から、子の大友皇子に移ったことに対する「欲求不満」が、即位を祝う宴で、天皇の座す前の床を槍で突き射したと書いて、「鎌足伝」の記述を事実とみている。

矢嶋泉は、「鎌足伝独自の所伝は、一般に藤原氏の所持する資料に基づいて記されたものと考えられる場合が多いが、実際には賜封記事に見るように、かなりの部分が鎌足伝自体の構想・要請に基づいて記されていることに注意すべきであろう。大海人皇子が長槍で床を刺し貫き、激怒した天智が害そうとしたのを鎌足が止めたという有名な挿話も、天武に対する鎌足の功績を語ることによって、藤原・中臣氏の冬の時代ともいうべき天武・持統朝の立場を回復しようとする家伝固有の意図が見え隠れするのであり、そのまま史実として実体化するのは危険といわねばならない。もちろん、鎌足伝独自の所伝のすべてが創作されたものであるというつもりはないが、従来考えられてきた以上に、史実は少なく見積もるべきであるように思われる」と書いている。[4]「史実は少なく見積もるべき」と矢嶋は書くが、どこが史実でどこが史実でないかは、検証していない。

坂本太郎・横田健一・佐藤信・矢嶋泉の「鎌足伝」の見解

坂本太郎は「鎌足伝」を「大織冠伝」と書き、「大織冠伝」は藤原鎌足の死後に編纂されていたとみて、その鎌足の伝記を『日本書紀』の編者が利用したと推論している。その「大織冠伝」を藤原仲麻呂が、「彼独自の祖先顕彰の精神と唐風模倣の趣味により、その素朴なる鎌足伝に満足せず、事実を省し、文章を飾り、新たに現存する『藤氏家伝』に載る『大織冠伝』を完成した」と書いている。[5]

横田健一も「藤原鎌足伝研究序説」で坂本太郎と同じに「鎌足伝」を「大織冠伝」と書き、『日本書紀』との共通記事、相違する記事を詳細に検証し、「原大織冠伝」の存在を推測し、「大織冠伝」の独自記事は「原大織冠伝」に載っていたと結論する。したがって大海人皇子の長槍騒動の記事は、「原大織冠伝」に掲載されていたと推測している。[6]

佐藤信は「『家伝』と藤原仲麻呂」で、「家伝」のみの独自記載として、(1)鎌足封戸の記載、(2)鎌足への爵位「公」賜与の記載、(3)歴史論評の記載をあげる。そして、「この他にも、『家伝』鎌足伝では、『日本書紀』にみられない記載として、天智朝の浜楼の宴における大海人皇子の長槍事件の叙述でふれられている天武と鎌足との親しい関係の指摘などが、編纂意図との関係から注目される」と書き、このような独自記事は、「仲麻呂のもとにあった『古記』の類――仲麻呂は自らの上表文で『緬尋二古記二』（『続日本紀』天平宝字元年閏八月壬戌条）と記しているが伝える原史料」に拠っていると書いている[7]。この「古記」を坂本太郎は藤原鎌足の死の直後の書と書き、横田健一は「原大織冠伝」と書くのである。

矢嶋泉は「『家伝』の資料性」で、『日本書紀』と「鎌足伝」を比較検証し、「紀との間に認められる類似性は、かくて鎌足伝が紀を利用したことによるものと一貫して捉えることができる」と書き、一方で『日本書紀』に載らない記述については、「独自の鎌足顕彰の文脈を忍び込ませた」と書いて、「鎌足顕彰」のために、「紀の内容を不可変なものとして尊重するのではなく、紀の権威は認めながらも都合に合わせて自由に解体・改変した」と書いているが[4]、この視点は重要である。

長槍騒動事件の記事で仲麻呂が示したかった事

『藤氏家伝』記載の「鎌足伝」についての代表的見解を紹介したが、長槍騒動の記事については、矢嶋泉を除いて事実と認めている。理由は兄は弟へ皇位を譲ると思っていたが、弟でなく子への継承を実行しようとしたから、弟が不満をもって長槍を持ちこんで暴れたと解釈している。しかしこの長槍騒動は即位を祝う宴である。天智が病床につき、次の皇位を弟と子のどちらにするかで、子に決めた時に起きた騒動なら、「弟」の天武の不満もわかるし、長槍騒動も理解できるが、この大海人皇子の行動は「兄」の天智天皇が、斉明天皇の死後も六年間も「皇太子」であり、七年目にようやく即位しているのだから、兄の即位に弟が不満を持つこと自体、あってはならないことである。長幼の序からみても弟の大海人皇子は祝福すべきで、長槍を持っていくなどもってのほかの行為である。

孝徳紀には、入鹿暗殺の功績で母の皇極天皇から皇位を譲られた中大兄が、即位しようとしたとき、鎌足から長幼の序を説かれ、叔父に皇位を譲ったと書いている（叔父が即位して孝徳天皇になった）。このような行動をとった鎌足なのだから、もし長槍騒動が事実なら、兄の即位を祝福せずに、逆に長槍を床に突き射した弟の乱暴な行為こそ、止めるべきであった（「鎌足伝」は「大皇弟」と明記している）。ところが鎌足は逆に、弟の行為に怒った兄をたしなめている。長幼の序を説いた人物がまったく逆の行為をしている。このように『日本書紀』と「鎌足伝」の記述はまったく逆であることからみても、どちらも作り話であることを示している。『日本書紀』の孝徳即位前紀の記事は、鎌足が長幼の序を中大兄皇子に教える「聖人君子」像を創作したのである。一方「鎌足伝」は大海人皇子と鎌足の関係は、これまでは疎遠であったが、この時の鎌足の行動に大海人皇子が感謝し、その後「殊《こと》に親《むつ》ぶる」ようになったと書くための作文である。「鎌足伝」は次のように書いている。

　後に壬申の乱に値《あ》ひて、芳野《よしの》より東土《あづまのくに》に向ふときに、歎《なげ》きて曰《い》ひたまはく。「たとひ、大臣生存《い》きてあらば、吾《われ》、豈《あに》此の困《くるしみ》に至らむや」といひたまふ。人の思ふ所は、略《ほぼ》此の類《たぐひ》なり。

藤原鎌足が生きていたら壬申の乱をおこさなかったと、壬申の乱をおこした張本人が言ったと書いて、この記事は終っている。この長槍騒動の記事で仲麻呂が主張したかったのは、大海人皇子が長槍を持ち出して天智天皇の即位の祝宴で、天皇が座す床を長槍で突き射したことは導入部で、壬申の乱の時に大海人皇子が、「大臣生存《い》きてあらば、吾、豈《あに》此の困《くるしみ》に至らむや」と言ったという、鎌足が生きていたら壬申の乱がおきなかったと、大海人皇子が言ったという発言を書くのが目的であったのである。多くの論者は長槍騒動のみに焦点をあてているが、この結びの記述こそ重視すべきである。

「鎌足伝」では鎌足は蘇我桜作（入鹿）と共に学ぶ

「鎌足伝」は鎌足の顕彰のために書かれた事は誰でも認めている。『日本書紀』にも同じ意図が見られるが、共に藤原鎌足と中大兄はセットで「善」の代表である。一方正史の『日本書紀』は蘇我入鹿を「悪」の代表として書くが、なぜか「鎌足伝」は入鹿を「桜作」「太郎」と書いて蔑称の「入鹿」と書いていない。藤原仲麻呂は『日本書紀』を熟読して「鎌足伝」を書いているから、『日本書紀』をそのまま引用した文章が載っている例もあるのに、正史が鎌足・中大兄らによって誅殺されたと書く人物を、「鎌足伝」は次のようにも書く。

嘗《むかし》、群公《まへつきみ》の子、咸《みな》、旻法師の堂に集《つど》ひて、『周易《しうやく》』を読みき。大臣《おほおみ》後《おく》れて至るに、桜作《くらつくり》起立《た》ちて杭礼《かうれい》して倶《とも》に坐《ゐ》き。講して訖《をは》りて散《あら》けむとするに、旻法師撃目《げきぼく》して留《とど》め。因《より》て大臣に語りて云ひしく。「吾が堂に入る者、宗我太郎に如《し》くは無し。但《ただ》、公神職《しんしょく》 奇相《きそう》にして、実《まこと》に此の人に勝《まさ》れり。願はくは深く自愛せよ」といひき。

「大臣」「公」は鎌足、「桜作」「宗我太郎」は入鹿である。門脇禎二は『「大化改新」史論・上巻』の第三章蘇我本宗家滅亡事件の第一節を、「蘇我『蝦夷』・『入鹿』の名」と題し、諸文献を示して論証し、「以上によって、現在ふつうに通用されている名とその用字——蘇我「蝦夷」・蘇我「入鹿」——は、かれらの通称であった蘇我毛人・豊浦大臣などや蘇我鞍作・林大郎・蘇我林臣鞍作などを、ことさらに古代貴族が易えて命名したものではないか」と書き、「『書紀』編者の史観と思考形式を、しらずしらずにうけいれているものといえよう」と書く。そして天平宝字元年（七五七）の橘奈良麻呂の乱後、罰せられた賀茂角足は「乃呂志《のろし》」（うすのろ）と易名され、孝謙天皇の宣命では黄文王が「久奈多夫礼《くなたぶれ》」（頑狂な惑い者）、道祖王が「麻度比《まどい》」（迷い者）と易名されていることをあげる。また和気清麻呂が称徳天皇の意志に反した宇佐八幡神の神言《かみごと》を、女帝に伝えたため、女帝の宣命で和気清麻呂は「別部穢麻呂《わけべのきたなまろ》」、姉の法均は「広虫売《ひろむしめ》」と易名されていることをあげている。(8)

このような発想は、前述の時代より四、五十年前の『日本書紀』の時代にもあったことは確かであり、『日本書紀』の編者の意図が、蘇我「蝦夷」「入鹿」の蔑称に反映しているのである。しかし前述の「鎌足伝」の記事では、鎌足の曾孫の藤原仲麻呂は、「入鹿」という蔑称を使っていない。しかも「宗我太郎」について、旻法師は鎌足に「吾が堂に入る者、宗我太郎に如《し》くは無し」と語ったと、「鎌足伝」は書いており、宗我太郎を師の旻法師がその人柄・学識を賞讃していたと明記している。ところが正史の『日本書紀』の皇極三年正月条には、次のような記事が載る。

中臣鎌子連、為人《ひととなり》忠正にして匡済《きやうさい》の心有り。乃ち蘇我臣入鹿が、君臣長幼の序を失ひ、社《しや》稷《しよく》を闚《き》闟《ゆ》する権《はかりごと》を挟《はさ》むことを憤《いきどほ》る。

この記事では入鹿は「君臣長幼の序を失ひ」し人物とあり、「鎌足伝」とはまったく正反対の記事を明記している。この正史の記述を仲麻呂は読んでいるのに、前述の記事を書き、さらに前頁で書いた次の記事を書いている。

嘗《むかし》、群公《まへつきみ》の子、咸《みな》、旻法師の堂に集《つど》ひて、『周易《しうやく》』を読みき。大臣後《おく》れて至るに、桉作起立ちて杭礼《かうれい》して倶《とも》に坐《ゐ》き。

「起立ちて杭礼して倶に坐き」とは、坐していた桉作（入鹿）が、わざわざ立ち上がって鎌足に対等の礼をし、藤原鎌足と共に坐った、という意である。この記述は「君臣長幼の序を失ひ」と書く蘇我入鹿とはまったく違う、礼儀正しい蘇我桉作像を示している。

この「鎌足伝」の蘇我桉作の記述については、坂本太郎[5]・横田健一[1]・佐藤信[7]・矢嶋泉[4]はまったくふれていないが、正史の『日本書紀』が、門脇禎二が書くように[8]、「入鹿」という蔑称を使っているのに、「鎌足伝」では使っておらず、蘇我桉作と中臣鎌子の出会いを書き、蘇我桉作を賞讃する記事を載せている事実は、無視できない。

鎌足の師は『日本書紀』と「鎌足伝」では違う

「鎌足伝」では鎌足は蘇我桉作と共に学んでいるが、師は旻法師である。ところが『日本書紀』にはこの記事はなく、次の記事が載る。

倶《とも》に手を黄巻《ふみまき》を把《と》り、自ら周孔の教を南淵先生の所に学ぶ。遂に路上往還《かよ》ふ間に、肩を並べて潜《ひそか》に図《はか》り、相協《あひかな》はずといふこと無《な》し。

「黄巻《ふみまき》」は書籍、「南淵先生」は南淵請安である。「鎌足伝」と『日本書紀』の違いはこれだけではない。違いを五つ示す。

第一は、師が『日本書紀』では南淵請安だが、「鎌足伝」では旻法師である。

第二は、『日本書紀』では中大兄と共に南淵請安の学堂に通っているが、「鎌足伝」では中大兄はまったく登場していない。

第三は、『日本書紀』は蘇我入鹿の暗殺計画を練るため、二人が共に居ても人にあやしまれないよう、南淵先生の学堂に通ったとあるが、「鎌足伝」はそのような意図でなく、旻法師から学ぶのが目的であり、学ぶ意図が違っている。

第四は、学堂に通う目的がまったく違うから、共に学んだ学友に蘇我桉作（入鹿）がおり、蘇我桉作は優秀な学友であったと、「鎌足伝」は書いている。したがって『日本書紀』では、蘇我入鹿誅殺計画の行動記事に組み込まれているが、「鎌足伝」では青少年期の修業時代の記事として書かれている。

第五に、細かいことだが『日本書紀』では中大兄と藤原鎌足が学んだのは、「周孔の教」（儒教）とあるが、「鎌足伝」では蘇我桉作や鎌足が学んだのは「周易」（易経）である。「鎌足伝」は鎌足の伝記なのだから、鎌足の通った学堂・師・学問は、重要な意味をもっている。仲麻呂は入鹿暗殺に至る経過については、ほとんど『日本書紀』の記述をそのまま引用しており、「入鹿」と書いている。しかし、鎌足の学んだ師や学問や共に学んだ学友になると、『日本書紀』の記述をまったく取り上げず、共に学んだ中大兄を無視し、中大兄と誅殺計画を立てた蘇我入鹿（桉作）と共に学んだと書き、誅殺すべき悪人を秀才の学友として書いている。これはどういうことか。

この「鎌足伝」の記事を無視して論じる日本古代史家たちは、中大兄や中臣鎌子が学んだのが、南淵請安の学堂だから、乙巳の変後に成立した新政権では、当然、中大兄や中臣鎌子の師の南淵請安が国博士になるべきなのに、南淵先生でなく旻法師がなっていることを不思議がっている。南淵請安は国博士になった高向玄理や旻法師らと共に、推古十六年（六〇八）に遣隋使小野妹子に従って、学生として中国に渡り、舒明十二年（六四〇）に、高向玄理と共に帰国している（旻法師は推古十年の記事では、学問僧の「日文」とあるが、「日文」を一文字にしたのが「旻」である。旻は高向玄理や南淵請安より八年早い舒明四年に帰国している）。坂本太郎・平野邦雄監修の『日本古代氏族人名辞典』（一九九〇年・吉川弘文館）は、「南淵漢人請安」の項で、「大化元年（六四五）中大兄・鎌足らは蘇我臣蝦夷・入鹿を倒して新政府を樹立、留学生の玄理・僧旻らは国博士として新政府のブレーンとなったが、請安の名はみえない。あるいはその直前に没したのであろうか」と書いているのも、旻でなく請安が国博士になるべきだと思っているからである。

しかし南淵請安が死亡せず生きていたとしても、高向玄理と旻法師が「国博士」になるべき理由は、第四章でさまざまな角度から述べた。その私見は前述した「鎌足伝」の記述がさらに証明しているが、以上述べた「鎌足伝」の記述からみても、「正史」といわれている『日本書紀』の記述を、無批判に認めて論じたのでは、日本古代史の真相、特に皇極朝以降の真相と、中大兄（天智天皇）と大海人（天武天皇）の兄弟関係及び政権の実相は、正確に見えてこない。

鎌足の伝記は『書紀』と『家伝』では相違する

『日本書紀』と藤原鎌足の曾孫の藤原仲麻呂の書いた「鎌足伝」を比較しても、鎌足の伝記には相違がある。その例をさらに示そう。

「鎌足伝」は鎌足に与えた軽皇子の妃を、「寵妃」と書くのみなのに、『日本書紀』皇極三年正月朔日条は「寵妃阿倍氏」と書く。孝徳天皇になる軽皇子の妃で、阿倍氏出身の「寵妃」なら左大臣阿倍倉梯麻呂の娘小足媛を指すから、『日本書紀』の記事を信用して、鎌足の子の定恵の母を小足媛とし、小足媛を母とする有間皇子の実兄とする説がある。確かに、定恵は有間皇子より五つほど年長だから、「寵妃阿倍氏」を信用すれば有間皇子の実兄は定恵になる。とすれば、軽皇子の「寵妃」は鎌足のところで定恵を生んで、また軽皇子のところに戻って有間皇子を生んだか、有間皇子は鎌足の子か、どちらかになる。しかしそのようなことはあり得ないから、『日本書紀』の「寵妃阿倍氏」と、「鎌足伝」の「寵妃」とある記事を比較すれば、正史の『日本書紀』が書く「阿倍氏」は、『日本書紀』が「打毬」に「法興寺槻樹之下」をつけ加えているのと同じ発想に拠っている。したがって坂本太郎(5)や横田健一(1)は、『日本書紀』以前にあった「原大織冠（鎌足）伝」を推測し、仲麻呂は『日本書紀』より古い「鎌足伝」に拠ったと書いている。

『日本書紀』の「寵妃」が「阿倍氏」出自が正しいなら、藤原氏に伝わる古伝承・古記録にもとづいて編集された『当武峯略記』にも、当然、阿倍氏出自と書くべきだが、『当武峯略記』は鎌足が軽皇子の「寵妃」を「下賜」されたという記事では、「阿倍氏」の出自でなく「車持氏の女」と書く。車持氏は天皇の御幸の車を管掌する内廷奉仕の下級氏族である。『日本書紀』が書く「寵妃阿倍氏」を知っていながら、正史の記述を採らず、藤原氏に伝わる古伝承の車持氏を採るのは、「鎌足伝」が鎌足と中大兄が南淵先生の門下生と書く正史（『日本書紀』）の記事を採らないのと同じである。このように藤原氏一族が、正史の『日本書紀』に載る鎌足に関する記述を信用していない事実を、見過すことは出来ない。この事実は『日本書紀』の成立を論じるにあたって無視できない。

常識上からも横田健一が「当時は二流か三流の氏族」と書き(6)、門脇禎二が「連姓の一中流官人に過ぎない」(9)と書く中臣氏の鎌足は、彼が傑出した人物であったとしても、軽皇子が名門氏族の阿倍氏出身の「寵妃」を与えるはずはない。車持氏出身の女性こそふさわしい。藤原仲麻呂は正史の記事があまりにも曾祖父の藤原鎌足を誇大に讃美しているのを見て、正史の「阿倍氏」を取って単に「寵妃」と書いたのであろう。『日本書紀』の関係記事は鎌足を誇大に讃美した作文記事であることを、鎌足の曾孫までが認めたから、曾孫は「阿倍氏」を取っている。この事実からみても、『日本書紀』の鎌足関係記事は信用できない。

天智紀によれば、天智称制八年（六六九）十月十六日に鎌足は没している。正史は注記して『日本世記』によれば「五十歳」。鎌足の「碑文」によれば「五十六歳」と書く。このように年齢さえ不明の人物の行動を、見てきたごとく、こと細かに書く『日本書紀』の鎌足関係記事は、特に誇張・作文記事が多い。皇極三年（六四四）に中臣鎌子は「神祇伯」になったとあるが、その時は『日本世記』の年齢では二十五歳、碑文の年齢で三十一歳であり、この年齢でこのような要職につけるはずはない。さらに「神祇伯」は令制における神祇官の長官で、皇極天皇の時代にはないのだから、作文である。『日本書紀』によれば神祇伯に任じられたが、「再三固辞《いな》びて就《つかへまつ》らず。疾《やまひ》を称して退《まかりい》でて三島に居《はべ》り」とある。しかし「鎌足伝」は舒明天皇の「御宇《みよ》の初め」に、天皇は「錦冠を授け宗業を嗣《つ》がしめ」ようとしたが、「固く辞《いな》びて受けず、三嶋の別業に帰り去《ゆ》きき」とあり、仲麻呂は『日本書紀』を見ていながら、『日本書紀』皇極三年の記事を採っていない。この事実からもこの記事も作文である事がわかる。しかし「鎌足伝」も信用できない。舒明天皇の「御宇の初め」に「錦冠」を受けたと書いているが、舒明元年（六二九）は鎌足が五十歳で亡くなったとすると十歳、五十六歳としても十六歳である。「錦冠」は大化三年（六四七）に制定された冠位制の第四で、後の令制の四位・五位クラスの高位で、中臣氏のような低い身分の氏族が、十代に受けられる冠位ではない。したがって『日本書紀』の記事はもちろん、「鎌足伝」の記事も信用できない。

『日本書紀』の鎌足関係記事が信用できない例として、「内臣」については門脇禎二の見解を例示したが、中大兄皇子が法興寺の槻の樹の下で打毬に興じている時に、初めて中臣鎌子と会った記事は事実でないことは通説だが、中大兄と鎌子が南淵先生の学堂で共に学んだことも、「鎌足伝」は書かず。鎌子は蘇我桉作（太郎）と旻法師の学堂で学んだと書いて、『日本書紀』の記事を否定している。『日本書紀』は南淵先生の学堂で学びながら中大兄と鎌足は入鹿暗殺の計画を練ったと書いたが、「鎌足伝」は書いていない。しかし入鹿暗殺については『日本書紀』の記述をそのまま引用しているが、中大兄と鎌子の関与は創作記事であることは、私は第四章で「中大兄は蘇我入鹿暗殺の現場には居なかった」という見出しで、七頁にわたって詳述した。以上述べたように「鎌足伝」は『日本書紀』の記事を採っているが、まったく別の記事を載せている事実は無視できない。

天武の皇子たちの存在と長屋王事件と長槍騒動

天平宝字元年（七五七）十二月九日条の「太政官奏」で、「功」を大・上・中・下の四つに定めている。この年の五月に「鎌足伝」の筆者の仲麻呂は紫微内相になっている。天平宝字四年（七六〇）正月には従一位大師に昇進しているが、この年の一月から八月にかけて、家僧の延慶と『藤氏家伝』を編纂したと、岸俊男は書いている。[10] したがって「太政官奏」の「功」の撰定にも、仲麻呂が関与していたとみられるが、大功は「乙巳の年の功」の「大織藤原内大臣」である。次の上功も乙巳の年に蘇我入鹿を討った佐伯連古麻呂が入っている。他に壬申の年に私第を行宮として提供し、軍資を出した尾張宿禰大隅と、橘奈良麻呂の変で奈良麻呂の謀反を知らせた上道朝臣斐太都が、上功である。尾張大隅以外の壬申の乱の功臣は、すべて中功である。この事実からも、天武政権樹立の壬申の乱より、正史の『日本書紀』で巨像化した藤原鎌足（中臣鎌子）の乙巳の変の重視がうかがえる。

この大功・上功・中功・下功の撰定の天平宝字元年の三十七年前（養老四年正月）に、正史の『日本書紀』が成立しているが、当時、天智天皇と天武天皇の皇子・皇孫の存在はどうであったかを検証する。まず天智系は次のような系譜である。

天智天皇
- 大友皇子 ── 葛野王
- 志貴皇子
  - 春日王
  - 白壁王（光仁天皇）
- 持統天皇
- 元明天皇

文武・天明・元正朝に実在していたのは、元明天皇以外は葛野王・春日王・白壁王に過ぎない。一方天武天皇の皇子・皇孫は次のようである（大津皇子・磯城皇子・穂積皇子・弓削皇子の子は居なかったか、または不明）。

このように多くの皇子・王が居た。天武・持統朝に大津皇子・草壁皇子・高市皇子が亡くなり、文武朝に弓削皇子・忍壁皇子が亡くなっている（磯城皇子の没年は不明だが、没年は持統朝か）。穂積皇子・

- 天武天皇
  - 高市皇子
    - 長屋王（左大臣）
    - 鈴鹿王（知太政官事）
  - 草壁皇子
    - 元正天皇
    - 吉備内親王
    - 文武天皇
      - 聖武天皇（首皇子）
  - 忍壁皇子（知太政官事）
    - 山前王
    - 小長谷女王
  - 舎人皇子（知太政官事）
    - 淳仁天皇（大炊王）
    - 三原王
    - 三嶋王
    - 船王
    - 池田王
    - 三使王
    - 守部王
  - 長皇子
    - 栗栖王
    - 長田王
    - 智努王（大納言）
    - 大市王
    - 広瀬女王
  - 新田部皇子（知五衛及授刀舎人事）
    - 塩焼王
    - 道祖王

長皇子は共に『日本書紀』成立の五年前の霊亀元年（七一五）に没であり、舎人親王・新田部皇子のみが、養老四年（七二〇）五月の『日本書紀』成立時に生存していた。しかし天智の孫の「王」は三人だが、天武の孫の王は長屋王を筆頭に十七人の王の大部分は活動していたのに、『続日本紀』には舎人親王のみが、唯一の『日本紀』関係者として名前が載る（舎人親王・新田部親王は天平七年（七三五）まで生存し、なぜか同年に共に亡くなっている）。

舎人親王の母は、天智天皇の皇女の新田部皇女で、母は天武天皇が壬申の乱で勝利した後、天武の妃になっている。『続日本紀』は天武天皇の孫の長屋王事件の時（天平元年〈七二九〉二月十一日）、一品舎人親王・新田部親王を筆頭にして、大納言多治比真人池守、中納言藤原武智麻呂（仲麻呂の父）らが、「長屋王の宅《いへ》に就《つ》きてその罪を窮問せしむ」と書く。舎人親王を筆頭にして新田部親王も、自分たちの甥の長屋王の「窮（糾）問」の先頭に立っている。天武天皇の皇子でありながら、長屋王を「窮問」しているのは、舎人親王の母は天智天皇の皇女、新田部皇女の母は藤原鎌足の娘の五百重娘だったからである（不比等は天武天皇の死後、この異母妹と通じて四男の麻呂を生ませている）。二人は天武天皇の皇子だが、母の父が天智天皇・藤原鎌足であったから、甥であっても長屋王を糾問して自殺に追い込んだのである。

岩波書店版『続日本紀・2』の補注は、長屋王は無実の罪によって亡き者にされたとして、次のように書く。

天平十年七月丙子条によれば、この日左兵庫少属大伴子虫は右兵庫頭中臣宮処東人を斬殺したが、この両人について続日本紀の編纂者は、子虫は『事二長屋王一、頗蒙二思遇一』る者、東人は

『誣二告長屋王事一之人也』と記している。誣告とは、無実の罪を告言することである。事件の発端となった二月辛未（十日）の漆部君足・中臣宮処東人らによる密告が長屋王を陥れるためにしくまれたものであるということは、続日本紀が編纂されたころには周知の事柄であったのである。

誣告による長屋王事件だが、長屋王宅跡の発掘調査によって出土した多数の木簡によって、長屋王側にも謀反の嫌疑をかけられるような条件があったこともわかってきている。この事件で明らかなのは、皇位継承にあたって、藤原氏の血を引く皇子を皇位につけるためには、天武系の皇統が障害であったことである。そのことは長屋王の子でも天武天皇の孫の吉備内親王（草壁皇子の娘）が生んだ四人の王はすべて殺されているが、不比等の娘が生んだ長屋王の四人の子は殺されていない事からもいえる（木簡によれば、他にも長屋王の子がいるが、母が天武の皇統と無縁のため消されてはいない）。

このように一見、藤原氏の天下のように思われる時代で、『日本書紀』の成立から四十年ほどたった時代でも、まだ藤原鎌足の功績を強く知らせる必要を感じていた藤原仲麻呂は、天智天皇だけでなく、正史の『日本書紀』の書かない天武天皇と鎌足の関係を、長槍騒動で示そうとしたのである。

藤原不比等の孫の仲麻呂の時代になっても、天武天皇と鎌足の関係を作文して、世の人々に示さなければならなかった事実は、天智と天武の兄弟関係が正史の示すような、

天命開別天皇―大皇弟

でなかったから、兄弟関係の逆転を計画し、実行したのであろう。

『日本書紀』の成立日以降に書き加えられた記事

序章で、『日本紀』の完成を示す養老四年五月二十一日の『続日本紀』の記事は、「尺《たかはかり》」を諸国に配布した太政官奏の記事を詳細に載せた後に、付記として「是より先、一品舎人親王、勅《みことのり》を奉けたまはりて日本紀を修《あ》む。是に至りて功成りて奏上ぐ。紀卅巻系図一巻なり」と、ごく簡単な記事が載るのみである、と述べた。大宝律令の関係記事は七例も載り、その記事も詳細である。それにくらべて『日本紀』完成の記事はなんとも簡単で、しかも主要記事の付記として載っている。これはどういうことか。大宝律令は数年で完成しているが、『日本紀』は計画から三十年もかかっている。しかも『続日本紀』は『日本紀』の「続」ではないか。なぜ「正」「元」に続く『続日本紀』が、『日本紀』を付記扱いにし、本文の「是より先」と書く。「是より先」でなく、なぜきちんと年・月・日を明記して、詳細に書かないのか。この事実に『日本紀』の成立の謎が秘められていると、私は推測している。

小学館版『日本書紀・3』の頭注は推古紀の阿倍内臣鳥を鎌足の「内臣」と同じに見ているが、岸俊男が「たまきはる内の朝臣」で「内臣」について詳細な検証をしているように、「内外」の「内」の意で「内臣」という官職とは無関係である。したがって「内臣」は『日本書紀』成立の翌年の『続日本紀』の養老五年十月二十四日条の詔の、「汝卿《なむち》房前《ふささき》、内臣と作りて内外を計会《はから》ひ、勅に准《なぞら》へて施行し、帝の業を輔翼《たす》けて、永く国家を寧《やす》みすべし」の「内臣」が、官職としての「内臣」の最初で、その「内臣」を藤原鎌足の官職とし、さらに天智紀の鎌足の「内大臣」を創作したのである（その事は天智称制八年十月十五日条に「大臣の位とを授く」とあり、内大臣はこの日なのに、同年五月一日・同年秋・同年十月十日条にも「藤原内大臣」と書き、「内大臣」の先行記事からも推測できる)。

『日本書紀』成立後に「内臣」の記事が載る事から見ても、養老四年五月二十一日の『日本紀』成立記事を簡単な追記として載せているのは、この成立日以後も改変・書き加えをしていたから、あのような掲載をしたのであろう。『日本紀』の成立は不比等の死の七十日前である。不比等に見せるために一応成立させた。しかし鎌足関係記事はその後も手を加えた。そのことを藤原鎌足の「内臣」「内大臣」は示している。

岸俊男は「書紀編者が内臣の職能地位の説明に、魏志の裴松之の注をそのまま引用していることが注意される」と書き、この「引用をした書紀編者の頭には、やはり伊尹を鎌足、あるいは内臣に結びつける意識があったと思う」と書いている(「伊尹」は殷の湯王に仕えた名相)。そして天平宝字二年八月に藤原仲麻呂が紫微内相から大保(右大臣)に補せられた時の勅を示して、「内臣には鎌足・房前ののち、式家の良継、北家の永手が就任するが、そこでは内臣→内大臣への昇任と、太政官の一員としての職権が認められ、やや本来の性格に変化を来たすが、依然として藤原氏の独占する地位であった」と書いている[10]。

岸俊男には『藤原仲麻呂』と題する著書もあるが[11]、仲麻呂が「鎌足伝」を含む『藤氏家伝』をまとめたのも、主な狙いは鎌足の顕彰にあった。新興氏族の成り上りの藤原氏にとっては、鎌足像を巨像化することが、もっとも重要な政治的課題であった。その中に『日本紀』の編纂も含まれていた。一般には鎌足の「内臣」「内大臣」を後代の藤原氏が継承したとみられているが、逆に房前が任命された「内臣」を中臣鎌子に付加したとみる視点に立つべきであろう。岸俊男の「たまきはる内の朝臣」は一九六六年刊行の『日本古代政治史研究』に収録されている論考だが、この論考では『日本書紀』の武内宿禰伝承は藤原鎌足の「内臣」「内大臣」の「内」の視点で『紀』に記されたと書いている（『古事記』の建内宿禰伝承は「内臣」の視点はない）。

『日本書紀』の鎌足伝は事実でなく多くが巨像化のための創作である。そのことは藤原仲麻呂の「鎌足伝」が逆説的に示しているが、『日本書紀』の中臣鎌子・藤原鎌足の記事が信用できないのは、鎌足の年齢が『日本世記』では五十歳、「碑文」では五十六歳だと注記にある（天智称制八年十月十六日条）。鎌足の死亡時の年齢まで鎌足の子の不比等や孫の内臣になった房前や、仲麻呂の父で房前の兄の武智麻呂も知らないという事実（武智麻呂は『日本書紀』編纂時の慶雲二年〈七〇五〉には大学頭、和銅元年には図書頭、養老三年には東宮傅になっている）からみても、皇極紀の詳細な中臣鎌子が中大兄と共に活躍する記事の大部分が作文である。

このように見ると、『続日本紀』が『日本紀』成立を付記扱いで書いている、簡単な記事は、一応、藤原不比等の死の直前に完成しておく必要があったから、完了記事を載せたが、その後も書き加えを武智麻呂や房前らが、身近な藤原氏のいう通りになる史官を使って完成させた。当時にとってのわが国の近代史・現代史を、百済系亡命史官か、その子や孫はくわしく知らなかったから、指示どおりに記事を書き、すでに書かれてあった『日本紀』を、平気で変更し、第二段階の編纂をした。そのような『日本紀』であったから、『日本紀』の「続」と題する『続日本紀』も、「続」の前の正史の完成を、他の記事の付記的扱いの記事として、たった二十七字の短文を、載せているのである。

〔注〕

（1）横田健一「大織冠伝と日本書紀」『白鳳天平の世界』所収　一九七三年　創元社

（2）直木孝次郎『日本の歴史・2（古代国家の成立）』三〇七頁〜三一四頁　一九六五年　中央公論社

（3）黛弘道「古代天皇制の成立」『日本の歴史・3（古代国家の繁栄）』所収　一九七四年　集英社

（4）矢嶋泉「『家伝』の資料性」『藤氏家伝――注釈と研究――』所収　一九九九年　吉川弘文館

（5）坂本太郎「大化改新の研究・第一編第三章」『坂本太郎著作集・第六巻』所収　一九八八年　吉川弘文館

（6）横田健一「藤原鎌足伝研究序説」（注1）前掲書所収

（7）佐藤信「『家伝』と藤原仲麻呂」（注4）前掲書所収

（8）門脇禎二「蘇我『蝦夷』・『入鹿』の名」『「大化改新」史論・上巻』所収　一九九一年　思文閣出版

（9）門脇禎二（注8）前掲書　二三六頁

（10）岸俊男「たまきはる内の朝臣――建内宿禰伝承成立試論――」『日本古代政治史研究』所収　一九六六年　塙書房

（11）岸俊男『藤原仲麻呂』一九六九年　吉川弘文館

第十七章

天武・天智の兄弟関係を疑う諸説

天武・天智異父説・異父兄弟説・異母兄弟説について

坂本太郎と佐々克明の天武天皇の年齢論争

私は一九七九年に拙著『古事記と天武天皇の謎』で、天智・天武異父兄弟説を発表したが[1]、私見は一九七四年に佐々克明が発表した、「天智・天武帝は兄弟だったか」と題する論考がヒントである[2]。佐々は岩波書店版の歴史学研究会編の『日本史年報』（佐々は「年表のあとがきによれば、出版までに八年間、五十二人の歴史学者が参加し決定されたものであるから、じゅうぶんに根拠がある」と書いている）に、天智は四十六歳、天武は六十五歳で亡くなったと書かれているが、崩年から計算すると弟の天武が兄（天智）より四歳年上になるから、天智と天武は兄弟ではなかったのではないか、と推論している[2]。この佐々克明の見解に、日本古代史の権威の当時東京大学教授の坂本太郎が反論した。『日本書紀』と中世の文献との間に年齢矛盾がある場合について坂本は、「書紀の記事を否定する力は、後世の書にはないとみるのが、史学研究の常識である」と書く。したがって後世の天武の年齢は信用できないし、『日本書紀』は「天智・天武の両天皇は共に皇極天皇を母とする兄弟であることを明記し、その事実は動かぬ以上」、中世の史書の天武天皇の崩年六十五歳は誤まりと見るべきだと批判する。そして中世文献の天武の崩年六十五歳を取り上げて、次のように書く。

面白いのは、『一代要記』は天智天皇の崩年を五十三歳としていることである。これならば天武天皇より三歳年長、兄弟の順を疑う理由はなくなる。また『本朝皇胤紹運録』は五十八歳（天武の没年）とするので、さらに八歳の年長となる。中世に行なわれた知恵では、こうして両天皇の兄弟関係を疑わせない年齢を考えていたのである[3]。

この坂本太郎の批判に対して佐々克明は、「古代史の『史実』と『真実』――天智・天武非兄弟説をめぐって――」と題する論考で反論している。岩波書店版の『日本史年表』は「年表のあとがきによれば、出版までに八年間、五十二人の歴史学者が参加し決定されたものであるから、じゅうぶんに根拠のあるものなのだ。その『日本史年表』に天智は四六歳で没、天武は六五歳没を明記しているではないか。とすれば坂本太郎のような東京大学教授で日本古代史の碩学は別にして、一般の人達は天武は天智より年上と思いこむではないか」と反論する。

さらに『日本史年表』以外に岩波新書の川崎庸之の『天武天皇』、塙書房刊の直木孝次郎の『壬申の乱』では、天武の年齢六十五歳を五十六歳の倒錯とみていることについて、佐々克明は、「その学問的見識の披瀝の方法がなんとも単純である」と書き、「『天武』の六十五歳を、つじつま合わせのために、単純、かつ乱暴に、五十六歳に倒錯させる、そういう『書紀』の引力に引き回された形でしか発想できないでいるアカデミーの状況」こそ問題だとし、天武天皇の六十五歳という年齢は、「『書紀』以外の、いま存在しない史料によって、天武天皇の年齢を比較的正確にキャッチしたのではなかったか、という推理が当然に成り立つ」と書く。(4)

佐々克明は書いていないが、アカデミーの最高峰の東京大学の日本古代史の権威の坂本太郎の後を継いだ東京大学教授の井上光貞が監修し、井上光貞の教え子の東京大学教授笹山晴生が執筆した、前述した岩波書店版『日本書紀・下』の頭注も、小学館版『日本書紀』の頭注を書いた日本古代史の碩学直木孝次郎も、倒錯説を採っている(しかし前述〈二七頁〉したが直木孝次郎は後に倒錯説は撤回している)。

水野祐の天智・天武天皇の年齢矛盾説

早稲田大学教授の水野祐は佐々克明の「古代史の『史実』と『真実』――天智・天武非兄弟説をめぐって――」を読んで、「天智・天武両天皇の『年齢矛盾説』について――天智・天武非兄弟説をめぐって――」と題する論考を発表している。水野祐は佐々克明が岩波書店版の『日本史年表』のみを取り上げていることを問題にし、水野は辻善之助編の『大日本年報』(大日本出版・一九四一年)には、天智の年齢は五十八歳、天武は六十五歳と記しているから、天智は天武の八歳年上であるとし、「私はつねに学生に向ってどんな権威のあるものでも、一冊の年表に頼るな。年表が必要な時には必ず二〜三冊の年表を対比して確めよ、と注意している」と書いている。そして、佐々克明も辻善之助編の年報を見ていれば、「天智・天武両天皇の兄弟関係に疑いをもつことはなかったろう」と書く(5)。

次に水野祐は、坂本太郎が中世史書の類の天智・天武の年齢は、単なる「中世史家の知恵」とする見解に賛成せず、「『日本書紀』の編者が知らなかった、または知っていても採録しなかった原史料がのこっていて、あるいはそうした古説が伝えられていたものによって記述したかも知れないのであって、俄かに『書紀』と異なっているから後世の偽作であり、知恵とはいえない」とし、『日本書紀』の記述が「すべて正確とはいえない」と書き、坂本太郎も指摘する推古天皇の例を示す(5)。

『日本書紀』は推古天皇について次のように書く。

年十八歳にして、立ちて渟中倉太珠敷天皇の皇后と為る。三十四歳にして、渟中倉太珠敷天皇崩りましぬ。三十九歳にして、泊瀬部天皇の五年の十一月に当りて、天皇、大臣馬子宿禰の為に殺せられたまひぬ。嗣位《みつぎくらゐ》既に空し。群臣、渟中倉太珠敷天皇の皇后額田部皇女に請して、令《あまつ》踐祚《ひつぎしらせまつ》らむとす。

この正史の記述によれば、推古天皇の崩年の推古三十六年（六二八）に推古天皇は七十五歳で崩御している。すると「年十八歳」は欽明三十二年（五七一）で、この年に推古は敏達天皇（渟中倉太玉敷天皇）の皇后になったのである。『日本書紀』は敏達天皇は治政十四年（五八五）の八月に崩じたとあるから、推古天皇は皇后として三十二歳の時に敏達天皇と死別しており、三十四歳と二年違う。崇峻（泊瀬部天皇）五年（五九二）の三十九歳は合うが、三十四歳は合わない。この三十二と三十四の違いを、坂本太郎は『日本書紀』にも年齢の誤記はある例として書く。(3) 水野祐はこの誤記を例にして、前述した舒明十三年十月条の東宮開別皇子（後の天智天皇）の「年十六」も誤記とみて、『本朝皇胤紹運録』に天智天皇の年齢を五十八歳にしている例をあげ、この年齢は舒明天皇の即位の年に中大兄が十六歳で皇太子になったとみている年齢だが、この説を水野は採って、天智は天武の兄だと述べている。

水野祐説を批判する佐々克明・小林恵子説

この水野説を読んだ佐々克明は、水野説を批判して次のように書く。

もし、中大兄が公認された第一皇位継承者ならば、入鹿暗殺をあのような形で強行するのは得策ではあるまい。蘇我氏の専横ぶりが昂じ、天皇家そのものや中大兄の身辺にさえ危険が迫ったからこそ、クーデターを決行したのだろう。また、舒明即位の時点で皇太子だったほどならば、皇極退位後も、孝徳・斉明と二代も慎重に見送ったのち、称制を経てようやく近江で皇位に就い

たのはどういうことになるのか。(6)

佐々克明はこのように書いて、水野祐の舒明天皇の時から中大兄が皇太子であったという見解を批判しているが、この一九七五年発表の佐々の論考につづいて、一九七八年に小林恵子も「天武天皇の年齢と出自について」と題する論考を発表し、水野説を批判している。門脇禎二が『蘇我蝦夷・入鹿』(七九ページ。一九七七年・吉川弘文館)で、皇極二年十月条に「蘇我臣入鹿独謀、将廃上宮王等、而立古人大兄為天皇」とある記述から、入鹿が舒明即位以来皇太子であった山背大兄王(上宮王)を廃して、古人皇子を立太子させようと企てたと解しているのを、「妥当であると考える」と書いて、中大兄が皇太子であったと書く水野説を批判して、次のように書く。

井上光貞も、「蝦夷及び入鹿が権力を握っていた間は、古人が最有力の候補者であったはずである。しかし、中大兄がみずからの手で、蝦夷・入鹿を倒したので、ここに、皇位継承上の最優位を確立したのである」という意見である(『日本古代国家の研究』一九八ページ。一九六五年・岩波書店)。古人が中大兄が皇太子になる以前に皇太子であったという意見は、他に北山茂夫がいる(『大化改新』四六ページ。一九七六年・岩波書店)。

蘇我一門が滅亡してバック・アップを失った古人は、吉野に隠れたにもかかわらず、謀反の噂だけで一族伏誅されるわけだが、『紀』の分註には「或本に古人太子といふ。或本にいはく古人大兄といふ。此皇子吉野山に入る。故、或は吉野太子といふ」と、皇太子といわれていたことを明記している。中大兄は皇極四年六月条に、「譲位於軽太子、立中大兄為皇太子」と記されていることによっても、蘇我一門が滅びて孝徳即位の時に、立太子したと考えられる。

このように書いて、小林恵子も舒明天皇即位年から中大兄が皇太子であった事に反論している。(7)

以上の論考はいずれも推古朝以降皇太子制があったという前提で論じているが、前述したように(一三七頁〜一三九頁)皇太子制は天武・持統朝以降であるから、誰が皇太子であったかの論争は無意味である。したがって佐々・小林の水野説批判は、私は認めない。

佐々克明・小林恵子の天武・天智非兄弟説批判

佐々克明は、前述の論考を発表した四年後(一九七九年)に、「天武天皇と金多遂——大海人皇子の出自の謎をめぐって——」と題する論考を発表している。(8) 佐々は『日本書紀』の孝徳紀三年に新羅王子の金春秋が「質」として来ており、二年後に金春秋が帰国して金多遂が「質」として来日しているが、金多遂の「従者三十七人なりき。僧一人、侍郎二人、丞一人、達官郎一人、中客五人、才伎十人、訳語一人、雑傔人十六人、併せて三十七人なり」と、『日本書紀』が記すから、金多遂も新羅王族と佐々は推測する。金多遂は『日本書紀』に帰国の記事がなく、韓国の文献にも金春秋のように帰国後活躍した記事が載らないので、「この新羅王族と推定される金多遂はどこへ消えてしまったのだろう」と書く。そして大海人皇子について、『日本書紀』の孝徳天皇の白雉四年(六五三)と五年に「皇弟」とあり、三年・七年・八年五月に「太皇弟」、八年十月、十年正月に「東宮大皇弟」、十年五月に「皇太子」、十年十月に「東宮」と、五通りの書き方があるのを「異常」と書き、「なぜ、こんなに手のこんだ書き分けを行わなければならないか、まったく了解に苦しむ」と書く。また天智紀三年の「天皇、太皇弟に命《みことのり》して、冠位の階名《しな》を増し換《か》ふること、及び氏上・民部・家部等の事を宣《のたま》ふ」の記事以外は、「まったく直接政治や軍事に関係のない事柄である」と書き、壬申の乱の登場まで「ほとんど何の記録もない、黒子のような存在である。どう考えても異常である」と書く。そして「私の天智・天武非兄弟説はかくて、前半生の人生や業績がまったく不明でありながら、天皇の座にすわった天武の隠された部分が、金多遂の後半生に連鎖される可能性があることとなった」と書いて、新羅王族の金多遂は天智天皇の娘と結婚して、天武天皇になったという仮説を発表している。(8) 私はこの佐々説については一九七九年刊行の拙著『古事記と天武天皇の謎』で、この佐々説はまったく成り立たないと批判したので、ここでは略す。

小林恵子は一九九〇年に「別冊文藝春秋」(夏号)に「天武は高句麗から来た」というショッキングな題名の論考を発表している。そこで天武天皇を高句麗末期の宰相、淵《せん》(泉)蓋蘇文《がいそぶん》に比定している。理由は伊勢神宮関係史料に「仁武天皇」とある「仁武」を取上げ、朝鮮・中国史料の高句麗の宝蔵王の次男、「莫離支任武」は「莫離支淵蓋蘇文」とみられるとし、「任」と「仁」は同音(ニン・ジン)だから、任武の蘇文は日本に来て「仁武」とよばれていたと推測し、天武天皇＝淵蓋蘇文説の根拠とする。小林は「天武つまり淵蓋蘇文は、高句麗にいた頃から任武という名で、日本に来て仁武天皇になり、死後、天武天皇と諡号されたのではないか」と書くが。(9) 漢風諡号の「天武」は淡海御船が天平六年から八年頃、神武以降の歴代天皇の諡号を一斉に撰進した時に贈られた諡号で、死の直後の和風諡号は「天渟中原瀛真人」で、「仁武」を「天武」に安易に結びつけるのは無謀である。第一、淵蓋蘇文が日本に来たという史実はない。

小林があげる伊勢関係史料の「仁武天皇」は、『御気殿本記』の原史料といわれている『往代希有記』の副題に載るだけで、他にはそうした記述の史料はないし、この唯一の史料の成立年代や史料価値からみても、写本の過程で「天武」か「文武」を「仁武」にしたのである。『往代希有記』を唯一の史料にして、任武＝仁武＝天武という語呂合せ・文字合せの説は成り立たない。語呂合せも問題だが、それ以上に高句麗から来て日本の天皇になったという説は、佐々克明の金多遂が天武天皇になったという説よりもさらに問題である。佐々説をヒントにして、新羅王子でなく高句麗王子にしたのだろうが、金多遂にはわが国へ来たという記録があるが、淵蓋蘇文にはそのような文献はない。したがって佐々説よりさらに荒唐無稽の想像で、小説ならともかく、歴史論考としては無理というよりは無謀である。

井沢元彦の天智・天武天皇非兄弟説批判

一九九〇年に井沢元彦は小説『隠された帝《みかど》』を刊行しているが、[10]この小説のテーマは天武天皇の出生の謎をめぐって、天智天皇が暗殺されるストーリーである。この長篇小説の参考資料として拙著『天武天皇出生の謎』を用いたと書いている。また一九九四年刊行の『逆説の日本史・2』でも私見にふれている。

『逆説の日本史・2』では、天智・天武異父兄弟説の小林恵子が、『隠された帝』刊行時に『別冊文藝春秋』で、天武天皇淵蓋蘇文説を発表して天武異父兄説から非兄弟説に変っている推論を批判しているが、[11]その批判は私見と同じである。井沢は「三世紀から五世紀の国家形成期ならいざ知らず、七世紀になって朝鮮半島から来た人間がいきなり日本の王になるというのは、やはり少し無理ではないだろうか」と書く。(11)井沢が「少し」と書くのは「天武天皇が日本人でなくても、別にかまわないと思っている」からだが、次に井沢は、「天武は高向王の子の漢皇子」を採り上げ、次のように書く。

この説は「淵蓋蘇文説」の小林恵子氏が、かつて述べていたもので、それを大和《おおわ》岩雄氏が発展させた。

天智の母の斉明《さいめい》女帝はもと宝皇女といい、天智の兄の舒明《じょめい》天皇とは実は再婚だった。初めの結婚の相手は高向王といい、その間には、漢皇子《みこ》という息子が生まれた。このことは「書紀」にも記載されている。

しかし、この漢皇子はそれ以後歴史に登場しない。斉明の前夫の子だから、どう考えても天智・天武「兄弟」より年上で、しかも斉明女帝の長男でもあったはずの漢皇子は一体どこへ行ってしまったのか。

これが天武（大海人皇子）だ。すなわち漢皇子と大海人皇子は同一人物だというのである。(12)

このように書いて「高向王という人間の出身が今ひとつはっきりしないのだ」と書き、次のように書く。

漢皇子が「書紀」の伝えるように「皇族」の高向王の息子だったとしたら、「書紀」は何もその事実を隠す必要はないのではないか。

父も皇族、母も皇族ならば、父の身分が皇子でなく王（天皇の孫クラス）であったとしても、隠す必要はなく、また、持統もそれほど天武の血統を排除することを考えなくてもよさそうだ。

この謎を解明するには、こう考えたらどうだろう。

天武の母は天皇（斉明）でも、父は皇族ではない。それどころか、父の出自は、息子の天武が皇位に就くことを、まったく不可能にするような位置にあったと考えればいいのではないか。

と書き、「天武の父は、皇族高向王ではなく、外国人だったのではないか。（中略）若い頃の宝皇女にしてみれば、自分が将来天皇になるなど、まったく予想できない状態だった。それゆえ、女帝ともあろう者が、外国人と結婚するはずがない、という反論は成立しないのである。では何国人だったのか？　ここから先はわからない。『書紀』はその出自を『消す』ために編《あ》まれた史書だから、手がかりを残すはずはない」と書く。そして「何国人」かを推理して、

天武が日本における親新羅派の巨頭だったことから考えると、天武の父はやはり新羅系の外国人、すなわち新羅人だったのではないだろうか。

そう考えると、天武の新羅に対する親愛の情の深さも納得がいくのである。

と書く[13]。

この井沢の天武天皇の父の高向王を新羅人とみる説に同調できない理由を五つあげる。第一に新羅人と書くのみで具体的な人名を明示していないこと。第二に天武が親新羅である事を理由に、天武の父が新羅人だと書くが、第十章で詳論したが、父が新羅人だから天武が親新羅なのではない。第三に女帝になることも「まったく予想できない」時に結婚したから、新羅人と宝皇女は結婚できたと書くが、皇女が渡来した平民の新羅人や百済人と結婚した他の例を具体的に示さない限り、この見解は無理である。第四に天皇が平民の娘を妃にしているから、皇女も渡来してきた平民の新羅人の妻になったとみているようだが、当時の男女間の厳しい差別と身分制度からみても、この推論は成り立たない。

第五になぜ平民の新羅人が「高向王」なのか、井沢は説明すべきである。

豊田有恒の天智・天武天皇非兄弟説批判

井沢元彦の『隠された帝』が刊行された二カ月後、一九九〇年九月に、豊田有恒の『英雄・天武天皇』が刊行された。この書のサブタイトルは「その半生は忍者だった」とある。このようなサブタイトルを書く理由は、『日本書紀』天武天皇即位前紀に「天文遁甲《とんこう》を能《よ》くしたまえり」とある「遁甲」を、『日本書紀』（朝日新聞社・武田祐吉校注）の注に「身をかくす術、忍術」と書いているからである。(14)

井沢元彦は『逆説の日本史』で豊田有恒のこの著書の「遁甲」に関する記述を引用し、「ちなみに岩波書店刊の『日本書紀　下』（日本古典文学大系本）では、遁甲の注はわざわざ漢文を用いて「推㆓六甲之陰㆒而隠遁也」と書き、書き下し文も注釈もつけず、さらに『一種の占星術ともいう』とある。しかし占星術は『天文』の方であり、遁甲とはあくまで『隠遁《いんとん》（身を隠す術）』のことなのだ。それなのにこんな注の付け方をすれば、そそっかしい人間は『遁甲とは占星術のことだ』と誤解しかねない。不親切な注である。『不敬罪』でも気にしたのだろうか」と書き、『広漢和辞典』（大修館書店）の「遁甲」の記事、「人目をくらまし、わが身を隠す術。忍術の一」を引き、「遁甲は忍術（隠身術）のことなのである。その遁甲を『能《よ》くしたまえり（得意であった）』と『書紀』に書かれてあるのだから、これは『忍者』だったとしか言いようがない」と書いている。(15)

井沢元彦が岩波書店版から引用した「遁甲」は、推古十年十月条の百済僧観勒が、「遁甲方術の書を貢《たてまつ》る」とある記事につけた注である。直木孝次郎も、小学館版の『日本書紀・3』の「遁甲」についての頭注で、「陰陽の変化に乗じて人目をくらまし身体を隠し、吉を取り凶を避ける術。『後漢書』巻百十二・方術列伝序の『遁甲』の賢注『六甲ノ陰ヲ推シ、而シテ隠遁スル也』とある」と書く。このような見解から見ても、岩波書店版『日本書紀・下』の「一種の占星術」と書くのは間違いである。

豊田有恒は作家として忍者大海人皇子として推理を進め、皇子の母は宝皇女（後の皇極・斉明天皇）、父は高向王とみるが、私が高向王を実在の人物とみるのに対し「『日本書紀』では、高向の父の名を挙《あ》げていない。用明天皇の孫だとしておきながら、高向の王の父親の名を明記していない。ここに作為が感じられる。私が考えるに、用明天皇をもちだしたのは、漢＝大海人（天武）の出自に、箔をつけるためだった。大海人は、素姓がよくわからない者の子だったにちがいない。だからこそ、大和王《やまと》家の系譜のなかに組みこむ必要があったのである」と書き、前述した高向臣国押を示す[16]。そして『姓氏録』逸文の「坂上系図」を示し、その系図に「七姓の漢人」が示され、トップに「高向村主、高向史、高向調使」らが記されていることに注目している。実に三十の「村主」の氏族名（筆頭が高向村主）が載るが、これらを「東漢系＝坂上系に属する百済系の渡来人」と書き、「高向王」を「高向村主・高向史」とみて、「大海人の皇子＝天武天皇は、百済系渡来人の子孫であるらしい」とし、この「百済系渡来人」の村主のなかに、「西大友、甲賀など、遁甲（忍法）とかかわりがある」氏族が書かれていることに注目している[17]。

西大友村主が遁甲にかかわると豊田がみるのは、前述した推古十年十月条に載る遁甲に関する記事に、「大友村主高聡、天文遁甲を学ぶ」とあるからで、また甲賀村主の出身地の甲賀は伊賀と共に忍法にかかわる人々の出身地だからである。豊田は「西大友」や「甲賀」の村主が高向村主と同じに坂上系図に載っていることから、天武の父の高向王を用明天皇の孫と見ず、高向王の「王」を「臣」と解釈し、高向村主が高向臣になったと書く。つまり高向王の子の漢皇子という記述を、高向臣（元は高向村主）の漢皇子という解釈である。しかしこの解釈・主張は成り立たない。

高向臣は蘇我氏と同族の武内宿禰後裔氏族である（『古事記』孝元記、『姓氏録』右京皇別）。『日本書紀』舒明即位前紀（六二八）九月条に「高向臣宇摩」、皇極天皇二年（六四三）・四年に「高向臣国押」の記事が載り、豊田が主張する高向村主が高向臣になったと主張する孝徳朝以前から、高向臣は活動している。さらに渡来系氏族が「臣」になることはあり得ないから、基本的に豊田の主張は無理である。

豊田有恒は私説について、次のように書く。

小林恵子説の「漢の皇子と天武天皇同一人物」という部分を認めたうえで、さらに推論を発展させたのが、大和《おおわ》岩雄氏である。大和《だいわ》書房の社主である氏は、多くの古代史論を発表しておられる。大和氏は、高向の王を、『書紀』の記事どおり、実在の皇族とみる。そう解釈することによって、いろいろな矛盾を、うまく説明できる。詳しくは、大和氏の『古事記と天武天皇の謎』、『天武天皇出生の謎』（六興出版刊）を読んでもらうしかないのだが、たしかに卓説である。

卓説ではあるが、疑問点もないわけではない。

『本朝皇胤紹運録』では、高向の皇子と記して、用明天皇の孫ではなく子としている。一方、先に述べたとおり、『日本書紀』では、高向の父の名を挙《あ》げていない。用明天皇の孫だとしておきながら、高向の王の父親の名を明記していない。

私が考えるに、用明天皇をもちだしたのは、漢《あや》＝大海人（天武）の出自に、箔をつけるためだった。大海人は、素姓がよくわからない者の子だったにちがいない。だからこそ、大和《やまと》王家の系譜のなかに組みこむ必要があったのである。(18)

このように書いて高向王の実在を疑っているが、私は豊田有恒の紹介する拙著『天武天皇出生の謎』で、高向王の子の漢皇子が大海人皇子であることをさまざまな角度から詳述した。また高向王の父は当麻（麻呂子）皇子であることも詳論し、高向王の父の名を『日本書紀』が記さないのは、父の名を記せば、漢皇子と大海人皇子が同一人物とみられる可能性があるからだと、私は書いている。その私見を豊田有恒はよく読んでいないようだ。

遁甲（忍術）に長じていた天武天皇と役小角と葛城

豊田有恒は天武が遁甲術の達人である事を主張しているが、その事も大海人皇子が漢皇子であることを示している。豊田は「筆者は忍法について詳しくないから、いくつかの入門書のような本に目を通してみた。書名をあげれば『忍者の系譜』（杜山悠著・創元社）など、いずれも、役の行《えん》者《ぎょうじゃ》あたりから解説している」と書く。役の行者の「役小角《おづの》」については弘仁年間（八二〇〜八二四）成立の『日本霊異記』（上巻第二八）は、「大和国葛木上郡茅原村人也」と書いている。役小角は実在の人物で大和国の葛城に生まれ、葛城山中を修業の場にしていた行者で、忍術の祖といわれている。

役小角は舒明六年（六三四）に生まれ（『役行者本記』）ているが、『続日本紀』文武三年（六九九）五月二十四日条に、「役君小角、伊豆嶋に流さる。初め小角、葛木山に住みて呪術を以て称《ほ》めらる。外従五位下韓国連広足が師なりき。後にその能を害《そこな》ひて、讒《しこ》づるに妖惑《ようわく》を以てせり。故、遠き処に配《なが》さる。世相伝へて云はく、『小角能《よ》く鬼神を役使して、水を汲《く》み薪を採らしむ。若《も》し命を用ゐずは、即ち呪を以て縛《しば》る』」とある。『日本霊異記』は伊豆に流されて三年後の大宝二年（七〇二）正月に、「遂に仙と作《な》りて天に飛びき」と書く。正史の『続日本紀』の記述からみても実在の人物だが、彼が忍術の祖と見られているのは、役小角も「遁甲」の術、つまり身をかくす隠遁の術にもかかわっていたからだろう。

遁甲術に長じていた大海人皇子も、忍者たちの祖といわれている役小角も、共に葛城山中が修業の場であった。大海人皇子は葛城の忍海居住の大海氏が養育したからだが、この大海氏の近くの当麻に高向王にかかわる当麻真人が居住しており、高向王とかかわることは第一章で詳述した。つまり天武天皇にかかわる大海氏・高向氏・当麻氏や大海氏の配下の忍（大）海漢人、高向臣配下の高向漢人は、いずれも役小角の葛城の住人である。

役小角は『日本霊異記』によれば「大和国葛木上郡茅原村」の人で、今の奈良県御所市茅原である。大海氏の居住する忍海郡は御所市の一部と新庄町南半だが、その忍海郡の忍海の地（新庄町大字忍海）から茅原までは、南東二・五キロの近距離である。大海人皇子が遁甲術（身をかくす術）に長じていたと『日本書紀』が書くことと、忍術の祖が役小角であることは、同一地域であり、時代も天武朝は六七二年から六八六年だが、役小角は文武三年（六九九）に伊豆に流されているから、天武朝末年と役小角が「葛木山に住みて呪術を以て称《ほ》められた」（『日本霊異記』）頃は重なっている。

井沢元彦と豊田有恒は天武天皇が遁甲（忍術）の達人であることに注目しているが、彼を養育した大海氏は冶金工人（七〇頁参照）たちの長であり、農民や役人ではない。しかも葛城山麓に居住しており、居住地は役小角と同じである。天武天皇が遁甲術の達人になり得たのも、幼年・少年時代に彼を養育した氏族や環境が深くかかわっていたと推測できる。

天武天皇の遁甲術と役小角と新羅と漢皇子

『日本霊異記』は役小角について、「遂に仙と作《な》りて天に飛びき」と書いて、さらに次の記事を示す。

吾が聖朝の人道照法師、勅を奉りて、法を求めて大唐に往く。法師、五百の虎の請を受けて、新羅に至り、其の山中に有りて法花経を講ず。時に虎衆の中に人有り。倭語を以て問を挙げたり。法師問ふ「誰そ」といふ。答ふらく「役の優婆塞」といふ。法師思へらく、我が国の聖人なりとおもひ、高座より下りて求むるに无し。

道照法師は文武四年（七〇〇）に亡くなっているから、時代が合わないが、小角の死後に行った地は唐でも百済でもなく、新羅である。道照法師は『日本霊異記』（上巻第二二）は「船氏」と書くが、船氏は『姓氏録』（右京諸蕃下）によれば百済王辰爾の子孫だから、道照は新羅とは関係はない。役小角も『日本霊異記』は「賀茂役公、今高賀茂朝臣」と書く。『続日本紀』（神護景雲三年五月十三日）に「大和国葛上郡《かつらぎのかみ》の人正六位上賀茂朝臣清浜に姓を高賀茂朝臣と賜ふ」とあり、小角は渡来人でなく新羅と直接関係はない。では小角はなぜ「仙と作《な》りて天に飛び」新羅へ行ったのか。

新羅の「五百の虎」の「虎」について、『扶桑略記』の役小角伝は「五百賢聖」、『今昔物語』は

「五百ノ道士」と書いているのは、「仙と作《な》りて」の小角が虎という獣《けもの》（畜生）の中に居たのでは仏教観に合わないから、「虎」を「賢聖」「道士」に変えたのである。しかし神聖な山に居る虎は、新羅の民間信仰や民話では聖獣で山の神の化身であった（加藤清正の虎退治の話の虎は新羅の山に住む虎で、韓国で虎が多くいたのは新羅）。したがって小角が死んで仙人になり新羅山中で「虎衆」と一緒に居たという伝承は、虎を聖獣・山の神とみる新羅人の発想である。私は役小角伝承には、「遁甲を能《よ》くしたまふ」大海人皇子を養育した大（忍）海氏や大（忍）海漢人ら、忍海の冶金工人たちの関与を推測する。彼らは新羅から渡来している。そのことは第一章で述べたが、天武天皇が新羅と深く強く結びついていることも、これまで述べてきた各章でさまざまな角度から述べてきた。

役小角が死んで仙人になって新羅へ行ったという伝承は、役小角が生まれ活動した葛城が新羅から渡来した人々の居住地であったことと、『日本霊異記』の書く役小角の「呪術」、『日本書紀』の書く大海人皇子の「遁甲術」も、新羅で盛んに用いられていることからも、無視できない。役小角伝承に新羅の「虎」があらわれるが、大海人皇子が「虎」と呼ばれていたことと無関係ではないだろう。

天武天皇は「大海人漢皇子」で大海氏・漢氏（忍〈大〉海・高向を名乗る漢人）に養育されたからだが（この漢人は大海氏・高向氏の配下）、「遁甲術」にすぐれていたのも、新羅系漢人らに養育されたからであり、天武天皇が「漢皇子」であることを示している。また「虎」と呼ばれて恐れられた理由も、天武天皇の養育氏族や葛城の山麓で養育されたという環境もあったろう。「虎」はわが国に居らず、朝鮮でも主に新羅の山中に居た。わが国に居ない猛獣・聖獣に大海人皇子が重ねられている事実からも、彼が「漢」と冠される皇子であったことを暗示している。

以上、私説以外にも天武と天智の兄弟関係について疑問をもつ説を紹介し、その問題点を述べた。

〔注〕

（1）大和岩雄『古事記と天武天皇の謎』一九七九年　六興出版。一九九三年に臨川書房から増補改訂版を刊行。
（2）佐々克明「天智・天武帝は兄弟だったか」「諸君」一九七四年八月号　文藝春秋社
（3）坂本太郎「天智天皇と天武天皇」『第二回法隆寺夏期大学講座講義録』所収　一九七四年
（4）佐々克明「古代史の『史実』と『真実』——天智・天武非兄弟説をめぐって——」「東アジアの古代文化」四号　一九七五年　大和書房
（5）水野祐「天智・天武両天皇の『年齢矛盾説』について——天智・天武非兄弟説をめぐって——」「東アジアの古代文化」六号　一九七五年　大和書房
（6）佐々克明「古代史研究・論争点の正常化について」「東アジアの古代文化」七号　一九七五年　大和書房
（7）小林恵子「天武天皇の年齢と出自について」「東アジアの古代文化」一六号　一九七八年　大和書房
（8）佐々克明「天武天皇と金多遂」「東アジアの古代文化」一八号　一九七九年　大和書房
（9）小林恵子「天武は高句麗から来た」『別冊文藝春秋』夏号　一九九〇年　文藝春秋社
（10）井沢元彦『隠された帝《みかど》』一九九〇年　祥伝社
（11）井沢元彦『逆説の日本史・2』三一九頁　一九九四年　小学館
（12）井沢元彦（注11）前掲書　三二一頁〜三二二頁
（13）井沢元彦（注11）前掲書　三二九頁〜三三二頁
（14）豊田有恒『英雄・天武天皇——その半生は忍者だった——』一四頁　一九九〇年　祥伝社
（15）井沢元彦（注11）前掲書　二八三頁〜二八四頁
（16）豊田有恒（注14）前掲書　四四頁

(17) 豊田有恒（注14）前掲書　六六頁～七七頁
(18) 豊田有恒（注14）前掲書　四二頁～四三頁

第十八章

私説批判の論者たちへの反論

「正史」という美名に隠された私的意図を知るべきである

天智・天武非兄弟、異父兄弟説を批判する白崎昭一郎説

白崎昭一郎は拙著『古事記と天武天皇の謎』で、三十頁ほどにわたって書いた私見と、前述した佐々克明と小林恵子の説を、「天武天皇年齢考」で批判した。その批判文を次に示す。

> 七世紀に活躍した天武天皇にとって、『本朝皇胤紹運録』は七百年以上も後代の史料である。これを資料として用いることが果して許されることなのであろうか。
>
> およそ歴史家の精否を分つ鍵は、史料の選択にあると考える。昔の郷土史家の中には江戸時代の史料によって、上代の某天皇の行宮や墓が自己の在所にあると主張する人もあった。『本朝皇胤紹運録』の記載を主な根拠として、天智・天武の同母兄弟関係を疑われた佐々克明・小林恵子・大和岩雄の諸家は、この郷土史家の愚を嗤ふことができないのではなかろうか。また『紹運録』の「六十五歳」を五十六歳の倒錯と考える川崎庸之・直木孝次郎の諸氏の見解にも同調することはできない。七百年も後代の史料に如何なる記載があろうとも、それを無視する（ないものとして取扱う）のが歴史研究の正しい態度であると考える。(1)

このように書いて「天武の歿後百年内外に成った書物は、高い史料価値が認められている」とし、「鎌足伝」の記述を信用して、「人がこのような激情に身を任すのには、やはり年齢的制約がある」と書き、「私の推定ではこのとき大海人は三十九か四十」と推定する。そしてこの「推定」を「誤りなければ」と書いて、「天武の生年は六二八・九年頃」とし、「六二五〜六二六年生まれの天智に対して、三歳くらいの年少となる」から、「天武が天智の兄とする論拠はなくなってくるわけである(1)」と書く。

このように白崎昭一郎は書いて、「天武の父を高向王とする大和岩雄氏説に成立の可能性が僅かに残されているであろうが、高向玄理の小林恵子説、金多遂の佐々克明説は何れもかなり無理な説のように思われる」と、結びに書いている。

白崎昭一郎の天智・天武異父兄弟説批判への反論(一)

この白崎批判に対して私は一九八二年に「天武天皇と『日本書紀』——白崎昭一郎氏に答える——」を書いた。まず、『本朝皇胤紹運録』を唯一の根拠にして佐々・小林・大和が論じているのは、「郷土史家の中には江戸時代の史料によって、上代の某天皇の行宮や墓が自己の在所にあると主張する人と同じだと書き、大和らは「郷土史家の愚を嗤ふことはできない」と書く(1)。しかし拙論は佐々・小林の論考とは違うので、白崎の批判に対して次のように書いた。

私が主な根拠にしているのは、『日本書紀』である。

私が、拙著『古事記と天武天皇の謎』で『皇胤紹運録』をとりあげたのは、佐々氏批判の坂本太郎の意見は、全面的に認めるわけにはいかないとして、とりあげたのであって、『皇胤紹運録』を佐々・小林の両氏のように、「天智・天武の同母兄弟関係を疑う」主な根拠にしてはいない。

とまず書き、次のように書いた。

「およそ歴史家の精否を分つ鍵は、史料の選択にある」と書き、自分(白崎氏)はそれを実行しているから、愚かな郷土史家を「嗤ふこと」ができるが、大和らは「できない」という。もし、私が「嗤ふこと」ができたとしても、私は嗤わないであろう。「できない」のでなく「しない」

のである。なぜなら、歴史家が嗤ったとしても、郷土史家のとりあげる「江戸時代の史料」(「史料」ではなく「伝承」だろう)が、なぜあるのか、それを無視したくないからである。歴史の真実は、歴史家の史料の選択によってだけできまるものではない。伝承も無視できない。

「江戸時代の史料」を使っている郷土史家の主張が、他の史料によっても、まったく検討価値のないものなら、とりあげないが、検討の余地があればとりあげる。その視点から、私は佐々・小林説を、批判しながらもとりあげたのである。郷土史家が伝承を史料にして短絡的な結論を出すのを「愚」と嗤うのは、正統史料だけを唯一とする「歴史家」の思い上りである。(中略)

白崎氏のいう、後代史料を無視せよという意見は、必ずしも「史学の鉄則」ではない理由を、実例をもって示そう。

弓月君を秦氏の祖とは、『日本書紀』は書いていない(『古事記』も)。書いているのは後代史料(『古語拾遺』『新撰姓氏録』)である。白崎氏の論法でいけば、「後代の史料に如何なる記載があろうとも、それを無視する」のが、「歴史研究の正しい態度」なのだから、弓月君を秦氏の祖としてはならない(傍点引用者)。ところが学界の通説は『日本書紀』より後に成立の、後代史料にもとづいて、弓月君を秦氏の祖としている。

いずれにしても、「史学の鉄則」または「歴史研究の正しい態度」について、白崎氏から私らへの御教示は、どうも釈然としないのである。釈然としないのは、白崎氏が批判されたように、私が郷土史家と同じ「愚」であるためであろうか。(2)

このように私は書き、白崎が天武は天智の弟だとする年齢推定を、「誤りなければ」と書くが、誤りが「ある」「ない」でなく、このような推定で、天智は天武の兄だときめつけること自体が、安易で説得力をもたないから、私は認めないと書いた。

白崎昭一郎の天智・天武異父兄弟説批判への反論（二）

白崎昭一郎は私の反論（「天武天皇と『日本書紀』」）に対し、一九八二年に「『日本書紀』の信頼限界と後代史料」という論考を発表した。この論考は私の「天武天皇と『日本書紀』」に対する反論である。(3)この反論には再反論しなかったのは、白崎が批判する拙著『古事記と天武天皇の謎』のうち、私見の天智・天武異父兄弟説は二五五頁のうちの二〇五頁から二一九頁までの、たった一五頁のみで述べている見解で、大部分は『古事記』の成立に関する論考だったからである。そこで改めて本格的な天武天皇論を発表しようときめ、一〇〇〇頁を越す『天武天皇論』を二冊に分冊して、一九八七年に出版した（『天武天皇論・一』『天武天皇論・二』大和書房）。またこの大冊の主要部分を『天武天皇出生の謎』と題して同年に出版し（六興出版）、一九九一年には『天智・天武天皇の謎』を刊行して（六興出版）、さらに新視点から拙論を補足した。これらの拙著で私は白崎批判に答えたが、主要な反論の要旨を書く。

その批判とは「大和氏は天武を宝皇女（斉明）が高向王に嫁してあげた漢皇子と同一視されるのであるが、若し高向王の子とすれば、高向氏と何らかの関係があると見るのが妥当であろう。『この高向氏は越前国坂井郡高向郷が本貫と推測される』と大和氏は説かれる。越前在住の私は、越前に高向氏などという豪族がいた証跡を知らない。ともあれ天武は、生涯を通じて越前と無関係だったようである」と書く。これはまったくの誤読による批判である。高向氏の本貫を越前国坂井郡高向郷が本貫と書いているのは小林恵子で、(4) 私ではない。私は白崎昭一郎が取り上げている拙著『古事記と天武天皇の謎』で、「高向漢人は漢氏系だが、この高向氏は漢氏系でも異質である。親新羅なのである」と書き、その理由として、「越前国坂井郡高向郷には、式内社の高向神社がある。継体紀によれば、継体天皇の母振姫の故郷は越前国高向であり、継体は高向で養育したとある。高向神社は乎波智君を祭るが、『上宮記一伝』によれば振姫の父である。つまり継体天皇の母方の祖父である。この振姫・乎波智君など、継体の母系の呼称について、安羅・加羅、新羅的要素が濃厚だと、佐野仁應は述べているが（「継体天皇の出自」「東アジアの古代文化」一〇号）、その論証には問題があるが、大筋においては賛同する」と書き、越前国の高向の地の式内社の高向神社の祭神は、継体天皇の母系の人物だが、加羅（安羅）・新羅とかかわると私は書いているだけで、高向氏の「本貫」などとはどこにも書いていない。しかしその後の考証の結果、第一章で詳述したが、高向臣の本貫は式内社の高向神社のある越前国坂井郡の高向郷である。

　また私見について、「漢皇子を天武の別名とすれば、天武と漢氏との関係も密接であって然るべきである。しかるに天武は六七七年に漢氏を激しく叱責する詔を発している。かくも嫌悪感に満ちた詔を、自分と親近関係にある氏族に与えるであろうか。天武は元来、漢氏とは無関係だったのであろう」と書く。しかしこの問題についても第十章で詳論したが、白崎が批判する拙著（『古事記と天武天皇の謎』）の二一〇頁で、私は壬申の乱に大海人軍に協力した何人かの東漢氏の人物たちを明記している。しかしこの記述を無視して、天武と東漢氏は無関係と書いている。さらに私は東漢直に出した天武の詔（三〇七頁参照）を示し、この詔によれば東漢氏は壬申の乱に協力しているのに、その事に一言も詔でふれていないのはなぜか、と書き、理由は天武側は壬申の乱に新羅の力を借り、乱後の新政権で親新羅の政策を執ったから、反新羅の東漢氏の行動を、当時の国際関係から危険とみて、不穏な行動をしないように、詔を出したと書いた（その事は第九章の三〇七頁〜三〇九頁で詳述した）。そしてさらに次のように書いた。

そのことは、天武九年（六八〇）に朝妻（御所市）に行幸して、大山（六位）以下の馬を看《み》て、さらに騎射も演じさせたという記事とも無関係ではない。飛鳥の檜隈《ひのくま》は騎兵集団として優れている東漢氏の本拠地である。この東漢氏の騎兵が飛鳥古京を襲撃するときには、大海人皇子側について活躍している。それなのに檜隈で行わず、新羅系渡来人の多く住む葛城の朝妻でやったことも、六年六月の東漢氏に対する詔と無縁ではないだろう。(2)

このように天武を養育した親新羅の西漢氏（忍海漢人・高向漢人）の居住地の葛城で騎兵の練兵式をおこなっていることも、反新羅の東漢氏に詔を出した理由の一つとしてあげているのに、この私の文章も無視して批判している。また前述した天智紀の二つの「或本に云はく」として載る持統天皇の姉妹関係、母子関係の異伝について、再び私は白崎昭一郎に問うているが、このもっとも重要な天智・天武の兄弟関係を疑う史料については、またも答えていない。

遠山美都男の天智・天武異父兄弟説批判への反論（一）

遠山美都男は一九九六年に『壬申の乱』（中公新書）を刊行し、「大海人皇子の誕生」の項で次のように書く。

　大海人は天智よりも年長であったということで、つぎのような推測が生まれる。すでに述べたように、皇極には先夫・高向王とのあいだに漢皇子という男子がいた。彼は天智の異父兄ということになるから、この漢皇子こそ大海人ではないかというのである。大海人と天智は父を異にする兄弟だったというわけだ。さらに漢皇子という名前から、彼は渡来人あるいは渡来人の子だったとする飛躍した推理まで登場している（これは当時の王族の命名の在りかたをまったく無視している）。これによれば、ふたりはアカの他人どうしだったことになってしまう。これらは主として作家とよばれる人びとが唱えている。

　だが、ちょっと待ってほしい。[5]

　この遠山の記述で最初に述べているのは、天武を天智の異父兄とみる私説であり、「主として作家とよばれる人びとが唱えている」説は、井沢元彦・豊田有恒・佐々克明・小林恵子らの説である。井沢元彦や豊田有恒は作家である。この批判に対して私は同年に「天智・天武の兄弟関係と『日本書紀』――遠山美都男『壬申の乱』を読んで――」という拙稿を書いた。その内容の主要部分を書く。

　私は「子の年齢をもって父の年齢を推理できない」と書いて、次のように述べた。

　天智と天武の子の年齢から、遠山は父の年齢を推測しているが、私は遠山の著書『壬申の乱』で参考文献としてあげている拙著『天武天皇出生の謎』（二二六頁）で、

　天武の子の高市皇子は、天智の子の鸕野皇女より一〇歳ほど年下で、十市皇女は高市皇子より年下だが、大友皇子（鸕野皇女より二歳下）の妃になっているから、天智の子より、天武の子

のほうが年下である。だから、天武は天智の弟とする意見もでるであろう。だが、私は兄より六歳下だが、私の子は兄の子より年上であるように、子供の年齢から父の兄弟の年齢を単純に決めるわけにはいかない。

と、はっきり書いている。このように書いた拙著を遠山は参考文献としてあげているのだから、拙著をよく読んでいないといわざるを得ない。また「天智・天武天皇の兄弟関係と『日本書紀』——遠山美都男の『壬申の乱』を読んで——」という拙稿では、

兄の子供たちが弟の子供たちより年齢が下の例は、わが家だけではない。例えば現代の天皇家をみてみよう。兄の皇太子には子がない。これから子が生まれれば弟の秋篠宮の子供たちより年下になる。この子供の年齢から後代になって遠山のような推論をすれば、平成時代の皇太子は秋篠宮の弟になってしまう。(6)

このように私は書いた(この原稿は一九九六年に書いているから、皇太子の長女はまだ生まれていない)。また遠山は「現在のところ、天智と大海人の兄弟関係を根本からくつがえすに足るような史料は見当らない」と書くが、東大教授の坂本太郎・京大教授の上田正昭・早大教授の水野祐ら日本古代史研究の碩学たちも、天智紀の系譜記事の異常さについて指摘しており(そのことは遠山が取り上げる拙著『天武天皇の出生の謎』『天智・天武天皇の謎』で詳述しており、本書でも序章で述べている)、水野祐はこのような天智紀の天智天皇の皇女・皇子の系譜記事の史料から、天智と天武は異母兄弟ではないかと書いている例をあげて、私は遠山美都男の私説批判に反論したが、第一章で述べた『日本書紀』の真人賜姓の記事は、「天智と大海人の兄弟関係を根本からくつがえす」史料の一つである。

遠山美都男の天智・天武異父兄弟説批判への反論（二）

遠山美津男は中世文献に載る天智と天武の年齢について、『壬申の乱』で次のように書いている。

> 大海人の没年齢を六十五とする中世の諸文献は、他方で天智の没年齢もしっかりと記しているのである。それによれば、年齢差はさまざまだが、天智・大海人の兄弟関係は動かない（なかには『神皇正統記《じんのうしょうとうき》』のように同年の誕生、つまりふたごの兄弟と考えるものもある）。

だが、このようにいう人がいる。中世の文献は大海人の没年齢について種々の伝えを載せているが、大海人が六十五歳で亡くなったという伝えは中世では定説的な位置を占めていた。それに対し、中世の文献が記す天智の没年齢はその筆者たちが『日本書紀』の記す天智の没年齢とのギャップ（天智よりも大海人のほうが年上になってしまう）を解消するために操作したあくまでウソの年齢にすぎないというのである(5)。

この「ウソの年齢」を「中世の知恵」と主張するのは坂本太郎だが、遠山は天武が天智より年長と書く中世文献の年齢は「ウソ」だから、二人の天皇の「兄弟関係は動かない」と主張するのである。そして次のようにも書く。

> 中世の諸文献によれば、大海人の没年齢を六十五歳とするのが定説だったというが、それでは、それが直ちにたしかな事実だといえるのだろうか。大海人の没年齢を七十二歳、七十三歳とする中世の文献もあることを無視しないでほしい(5)。

と書いているが、六十五歳説以外に七十二、三歳説があることも、年齢が動いている証明だが、天武だけでなく天智の年齢も中世の文献では動いている（その事実は序章で中世文献の天皇の年齢の表で示した）。私は北畠親房の『神皇正統記』の天武天皇の年齢を七十三歳とする理由について、拙著『古事記と天武天皇の謎』『天智・天武天皇の謎』に書いた文章を引用して書いているので、その私見をそのまま引用する（『和漢合符』は天武の年齢を七十二歳と書いているのは、『神皇正統記』の七十三歳の誤記）。まず『天智・天武天皇の謎』に書いた文章を示す。

問題になるのは、天武七十三歳説である。小林恵子は、「北畠親房が、従来の天武六十五崩説を知らないとは考えられない。では、何故、天武の年齢を変更して、あえて同年になしたのであろうか。そこに、天武が年長という伝承が隠されていたからではないだろうか」（「天武天皇の年齢と出自について」）と書くが、『神皇正統記』よりすこし前に成立した『仁寿鏡』に「七十三歳」とあるから、北畠親房が「あえて同年になした」のではない。

『仁寿鏡』の七十三は、『日本書紀』の天智が天武の実兄とする説と、年齢では天武が天智より年長になる事実の両方を合わせて、二人を双生児にした年齢である。

『神皇正統記』は、天皇を「神皇」として、その「正統性」を後世に残すため、親房が精魂こめて書いた年代記である。親房は『一代要記』の六十五歳と『仁寿鏡』の七十三歳は知っていたろうから、当然正史どおりに、天武を天智の弟として六十五歳を採るべきである。それなのに、敢えて七十三歳のほうを採ったのは、天武が天智より年長とする伝承が強かったことを考慮したからであろう。(7)

と私は書いた。北畠親房は『日本書紀』の天智の実弟が天武という記事を信用したかった。とすれば天武が天智の兄となる『一代要記』の記事は当然無視すべきであり、『仁寿鏡』の双生児説も無視すべきである。しかるに双生児説を採っているのは、『一代要記』という天皇の一代記が書く天智天皇の年齢に、相当の根拠を認めていたからであろう。

次に『古事記と天武天皇の謎』に書いた文章を示す。

> 問題にしたいのは『神皇正統記』である。『神皇正統記』は天智と天武を同年としている。坂本太郎のいう「中世に行われた知恵」が働けば、『神皇正統記』こそ同年説を書くのはおかしいのである。『神皇正統記』は北畠《きたばたけ》 親房《ちかふさ》が天皇を「神皇」として、その「正統性」を後世に残すために精魂こめて書いた書である。それも戦いのさ中、南朝が「正統」であることを力説して書いた書である。そういう本の中で、北畠親房は天智は天武の兄という『日本書紀』の「神皇」に関する記事を知りながら、なぜ天智を天武と同じ歳にしたのか。（中略）坂本太郎風にいえば、北畠親房もまた「歴史の常識に挑戦」しているのである。
>
> 北畠親房が天智・天武を同じ年にしたのは、（中略）天智より天武が年齢が上とする資料もみていたために、『日本書紀』の記事を全面的に信用せず（信用することが「歴史の常識」）、天智・天武を同年にしたのであろう。(8)

この文章を引用して遠山の見解について、

> 拙著の引用からでもわかるように、遠山の批判に答えれば答えるほど、天武が天皇の「実弟」だとする『日本書紀』の記述は疑わしくなるのである。(6)

と書いた反論（「天智・天武天皇の兄弟関係と『日本書紀』——遠山美津男『壬申の乱』を読んで——」）を発表

した。中世文献は「ウソの年齢」でなく天武の「六十五歳」を認めた上で、その年齢を認めると正史の天智と天武の年齢が逆転してしまうから、天智の年齢を多くしたり、多くした天智の年齢に合わせた天武の年齢にして、二人を双生児にしたりしている（その具体例は本書二九頁の表を見てほしい）。この「中世の知恵」は最初にこの年齢を示した歴代天皇の一代紀の『一代要記』の天武天皇六十五歳を認めた上で、正史の「弟」に対しこの年齢では「兄」になってしまうから考え出された「中世の知恵」なのである。遠山が主張するように天武六十五歳を、中世の知識人は「ウソの年齢」と思っていたのではない。「ウソ」だと思えば二九頁で示した「中世の知恵」による天智と天武のさまざまな年齢は、書かれなかったであろう。

遠山美都男の天智・天武異父兄弟説批判への反論（三）

遠山美都男は一九九九年に『天智天皇』と題する著書を刊行した。[9] その著書で私の名前をあげていないが、私が「天智・天武の兄弟関係と『日本書紀』——遠山美都男『壬申の乱』を読んで——」で述べた、遠山美都男の批判に答えた拙稿に関連して書いている文章、つまり私見への反論・批判を書いているので、私は「天智天皇はなぜ二十七年間も『皇太子』か」と題する論考を発表した。[10] そこで「遠山美都男の大海人皇子観批判」という見出しで反論を書いた。その文章を整理して示す。

遠山美都男は「大海人皇子はこれまで、中大兄皇子の有能な弟であり、有力な王位継承資格者であったかのように見なされてきたが、実は、彼には即位資格などほとんどみとめられていなかったと考えられる」（傍点引用者）と書くが、[11]「実は」と書く以上は「即位資格などほとんどみとめられていなかった」（傍点引用者）実例を示すべきであり、そのような史料を示した上で、「考えられる」ことを述べなければ、大海人皇子を「有力な王位継承者であった」とみている古代史学者の見解を否定することはできない。遠山美都男とはまったく違う見解の史学者は多いが、代表的意見として学習院大学で遠山美都男の指導教授であった黛弘道の見解を示す。

　黛弘道は中大兄が孝徳天皇が亡くなったのに、孝徳紀で「皇太子」と明記している中大兄が即位せず、母の皇極天皇が六十歳を過ぎているのに異例の二度目の天皇（斉明天皇）として即位している事実について、中大兄が即位しなかったのは「虎」と呼ばれて恐れられていた有能な「実弟」（大海人皇子）が居たからと推論している。黛説は「実弟」が実力を持っていたから、自分が天皇になると棚上げされてしまって、政治の実権は全部弟に握られてしまうから、母を再び皇位につけて、中大兄は「皇太子」として実権を握ったと主張しており、[12] 教え子の遠山の見解とまったく正反対である。黛弘道の論考は井上光貞の天皇不執政説（中大兄が長期間「皇太子」のままで即位しないのは、天皇になると政治の実権を握れないから皇太子のままでいたという、中大兄が長期間「皇太子」でいる理由づけのために考え出された説）に拠っているが、[13] 第四章で書いたように中大兄の長期間の「皇太子」は事実ではない。したがって天皇不執政説は認められないが、中大兄が孝徳天皇の死後、即位しなかったのは、大海人皇子の存在であった（その事は第四章で詳述した）。

　遠山美津男は、大海人皇子には「即位資格などほとんどみとめられていなかった」と書くだけで、納得のいく詳細な説明をしていない。遠山の説明は「彼は基本的には、終生、兄の輔佐役に徹する役回りにあった」と書き[14]（傍点引用者）、天武朝も天智天皇が生前できなかったことを継承した近江朝の亜流政権と書く。しかし遠山が評価する天智の治政がいかなるものかは、第八章「たった四年間の天皇の天智の虚像」で詳細に示した。『日本書紀』が創作した天智の虚像を実像と錯覚して書いている遠山の史観は間違っている。大海人皇子を遠山は「終生、兄の輔佐役」と書くが、「終生」というなら壬申の乱はなんなのか。遠山自身が壬申の乱は大海人皇子の天智天皇に対する裏切り行為の意味で、「裏切ったのは中大兄ではなく、大海人だった」と書いているではないか。[15]「兄の輔佐役」が「裏切った」のに、「終生」の輔佐役といえるだろうか。

そのことは『日本書紀』（天武天皇即位前紀）が近江京を去って吉野入りした大海人皇子について、

或《あるひと》の曰《いわ》く、「虎に翼を着けて放てり」といふ。

と書いていることが示している。「終生、兄の輔佐役」の人物がなぜ「虎」といわれていたのか、納得のいく説明をしてほしい。

藤原仲麻呂編の『藤氏家伝』（『大織冠伝』）には天智七年（七年正月に天智天皇は即位しているから正確には天智元年）の即位の月に、天皇は群臣を召して琵琶湖畔の楼上で酒宴を催した。宴たけなわになって大海人皇子が長槍で天皇の座す前の敷板を刺しつらぬいたので、天皇は驚き、怒って刀を抜き大海人皇子を殺そうとしたという。このような大海人皇子像も「終生、兄の輔佐役」であったことを否定している。

遠山美都男の天智・天武異父兄弟説批判への反論（四）

遠山美都男は天武が天智の皇女を四人も妃にしていることについて、次のように書く。

中大兄の子女を見ていると、気がつくのは、彼のむすめが四人も弟の大海人皇子に嫁いでいることである。すなわち、大田・菟野讃良・新田部・大江の四皇女であるが、彼女たちはどのような理由で叔父である大海人と結婚したのであろうか。

もちろん、これらの結婚が一定の政略にもとづくことは明らかであろう。このような近親婚は王族層において決してめずらしいものではなかったが、叔父がその姪を四人も娶るのはやや異常ではある。

この異常性に着目し、このような縁組みが行なわれたのは、中大兄と大海人が実の兄弟ではなかったからであるとする推測も見られるが、それは妥当ではない。なぜならば、この見方は政略結婚というものの意義や目的を矮小化しすぎており、政略結婚とは、敵対関係・競合関係にある他人どうしがたんに手を結ぶための手段であると決めてかかっているからである。この前後の王族層に見られた近親婚という政略結婚の意義や目的は、時期や段階によって、それぞれ異なるものであったと考えねばならない。

このように遠山美都男は書いて、「中大兄が四人のむすめを弟の大海人に嫁がせることになったのは、草壁や大津のような血統をもった皇子をもうけるため」、つまり「中大兄と大海人、双方の血」を引くという「特殊な血統」の持ち主を作るためと主張し、中大兄の「特殊な血統」維持のために、中大兄は娘を次々に四人も弟に嫁がせたと書くが[16]、この主張には説得力がない。

一、「特殊な血統」とはなにか。「特殊」についての説明がまったくない。

二、天智を他の天皇とは違う偉大な天皇と遠山は見ているから、「偉大」を「特殊」と表現しているようだが、「偉大な血統」を「特殊な血統」と表現すること自体がおかしい。
三、「血統」に冠する言葉だから「特殊」と敢えて表現した事を認めたとしても、第七章で詳述したように、天智治政の四年間を「特殊（偉大）な血統」による天皇の治政とは認め難い。
四、四人も「弟」が「兄」の皇女を妃にしたのは、兄の「特殊な血統」を維持するためだというが、血統の維持なら天智自身が多くの妃を入れて皇子・皇女を生ませればよいではないか。なぜ本人が「特殊な血統」の維持をせずに、四人のうち二人は「兄」が「弟」に、さらに「弟」が「兄」の子を妃にしているのか。
五、問題なのは、「中大兄が四人のむすめを弟の大海人皇子に嫁がせることになった」と遠山美都男は書くが、中大兄のかかわったのは二人の皇女で、後の二人は中大兄の死後、天武の意志で妃にしており、遠山は誤読している。
また私が編集する「東アジアの古代文化」に掲載した前述の拙稿で[10]、私は次のように書いた。

私は本誌八八号に「天智・天武の兄弟関係と『日本書紀』——遠山美都男『壬申の乱』を読んで——」を書いた。その拙論でくわしく「年齢の逆転」がなぜおきたか詳述した。その私見に遠山美都男は反論も批判もせず、「出発点自体が問題にならない」と一言でかたづけている。このような批判では歴史研究は一歩も進まない。なぜ私説の「出発点」が「問題にならない」のか、その理由を本誌の誌面を提供するから、ぜひ御教示願いたい。それをせずに一蹴するのは正当な批判ではない。

「年齢の逆転という出発点自体」を問題にしているから、中世の歴史家は天智天皇が兄になる年齢や、天智天皇と天武天皇が双生児だとする年齢を作っており、坂本太郎はこのような年齢創作を「中世の知恵」と評価しているのである。また現代の歴史家たちは（川崎庸之・直木孝次郎の論考、日本古典文学大系『日本書紀・下』の頭注に関与した井上光貞・青木和夫・笹山晴生・黛弘道の見解）は、天武の年齢の六十五を五十六の誤記としたり、児玉幸多・小西四郎・竹内理三らが『日本史総覧（古代・二）』で、天武の年齢をまったく不明とするのは、「中世の知恵」に対して「現代の知恵」である。『中世の知恵』も『現代の知恵』も、いずれも年齢逆転という「出発点自体」を問題にしている。したがって「年齢逆転という出発点自体が問題にならない」なら、中世・現代の歴史家たちが、「年齢逆転という出発点自体」を問題にしていることも、（遠山美都男は）なぜ「問題にならないか」をきちんと説明すべきである。

このように私は書いた。また、もっとも単純なことだが、歴代天皇のなかで天武天皇のみ年齢が不明である。このことを出発点にして私は問題提起をしているが、このような単純なことさえ遠山は答えていない。この文章で「本誌」と書いているのは「東アジアの古代文化」のことだが、この季刊雑誌は三十四年間続けたが、八十になって私の体力に限界がきたので、二〇〇八年に終刊にしたが、私が「本誌」に反論を書いてほしいと書いてから終刊まで、九年間待ったが、遠山美都男の反論はない。

松尾光の天智・天武異父兄弟説批判への反論（一）

松尾光は一九九八年刊の「歴史読本（九月号）」に、「天智・天武『非兄弟』論争」と題する文章を発表している[17]。松尾光はこの文章で佐々克明の天智・天武非兄弟説に対して[18]、坂本太郎の批判を取上[19]

げ、これを「『非兄弟』論争」として書いている。そして私説にまで拡大し、私の異父兄弟説も同じだとして、坂本太郎の非兄弟説を引用して私見を批判している。[17]しかし私見は非兄弟説を否定し異父兄弟説を主張しているのに、非兄弟説と異父兄弟説を同じにみて批判しており、批判のしかたそのものが間違っている。

松尾光の批判も遠山美都男の批判と同じに『日本書紀』は正史だから、天智と天武の兄弟関係は正しい。疑うのは基本的に間違っているという立場からの批判だから、私は次のように書いた。

　国家権力による「正史」「国史」の編纂意図についてである。松尾氏は正史に書かれていることは、すべて正しい。都合の悪いこともいいことも、すべて真実を書いていると思い込んでいる。「正史」と称する歴史書であればあるほど、権力者の都合のよいことが書かれており、隠したいことは記さない。そのような編纂は古代も現代も、国家権力による国史編纂においては、常になされていることは、歴史を学ぶ者の常識である。[20]

さらに私は「松尾光は『日本書紀』の『兄弟関係・兄弟順』は信用できると書くが、坂本太郎は『天智紀の史料批判』で、天智紀には錯誤・矛盾・疎漏・重出記事は『他の巻の同様の記事とも離れているし』、天智紀の『他の記事』とも離れている」と書き、次のように反論した。

　水野祐、上田正昭らも述べているように（引用者注、水野・上田の見解はこの文章の前に私は述べている）、史料価値の信用性の高いと信じられている七・八世紀においても、もっとも重要な即位年や皇室系譜において、異説・異伝があり、鸕野讃良皇女（持統天皇）が崩御して十八年しかたたない『日本書紀』編纂時には、どれが正しいかわからなくなっている状況である。とすれば、天武を天智の実弟とする系譜を作ったとしても、当時の人たちに、そうだったかと思わせるのには、そう難しいことではなかったろう。[20]

と書いて、『古事記と天武天皇の謎』に書いた次の文章を例示した。[21]

『日本書紀』の編纂のころに、天智天皇の子供の出自がはっきりしていない。天智天皇七年（六六八）二月十三日の条に、天智天皇の妃と子の記載がある。その記事によると、天智天皇は、蘇我山田石川麻呂の娘を妃にしているが、その妃と皇子皇女について、三通りの異った伝えがある。

本文。天皇の妃遠智娘の子。一、大田皇女。二、鸕野皇女。三、建皇子。

異伝一。天皇の妃遠智娘の子。一、建皇子。二、大田皇子。三、鸕野皇女。

異伝二。天皇の妃茅渟娘の子。一、大田皇女。二、沙羅羅皇女。

このように天智紀に「或本に云はく」として、一つならず二つの異伝が載る例を示しているのに[20]（二つの異伝を載せているのも理由があることは、序章で書いた）、このことについてまったくふれずに松尾光は私説を批判している。この問いは白崎・遠山の批判に対しても示したが、三人の批判者は誰もこの天智紀の異伝については答えず、私見を批判している。都合の悪い事は答えず批判するのは、批判ではない。

松尾光の天智・天武異父兄弟説批判への反論（二）

松尾光は私の反論について、二〇〇〇年に「中大兄皇子・大海人皇子異父兄弟説について」と題する論文で私見を再批判している。[22]しかし私の反論が的なら、的に矢を射ってほしいが、この批判も矢は的に向っていない。私は中大兄の長期間の「皇太子」期間を問題にし、その長期間の異常性だけでなく、「皇太子」「東宮」期間が孝徳朝の「大化」元年から二十三年間であったり、舒明朝の十三年から二十七年間であったり、定まっていない事も問題にした（その事は第四章で詳述）。その長期間の中大兄の「皇太子」の理由について、「納得のいくように説明してほしい」と、拙稿の末尾に書いたのに、私見に対しての松尾光の再度の批判でも、まったくそのことにふれていない。

さらに私は松尾批判に反論した拙稿で、[20] 大きな的を示した。その的とは次の文章である。

異父兄弟説は松尾氏が取り上げた三冊の拙著（『古事記と天武天皇の謎』『天武天皇出生の謎』『天武天皇論（一）』）で詳述したが、特に『天武天皇出生の謎』と『天武天皇論（一）』で述べたのは、『日本書紀』の編纂意図であり、『日本書紀』成立論である。したがって異父兄弟説の是非を別にしても、天智・天武が非兄弟・異父兄弟なら『日本書紀』はそのように書いたはずだ。そう書いても「どこに不都合があったろうか」という松尾氏の『日本書紀』観を問いたい。

このように私は書いているが、この問いにまったく答えていない。これらの問いも松尾光が射るべき的である。

本書の主題は『日本書紀成立論』で、サブタイトルが「天武・天智異父兄弟説」であるように、基本は「正史」といわれている『日本書紀』の成立意図を論じている。その「意図」によって天智の異父兄が実弟に変えられたという視点で、私の天武・天智異父兄弟説は主張されている。したがって前述のような「問い」をしているのに、その事にまったくふれずに、正史の『日本書紀』に書いていないから、大和説は成り立たないという。「的《まと》」をはずして私説に矢を放っており、まともな論争にはならない。

私は松尾光が読んだという三冊の拙著で、前述した（序章三〇頁〜三五頁）ように、坂本太郎・水野祐・上田正昭が『日本書紀』の矛盾・混乱・重出記事が、特に天智紀に多いと指摘しており、水野祐・上田正昭は、天智紀七年の天智天皇の皇女・皇子の出生順序の異伝や、持統天皇の「ウノサラ」という名を母の違う二人の皇女の名にしている異伝記事を例示して、このような記事と天智の異父兄の天武を「実弟」に変えたのは連動していると書き、このような改変は『日本書紀』の最終編纂時に関与した藤原不比等の意図だと主張した。この私見の主張、つまり的に向って矢を射らず、「兄から弟へと変換する必要性が読みとれない」、「兄と書いても不都合でない」と、遠山美都男と同じような批判を、一度ならず二度も繰返している。したがって第一回の反論でもそのことを私が述べたが（中大兄の長期間の「皇太子」も「弟」を「兄」に変えたのと同じ意図によると書いた）、松尾光はそのような私見をまったく無視して、的へ向って射らず、同じ批判を繰返している。私は三冊の拙著で詳述したことを、松尾光の私説批判に対しても再度述べているのに、そのことにふれずに、第一回の私説批判と同じ批判をおこなっているのは、私の書き方がまずかったか、批判者の理解不足かのどちらかであろう。その一例を示す。拙著『天武天皇出生の謎』の「九、漢皇子と大海人皇子を別人化した現実的原因」を読んで、松尾光は私見を次のように批判する。

筆者には大和氏の構想がよく理解できない。天智天皇系であることを特色としたいというのなら、天智天皇の方こそ「高向王の子で、漢皇子の兄」と捏造すればよい。実力で王権を奪った大海人皇子側がいまさら天智天皇にすり寄る必要などない。天智天皇の異父兄弟のままで、「天武天皇系諸皇子のなかでは前大王の天智天皇系」と主張するのではなぜ都合が悪く、打倒された前王朝の大王の同母兄弟と主張するとどんな利益があるか。(22)

この私説批判は無理解と意味不明の文章である（松尾も私見を「よく理解できない」と書いているが、この書き方は私の書き方がまずいから「よく理解できない」の意である）。松尾光が批判する拙著（『天武天皇出生の謎』）の第九章の小見出しには、「追放された文武天皇の皇子の母と首皇子の母」、「建内宿禰が藤原氏と関係あるとした『日本書紀』の意図」、「黒作懸佩刀について」、「首皇子を皇位につけようとする不比等の執念」とあるように、私は天智天皇の皇女の元明天皇の孫で、天智天皇の重臣の藤原鎌足の子である藤原不比等の孫の首皇子（聖武天皇）を皇位につける事が『現実的原因』であり、天智重視のためには異母兄を「実弟」にするのがよいとみて、兄を弟に逆転したと書いた（そのことは本書の第十二章・第十三章でも詳述した）。その私見を理解できないまま、相手を批判するのは批判にならない。

さらにつけ加えれば、私見は「兄」と「弟」の問題を論じているのに、松尾は「異父」と「同母」の問題として私見を批判しており、やはり的はずれの批判を繰返している。

松尾光の天智・天武異父兄弟説批判への反論（三）

松尾光はさらに次のように書く。

元明女帝の即位当時、天武天皇の子の穂積親王・新田部親王らは生きていた。皇位継承の要求を躱すのに四苦八苦するていどと思うなら、天武天皇の子たちの眼前で父方の祖父や伯父の名を偽造できようはずがない。(22)

しかし序章でも述べたが、偽造をカバーするために、持統天皇にも同じ異伝（或本に云はく）が二つあると、私は松尾が読んだという三冊の拙著で書いているではないか（この内容は三五頁参照）。『古事記と天武天皇の謎』では六頁（二一四頁〜二一九頁）にわたって書いており、『天武天皇論（一）』では八頁（六四頁〜七一頁）のスペースをとって書いている。また『天武天皇出生の謎』では一三頁（二二頁〜二七頁、二一六頁〜二二二頁）にわたって詳述している。したがって松尾光はこの記述を見落しているはずはない。天智紀の「或本に云はく」として記す持統天皇の姉妹の出生順の異伝記事と、鸕野沙羅々皇女を母の違う鸕野皇女と沙羅々皇女に分解して示す異伝記事は、天武天皇の兄弟関係の出生順に異伝がある事を意識して示しているのであり、次の持統天皇の名を分解して母の違う二人の皇女の存在を示す異伝は、大海人漢皇子を父の違う二人の皇子（大海人皇子と漢皇子）にしたことに対応して示している。このように私が繰返し力説しているこの記述を、松尾光は見落して批判しているのなら、批判者として怠慢だが、見落したのではなく、都合が悪いので無視したのであろう。この無視は白崎昭一郎も遠山美都男も同じである。私説の主張の根拠として私が示すもっとも重要な『日本書紀』の天智紀の記述を、まったく無視しての批判は、批判になっていない。

松尾光は私見を批判して、天武が天智より年長とする文献があったとしても、「兄弟順を覆す説は、古来どこにもなかった」。「兄弟順を疑うべき必要性はない」と書くが、序文でも書いたが、兄弟順をくつがえす文献が中世に刊行されている。そのような文献がきっかけで私は天智・天武異父兄弟説を主張している。前述（二七頁）したように日本古代史学者たちは、中世文献の天武六十五歳を五十六歳の倒錯とし、これが一時通説化していたから、松尾は、「兄弟順を覆す説は、古来どこにもなかった」と書くが、「どこにもなかった」のは、『日本書紀』の兄弟順は正しい。正史なのだから間違いがあるはずないという、先入観であって、この見解こそ問題である。

さらに松尾光は、次のように私説を批判する。

兄の子が弟に嫁ぐのならば年齢的にまだ順当であるが、異父兄弟説をとると弟がその娘を四歳または十二歳年長の兄（弟にとっては伯父）に嫁がせることになる。これらの方がものの順序としては不自然である。兄弟順は中大兄皇子→大海人皇子の方が自然であろう。(22)

この私説批判も私の著書をよく読まず、自分の見解を一方的に「天武・天智異父兄弟説」に対しておこなっている典型である。私が問題にしているのは、兄が娘を弟へ、または弟が娘を兄へ嫁《とつ》がせたことを問題にしているのではない。問題にしているのはその数である。四人もなぜ「実弟」が妃にしているかということである。私はそのことを『古事記と天武天皇の謎』で論じており、『天武天皇（一）』では「天武の妃に天智の娘が四人もいる理由」とゴシックの見出しをつけて、そのことを論じているし、『天武天皇出生の謎』でも「なぜ、天智天皇の娘を四人も妃にしているのか」とやはりゴシックの見出しをつけて四頁（二二〇頁〜二二三頁）にわたって述べている。その著書で私は二二七頁にわたる著書の終りを、次のように書いて結んでいる。

鸕野沙羅々皇女は斉明三年（六五七）に数え年十三歳で、大海人漢皇子の妃になっている。葛城皇子（中大兄）の一九歳ぐらいのときの子である。とすると姉の大田皇女は十七歳ぐらいのときに生まれており、斉明元年ころ、やはり十三歳ぐらいで大海人漢皇子の妃になったのだろう。

葛城皇子の大勢いる娘の中でたまたま一人を「実弟」の妃にしたのではない。最初に生まれた娘である。この娘をまっていたように嫁入り可能な歳（数え年の十三、四歳以上）になると、「実弟」に嫁入りさせている。もし「実弟」が事実とすれば、兄は弟を、兄弟の母（斉明天皇）は二男を、怖れ畏敬していたことを示している。しかしこの「実弟」に長女を嫁入りさせて一、二年後に、次女も嫁入りさせている。なぜ、つづけて一人ならず二人も、「実弟」に嫁《とつ》がせているのか。

実弟説に固執するなら、兄と兄弟の母が、なぜ、つづけて二人も「実弟」の妃にしたか、この異常な事実について納得のいく説明をしてほしい。また天武政権を樹立した直後も、さらに天智の皇女を二人も妃にしている。四人も妃にしているのは、異常すぎる。しかし、異父兄とみれば異常性は薄らぐので、『日本書紀』の大海人皇子を天智天皇の「実弟」と書く記述の信憑性を、私は疑わざるを得ないのである（引用文は一部を省略した）。

このように私は「数」を問題にしているのに、そのことにまったくふれず、「兄」の子を「弟」に嫁がせるのは当然だと、問題をすりかえての批判は、批判ではない。

以上、本章では白崎昭一郎・遠山美都男・松尾光の三人の私説批判に反論したが、私の反論の書き方がすこし強いのは、素直にうなずき、私見を改めるような批判でなく、ほとんどが私見をよく読まず、自分の日本古代史についての史観・理解で、射るべき的をよく見定めず、矢を射っているので、この乱暴な矢の乱射に、強く反撃したためである。特に私が的として示している、「天武天皇のみ年齢がなぜ不明なのか」という単純な疑問について、三人の批判者は誰一人答えていないからである。なぜ天武天皇のみ理由不明の年齢不詳の天皇なのか。私見を認めないなら、納得のいく説明をしてほしい。

〔注〕

（1）白崎昭一郎「天武天皇年齢考」「東アジアの古代文化」二九号　一九八一年　大和書房

（2）大和岩雄「天武天皇と『日本書紀』——白崎昭一郎氏に答える——」「東アジアの古代文化」三〇号　一九八二年　大和書房

（3）白崎昭一郎「『日本書紀』の信頼限界と後代史料」「東アジアの古代文化」三三号　一九八二年　大和書房

（4）小林恵子「天武天皇の年齢と出自について」「東アジアの古代文化」一六号　一九七八年　大和書房

（5）遠山美都男「大海人皇子の誕生」『壬申の乱』所収　一九九六年　中央公論社

（6）大和岩雄「天智・天武天皇の兄弟関係と『日本書紀』——遠山美都男『壬申の乱』を読んで——」「東アジアの古代文化」八八号　一九九六年　大和書房

（7）大和岩雄『天智・天武天皇の謎』二〇頁　一九九一年　六興出版

（8）大和岩雄『古事記と天武天皇の謎』一八六頁〜一八八頁　一九七九年　六興出版

（9）遠山美都男『天智天皇』一九九九年　ＰＨＰ研究所

（10）大和岩雄「天智天皇はなぜ二十七年間も『皇太子』か」「東アジアの古代文化」一〇四号　二〇〇〇年　大和書房

（11）遠山美都男（注9）前掲書　二一七頁〜二一八頁

（12）黛弘道「古代天皇制の成立」『図説日本の歴史・3』所収　一九七四年　学習研究社

（13）井上光貞『日本の歴史・3（飛鳥の朝廷）』三五二頁　一九七四年　小学館

（14）遠山美都男（注9）前掲書　二一八頁

（15）遠山美都男（注9）前掲書　二一九頁

（16）遠山美都男（注9）前掲書　二一三頁〜二一六頁
（17）松尾光「天智・天武『非兄弟』論争」「歴史読本」　一九九八年九月号　人物往来社
（18）佐々克明「天智・天武帝は兄弟だったか」「諸君」　一九七四年八月号　文藝春秋社
（19）坂本太郎「天智天皇と天武天皇」『第二回法隆寺夏期大学講座講義録』所収　一九七四年
（20）大和岩雄「天智・天武異父兄弟説をめぐって――松尾光氏に問う――」「東アジアの古代文化」九七号　一九九八年　大和書房
（21）大和岩雄（注8）前掲書　二一七頁
（22）松尾光「中大兄皇子・大海人皇子異父兄弟説について」「礫」　二〇〇〇年二月号

終　章

「正史」と称する書に潜む主観的意図

『続日本紀』の『日本紀』成立記事から読みとる成立事情

『日本書紀』の成立を記す『続日本紀』の記事

終章にまとめを書く。まず『日本書紀』成立についての基本的な問題を書く。
『日本書紀』の成立について通説は、養老四年（七二〇）五月癸酉（二十一日）条に載るから、この日に成立したのは確かである。その記事を示す。

癸酉、太政官奏《そう》すらく、「諸司の国に下す小《いささ》けき事の類、白紙を行下《あてくだ》す。理《ことわり》に於《お》きて穏《おだ》ひにあらず。更に内印を請《こ》はば、恐るらくは聖聴を煩はさむことを。望み請はくは、今より以後、文武の百官の諸国に下す符は、大事に非《あら》ぬよりは、逃げ走る衛士・仕丁の替《かはり》を差《いだ》すことと、年料を催し残りの物を廻すことと、并せて兵衛・采女の養物等の類《たぐひ》の事は、便《すなは》ち、太政官の印を以て印せむ」とまうす。奏するに可《か》としたまふ。尺《たかはかり》の様《ためし》を諸国に頒《わか》つ。是より先、一品舎人親王、勅を奉《う》けたまはりて日本紀を修む。是に至りて功成りて奏上《さしあ》ぐ。紀卅巻系図一巻なり。

以上の記事が養老四年五月癸酉の記事だが、本文の「太政官奏」の付記として載るのが『日本紀』成立の記事である。序章でも書いたが、『日本紀』に「続」を冠した『続日本紀』が、なぜ『日本紀』の成立を、このような簡略な付記的扱いで載せているのか。この事実は無視できない。『日本紀』の「続」に冠する書が、『日本紀』について、かくも簡略な付記的な記事として載せているのはなぜか。その理由を書いた見解を私は知らない。しかし「是より先」については論じられている。序章でも書いたが、坂本太郎は岩波書店版『日本書紀・上』の解説で、「その先とはいつであるかについても諸説はまちまちである」が、「元明天皇のときとするのが穏当」と書き、理由として

「和銅七年（七一四）二月戊戌、従六位上紀朝臣清人、正八位下三宅臣藤麻呂に詔して国史を撰ばしむ
という記事が、『続日本紀』に見えている」と書いている。

坂本見解によれば、舎人親王による『日本書紀』の編纂は和銅七年からということになるが、坂本太郎は以上のような見解を書いて、次のように述べている。

ともかく書紀の編修は、天武天皇十年に始まり、養老四年（七二〇）に及んだ三十九年もの長い事業である。初めは帝紀・旧辞の校訂整理であったが、しだいに事業を拡大し、広く方々に資料を求めたり、正史としての体例を定めたりするのに、多くの年月を費やしたのであろう。稿本は何回か書き改められ、また書き加えられたのであろう。現在の書紀に分注としていれられている或本とか一本とかいうものは、それらの稿本の一種であろうと思われる。また、時に重複の記事があり、同じ固有名詞で用字の異なる場合も多いが、それらは編修の人や時が違うと共に、用いた史料もちがうから起こったものであろう。(1)

坂本見解を採って「是より先」を和銅七年（七一四）とすると、『日本書紀』成立の養老四年（七二〇）までは六年間である。それ以前の三十三年間が、前述のような編纂作業の期間となるが、なぜかくも長い期間を要したのであろうか。このような長期間かかったわが国最初の本格的国史の成立が、なぜ前述したような付記的扱いの記事になっているのか。そのことについては、坂本太郎を含めて、日本古代史の碩学たちの見解はまったくない。

また、『日本書紀』に藤原不比等の関与を推定する論者が多いが（そのことは様々な視点から本書で述べた）、いつ、どのように不比等が関与したかについての詳細な日本古代史家の論考はない。私は

『日本書紀』の成立は二段階で、第二段階においては、藤原不比等が積極的に関与したと推測している(不比等の関与については多くの論者が述べている事は第十章で述べた)。不比等が関与している『大宝律令』については、序章で述べたように、『続日本紀』は八例も関係記事を詳細に記している。しかし、『日本書紀』については、なぜか付記的記事が一例のみである。不比等の死の七十日前に成立した『日本書紀』が、なぜ簡単な付記的記事で終っているのか。『日本紀』の「続」と題する史書なのだから、もっと詳細に載せ、舎人親王だけでなく協力者の名も載せてもよいではないか。しかし本章の冒頭で示したような記事しか載っていない。このことについては序章で簡単にふれたが、終章では『日本書紀』成立論として重要だから詳細に論じる。

森博達の『紀』の各巻述作者と述作時期の検証

森博達は一九九一年に『古代の音韻と日本書紀の成立』と題する著書を刊行し[2]、一九九九年に新書判の『日本書紀の謎を解く——述作者は誰か——』を世に問うている[3]。この書は二〇〇〇年に毎日出版文化賞を受賞している。森博達の専攻は中国語音韻学だが、学生時代から『日本書紀』の表記に興味をもっていたから、すでに一九八八年に『日本の古代(十四巻・ことばの文字)』に、「古代の音韻と日本書紀区分論」と「古代の文章と日本書紀の成書過程」を、「日本語と中国語の交流」と題して発表している[4]。

森博達は『日本書紀』を大別して、β群(巻一—一三、二二—二三、二八—二九)、α群(一四—二一、二四—二七)、三〇巻、と三分類し、それぞれの述作者を推定している[3]。

森は$α$群の執筆時期を持統朝とし、執筆者を唐人一世の続守言と薩弘恪とみている。理由は音韻では$α$群の仮名は、中国語で読んで日本語の音韻を区別しているからである。一方、$β$群の執筆時期を文武朝とし、日本人の山田史御方が担当したと書く。理由は$β$群は倭音の仮名が多用されているからである。このことについて森は、私が編集責任者として刊行していた季刊雑誌「東アジアの古代文化」の一〇六号（二〇〇一年冬号）に、「日本書紀の研究方法と今後の課題」を掲載している(5)。

森は『日本書紀』の編修開始を持統五年（六九一）とみている。唐人の続守言と薩弘恪は持統三年（六八九）六月十九日に稲を賜わっているが、十日後の六月二十九日に「浄御原令」が班賜されている。薩弘恪は「大宝律令」の編纂に加わっているから、森は「浄御原令」の関与によっての稲の下賜があったと述べている。二度目は持統五年九月四日の賞賜である。この時は続守言・薩弘恪と百済の末士善信の三名が銀二十両を賜っている。森はその直前の八月十三日に、書紀編纂の重要史料となった『墓記』進上の詔が十八氏に下されているから、この下賜は国史の編纂をうながすためのものと、前述の論考で書き(3)、翌六年十二月十四日に末士善信を除いた続と薩の二人が水田四町を賜ったことが、そのことを証していると書く。

森は、「古代の画期は雄略朝と大化改新」だから、続守言が巻一四『雄略紀』からを担当し、薩弘恪が巻二四「皇極紀」からを担当したと書くが、なぜ巻一からでなく巻一四から『日本書紀』編纂が始まったかについてふれていない。さらに森の分類だと、続守言が巻一四から二一、薩弘恪が巻二四から二七を書き、巻二二・二三は$β$群に入り、文武朝になって山田史御方が述作したと書いている。なぜ巻二二・二三のみ抜かしたのか。森は『日本書紀の謎を解く』で次のように書く。

続守言は巻二一の述作修了間際に、突然筆を擱《お》いた。急死したのかもしれない。巻二一は「用明紀」と「崇峻紀」から成る。崇峻四年以後の文章には誤用や特殊な筆癖が見られた。日本人の筆だ。続守言に放置された巻末部分を後人が書き継いで、誤りを犯したのだ(6)。

また、「文武四年（七〇〇）の『大宝律令』撰定奉勅者の中に、薩弘恪の名は挙げられていたが、続守言の名は見られない」と書いて、続守言は文武四年以前に亡くなったと推測している(6)。

森博達は「東アジアの古代文化」一二二号（二〇〇五年冬号）から、「日本書紀割記」と題して四回にわたる連載論文を発表した。その第一回の「聖徳太子伝説と用明・崇峻紀の成立過程」で、巻二一（用明・崇峻紀）について論じている。巻二一の執筆中に続守言は亡くなったから、新しく手が加えられたが、「加筆者はβ群を執筆した山田史御方ではない。『於』字の特殊な筆癖の有無がそれを物語る。和銅七年（七一四）に国史撰述の詔勅を受けた両名のうち、低位の三宅臣藤麻呂が巻二一の潤色・加筆も担当したのだろう」と書いている(7)。この記述は前述の著書（『日本書紀の謎を解く』）には書いていない。

巻三〇の持統紀以外の他の巻（巻一～一三、二二～二三、二八～二九）は、巻二二～二三は、続守言が亡くなって述作できなかったので山田史御方が述作した巻で、本来の山田史御方の巻は巻一～一三と、巻二八～二九である。特に山田史御方が力を入れて書いたのは、巻二八の天武天皇即位前紀（壬申紀）と天武紀であった。

巻三〇の持統紀については、『続日本紀』の和銅七年（七一四）二月九日に紀清人と三宅藤麻呂に対し、国史撰述の詔勅が下りているので、紀清人が巻三〇の持統紀の撰述を担当し、三宅藤麻呂は諸巻

の潤色・加筆をしたと、森博達は推測している。(8)

以上が単行本の『日本書紀の謎を解く』や、この単行本刊行後に「東アジアの古代文化」に掲載した論文で、森博達が主張している見解である。

壬申紀・天武紀を山田史御方が担当した理由

森説を認めれば持統紀の巻三〇を除いたすべては、私が第一段階と書く文武朝の終りから元明朝前半に述作されている。『続日本紀』が書く『日本紀』の成立記事には「是より先」と書かれているが、この「是より先」が坂本太郎説のように(1)和銅七年（七一四）とすれば、持統紀を書き加えた和銅七年以降が第二段階の編纂であり、『続日本紀』はこの第二段階の編纂のみを書いていることになる。巻二九までは、森説によれば唐人の続守言・薩弘恪と、新羅留学の山田史御方（御形）が述作している。しかし私は第十一章「『日本書紀』二段階成立論の根拠」のサブタイトルで、「『日本書紀』の反新羅記事と百済系史官関与の問題」と書いて、百済から渡来した「史《ふひと》」氏族と、百済亡命氏族が『日本書紀』に関与していると書いたが、この百済系「史」と新羅留学の「史」の山田御方の関係は、『日本書紀』の二段階成立に深くかかわっていると、私は推測している。

山田史御方は森見解によれば巻一～一三、巻二一～二三、巻二八～二九を担当している(9)（巻二二～二三は続守言の担当だったが亡くなったので山田が述作したと森は書いている）。山田史御方がまかされた巻には、壬申紀（巻二八）と天武紀（巻二九）が入っている。この二巻は天武・持統天皇にとって、もっとも重要な巻であった。この二巻を入れるために天武・持統天皇は国史編纂を計画したとさえいえる。天武天皇が親新羅であったことは、これまでの各章で繰返し述べてきた。

現在私達が見る『日本書紀』は持統朝の初期から編纂が開始されたが、天武天皇と共に壬申の乱を戦った皇后も、親新羅であった（前述〈三七四頁～三七八頁〉した持統紀の反新羅記事は、第二段階の編纂時期に百済系史官らが入れた記事）。持統天皇の鸕野讃良《うのさらら》（沙羅々）皇女という名は、欽明二十三年七月一日条に載る新羅使が帰国せずに住んだ地の名である。欽明紀には「今の河内国更荒《さらら》郡鸕鷀野邑《うののさと》の新羅人の先《おや》なり」と新羅使について書いている。直木孝次郎はこの欽明紀の記事から「ここに領地または封戸《ふこ》を持っていたか、あるいはこの地出身の氏族に養育されたかの、いずれかの場合が想像される」と書いている(10)。持統天皇の実家の蘇我倉山田氏（後の石川氏）も、葛城の新羅系氏族と「倉」で結びついていたから、蘇我本宗家が親百済・反新羅であったのに対し、同じ蘇我氏系であったが同調しなかったから、蘇我本宗家滅亡後の新政権に蘇我氏でありながら右大臣として登場したのである（これらのことは第六章で書いた）。

このように持統天皇の養育地・養育氏族は新羅渡来氏族の居住地で、彼らが持統天皇を養育しており、母系の蘇我倉氏は親新羅氏族であった。また前述（三九六頁）したが、祖父の蘇我倉山田石川麻呂が中大兄らによって、祖父母とその子息・子女らが自害させられた時、母の造媛（遠智娘）がなげき哀しんで亡くなったのを鸕野讃良皇女はみている。直木孝次郎は持統天皇は「五歳から七―八歳までの間に、大きなうしろだてであった祖父と、情愛深い母とをあいついで失ったのである。祖父の死は、幼い皇女にはそれほどの印象を与えなかったかもしれないが、母との死別は、彼女にはじめて人生の深い悲哀を味わせたであろう」と書いているが(11)、「遂に傷心に因りて死するに到りぬ」（大化五年三月条）と『日本書紀』が書く母の姿は、持統天皇の年齢からすると母のそばで見ていたであろう。とすれば、父に対して憎しみはもっても、好意はもっていなかったであろう。

そのことは壬申の乱の時、大海人皇子の妻女のなかで鸕野讃良皇女のみが、夫と共に吉野へ入っているが、直木孝次郎は『持統天皇』で「在位中は毎年数回、多い時は年に五回も吉野へ来ていた。吉野は持統にとって、壬申の乱につながる思い出の深い地」であったからと書き、亡くなる前年の大宝元年に五十七歳の持統太上天皇が吉野入りをした六月について、「壬申の乱の兵をあげたのと同じ真夏の六月を選んだのも、恐らく偶然ではあるまい」と書いている。また亡くなった（大宝二年十二月二十二日崩御）の十月に、壬申の乱の関係地（伊賀・伊勢・尾張・美濃）へ行幸し、壬申の乱に功績のあった尾張連に宿禰の姓を下賜し、美濃国不破郡大領（宮脇木実）に外従五位を与えているので、直木孝次郎は「この行幸の目的は、壬申の乱と切りはなすことはできない。持統はひたすら天武のおもかげを求めて、四十五日の旅をつづけたのである」と書いている。[12] 私は直木孝次郎の見解を採る。

このように鸕野讃良（沙羅々）皇女は大海人漢皇子と一体であり、同じ天智天皇の皇女でも、元明天皇になった阿陪皇女とは違う。元明天皇は母は持統天皇の母と違う姪娘で、生まれたのも斉明七年（六六一）である。元明天皇も蘇我倉山田石川麻呂の孫だが、石川麻呂の事件の十二年後に生まれており、持統天皇がもっていたような父（中大兄）への感情はなかったであろう。

持統天皇（鸕野讃良皇女）は母の夫の中大兄皇子が、父母や兄妹らを無実の罪で自殺に追い込んだ事をうらみ、なげき悲しんで死に至る姿を見ているから、天智天皇（中大兄皇子）の娘であっても父をにくんでいた。したがって夫の天武天皇亡き後も、天智天皇の後継政権打倒の発祥の地へ、足繁く通ったのである。このような壬申の乱への思い入れからみても、壬申の乱の時、大海人軍に協力した新羅（その事は三〇一頁～三〇四頁に詳述した）に好意をもっていたのは当然だから、「新羅に学問《ものなら》ひき」の山田史御方に特に巻二八（壬申紀）・巻二九（天武紀）をまかせたのであろう（山田史御方が担当した巻二二―二三は、続守言の担当であったが、死亡したので彼が述作したのである）。

『日本書紀』第一段階編纂時期と六つの問題点

森博達の各巻述作者と述作時期の見解を紹介したが、問題はある。

第一は、なぜ神代紀からでなく、画期とはいえ雄略紀から書きはじめたかである。理由は原古事記というべき「フルコトブミ」が天武朝の内廷（後宮）で編纂されており（そのことは拙著『新版・古事記成立考』で詳述した）、特に「フルコト」としての神代から仁徳朝までは、くわしく書かれていたから、雄略朝からはじめたと考えられる。

第二は、続守言は崇峻紀の述作中に倒れなければ巻一四―二三の計十巻を担当していた。それにくらべて薩弘恪はたったの四巻（巻二四～二七）である。なぜ、担当の巻数が二倍以上も差があるのか。理由は持統朝に天武朝で計画した国史編纂を実行しようとした天皇は、藤原不比等の協力を得た（不比等が「持統朝の政界に重きをなした」理由として上田正昭は草壁皇子の黒作懸佩力を不比等に天皇が託した事と、藤原氏にかかわる藤原宮造営をあげる[13]）二人の父の中大兄（葛城皇子）と中臣鎌子はこの四巻で活躍し、中大兄は天智天皇、中臣鎌子は内臣藤原鎌足になっているのも、この巻であったから、特に四巻は別扱いにしたのであろう。

第三は、なぜ皇極紀から天智紀の四巻を別扱いにして、薩弘恪という唐人に担当させたかである。森博達は「『日本書紀』の編纂は、国家の大事業である。皇室や各氏族の歴史上の位置づけが行われる。政治的色彩がきわめて濃厚である。編修方針の決定や原史料の選定は、政治的に有力な日本人が主導したに違いない」と書いているが(14)、述作時の「政治的に有力な」人物は藤原不比等である。この不比等が主導して完成した大宝律令の編纂に薩弘恪は関与している。この律令には不比等を養育した田辺史出自の史官が二人(田辺史百枝・首名)も参加しているから、不比等と親しかった人物を大宝律令に関与させていたことは事実である。そのことは薩弘恪・田辺史百枝・首名以外に、大宝律令に参加した人物に伊吉博徳がいることからもいえる(三八七頁〜三八八頁に書いたが、博徳は不比等の指示で大津皇子の事件に関与している)。薩弘恪が関与した斉明紀には「伊吉連博徳書に曰く」と書いた注記が、三カ所(五年七月三日条・六年七月十六日条・七年五月二十三日条)に載る。しかも他にない長文の引用をしている。この事実からみても、薩弘恪は伊吉(岐)博徳とも親しかったから、自分の関係した斉明紀(巻二六)に博徳の文章を引用したのである。二人を結びつけたのは不比等が主導した大宝律令の述作に、二人が参加していることからみて、不比等によっているから、父の鎌足と鎌足とコンビを組んでいた中大兄の活躍を作文した皇極・孝徳・斉明・天智紀は、不比等と親しい薩弘恪が担当したのであろう。

第四は、なぜ日本人でなく唐人が述作者になったかだが、皇極・孝徳・斉明・天智紀は、近代史・現代史だから、述作者を唐人にすれば、事実を知っている日本人より、自由に持統天皇や藤原不比等の意図がいかせるので、日本の歴史や事実を知らない唐人を選んだのではないだろうか(もちろん彼らが中国伝来の文章にくわしかった事も重要な理由でもある)。

第五は、当時の近代史の四巻は中国人に担当させているのに、神代紀と古代史を担当させた山田史御方に、なぜ現代史の壬申紀と天武紀を述作させたのか。天武天皇が計画し持統天皇が実行したこの二巻は、もっとも重要な巻だから唐人にはまかせられなかった。しかし新羅に留学した山田史御方に夫の行動記録をまとめさせているのはなぜか。第九章で詳述したが、壬申の乱に協力した新羅と天武天皇の親新羅政策が、山田史御方の登用となったのであろう。

第六は、山田史御方は巻一から巻一三も担当している(巻二二—二三は続守言の担当だったが死亡したので御方が担当した事は前述した)。持統天皇は日神天照大神を祀る伊勢神宮に歴代天皇のなかで初めて行幸しており、日神を女神にしているのも持統天皇の意向の反映で、その意図が天武朝の内廷で「フルコトブミ」(原古事記)が編纂されたことに結びついているが(そのことについては拙著『新版・古事記成立考』で詳述した)、このような皇祖神への関心の強さが、神代紀二巻を山田史にまかせたのであろう。また「フルコトガタリ」として語られる古代も、神代紀との関連で担当させられたと考えられる(巻一三のなかには巻九の神功皇后紀が入っているが、この巻は第二段階で仲哀紀から切り離されて作られた巻であり、山田史御方は関与していない。私は森見解を大筋で認めるが、巻九は内容からみて山田史によるとは見ず、第二段階で関与した百済系史官の述作とみる)。

以上六つの問題点を示したが、ここで書いたことの多くは第一段階の編纂である。この時期の国史には中大兄(天智天皇)や中臣鎌子(藤原鎌足)が大活躍する記事はなかったろう。大幅な改変・加筆は、「是より先」と『続日本紀』が書く、第二段階の和銅年間の後半から、養老年間初頭の時期に書かれたのであろう。

首皇子のライバルの追放と第二段階の編纂

第二段階の編纂とかかわるのは、和銅六年十一月五日条の次の記事である。

石川・紀二嬪、号を貶め、嬪と称することを得ざらしむ。

この記事を角田文衛は「文武天皇の三皇子のうちの二皇子（広世親王と広成親王）が、皇籍を剝奪され、臣籍に降された」ことを含んでいると書いている。(15)「文武天皇の三皇子」のうち「皇籍を剝奪」されない皇子が、藤原不比等の孫で聖武天皇になる首皇子である。和銅七年に国史編纂（具体的には持統紀を意味する）をおこなったのは、石川・紀の二妃（「妃」であったのを「嬪」と書いているが、その理由は第十二章で書いた）を皇子と共に追放し、不比等が完全に実権を握ったからである。この追放については角田文衛の「首皇子の立太子」が詳細に論じており、私も第八章で、そのことは詳細に述べた。角田文衛も、「石川朝臣は当代随一の名門の蘇我氏にほかならず、門閥の高貴さに関しては新興の藤原朝臣を凌駕していた。（中略）それ故、石川刀子娘の産んだ二皇子は、門閥的にみて首皇子に優るとも劣ってはいなかった」と書き、(15)皇位継承の家柄として石川刀子娘の生んだ二皇子は、不比等の娘が生んだ首皇子より「優る」と書いている。持統太上天皇の母系が石川朝臣であることからしても、十五歳になったばかりの文武天皇の妃に、石川刀子娘を持統太上天皇が選んだのは、彼女が生んだ皇子を皇太子にするつもりであったと考えられる。しかし大宝二年（七〇二）十二月二十二日に五十八歳で持統太上天皇は崩じ、文武天皇も慶雲四年（七〇七）六月十五日に二十五歳で崩御したから、その意図は消された。文武天皇は十五歳で即位しているが、即位時に妃になった石川刀子娘は、天皇と同歳かその前後の年齢であったろう。したがって妃になって二、三年後に二皇子のうちの長男を生んだとしても、天皇が崩御した時にはまだ幼く、皇太子にはなれなかった。しかし天皇の死から七年目の頃には十二、三歳になっていたから、なんらかの理由をつけられて宮廷から母や弟と共に追放されたのである。角田文衛は二人の妃を追放した理由について、「二人の未亡人が密通しているという事実でなく、密通している、或いは誰かが通っているという噂だけで十分であった筈である」と書いている。[15]

この追放によって唯一残った不比等の孫の首皇子が皇太子になり、皇位につく道筋はほぼ確実になった。しかし首皇子の母系（藤原氏）の氏素姓は二流三流の氏族から成り上った新興氏族であったから、藤原不比等の孫を皇位につけるために、わが国で最初の公式な国史に工作しようとし、すでに出来上っていた国史（私は第一段階の『日本書紀』とみる）を公開せず、藤原氏に都合のよい国史を作ることにした。特に天智紀は不比等やその子らにとっては重要だったから、加筆・改作・新しい注記の加入をおこなったが、不比等が病気で倒れたので死ぬ前にどうしても完成したかった。そのため天智紀は坂本太郎が「天智紀の史料批判」で指摘するように、[16]「記事の重出・矛盾、編修の疎漏が目立つ」のだが、この段階での編修作業を、私は『日本書紀』編纂の第二段階とみる。

第十二章で詳述したが、和銅六年（七一三）十一月五日条の、「石川・紀二嬪、号を貶め、嬪と称することを得ざらしむ」とある記事について、角田文衛は、「文武天皇の三皇子のうちの二皇子（広世親王と広成親王）が、皇籍を剝奪され、臣籍に降された」記事と書き、おもて向きにはこのような記事にしてとりつくろったと書いている[15]。この翌年に紀清人らの国史編纂が始まっているから、この時期が第二段階の編纂が始まった時期だが、この時期に藤原不比等の地位が確立したから、持統天皇の母の出自の石川氏の血筋の二皇子を、母と共に追放したのである（この時、石川氏の妃だけでなく紀氏の妃も追放しているのは、持統太上天皇は石川刀子娘が皇子を生まなかった時には、名門の紀氏の妃が生んだ皇子を皇太子にしようと考えていたからであろう。不比等の娘が皇子を生んだとしても、不比等の孫を皇太子にする意志はなかったろう。角田文衛は石川・紀の「二皇子の皇籍剝奪によって最大の利益を博する者は誰か」と問い、答えとして「結局、陰謀の首謀者はどうしても、不比等であり、その継室・県犬養三千代であった」と書いている。「不比等もさることながら、三千代は権謀術数にかけては天才的な婦人」と角田は具体的事例を示して述べ、首皇子の立太子は「不比等や三千代の執拗にして巧妙な術策によって始めて実現した」と「首皇子の立太子」と題する論考を結んでいる[15]）。

不比等は孫の立太子の障害になるライバルの二皇子を追放し、最大の障害は除いたから、次に不比等らが計画したのは、藤原氏・中臣氏の格上げと、藤原氏の初代で不比等の父の藤原鎌足と、鎌足を重臣として用いた天智天皇の巨像化であった。したがって持統天皇が天武天皇の意志を生かして編纂された『日本書紀』は、ほぼ完成されていたのをストップさせ、不比等に都合のよい国史編纂に入った。その事は、二妃・二皇子の追放の翌年の和銅七年二月の国史編纂記事が示している。この和銅七年二月から養老四年（七二〇）五月までの六年間の第二段階で、鎌足と中大兄の活躍記事が加えられ、天智紀が改変されたのであろう。

『古事記』が中臣氏を無視しているのはなぜか

和銅六年の二皇子追放、和銅七年の国史編纂で無視できないのは、序文で和銅五年に成立したと書く『古事記』編纂である。しかし『古事記』編纂は『日本書紀』にはまったく載らない。『古事記』の序に記されているのみである。なぜ『古事記』をまったく無視するのか。私は拙著『古事記成立考』（一九七五年）、『新版・古事記成立考』（二〇〇九年）でそのことを詳述したが、理由は序文が偽作だからである。和銅五年に成立していない事は『古事記』の中臣氏関係記事からもいえる。もし和銅五年撰上の書なら、当時は藤原不比等が実権を握り、文武天皇の皇子で不比等の孫の首皇子と兄弟の二皇子を、母の石川刀子娘と共に宮廷から追放した時代である（そのことは三九六頁〜三九九頁参照）。したがって当然藤原・中臣氏に有利な記事が載っていなければならないが、『古事記』にはそのような記事は載っていない。

『日本書紀』は皇極紀までの中臣鎌子（藤原鎌足）登場以前の中臣氏関係記事を、十七事項載せている。『古事記』は推古記で終っており、仁賢紀以降は系譜のみで、くわしく載るのは顕宗記（『日本書紀』は巻十五）以前である。神代記から顕宗記までの『古事記』で「中臣」として載る記事はない。『古事記』は天の岩戸詞章で天児屋命については、「占会《うらな》ひ」、「布戸《ふと》詔戸《のりと》言禱《ことほ》ぎ曰《まを》す」と書くのみであり、天孫降臨詞章でも天児屋命が布刀玉命らと天孫に従って天降りしたと書くだけで、『日本書紀』が天児屋命について、本文で「中臣連の遠祖」「中臣の上祖」と書く記事はない。ただ天孫降臨記事の注記に「中臣連等之祖」とあるが、この注記は拙著『新版・古事記成立考』で書いたように、弘仁年間（八一〇〜八二四）に多人長が付記した注である（もし本文と同じ時につけられたとしても、注記である事は無視できない）。このように『古事記』本文には、中臣連と記す記事は一例もないが、『日本書紀』には七例載る。

一、菟狭津媛を侍臣「中臣氏の遠祖」天種子命にめあわせたという記事（「神武天皇即位前紀」の条）。

二、五大夫の一人「中臣連の遠祖」大鹿嶋らに神の祭祀についての詔があったとする記事（「垂仁天皇紀」二十五年二月条）

三、「中臣連の祖」の探湯主が卜占にたずさわった記事（「垂仁天皇紀」二十五年三月条の「一云」の条）。

四、景行天皇西征のさい、「直入の中臣神」をうけひまつる記事（「景行天皇紀」十二年十月条）。

五、四大夫の一人、中臣烏賊津連らに宮中を守衛せしめたという記事（「仲哀天皇紀」九年二月条）。

六、中臣烏賊津使主が宮廷審神者になったとする記事（「神功皇后摂政前紀」の条）。

七、舎人中臣烏賊津使主が、天皇の命をうけて弟姫を迎えたという記事（「允恭天皇紀」七年十二月条）。

この七例は同じ記事も似た記事も、『古事記』にはまったく載らない。『古事記』が和銅五年正月二十八日に撰上されたとすれば、『日本書紀』の第二段階の編纂期であり、同時期に紀清人らによる持統紀の述作がおこなわれていた時期なのだから、当然、中臣氏関係の記事をすべてとはいわないが、『古事記』に入れてもよいのに、中臣氏関係記事は皆無である事実からも、『古事記』の序の和銅五年成立は疑わしいのである。

現存『古事記』の成立の詳細は『新版・古事記成立考』を読んでほしいが、『古事記』は『日本書紀』と違って中臣氏を無視している事実を確認しておく必要がある。一方、『日本書紀』の中臣氏・鎌足関係記事は、三十五例も載る。

中臣鎌子以前の関係記事が十七例

中臣鎌子（藤原鎌足）関係記事が十八例

この多さは『古事記』の皆無とくらべても異例だし、『日本書紀』の他の氏族の関係記事とくらべても異常である。特に不比等の父の中臣鎌子（藤原鎌足）だけをみると、一個人の活動が十八回も記されている。これも他に例のない異例・異常な記事である。この事実からも『日本書紀』に藤原不比等が関与している事は否定できない。このような三十五例に及ぶ記事の多く、特に鎌足関係記事は第二段階に加えられたのであろう。首皇子を皇位につけるためには、祖父の不比等が当代随一の実力者であったとしても、その権力だけでは母の出自が石川氏・紀氏のような名門の出自でない皇子を皇位につかせるのは困難で、血統・血脈が重要であった。したがって卜占で奉仕する「中臣《なかとみ》」と呼ばれる「連」系氏族にとっては、「中臣《なかつおみ》」と呼ばれる神事そのものをおこなう主役の大（多）臣、春日臣・小野臣・柿本臣と同じだと主張する必要があったから、『日本書紀』にそのような活動記事を創作して載せたのである。しかし政治にかかわるために、鎌足―不比等の血脈のみが藤原臣を称し、神事をおこなう中臣連から分離したのも、藤原氏が成上り氏族であったことを証している。

鎌足以前の中臣氏関係記事については、上田正昭の論文「祭官の成立」で論じられているが、その考察で『日本書紀』に載る十七事項の中臣関係記事を検証し、「中臣氏の遠祖とする天児屋命の活躍する内容は、後の宮廷儀礼の所伝の投影」であり、「大夫」として活躍する中臣烏賊津連は「『紀』の編纂過程の潤色」と書く。また探湯主も「盟神探湯との関連で名づけられた実在性の乏しい」人物と書き、詳細な検証の結論として、「中臣氏の位置は天皇近親の下僚」で、『日本書紀』が書くような「中央における祭官としての立場は確立していない」と、詳細な検証の結果、上田正昭は結論している[17]。

以上述べたように、『古事記』と『日本書紀』の中臣氏・藤原鎌足関係記事を検証してみても、『古事記』に皆無の中臣連の記事に対して（注記に一例のみ「中臣連」が載るが、これは後代の注記）、『日本書紀』は他に見られないほど中臣・藤原氏の関係記事を豊富に載せている。この事実から見ても第二段階の編修作業の意図がわかる。『日本書紀』が『続日本紀』に付記として簡単に記されているのは、堂々とわが国最初の国史の成立として載せられなかったほど、私的要素の強い国史になっていたからである。

皇極・孝徳紀の鎌足関係記事の多くは疑わしい

天武天皇だけが天武天皇即位前紀（一般に「壬申紀」といわれている）と天武紀の二巻に載る。二巻掲載は異例である。この異例な事実は、わが国で最初の本格的な国史編纂は天武天皇が計画し、夫の天武天皇の意志を継承した持統天皇によって実行されたことを示している。しかし天武天皇・持統天皇の意図による国史は、そのまま世に出されず、改変されて世に出たのである。

中臣鎌子の『日本書紀』の最初の登場は皇極天皇三年正月条だが、この正月に彼は神祇伯（神祇官の長官）になったとあるが、皇極天皇の時代に神祇伯はなかったから、編者の潤色である。神祇伯には持統四年正月条に中臣大嶋がなっているが、浄御原令では神祇官頭（神祇頭）とある。持統五年十一月の大嘗祭に中臣大嶋は神祇伯として天神寿詞を読んでいるが、彼は持統七年三月に直大弐（従四位上相当）で賻物を賜わっている。この記事は大嶋の死去の時の賻物下賜の記事とみられているが、神祇伯（正しくは「伯」でなく「頭」）の時は、二年後の位階からみると、直大弐か広大弐（従四位下相当）であったろう。大嶋の死亡年齢は不明だが、大嶋の天武紀・持統紀の活動記事からみると五十歳前後であろう。ところが藤原鎌足が亡くなった天智称制八年（六六九）十月十六日条の注記によれば、五十歳または五十六歳で亡くなったとある。すると皇極三年（六四四）の鎌足の年齢は二十五歳か三十一歳である。神祇伯は後代の呼称だが、神祇伯と同等の役職につくのにはこの年齢では無理である。この年齢ではまだなんの功績もない低い身分の神祇官僚の一員でしかない。若輩なのだから、当時の神祇官僚の最高位につくはずない。したがって「再三固辞《いな》びて就《つかへまつ》らず、疾《やまひ》を称《まう》して退《まかりい》でて三嶋に居《はべ》り」は作文である。

　この記事につづけて、「軽皇子、深く中臣鎌子連の意気《こころばへ》の高く逸《すぐ》れ、容止犯し難《がた》きことを知りて、乃ち寵妃阿倍氏をして……」とある。この「寵妃阿倍氏」については第十五章で詳述したように、鎌足をもち上げるために作られた作文である。

　次に書かれている中大兄との法興寺の槻樹の下での打毱の出会いの記事は、多くの論者が述べているが、中国・韓国文献を参考にした記事でこれも事実ではない。また中大兄と共に南淵先生の学堂に学び、「潜《ひそか》に」蘇我入鹿暗殺の計画を「図《はか》り、相協《あひかな》はずといふこと無《な》し」も作文であることは、前述

（五二〇頁～五二二頁）したように藤原仲麻呂がこの『日本書紀』の記事をまったく無視している事からもいえる。無視どころか藤原鎌足は蘇我太郎（入鹿のこと）と共に旻法師の学堂へ通って、二人はお互いに尊敬し合っていたと、鎌足の曾孫の藤原仲麻呂は、『日本書紀』を熟読していながら、まったく違う記事を『藤氏家伝』の「鎌足伝」に載せている。

さらに問題なのは、中大兄と共に大活躍した蘇我入鹿暗殺事件である。この事件での中大兄と鎌足の活躍は、まったくの創作であることは第六章で詳述したが、蘇我入鹿暗殺事件はあったが、中大兄と鎌足は参加していない。

以上が皇極紀の記事だが、孝徳紀の記事を検証しても、鎌足関係記事が信用できないことがわかる。まず鎌足が長幼の序を説いて中大兄が天皇になることをやめさせた記事が、孝徳即位前記に載るが、第十六章で書いたが「鎌足伝」に載る長槍騒動記事では、長幼の序を中大兄に説いた鎌足が、まったく逆な行動を中大兄に対してとって、「弟」が無礼な行動をとったのに対して、「弟」でなく「兄」をたしなめている。『日本書紀』と違って『藤氏家伝』の「鎌足伝」は、鎌足と中大兄や大海人皇子との関係について、まったく矛盾した記事を載せている。このような記事が載るのは、本来は中大兄の兄が大海人皇子であったことを暗示している。いずれにせよ、これらの記事を事実・真実と見て論じていたのでは、歴史の真の実体は見えてこない。

次に孝徳即位前紀の記事も問題である。

大錦冠を以ちて中臣鎌子連に授け、内臣とし、封増すこと若干戸なり。云々。中臣鎌子連、至忠の誠《まこと》を懐《いだ》き、宰臣の勢に拠《よ》りて官司の上に処《お》り。故、進退廃置、計従《したが》はれ事立つ。

「大錦下」は大化三年（六四七）制定の冠位であって即位前紀の頃にはまだない。さらに「内臣」に至っては『日本書紀』成立の養老四年（七二〇）の翌年の養老五年十月二十四日条に初めて見られる。その詔に、「『汝《なむち》卿房前、内臣と作《な》りて内外を計会《はから》ひ、勅に准《なずら》へて施行し、帝《みかど》の業を輔翼《たす》けて、永く国家を寧《やす》みすべし』とのたまふ」とある。房前は不比等の二男であり、「至忠の誠を懐き」の鎌足と孫の房前は重なっており、房前の「内臣」が鎌足に重ねられ、鎌足が内臣になったのであろう。

また、白雉五年（六五四）正月五日条に、「紫冠を以ちて中臣鎌子連に授けて、封を増すこと若干戸なり」とあるが、紫冠には大紫と小紫があるのに、ただ紫冠とのみ書いていることからみても、この記事も事実かどうかはあやしい。以上述べたように、藤原鎌足関係記事の多くは作文と考えられる。

詳細に行動記事の載る鎌足の年齢がなぜ不明か

皇極紀で大活躍する鎌足は、孝徳紀では「内臣」として活躍したと書かれているが、なぜか斉明紀には鎌足は登場していない。これもおかしい。斉明紀にまったく登場しない鎌足も、天智紀で再び活動記事が載る。天智三年十月一日条に、「中臣内臣、沙門知祥を、遣して、物を郭務悰に賜ふ」とある。「内臣」を除けば、この記事が初めて事実を書いている記事といえる。次に称制七年九月二十六日条に、「中臣内臣、沙門法弁・秦筆を使して、新羅の上臣大角干庾信に船一隻を賜ひ、東厳等に付《さづ》く」とあり、八年五月五日条の天皇の狩の記事に「大皇弟・藤原内大臣と群臣、皆悉く従へり」とある。また八年の秋の記事にも「藤原内大臣の家に霹靂《かむとけ》せむ」とある。しかし同年十月十五日条に、「天皇、東宮大皇弟を藤原内大臣の家に遣して、大織冠と大臣の位とを授く。仍りて姓を賜ひて藤原氏とす。此より以後、通して藤原内大臣と曰ふ」とあるから、「内大臣」が先行して書かれている。このように先行して「内大臣」と書く事実は、藤原鎌足讃美の書き方で、正しい歴史的事実を書く史官の視点に立っていない。

以上が鎌足関係記事のすべてだが、鎌足が亡くなる六日前（十月十日）に天皇が病床に見舞った時の二人の会話を、天智紀は次のように書く。

詔して曰はく「天道輔仁、何ぞ乃ち虚説ならむ。積善余慶、猶《なほ》し是徴《しるしな》無からむや。若《も》し須《もち》ゐむ所有らば、便ち以聞《きこ》ゆべし」とのたまふ。対《こた》へて曰《もう》さく、「臣、既に不敏《をさな》し。復《また》何をか言《まを》さむ。但し其の葬事は、軽易《おろそか》なるを用ゐむ。生きては軍国《おほやけ》に務《つとめ》無し。死《みまか》りて何ぞ敢へて重ねて難《なやま》さむ」と云々《しかしか》をす。時賢《ときにさかしきひとき》聞きて歎《ほ》めて曰く、「此の一言、窃《ひそか》に往哲《むかしのさかしきひと》の善言《よきこと》に比《たぐ》へむ。大樹将軍の賞《たまもの》を辞《いな》びしと、詎《いづれ》か年を同じくして語るべけむや」といふ。

鎌足の発言を「時賢聞きて歎めて曰く」と書いているが、この賢者はこの記事を書いた筆者が作った人物で、彼は『後漢書』巻四十七馮異伝の「大樹将軍」の記事と、『文選』巻五十一の賈誼「過秦論」の「詎可同年而語哉」を引用して作文したのである。このような作文は孝徳紀の「中臣鎌子連、至忠の誠を懐き……」とある文章にもいえる。この文章は『魏志』武帝紀の「伊尹懐至忠之誠、抝宰臣之勢処官司之上、故進退廃置計従事立」をそのまま引用し、「伊尹」を「中臣鎌子」に変えただけである。

皇極紀三年正月一日条の記事でも、軽皇子の寵妃阿倍氏の記事には、『漢書』地理志下・『後漢書』巻一、光武帝紀上からの引用があり、「中臣鎌子連　為人《ひととなり》忠正にして匡済《きやうさい》の心有り」から、「疏然《さかり》て未だ其の幽抱《ふかきおもひ》を展《の》ぶることを獲《え》ず」の文章は、『後漢書』巻五十六、郭賀伝。『後漢書』巻百四上、袁紹伝。『尚書』舜典。『楚辞』九歌、大司命からの引用である。

正史といわれているわが国最初の国史が、一個人の鎌足関係記事だけは、特に中国文献を引用して讃美している。この事実からも、『日本書紀』には藤原氏の私的意図による記事が強引に入っている事は確かで、わが国最初の正史といわれているが、あまりにも私的な藤原鎌足讃美記事や、「内大臣」任命記事の以前から「内大臣」と書いている書き方からみて、堂々と『続日本紀』に『日本紀』の成立を載せられなかったのであろう。

ところで問題なのは、このように鎌足がいかに偉大な人物か特筆大書しながらも、なぜか鎌足の年齢が不明なのである。天智紀の称制八年十月十六日条の鎌足の死亡記事の注記に、『日本世記』には五十歳、碑文には五十六歳とあると書き、正しい年齢を書いていない。このように年齢も明記できないのに、鎌足の偉大な業績だけは詳細に明記している事からも（しかし多くのスペースは漢籍文献からの引用の美辞麗句を並べているだけだが）、『日本書紀』に書かれている鎌足像も、彼の出自の中臣氏も虚像である。

横田健一は「藤原鎌足伝研究序説」で、「中臣は大化前代には第二流もしくは三流」の氏族であったと書いている。(18) 二流、三流の氏族が、中臣鎌子一代で一挙に成上っている。この成上りの藤原氏の娘が生んだ皇子を皇位につけるには、藤原不比等が当代随一の実力者であっても、出自の低さが障害であった。今とは比較にならないほど出自の家柄が重視されていた時代である。とすれば、正史としての史書で中臣氏の家柄を高め、藤原氏の始祖の功績を示すことであった。そのためにほぼ出来上っていた国史を世に出すことをストップさせ、藤原氏用国史にするための工作をした。そのことは、藤原不比等の死の直前の七十日前に『日本書紀』が成立している事が示している。理由は世に出す前に不比等の了解を得ておきたかったからであろう。

このような工作のために第二段階の編纂がおこなわれたが、その目的は『日本書紀』の近代史・現代史というべき時代の書き加えである。藤原鎌足の露骨な讃美記事や作文記事はその代表例である。その作業は鎌足の「内臣」が『日本書紀』成立後の官職名であるように（六一四頁参照）、成立後にもおこなわれている。したがって序章でも書いたが、わが国最初の国史成立でありながら、『続日本紀』の『日本紀』成立の記事は、簡単で付記的記事であり、しかも一回しか記載例はない。また舎人親王以外の名はまったく載せず、大宝律令関係記事は七例も載るのに、『日本紀』の「続」を冠した『続日本紀』でありながら、なぜかわが国で最初の国史を重視した書き方をしていない。

天智天皇が即位できない事もあり得た歴史の真実

鎌足関係記事と連動しているのが、中大兄（天智天皇）に関する記事である。中大兄については第二章・第三章・第四章で詳述した。また第六章では天智天皇について述べたが、中大兄の「中」についての通説は認められない。通説は異母兄に古人大兄がいたから二男を示す「中」が冠されたという。しかし「中」が冠されるのは異母兄弟間でなく、同母兄弟間の二男をいうから（詳細は九三頁～九五頁で書いた）、同母兄に漢皇子が居たから「中」が冠されているのである。しかし漢皇子はまったく活動記事のない名ばかりの皇子で、実在する同母兄は大海人漢皇子である事は詳述した。中大兄の「中」

からも天智が天武の同母弟であることがわかる。

次に問題なのは中大兄が皇太子（東宮）であった期間である。通説では孝徳天皇の大化元年（六四五）から、即位する前の天智称制六年（六六七）までの二十三年間、皇太子だったことになっている。しかし、皇極紀にも「皇太子」の記事が載り（一五〇頁参照）、舒明紀には「東宮開別皇子」とある（東宮は皇太子のことであり、開別皇子は天智天皇の和風諡号「天命開別天皇」の「開別」を用いた記事だが、二十三年間以上も皇太子〈東宮〉と書いている理由については、第四章に書いた）。

このように中大兄（開別皇子）の皇太子（東宮）の期間も一定していない事実から見ても、これらの記事は疑わしいが、なぜ即位以前に三十年近く「皇太子（東宮）」であったと書くのか。理由は中大兄は即位前から「皇太子」として、長期間政治をおこなってきた偉大な人物であることを示すためである。しかし孝徳・斉明・天智称制までの二十三年間も長いのに、舒明・皇極の時代も「皇太子（東宮）」であったと、架上している『日本書紀』の記述からみても、これらの記事は事実でない事は確かである。さらに問題なのは、皇太子（東宮）期間の二十三年間を架上して書き、延長した記事には「東宮開別皇子」とあり、「皇太子中大兄」と別の書き方をしている。このようにまったく未整理のまま載っている事実から見ても、なんとしても藤原不比等の生前に完成させたかったから、このような書き方になったのであろう。

天武天皇即位前紀（壬申紀）の冒頭には、次の記事が載る（原文で示す）。

天命開別天皇元年、立為㆓東宮㆒。四年冬十月庚辰、天皇臥病、以痛之甚矣。

ところが持統紀の冒頭は、次のように書く。

天命開別天皇元年、生二草壁皇子尊於大津宮一。十年十月、従二沙門天渟中原瀛真人天皇一、入二於吉野一、避二朝猜忌一。

「沙門」は僧をいうが、この記事は同じ事を書いており、天智天皇の病床を大海人皇子が見舞った時の事を記した記事である。持統紀の「十年」は壬申紀の「四年」の事だが、この違いが問題である。壬申紀の「天命開別天皇元年」は天智称制七年だが、持統紀の「天命開別天皇元年」は天智称制一年である。この違いがなぜおきたか。「十年」と書く持統紀は今迄述べてきたが、和銅七年（七一四）に紀清人が述作した第二段階の天皇紀である。それに対して四年と書く壬申紀は、第一段階の編纂だからである。ところが前述（四〇四頁～四〇五頁）したように、壬申紀の近江朝側の活動を書いたところだけ、第二段階に「天皇」を「大皇弟」に改めている。したがって壬申紀（天武天皇即位前紀）の冒頭の記事も「天命開別天皇」に改めているが、「元年」と「四年」は改めなかったのである。ところが持統紀は「四年」を「十年」に改めている。この事実からも、天智紀は第一段階では「四年」であったのが、第二段階で「十年」になったことを証している。理由は前述したが、持統紀は第二段階で新しく加えられた天皇紀だからである。その時に第一段階の天智紀は大幅に変えられ、治政四年が十年になったのである。

第一段階の天智紀は四年間の記録で、天智称制元年から六年までは、間人皇女の天皇紀であった。間人皇女が天皇であったことは、殯を二年間もおこない、「間人大后の為に、三百三十人を度《いへで》せしむ」とあることからもいえる。三百三十人も得度《とくど》（僧になること）しているのは、単に孝徳天皇の皇后で、大海人皇子や中大兄の妹だからではない。「天皇」だったからである（間人大后の「天皇」については一〇六頁〜一〇七頁で書いた)。もし間人大后がさらに四年以上生存していたら、中大兄は皇位につけずに亡くなっていたであろう。大海人皇子は天智天皇が亡くなった後は、孝徳天皇の皇后（倭大后）を皇位につけるべきだと進言しているから、間人大后が元気なら、間人大后の天皇の崩御後には大海人漢皇子が即位し、壬申の乱もおこらなかったとも推測できる。

『続日本紀』はなぜ『紀』の成立を簡略に書くのか

「『正史』と称する書に潜む私的意図」について書いてきたが、序章でも書いたがその代表例が、『紀日本紀』が記す『日本紀』成立の記事である。『日本紀』の「続」と書く『続日本紀』は公印使用についての記事を詳細に載せ、その付記として、『日本紀』成立の記事を簡単に載せている。この『続日本紀』の『日本紀』成立記事の付記的扱いの簡単な記事（原文でたった二十五字）について、今まで誰も問題にしていない。しかし私は問題にして、そのことを序章で書いた。このような正史の扱い方を『続日本紀』でしているから、『日本紀』講書の記録も、なぜか奈良時代にはない。記録は平安時代初頭の弘仁年間（八一〇〜八二四）以降である。大野晋は岩波書店版の『日本書紀・上』の解説で、「養老四年（七二〇）に撰進されて後、奈良時代に講書、訓読が行われたか否かについては、従来必ずしも明らかでなかった。『今案依二養老五年私記一作之』という注記を持つ『日本紀私記』（甲本）があるが、その訓読の部分は、明白に後世の改易を経ており、それが果して養老に成立した著作であるか否かは決定し難いものである。しかし、筆者は、次の事実によって、奈良時代に、部分的にではあっても、講書が行われたであろうと考える」と書き、その理由を述べているが、「書紀の全文が奈良時代に一定の訓読を持ったか否かは不明である」と書いている。
なぜ『日本紀』の「続」（『続日本紀』）または「後」（『日本後紀』）と題する正史が作られた時期に、最初の『日本紀』の講義が宮廷で正式におこなわれなかったのか。本格的な講書は、百年後の平安時代になっておこなわれているのはなぜか。おこなわれなかったのは、なんらかの事情があったからであろう。

藤原不比等は『日本紀』の成立の百日後の、養老四年（七二〇）八月三日に亡くなっているが、一年四ヵ月後には元明太上天皇が崩御している（養老五年十二月七日）。それから一ヵ月後の養老六年正月二十日に、多治比真人三宅麻呂の媒反記事が『続日本紀』に載るが、どういう「媒反」なのか理由を記さず、「皇太子の奏に依りて、死一等を降して」、三宅麻呂を伊豆嶋に配流し、穂積朝臣老を佐渡へ配流している。この事件について青木和夫は、「文武天皇が二十五歳で早逝した当時、まだ七歳であった首皇子（聖武）の成長を待って皇位につけようと、首の祖母元明は『不改常典』を持ちだして自ら即位し、ついで独身の娘の元正に譲位して、本来ならば皇位継承の資格のある天智・天武の諸皇子・諸皇孫らの期待を押えていたという経緯である。これは首の生母が皇族でなく臣下の藤原不比等の娘宮子であったことと相俟って、当時の朝廷に潜在的な不安を醸成していた」と書いている。[19] 青木和夫は「皇位継承の資格のある天智・天武の諸皇子・諸皇孫の期待を押えていた」と書くが、五二八頁〜五二九頁の系譜で示したように、天智の皇子・皇孫はほんの僅かで、ほとんどは天武の皇子・皇孫で、生存者の多くは天武の皇孫である。その皇孫の代表が長屋王であった。

岸俊男も「元明太上天皇の崩御」で青木和夫と同じ見解を書き、「養老五年正月には長屋王が大納言から右大臣に昇進したが、（中略）これに対して不比等の四人の子息は、武智麻呂が四十一歳で正四位下、房前が四十歳で従四位上、宇合が二十七歳で正五位上、麻呂が二十六歳で従五位下で、次男の房前のみはなぜか兄を超えて早く朝政に参議することを許されていたが、武智麻呂はいまだ式部卿であった。こうみると不比等の死を契機に再び皇親勢力が政治力を挽回してきたことは明らかである（中略）こうして不比等死後の政界では、藤原氏対皇親勢力の間に異常な緊迫感の漲っていたことが十分に察せられる」と書いている。[20]

「皇親勢力」といってもほとんどは天武の皇子・皇孫で、皇子で生存していたのは舎人親王と新田部皇子だが、本文で書いたよう二人は天智天皇の皇女が母で、新田部皇子の母は天武天皇の死後に藤原不比等と通じて、不比等の四男の麻呂を生んでおり、天武の皇子だが不比等と親しかった。したがって反藤原の「皇親勢力」は天武の孫たちであったが、多治比真人三宅麻呂は「真人」で天武の「皇親」たちと親しかったから、反藤原行動をおこなった。そのため「死一等を降して」の配流になっており、『日本書紀』成立時期は政情不安の時期であった。

『続日本紀』の成立事情については、笹山晴生の「続日本紀と古代の史書」が詳細に論じているが、[21]「国史を監修」することを規定しているのは養老令からである。その養老令について笹山は、「注目されるのは、唐で天子の左右に侍してその言動を記し、起居注のもとを作る任務をもつ門下省の起居郎（左史）、中書省の起居舎人（右史）にあたる役割をになう者が日本には存在しないことである。日本で起居郎に相当するのは、中務省の内記（大内記・中内記・少内記）であるが、その職掌は、『詔勅造らむこと、すべて御所の記録のこと』という抽象的なものとなっており、天子の言動を直接記録することは規定されていない」と書いている[21]。

韓国の李王朝でも「起居注」と、それを担当する起居郎・起居舎人の役職の官僚が、王の公式の言動を記録して、王記に残しているが、そのような天皇の発言をいっさい記録していない養老律令は、不比等の意図によって大宝律令の直後に編纂されている。大宝律令に対して養老律令には、露骨な私的意図があることは書いたが（四六五頁）、野村忠夫も『国史大辞典・14』で、「『大宝律令』の場合とはちがって、右大臣不比等を除く参加者が、すべて明法的な下級官人であるという事実である」と「養老律令」について書き、「藤原不比等の私的な編纂としての性格が濃い」と書いている[22]。「養老律令」に天皇の発言を記録した「起居注」を載せないのも、不比等の意図によっているのであろう。

『日本紀』と同じに養老年間に成立したから「養老律令」というが、『続日本紀』は「養老律令」の成立・奏上などをまったく記載していない。この事実は「大宝律令」の記載と比較しても異常だが、『日本紀』の成立を『続日本紀』が付記的記載として扱っているのと似ている。正史が第一段階と第二段階を経て成立しているように、律令の第一段階が大宝律令、第二段階が養老律令である。養老律令に不比等の私的意図が反映しているように、正史も第二段階で同じ意図が反映された。したがって養老律令のことが『続日本紀』に載らないのに似て、『日本紀』の成立も、『続日本紀』に付記的扱いの簡略な書き方になってしまったのであろう。

天武と天智の兄弟関係を疑う十の理由

三十年ほど前から私は天智・天武の兄弟関係には、疑問を抱いており、そのことを書いた著書を、一九七九年・一九八七年・一九九一年に刊行した。その時点では兄弟関係の逆転のみに目を奪われていた。逆転の理由は藤原不比等が、父の藤原鎌足を高く評価し、股肱の臣として重用した天智天皇を、天武天皇以上の天皇であったと世に知らしめるために、兄を弟にした単なる私的意図とのみみていた。しかしわが国最初の正史に載ることから、単なる改変記事でなく、『日本書紀』成立論の視点で、『正史』と称する書に潜む私的意図」と見るべきだと思った。その視点で天武と天智の兄弟関係を疑った理由を十あげる。

第一は、天武天皇の年齢の不明である。実在の確かな三十三代の推古天皇から、百二十四代の昭和天皇までの九十一人の天皇のうち、年齢不明の天皇は二人居る。天武天皇と後亀山天皇である。後亀山天皇は南朝最後の天皇で、北朝の後小松天皇に三種の神器を譲った後、忘れ去られて亡くなっている天皇で、年齢不明なのは当然といえる。また推古天皇の前の天皇は崇峻天皇だが、この天皇が年齢不明なのは、蘇我馬子によって暗殺され、その日に葬儀もなしに埋納されている天皇だからである。このように年齢不明の三人の天皇のうち、二人はその原因が明らかだが、天武天皇のみなぜ年齢不明なのか、その理由がわからない。

第二は、中世文献では天武天皇が天智天皇の兄になる文献（天皇一代記）があり、その文献に対して、『日本書紀』の天智天皇の年齢を高くして、兄や双生児にする工作をしている事実である。天智より天武が年長と記す史料に、納得のいく根拠が記されていないから、正史の天智の年齢を信用し、『天皇一代記』の記述は認められていない。しかし中世文献に天武が天智の兄になる年齢を示す文献があることは、無視できない。

第三は、天智と天武の兄弟には、「漢皇子」という母は皇極・斉明天皇だが、父は高向王と斉明紀の冒頭で記す異父兄が居る。この「漢皇子」という異父兄はまったく行動が記されていない。なぜ、ただ名前だけが記されている皇子が、皇極紀の冒頭に記されているのか。

第四は、序章で書いたが、持統天皇の姉妹関係について、天智紀が記す記事である。その記事では、天武紀に十三例、持統称政前紀に一例の計十四例載る持統天皇の名は、すべて「鸕野讃良《うのさらら》皇女」と記されている。ところが天智紀は「或る本に云はく」と書いて、母の違う二人の皇女に分解して示している。

（母）遠智娘 → （子）鸕野皇女

（母）茅渟娘 → （子）沙羅々皇女

この記述は父の違う次の記事と対応する。

（父）高向王 → （子）漢皇子

（母）舒明天皇 → （子）大海人皇子

しかし実在する持統天皇の本名は「ウノサララ」皇女であるから、持統天皇に対応させると、天武天皇の名は「アヤオホアマ」の皇子、または「オホアマアヤ」の皇子になる。これはどういうことか。

第五は、天武天皇がおこなった「真人」賜姓である。天武天皇の父が舒明天皇なら、舒明天皇関係の王族が「真人」になるべきなのに、用明天皇の孫の高向王関係の王族が「真人」になっている事実である。

第六は、用明天皇の皇子で高向王の父と考えられる当麻（麻呂子）皇子の孫で、「当麻真人」になった当麻真人国見は、天武朝で新しく創設された親衛隊の左兵衛・右兵衛の長官になり、持統朝で「東宮大傅」になっている。また当麻真人知徳は、天武天皇の葬儀に「日嗣」の誄人になっているが、舒明天皇（息長帯日広額天皇）の時には、血縁者の息長公（後の息長真人）山田が「日嗣」の誄をおこなっている事実からみると、当麻真人が「日継」の誄をしたのは、天武天皇の血縁者だったからであろう。『日本書紀』は高向王の祖父は用明天皇と書くが、父の名を記さないのは、父である用明天皇の皇子名を記せば、大海人と漢の二皇子に分解したことがわかってしまうからであろう（「ウノサララ」皇女を「ウノ」と「サララ」の二皇女に分解して示したのも、「オホアマアヤ」皇子を「オホアマ」と「アヤ」の二皇子の実在を示すためであったろう）。

第七に、中大兄の「中」は異母兄の古人皇子がいたから、二男・二女の意の「中」を大兄に冠したと解釈するのが通説である。この通説は序章で書いたが間違っている。母の違う兄弟・姉妹の場合は「中」といわない。第二章「中大兄の『中』は同母兄弟の二男を示す」で詳述したが、古人皇子は同母兄弟ではない。同母兄弟の兄は漢皇子である。しかし日本古代史学者たちはこの「兄」の存在を欠落して論じている（理由は古人皇子のような活動記事がまったくないからである。ないのは実在せず、実在するのは大海人漢皇子）。大海人漢皇子の存在が「中」という同母弟の表示が、天智天皇の皇子名の通称になったのであり、「中大兄」という呼称は、まったく活動しない漢皇子でなく、大海人皇子が同母兄であることを示している。

第八に、「実弟」が「実兄」の娘を四人も妃にしている事実である。この事実は『日本書紀』では両親が同じだから異常だが、異父兄弟なら異常ではない。

第九に、天智紀での異常な大海人皇子の「弟」の強調である。このような「弟」の強調は他の史書・文献には見当らない。なぜかくも異常な「弟」の強調をするのか。さらに異常なのは孝徳紀でも「皇弟」と書いていることである。孝徳紀の「皇弟」は孝徳天皇の「弟」のことなのに、中大兄の「弟」の意味で用いている異常さは、天武を徹底して天智の「弟」と強調するためである。この「弟」の強調は逆に「兄」を「弟」にしたために強調していることを暗示している。

第十は、大海人皇子（天武天皇）の活躍は、壬申紀と天武紀の二巻をとって書かれている。ところが、天智紀以前の記事では、天智紀の「弟」の強調記事以外、ほとんどない。活動が消えている。というより消されている。壬申紀・天武紀の主役が、天智紀以前は中大兄は活躍するが、大海人の活躍記事がない事実、この落差も問題である。

私見の天武・天智異父兄弟説に反対するなら、最低でも以上提示した十の問題だけでも答えてほしい（第十八章で述べた私見を批判する白崎・遠山・松尾の三氏は、私が天智紀でウノサララ皇女を、母の違うウノとサララの二皇女に分解した異伝を示しているのは、父の違うオホアマとアヤの二皇子の存在を認知させようと『日本書紀』編者は意図して示していると書いているのに、このもっとも重要な問題を三氏は避けて、私説を批判している。私見批判者はなぜ天智紀で「ウノサララ」を「ウノ」と「サララ」の母の違う二皇女として示しているのか、納得のいく説明をしてほしい）。

『日本書紀』成立論の結論

現在私たちが見るわが国最初の「正史」は、天武天皇の意志によって編纂準備され、持統朝から本格的に執筆活動に入り、文武朝の終りか、元明朝の初めには完結していた。この第一次編纂の正史は、持統朝は「現代」だったから記さなかったが、持統天皇が夫と共に戦った壬申の乱と、戦い取った新政権の天武朝の記録は、特に二巻にした。しかし元明朝で特に強い権力を握っていた藤原不比等は、第二次編纂を開始し、新しく持統紀を加え、百済系史官や百済から亡命した史官を使って、藤原氏に都合のよい歴史書に改変した。改変の主な目的は藤原鎌足の偉大化・巨像化であった。そのためには、鎌足が仕えた天智天皇を、天武天皇以上の人物・天皇にする必要があった。その工作を壬申紀以前の天皇紀（舒明〜天智紀）でおこなったが、特に皇極紀と天智紀にその工作を集中させた。したがって天武天皇の天智紀以前の活動は消され、天智紀では天武は天智の「弟」であることが強調されている。なぜ、大海人皇子のみ、「皇弟」「皇大弟」「東宮皇大弟」と「弟」を強調するのか。この「弟」の強調は、異母兄を実弟にしたことが、第二次編纂の最大の目的であったからである。したがって理由もなく、天武天皇のみ年齢不明の天皇になっているのである。

遠山美都男は、天武天皇と天智天皇の「異父兄」とする決定的証拠はないと、私説を批判するが、「真人」賜姓に『日本書紀』が父とする血統の皇親でなく、漢皇子の祖父・父の皇親が記載されている事実、持統天皇の「ウノサララ」皇女には、母の違う「ウノ」と「サララ」の二皇女が居たという異伝を示している事実は、異父兄の「オホアマアヤ」を「オホアマ」と「アヤ」の二皇子に分解したことを示しているではないか。

序章の冒頭で書いたが、『日本紀』の「続」と題する正史が、最初の『日本紀』を付記的扱いの書き方をして原文ではたった二十五字の短文で、その成立をすましている事実からみても、『日本紀』成立は謎に包まれている。しかし「謎」は簡単に説ける。第一次編纂はわが国最初の「正史」の性格をもっていたが、第二次編纂でその「正史」に、藤原不比等らの私的意図（その代表例が異父兄の天武天皇を天智天皇の実弟にしたこと）が加わったから、日本最初の正史でありながら、『続日本紀』では付記的扱いの『日本紀』成立記事になったのである。私の『日本書紀成立考』の結論は以上である。

〔注〕

（1）坂本太郎『日本書紀・上』解説　一〇頁　一九六七年　岩波書店
（2）森博達『古代の音韻と日本書紀の成立』　一九九一年　大修館書店
（3）森博達『日本書紀の謎を解く――述作者は誰か――』　一九九九年　中央公論新社
（4）森博達「日本語と中国語の交流」『日本の古代（十四巻・ことばの文体）』所収　一九八八年　中央公論社
（5）森博達「日本書紀の研究方法と今後の課題」「東アジアの古代文化」一〇六号　二〇〇一年　大和書房
（6）森博達（注3）前掲書　二一二頁
（7）森博達「聖徳太子伝説と用明・崇峻紀の成立過程」「東アジアの古代文化」一二二号　二〇〇五年　大和書房
（8）森博達（注3）前掲書　二一九頁～二二〇頁
（9）森博達（注3）前掲書　二一六頁～二一八頁
（10）直木孝次郎『持統天皇』四一頁　一九六〇年　吉川弘文館
（11）直木孝次郎（注10）前掲書　五二頁
（12）直木孝次郎（注10）前掲書　二七一頁～二七四頁
（13）上田正昭『藤原不比等』八〇頁　一九七六年　朝日新聞社
（14）森博達（注3）前掲書　一七八頁
（15）角田文衞「首皇子の立太子」『律令国家の展開（角田文衞著作集・3）』所収　一九八五年　法藏館
（16）坂本太郎「天智紀の史料批判」『日本古代史の基礎的研究・上』所収　一九六四年　東京大学出版会
（17）上田正昭「祭官の成立――中臣と日祀と日置と――」『日本古代国家論究』所収　一九六八年　塙書房
（18）横田健一「藤原鎌足伝研究序説」『白鳳天平の世界』所収　一九七三年　創元社

(19) 青木和夫『続日本紀・2』補注解説　一九九〇年　岩波書店
(20) 岸俊男「元明太上天皇の崩御」『日本古代政治史研究』所収　一九六六年　塙書房
(21) 笹山晴生「続日本紀と古代の史書」『続日本紀・1』所収　一九八九年　岩波書店
(22) 野村忠夫『国史大辞典・14』一九九三年　吉川弘文館

〔付記〕的を定めた私説批判を望むために

私説批判の代表的批判として、白崎昭一郎・遠山美都男・松尾光の三氏の批判を示し、反論を書いた。私説への批判は望むところだが、三氏の批判は本文で書いたが、いずれも的《まと》（私説）をはずして射っているので、私から的を示す。

一、的の第一は、天武天皇の年齢である。昭和天皇までの百二十四代のうち、神武から十九代の允恭までの天皇の年齢は信用できないが、安康以降の百人以上の天皇の年齢を検証すると、年齢不明の天皇はたったの三人、崇峻・天武・後亀山である。本文でも書いたが、崇峻と後亀山の二人の天皇の死亡年齢が不明の理由は明らかである。しかし天武の死亡年齢の不明は、理由がわからない。私は不明の理由について、兄を弟にしたからだと、私見を書いた。私見は、単純な年齢不明の問題だから、的は大きいのに、前述の三氏はこの天武天皇の年齢不明という的について、まったくふれずに、私見を批判している。これは的はずれである。

二、日本古代史学者たちは天武天皇の年齢は不明でないとする。理由は鎌倉時代中期の御宇多天皇の頃に成立した天皇年代記の『一代要記』や、南北朝時代に成立した『本朝皇胤紹運録』に、天武天皇の崩年を六十五歳と明記している事実である。後代であっても、このような年齢明記は他の二天皇にはまったくない。しかしこの六十五歳という年齢だと天武は天智の兄である。事実は兄だったのではないか。そのように思う人は誰もいない。理由は正史の『日本書紀』の記事を間違いないと、信じているからだが、私が示したのは、正史といわれている『日本書紀』の記述を全面的に信用できない、という的《まと》である。しかしこの的についても前述の三氏は射っていない。

三、もちろん三氏だけでなく、本文で書いたように日本古代史の碩学たちも、この六十五歳を根據に、六十五歳を五十六歳と逆転して、天武天皇五十六歳説を主張している。この年齢逆転説を主張していた直木孝次郎は、さすが安易とみたのか、最近は本文にも書いたが、天智天皇が六十一歳で亡くなっているから、六十一歳の二歳下が間人皇女、さらに二歳下を天武天皇とみれば、天武天皇は五十六歳になると訂正して、相変わらず五十六歳説を主張している。しかし二歳づつの違いは、天武は天智の弟だという、学問的根拠とはまったく違う主観・思いこみで、主張しているのである。

四、天智、天武の年齢という第一の的と共に、大きな的として第二に私が示したのは、天智紀が持統天皇の鸕野讃良《うののさらら》皇女を、母の違う鸕野皇女と沙羅々《さらら》（讃良）皇女に分解して載せていることである。この記述は大海人漢皇子を、『日本書紀』の第二段階の編纂時に、父の違う大海人皇子と漢皇子に分解して「正史」に載せたので、大海人漢皇子の分解を納得させるために、鸕野讃良皇女（持統天皇）の分解記事を、最終編纂時に「或る本に云はく」として載せたと、私は書いた。そしてこの記事に続けて天智の皇女の阿倍皇女について、皇位についたと書くだけならよいが、藤原宮に居て後に都を乃楽《なら》に移したとある記事に注目した。『日本書紀』成立の十年前の奈良遷都（和銅三年・七一〇年）を、わざわざ記すのは、持統天皇の名の分解記事が奈良遷都後の「或る本」に載っているから、『日本書紀』成立時の読者に、天武天皇の名の分解記事も事実だと、認めさせようとしたのである。このような私見は前述した拙著（『天武天皇論㈠』『天武天皇出生の謎』『天智・天武天皇の謎』）に書いているのだから、これらの拙著を読んで私見を批判している三氏は、この重要な例示こそ的にして矢を射るべきである。しかし誰も的にしていない。

五、三つ目の的は真人賜姓である。この事も前述の著書で書いているのに、日本古代史の専攻者で、著書の多数ある遠山美都男・松尾光の両氏は、この的を無視して私見に矢を放っている。特に遠山美都男は私見を批判して、「天武と天智が異父兄弟で、天智の兄が天武だとする決定的根據はない」と断言しているが、決定的根據の的を示しているのに、その的に矢を射らずに、このような発言をしているのには困惑する。

六、終章に「天武と天智の兄弟関係を疑う十の理由」を書いた。この「十の理由」に、前述の三つの的も入っているが、それ以外の的も記したので、この的に対する批判の矢を放ってほしい。

七、天武・天智の兄弟関係の的以外に、私は拙著で七世紀代の国内問題だけでなく、対外関係（具体的には対新羅・百済・唐との関係）を重視して論じた。それは「大海人漢皇子」の「漢」が無視できなかったからである。この対外関係の私見も的である。

八、『日本書紀』二段階成立論は、本書で始めて述べる私見で、他の的と違って新しい的だから、さらに考究を進めるためにも批判がほしい。

九、『日本書紀』は藤原不比等の死の直前に成立している。『日本書紀成立考』にとって藤原不比等の存在は無視できない。不比等にとっては多くの論者が述べているが、私は新視点に立って、鎌足と不比等を論じた。この拙論も批判のほしい的である。

十、終りに、もっとも大きな的を示す。それは今まで誰も問題にしていない的である。『日本紀』

の続編として編纂された『続日本紀』は、『日本紀』の成立について記している。その記述が問題である。「太政官奏すらく」と書いて、公印使用についての官奏記事が載る。詳細に太政官の奏文を記した末尾に、付記として、「先レ是、一品舎人親王奉レ勅修二日本紀一。至レ是功成奏上。紀卅巻、系図一巻」とある。「是《これ》より先」の「是」は本文の太政官の奏文をいうから、『日本書紀』の成立は、たった二十七字の付記である。わが国最初の正史完成の記事を、たった二十七字の付記扱いでしか記さない、『日本紀』の「続」と題する『続日本紀』の記事こそ、問題にすべき大きな的である。

しかしこの記事はほとんど問題にされていない。私もまったくこの事実に気付かなかったので、「天武・天智異父兄弟考」というタイトルで、書くつもりでいたが、この事実を知ったので、『日本書紀成立考』と改題し、執筆方針を全面的に改めた。『日本紀』の「続」と題する書が、わが国最初の公式な正史を、なぜかくも簡単な付記扱いで記しているのか。私見批判にあたっては、本書を書くきっかけになったこの事実を的にして、射ってほしい。

あとがき

三十一年前に『古事記と天武天皇の謎』を、その著書の四年前(一九七五年)に刊行した『古事記成立考』の一般書・普及版として出版したが、内容の大部分は『古事記論』で、四分の一ほどが天武天皇論であった。この書で私は初めて、天武天皇は天智天皇の異父兄ではないか、という疑問を書いた。

それから十二年後の一九八七年に、『天武天皇論』と題する論文集を、㈠・㈡の二巻に分けて刊行し、同年、普及版として『天武天皇出生の謎』を、書きおろしで出版した。この一九八七年刊行の専門家向きと一般向きの著書で、本書に書いた天武・天智異父兄弟の基本的問題点は提示した。さらに四年後の一九九一年には、異父兄弟を実の兄弟にし、天智を天武の兄にした正史の『日本書紀』は、誰がどのような意図で編纂したのか、その視点に立って『天智・天武天皇の謎——『日本書紀』の虚偽と真実——』を刊行した。

さらに二十年たった昨年、六七〇ページに及ぶ『新版・古事記成立考』を刊行し、私の『古事記』研究の集大成にしたので、今年は、私が三十年以前から主張していた見解を、『古事記成立考』の姉妹篇として、『天武・天智異父兄弟考』と題して書こうと思い立ち、昨年の春から執筆を始めた。しかし執筆中に気付いたのは、『日本紀』の「続」と題する正史が、『日本紀』の成立について、太政官奏言の本文記事の付記として、たった二十七字ですましている事実であった。この付記的扱いの簡単なわが国最初の正史成立記事について、専門の歴史学者は誰一人問題にしていない。

この事実に気付いた私は、『天武・天智異父兄弟考』を、『日本書紀成立考』というタイトルに改めて書こうと決意した。その決意をおしたのは、言語学者の森博達氏が一九九九年に刊行した『日本書紀の謎を解く――述作者は誰か――』であった。森博達氏には、私が編集人として刊行していた季刊雑誌「東アジアの古代文化」に、『日本書紀の謎を解く』以降の新見解を、八回にわたって執筆していただいた。私はその森見解に助けられて、『日本書紀』二段階成立論を書いた。天武・持統天皇が計画し、実行した第一段階の記事に、第二段階で手が加えられ、皇極・孝徳・斉明・天智紀は特に加筆・変更がおこなわれた。天智紀は四年の治政を「称制」として十年にし、天智天皇と藤原鎌足の活動を創作して加筆し、持統紀一巻を新しく加えた。この第二段階の編纂は和銅年間に藤原不比等の主導で始まり、死の直前までおこなわれたと、私は推測した。このような見解に私は立ったので、『天武・天智異父兄弟考』というタイトルを、『日本書紀成立考』に改めることにしたのである。

藤原不比等の意向で第二段階の編纂過程で、天智天皇の異父兄の天武天皇の名「大海人漢皇子」が、「大海人皇子」と「漢皇子」に分解され、天智天皇の「実弟」が「大海人皇子」、異父兄が「漢皇子」になったのである。しかし当時は異父兄と思っている人たちがいたから、天智紀で鸕野讃良皇女を異母姉妹の鸕野皇女と沙羅(讃良)皇女に分解した異伝を示して、大海人漢皇子を分解したことを、『日本書紀』の当時の読者に納得させようとした。このような天智紀の記事は、異父兄の漢皇子が大海人漢皇子を分解して作られた皇子であることを、明らかに示している。

『日本書紀』の漢皇子の出自記事を検証すると、正しい天武天皇の系譜が見えてくる。漢皇子の父は高向王で曾祖父が用明天皇だが、なぜか祖父の名は『日本書紀』に載せていない（祖父の名を記すと大海人皇子と漢皇子が同一人物と見られる可能性があるから記さなかったことは本文で書いた）。祖父の名は当麻（麻呂子）皇子であることは、第一章で詳述した。天武天皇が新しく制定した真人賜姓の「真人」の出自を検証すれば、天武天皇の父が高向王であることは明らかである。第一段階に書かれた真人賜姓の天武紀には、藤原不比等は手を加えられなかったので、真人賜姓では、母の宝皇女（皇極・斉明天皇）が最初に結婚した高向王の子が、天武天皇（大海人漢皇子）であることを証明している。

天武天皇が天智天皇の弟ではないことは、本書の各章で、さまざまな視点から論証したが、歴代天皇のうち理由もないのに唯一年齢不詳であることは、もっともわかりやすい明示の一つである。兄を弟にしたのだから年齢は書けなかったのである。また他の天皇にはまったくその例がなく、天武天皇のみ、天智天皇の「弟」を強調している事実も、逆に弟でない証明の一つになる（「皇弟」「皇大弟」「東宮皇大弟」は天武天皇のみに使われている）。さらに「漢皇子」であることは、天武天皇の親新羅政策と一致する。そのことも論証の一つであることは、本文で詳述した。

私見については、本文に書いたような批判がある。しかしこれらの批判は説得力がない。理由は本文で書いたが、私見をよく読まずに批判しているからである。批判は大いに望むところだが、私見をよく読んだ上で批判・反論してほしい。

終りに本書は校正と制作にあたって杉村静子、佐野和恵の両氏の協力なしには刊行出来なかった。

特に杉村静子さんは、単に校正だけではなく、私の引用文の大部分を、原文にあたって検証し、引用著書の発行所・発行年などもすべて再確認の労をとり、八十二歳の私の細部の誤記の多い文章と、目が弱って正確に出来ない校正を、徹底して検証してくださったことに、この場を借りて御礼を述べる。

専門家でない一出版社の社主の著書だが、なるべく独断を避け、先学の専門学者の見解と、目に入る古文献をできるだけ読んで、今まで誰も書いていない事実を、前著の『新版・古事記成立考』と同じ視点で書いた。『古事記』と同じに問題にすべき記事が『日本書紀』には多いが、成立過程を充分のみこんだ上で読めば、『日本書紀』はわが国最古の「正史」であり、貴重な古典である。

二〇一〇年九月一日

大和　岩雄

日本書紀成立考《にほんしょきせいりつこう》

——天武《てんむ》・天智《てんち》異《い》父兄弟考《ふきょうだいこう》——

二〇一〇年一二月一五日　第一刷発行

著　者　大和岩雄《おおわいわお》

発行者　佐藤　靖
発行所　大和書房《だいわ》
東京都文京区関口一-三三-四　〒一一二-〇〇一四
電話番号　〇三-三二〇三-四五一一
郵便振替　〇〇一六〇-九-六四二二七
装　丁　福田和雄
本文印刷　シナノ
カバー印刷　歩プロセス
製本所　小泉製本

ISBN978-4-479-84072-5

http://www.daiwashobo.co.jp

【主要著書】

『日本古代試論』一九七四年　大和書房
『古事記成立考』一九七五年　大和書房
『日本古代王権試論』一九八一年　名著出版
『天照大神と前方後円墳の謎』一九八三年　六興出版
『日本国はいつできたか』一九八五年　六興出版
『天武天皇論（一）（二）』一九八七年　大和書房
『神社と古代王権祭祀』一九八九年　白水社
『神社と古代民間祭祀』一九八九年　白水社
『信濃古代史考』一九九〇年　名著出版
『人麻呂の実像』一九九〇年　大和書房
『人麻呂伝説』一九九一年　白水社
『秦氏の研究』一九九三年　大和書房
『鬼と天皇』一九九二年　白水社
『遊女と天皇』一九九三年　白水社
『日本にあった朝鮮王国』一九九三年　白水社
『天武天皇出生の謎』一九九三年　臨川書店
『古事記と天武天皇の謎』一九九三年　臨川書店
『十字架と渦巻』一九九五年　白水社
『魔女はなぜ空を飛ぶか』一九九五年　大和書房
『魔女はなぜ人を喰うか』一九九六年　大和書房
『天狗と天皇』一九九七年　白水社
『神々の考古学』一九九八年　大和書房
『新邪馬台国論』二〇〇〇年　大和書房
『箸墓は卑弥呼の墓か』二〇〇四年　大和書房
『新版　古事記成立考』二〇〇九年　大和書房

索　　引

◎書籍名索引

【あ行】

【か行】

【さ行】

【た行】

【な行】

【は行】

【ま行】

【や行・わ行】

◎論文名索引

【た行】

【な行】

【は行】

【ま行・や行・ら行】

◎研究者・書籍、論文執筆者名索引

【さ行】

【た行】

【な行】

【は行】

【ま行】

【や行・わ行】

◎人物名索引

【あ行】

【か行】

【さ行】

【た行】

【な行】

【は行】

【ま行】

【や行】

【ら行・わ行】

◎氏族名索引

【あ行】

【か行】

【さ行】

【た行】

【な行】

【は行】

【ま行】

【や行・わ行】

◎事項索引

【あ行】

【か行】

【さ行】

【た行】

【な行】

【は行】

【ま行】

【や行・わ行】